U0649060

汽车底盘电控系统检修

（第2版）

屈亚锋 主 编

周 向 许 杰 副主编

过学迅 主 审

人民交通出版社

北京

内 容 提 要

本书是国家级在线精品课程配套教材、职业教育汽车类专业教材,主要内容包括认知汽车底盘电控技术、检修电控自动变速器、检修电子控制制动系统、检修电子控制悬架系统、检修电子控制动力转向系统、其他汽车底盘电控技术简介六个项目。

本书既可以作为职业院校汽车类专业教学用书,也可作为企业汽车维修工的培训教材。

本书在中国大学慕课建有完善的网络课程,顺应互联网+教育趋势,适合线上线下混合式教学。

本书配有教学课件,教师可通过加入高职教学研讨群(QQ:64428474)获取。

图书在版编目(CIP)数据

汽车底盘电控系统检修/屈亚锋主编. —2 版.
北京:人民交通出版社股份有限公司,2025.1.
ISBN 978-7-114-20275-9

Ⅰ . U472.41

中国国家版本馆 CIP 数据核字第 2025FF2603 号

Qiche Dipan Diankong Xitong Jianxiu

书 名:	**汽车底盘电控系统检修(第 2 版)**	
著 作 者:	屈亚锋	
责任编辑:	时 旭	
责任校对:	赵媛媛 魏佳宁	
责任印制:	张 凯	
出版发行:	人民交通出版社	
地 址:	(100011)北京市朝阳区安定门外外馆斜街 3 号	
网 址:	http://www.ccpcl.com.cn	
销售电话:	(010)85285911	
总 经 销:	人民交通出版社发行部	
经 销:	各地新华书店	
印 刷:	北京市密东印刷有限公司	
开 本:	787×1092 1/16	
印 张:	23.75	
字 数:	485 千	
版 次:	2017 年 6 月 第 1 版	
	2025 年 1 月 第 2 版	
印 次:	2025 年 1 月 第 2 版 第 1 次印刷 总第 3 次印刷	
书 号:	ISBN 978-7-114-20275-9	
定 价:	59.00 元	

(有印刷、装订质量问题的图书,由本社负责调换)

前言 PREFACE

为贯彻落实党的二十大精神、《教育强国规划纲要(2024—2035)》提出的"打造一批职业教育优质教材"建设要求,提高职业教育"五金"建设中"金教材"的建设质量,本书编写团队根据教育部公布的最新高等职业教育专科(汽车类)专业教学标准中汽车底盘构造与维修课程建设要求,对接汽车维修工职业标准和职业技能大赛要求,校企"双元"合作完成编写。

在本次第2版的修订过程中,编写团队深入企业调研,按照汽车维修岗位核心能力要求,以汽车底盘电控故障案例为载体设计教学内容,基于工作过程系统化设计思路,有机融入思政要素,由理论讲解到故障诊断,按照项目导向任务驱动教学思路,将课程内容重构为认知汽车底盘电控技术、检修电控自动变速器、检修电子控制制动系统、检修电子控制悬架系统、检修电子控制动力转向系统、其他汽车底盘电控技术简介六个项目十八个任务。本书的主要特色如下。

1. 学习任务明确,彰显职业教育特色

每个学习任务包括任务导入(任务描述、任务分析、技能目标)、知识结构导图、相关知识、任务实施(实施计划、实施环境、实施步骤、任务工单)、复习延伸(重点总结、课后练习)等内容,使知识学习和技能培养紧密联系,突出教学做一体化的职业教育特色。

2. 内容先进,体现最新前沿技术

将企业解决故障的工艺流程及维修手册故障诊断的新方法、新规范转化为教材知识技能,教学内容涵盖汽车传动系统、行驶系统、转向系统和制动系统所涉及的电控技术,特别是近年来装车率高的自适应巡航控制技术、车道保持技术等智能化相关的新知识、新技术。

3. 教学资源丰富,且动态更新

本书是职业教育国家在线精品课程《汽车底盘电控系统检修》配套教材,在中国大学慕课(http://www.icourse163.org)建有完善的网络课程,课程资源每年持续动态更新。学生既能在平台选课学习微课、视频、动画、课件、故障案例、拓展提升资料等教学资源,也可扫描书中二维码学习视频类资源、填写任务工单。除此之外,课前自测、课后讨论、作业、测试等资料完备。优质的课程资源使本书既适合高职院校线上线下混合式教学，也可作为企业汽车维修工的培训教材。

　　本书编写团队由学校、行业、企业联合组成，既有国家技术能手、行业专家教授，又有企业高级技师。武汉交通职业学院屈亚锋担任主编，武汉理工大学底盘研究专家过学迅教授担任主审；武汉交通职业学院周向、许杰担任副主编；参加编写的还有武汉交通职业学院张靖、何璇、石友志，西安康明斯发动机有限公司整车系统集成专家杨松攀，武汉星凯汽车销售服务有限公司技术总监"金级技师"章建。全书由屈亚锋统稿。项目一、项目二、项目六由屈亚锋编写；项目三由周向、许杰、张靖编写；项目四何璇、石友志编写；项目五由杨松攀、章建编写。

　　在本书编写过程中，企业专家提供了很多企业一线案例，编写人员对教材内容更新提出了很多宝贵的意见，同时也参考了国内外公开发表的文章、出版的教材及维修手册等资料，在此一并表示感谢。

　　由于编者水平有限，书中难免存在不妥之处，肯请广大读者批评指正。

编　者

2025 年 1 月

二维码索引

序号	二维码	名称	页码	序号	二维码	名称	页码
1		汽车底盘电控技术的发展趋势	9	11		丰田 A340E 部分挡位油路分析	105
2		电控自动变速器的概念、组成和特点	17	12		ABS 的概念制动受力分析	178
3		自动变速器换挡杆	21	13		轮速传感器减速度传感器的结构和工作原理	185
4		认知和拆装液力变矩器	32	14		二位二通电磁阀的结构和工作原理	190
5		单排（单级）行星齿轮机构的组成运动规律和传动方案	45	15		典型轿车 ABS 的结构工作过程	203
6		单排（双级）行星齿轮机构的组成运动规律和传动方案	49	16		ABS 的工作过程	205
7		拉维娜式行星齿轮变速器动力传动路线分析	66	17		典型轿车 ABS 的控制电路	207
8		串联复合式行星齿轮变速器动力传动路线分析	72	18		ASR 的控制方法	218
9		液压控制系统组成、工作原理和油泵	82	19		ASR 制动压力调节器的结构工作原理	221
10		自动变速器的换挡执行元件	84	20		典型轿车 TRC 系统的控制电路分析	228

序号	二维码	名称	页码	序号	二维码	名称	页码
21		ESP 系统的基础知识	248	26		检修流量式 EPS	322
22		典型轿车 ESP 系统的组成部件	255	27		检修阀灵敏度式 EPS	327
23		典型轿车 ESP 系统的控制机理	257	28		检修电动式 EPS	333
24		空气压缩机车身高度传感器和车身高度控制阀电路分析	287	29		典型轿车 EPS 的组成基本工作原理	341
25		车身高度传感器转向盘转角传感器电路检修	288	30		典型轿车 EPS 主要部件的结构	341

目录 | CONTENTS

项目一　认知汽车底盘电控技术 ··· 1

项目二　检修电控自动变速器 ··· 15
　　任务一　认知电控自动变速器 ··· 16
　　任务二　检修液力变矩器 ··· 30
　　任务三　检修行星齿轮变速传动机构 ······································· 44
　　任务四　检修电控自动变速器液压控制系统 ··································· 80
　　任务五　检修电控自动变速器电子控制系统 ································· 110
　　任务六　检修电控自动变速器综合故障 ····································· 132
　　任务七　其他类型电控自动变速器简介 ····································· 165

项目三　检修电子控制制动系统 ··· 175
　　任务一　认知防抱死制动系统 ··· 176
　　任务二　检修防抱死制动系统 ··· 202
　　任务三　认知驱动防滑控制系统 ··· 215
　　任务四　检修驱动防滑控制系统 ··· 227
　　任务五　认知电子稳定程序控制系统 ······································· 247
　　任务六　检修电子稳定程序控制系统 ······································· 254
　　任务七　其他电子控制制动系统简介 ······································· 269

项目四　检修电子控制悬架系统 ··· 279
　　任务一　认知电子控制悬架系统 ··· 280
　　任务二　检修电控悬架车身高度调整失灵故障 ······························· 299

项目五　检修电子控制动力转向系统 ··········· 318

　　任务一　认知电子控制动力转向系统 ··········· 319

　　任务二　检修电控动力转向系统转向沉重故障 ··········· 340

项目六　其他汽车底盘电控技术简介 ··········· 359

参考文献 ··········· 369

认知汽车底盘电控技术

学习目标

知识目标

1. 了解汽车底盘电控技术的概念。

2. 熟悉汽车底盘电控技术的现状。

3. 掌握汽车底盘电控技术的发展趋势。

能力目标

1. 能判断汽车使用哪些汽车底盘电控技术。

2. 能理解汽车底盘电控技术的作用。

素质目标

1. 培养热爱国产品牌的意识。

2. 具备良好的职业素养。

3. 培养良好的团队合作精神。

❀ 知识结构导图

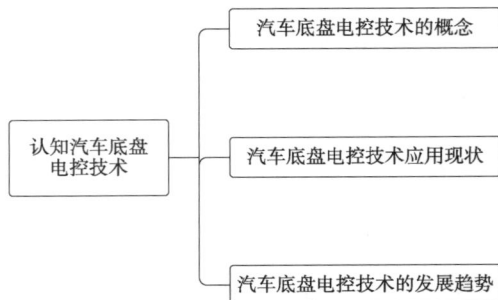

```
                              ┌─── 汽车底盘电控技术的概念
                              │
         认知汽车底盘          │
         电控技术       ──────┼─── 汽车底盘电控技术应用现状
                              │
                              │
                              └─── 汽车底盘电控技术的发展趋势
```

❀ 任务导入

一 任务描述

　　暑期的一天，小明跟着父亲走进了一家4S店，准备购置一辆豪华高配版轿车。销售顾问拿出车辆介绍资料，询问具体的购车意向。然而，父亲看着参数配置表中的E-CVT、ABS、EBD/CBC、EBA/BAS/BA、ASR/TCS、ESP/DSC/VSC、AUTOHOLD、HAC、HDC等英文缩写，咨询销售顾问这些都是什么意思，销售顾问却一头雾水，支支吾吾大半天不能准确回复。这时父亲带着小明离开了4S店。事后，该销售顾问被4S店严厉批评并开除。

二 任务分析

　　此案例中销售顾问不能准确解释汽车底盘电控技术的缩略语，引起顾客的强烈不满，从而流失了顾客，丧失了一次销售汽车的机会。销售顾问应该能准确解释汽车技术缩略语，并了解车型竞品之间的差异，为客户提供满意的车型推荐。

三 技能目标

　　（1）能查询汽车相关维修资料。
　　（2）能准确描述汽车底盘电控技术的名称。
　　（3）能准确解释汽车底盘电控技术的缩略语。

✿ 相关知识

一　汽车底盘电控技术的概念

随着电子技术特别是大规模集成电路和微型电子计算机技术的高速发展,汽车的电子化程度越来越高。电子技术在汽车上的应用,使得汽车的性能不仅适应日益严格的能源、排放、安全法规的要求,而且满足了人们对汽车舒适、便利、豪华的追求。

汽车底盘电控技术是指汽车底盘总成部件应用了电子技术。按照汽车结构和总成控制功能可分为驱动控制、制动控制、转向控制、车身姿态控制和综合控制。

驱动控制包括牵引力控制、巡航控制等。

制动控制包括防抱死制动、制动压力辅助控制等。

转向控制包括电动助力转向、四轮转向控制等。

车身姿态控制包括半主动/主动悬架、车身高度调节、抗侧倾控制等。

综合控制包括防滑控制、稳定性控制等。

二　汽车底盘电控技术应用现状

1. 电子控制自动变速器

电子控制自动变速器(Auto Transmission,AT)的应用使得汽车在行驶过程中能够根据实际行驶情况进行变速器挡位的自动变换,具有驾驶省力、延长发动机寿命、起步加速平稳、有效避免过载和发动机熄火等优点。

目前,应用在汽车上的自动变速器主要有以下四种类型:电控机械式自动变速器(EMT或AMT)、电控液力-机械式自动变速器(EHAT或EAT)、电控双离合机械式自动变速器(DCT或DSG)、电控机械式无级变速器(CVT)。

随着自动驾驶技术的成熟,电控自动变速器将成为主流,能够根据行车状况和驾驶者需求自动调节换挡,提升驾驶的舒适性和安全性。智能化控制还能根据环境和驾驶习惯自动调整换挡策略,提供个性化服务。

2. 电子控制制动系统

电子控制制动系统主要包括 ABS(防抱死制动系统)、ASR(驱动防滑控制系统)、ESP(电子稳定程序)等集成控制系统,提高了汽车的主动安全性。ABS 能防止制动时车轮抱死,提高制动时的方向稳定性,缩短制动距离;ASR 能防止驱动过程车轮滑转,提高汽车行驶稳定性;ESP 能通过有选择性地制动某一车轮及发动机管理系统干预,提高汽车的安全性和操控性。

ABS/ASR/ESP 集成控制系统通过感知制动车轮每一瞬间的运动状态以及车辆的侧滑程度,对车辆在 4 个车轮上的制动力进行闭环控制,可以保证车辆在行驶方向和侧向充分利用地面附着系数,保持方向的稳定性和制动安全。

目前,在发达国家,功能相似的 ESP 装备已经被提升为国家层面的标准。欧盟 Euro NCAP 规定:自 2012 年起,只有装备了 ESP 的车辆才能获得五星级的安全等级;2011 年 11 月起,所有新车型必须装备 ESP;同时 2014 年 11 月起,所有新车必须配备 ESP。美国国家高速公路安全管理局(NHTSA)规定:4.54 t 以下的车辆自 2011 年 9 月起,必须装备 ESP;2011 年 9 月之后在加拿大销售的 4.54 t 以下的车辆必须强制装备 ESP。目前,我国生产的高端车辆,ESP 已经成为基本配置,随着用户对主动安全的日益关注,ESP 装备在中国也必然向低端车辆普及,在不久的将来,其必将成为一项国家层面的标准,为中国用户提供更加安全的驾驶性能。

3. 电子控制悬架系统

悬架系统是连接车轮与车身之间全部零部件的总称。悬架系统主要由减振器、弹性元件(如螺旋弹簧、板簧、扭杆等)以及导向机构三部分组成。悬架系统能够有效地降低、抑制车轮与车体之间的振动与动载,保证汽车在行驶过程中的平顺性以及稳定性。

电子控制悬架系统(Electronic Controlled Suspension System,ECSS)包括主动悬架和半主动悬架两种,能够有效改善汽车的乘坐舒适度和安全性能。电控主动悬架又包括电控主动液压悬架和电控空气悬架两种。这两种主动悬架都是通过对减振器阻尼以及悬架刚度进行调节控制,抑制车身的振动,同时能够调节车身的高度,对被动悬架局限区域进行突破,使汽车悬架特性能够与道路状况相适应,从而保证了汽车行驶过程的平顺性以及操纵稳定性。

ECSS 具有变刚度和变阻尼的特性,能够实现悬架性能在不同路况及车身状态下的实时自适应调节。这显著提升了车辆的通过性、平顺性和操稳性,同时也提升了底盘智能化水平。随着技术进步和成本降低,ECSS 已从高端车型逐渐普及到更多中低端车型,让更多消费者享受到其带来的舒适和安全。

4. 电子控制动力转向系统

电子控制动力转向系统(Electronic Control Power Steering,EPS 或 ECPS)能改善用户的转向操纵感、减轻用户的体力消耗和提高汽车的转向性能。它的基本要求是:汽车在低速行驶时,能够减少用户作用于转向盘的转向力;汽车在高速行驶时,能够通过转向盘向用户反馈适度的转向力。转向控制系统主要包括主动前轮转向系统、后轮转向系统等。

1)主动前轮转向系统

主动前轮转向系统(Active Front Steering,AFS)具有可变传动比的特点。在低速状态下传动比较小,使转向更加直接,以减少转向盘的转动圈数,提高车辆的灵活性和操控性;在高速行驶时转向传动比较大,提高车辆的稳定性和安全性。AFS 的另一特点是可通过转向干预来实现对车辆稳定性的控制,大大提高了车辆的安全性、机动性,带来更出色的驾驶乐趣。

2)后轮转向系统

后轮转向系统(Rear Wheel Steer,RWS)能够主动使汽车后轮产生一定的转向角。RWS在正常工作状态下,转向盘转向角和汽车行驶速度与后轮转向角成函数关系。当汽车低速行驶时,转向盘的执行机构给后轮一个方向相反的转向角,使得车辆转弯或停车时的转弯半径变小。当汽车高速行驶时,转向盘的执行机构给后轮一个与前轮转向角方向一致的转向角,可提高汽车的方向稳定性。当汽车在左右两侧附着力不同的路面制动时,RWS 同 ESP相配合,及时地通过主动后轮转向角来平衡制动力所产生的横摆力矩,不仅保持汽车的方向稳定性,而且最大限度地利用前轮的制动力,改进汽车的制动性能。

在乘用车领域,EPS 的渗透率逐年提高,2020 年在中国乘用车市场的渗透率已达96.4%,在新能源汽车中更是接近 100%。EPS 采用电动机直接提供转向助力,替代了传统的液压助力转向系统,实现了更加智能化、节能化和环保化的转向操作。它不仅能根据路况和驾驶风格自动调节助力特性,还能与自动驾驶系统融合,提供稳定、精准和舒适的操控体验。

在商用车领域,虽然传统 HPS(液压助力转向系统)和 EHPS(电子液压助力转向系统)仍占主导地位,但随着环保政策的实施和电动汽车的普及,这些系统暴露出高能耗和液压油泄漏等问题,未来将逐渐被电控转向系统取代。

此外,线控转向系统(SBW)作为电子控制动力转向系统的一种高级形式,具有灵活性更佳、空间利用率更高和舒适性更好等优势,未来有望在乘用车和商用车中得到更广泛应用。然而,目前线控转向系统整体仍处于起步阶段,相关技术和产品转化尚未成熟,但市场空间巨大,国内多家企业正在积极研发相关技术。

5. 自适应巡航控制系统

自适应巡航控制系统(Adaptive Cruise Control,ACC)是在巡航控制技术的基础上发展而来,是一种智能化的自动控制系统。

如图 1-0-1 所示,在车辆行驶过程中,安装在车辆前部的车距传感器(雷达)持续扫描车辆前方道路,同时轮速传感器采集车速信号。当与前车之间的距离过小时,ACC 控制单元可以通过与防抱死制动系统、发动机控制系统协调动作,使车轮适当制动,并使发动机的输出功率下降,以使车辆与前方车辆始终保持安全距离。自适应巡航控制系统在控制车辆制动时,通常会将制动减速度限制在不影响舒适的程度,当需要更大的减速度时,ACC 控制单元会发出声光信号通知驾驶者主动采取制动操作。当与前车之间的距离增加到安全距离时,ACC 控制单元控制车辆按照设定的车速行驶。

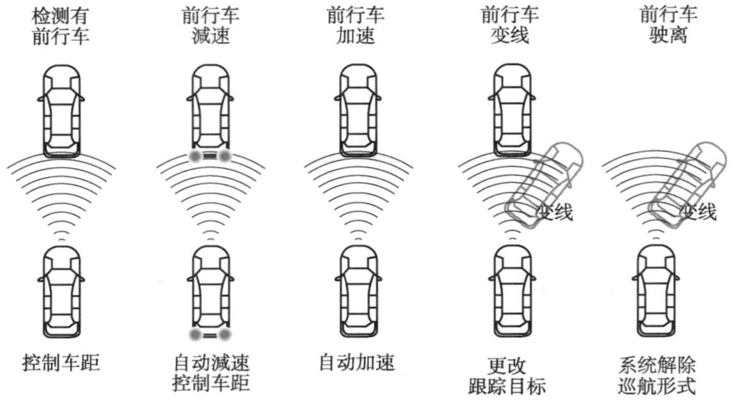
检测有
前行车
前行车
减速
前行车
加速
前行车
变线
前行车
驶离
变线
变线
控制车距
自动减速
控制车距
自动加速
更改
跟踪目标
系统解除
巡航形式

图 1-0-1　自适应巡航控制系统

自适应巡航控制系统的主要应用场景:

(1)高速公路驾驶。在高速公路上,驾驶人可以将车辆设置为巡航模式,ACC 系统会自动调整车速和与前车的距离,减轻驾驶疲劳。

(2)市区拥堵路况。在市区拥堵的情况下,ACC 系统可以自动保持与前车的安全距离,减少频繁的加速和制动操作,提高行车的平稳性和流畅性。

(3)安全驾驶辅助。ACC 系统通过实时感知前方车辆和路况,自动制动或减速,有效避免因驾驶人疲劳或注意力不集中导致的碰撞事故,提升行车安全性。

据资料显示,全球 ACC 系统市场预计到 2029 年将达到 911.2 亿美元,2024—2029 年复合年增长率为 20.8%。市场增长的主要驱动因素包括对道路安全的重视、对舒适驾驶的偏好增加以及政府对排放控制的关注。此外,传感器技术的快速发展和各国政府对自动驾驶汽车安全功能的严格要求也推动了市场的增长。

6. 轮胎气压监测系统

轮胎气压监测系统(Tire Pressure Monitoring System ,TPMS)通过连续地检测轮胎压力、温度,可以在线监控车轮的实际气压,使用户能够实时了解自己车辆的轮胎气压状况,自动为驾驶人发出警告,以保持适宜的胎压,可以减少轮胎的不正常磨损、降低油耗,防止因胎压不足而引起的轮胎损坏,并保证汽车的行驶安全性。

TPMS 可分为两种:一种是间接式胎压监测系统,是通过轮胎的转速差来判断轮胎是否异常;另一种是直接式胎压监测系统,通过在轮胎里面加装四个胎压监测传感器,在汽车静止或者行驶过程中对轮胎气压和温度进行实时自动监测,并对轮胎高压、低压、高温进行及时报警,避免因轮胎故障引发的交通事故,以确保行车安全,如图 1-0-2 所示。

各国政府对 TPMS 的推广和应用给予了政策支持。例如,美国和欧盟分别于 2007 年和 2014 年对地区内汽车行业实施 TPMS 强制安装标准;中国也从 2020 年开始执行乘用车 TPMS 强制安装要求,这直接推动了 TPMS 市场的快速增长。此外,中国政府还通过制定相关法规和标准,明确规定所有国产车辆必须安装 TPMS,为行业的健康发展提供了有力保障。

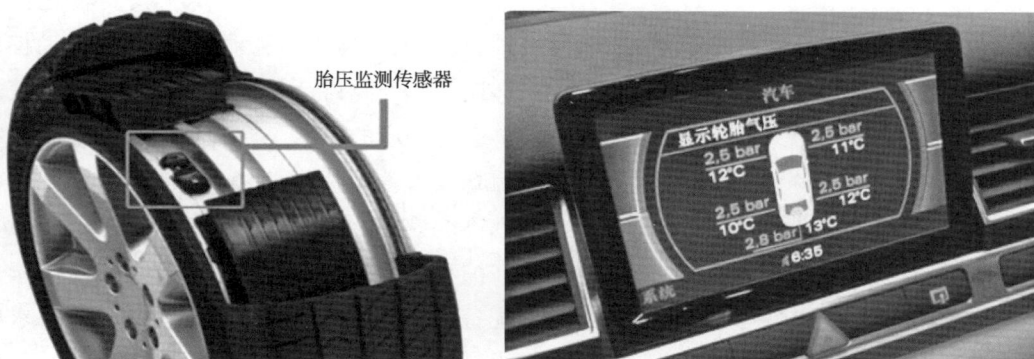

图 1-0-2 胎压监测系统

TPMS 在市场上的应用非常广泛,已经成为新购车辆的标准配置。随着消费者对汽车安全性能的日益重视,TPMS 的市场需求不断增长。2023 年,全球 TPMS 市场规模达到了 215.27 亿元人民币,预计到 2029 年将达到 282.33 亿元人民币。中国市场也呈现出快速增长的态势,2023 年中国 TPMS 行业市场规模达到 24 亿元。

目前,德国马牌轮胎公司提出了全新的轮胎概念技术——ContiSense 和 ContiAdapt。

ContiSense 技术使用轮胎传感器测量胎面深度和温度,并在轮胎损坏时通过导电橡胶将电信号发送至轮胎内置的传感器,再将传感器的信号传递至接收器,把数据传输给驾驶人,对驾驶人进行可靠示警,从而实现实时智能监测。ContiSense 这一技术仍会不断研发,使得感测功能日后能感应到路面的温度或者积雪等。

ContiAdapt 技术相较 ContiSense 更加主动,通过集成在车轮中的微型空气压缩机调整胎压,配以可调整宽度的轮辋,自适应调整和优化轮胎与路面接触面的大小,从而大幅提高驾驶安全性及舒适性。ContiAdapt 目前提供了四套不同的设置(压强/轮辋宽度等组合)以适应湿地、崎岖、滑地和正常路面。例如,如果我们行驶于雨天湿滑的路面,轮胎可采用较低的胎压与较大的轮胎宽度去增加接触面积,以保证行驶安全。

除此之外,马牌轮胎公司还发布了 Conti C. A. R. E. 创新轮胎技术。该名字展现了该技术的四个重点特色:Connected(无线连接)、Autonomous(自动化)、Reliable(可靠)、Electrified(电子化)。Conti C. A. R. E. 轮胎内置有可以持续监控轮胎花纹深度、轮胎温度、轮胎压力等数据的传感器,甚至可以预测轮胎是否可能损坏,从而自行维持胎压来提升轮胎的性能与节能。配合 ContiConnect Live,通过中央远程信息处理单元,可将收集到的胎压和温度数据实时发送至云端,甚至可以发送车辆实时位置,记录轮胎的工作时长,使驾驶人迅速了解车辆的行驶状况,降低维护成本,延长行驶时间。

7. 自动辅助泊车系统

自动辅助泊车系统(Automatic Parking System,APS)通过前保险杠车头两侧设置的雷达探头,运用超声波传感器扫描路面两侧,通过比较停车的空间和车辆的长度,自动寻找合适

双手离开转向盘后，自动泊车正式开始，驾驶人只需控制好车速，并了解车辆与前后车的距离

图 1-0-3　自动泊车技术

的停车位，如图 1-0-3 所示。找到合适位置后，驾驶人只需控制制动踏板，车辆自动控制转向操作，即可将车辆驶入泊车位，并且液晶屏会有相应的显示。拥有自动辅助泊车系统后驾驶人就不用再为停车烦恼，即使驾驶技术不娴熟，也能够根据系统指示轻松解决。在泊车辅助这个层面，国际上只有高端车才配备这样的装备，但是随着国内用户要求的提高，昊锐和途观等车型已配备，开创了 B 级车享受豪华车配置的先河。

尽管自动辅助泊车系统的标配率较低，但它已成为选装功能中的核心差异点。透明底盘、360°环视等功能的装配率较高。随着技术的进步和法规的完善，自动辅助泊车系统正在向更高自动化级别发展。记忆泊车和代客泊车等功能已经开始在市场上出现，尽管尚未大面积装配，但在特定场景下已经展现出良好的应用前景。未来，自动辅助泊车系统将更加智能化和人性化，能够应对更复杂的停车场。

8. 车道偏离警示系统

车道偏离警示系统（Lane Departure Warning System，LDWS）通过中控台上的按钮被激活，如果驾驶人在行车过程中跨越原来的车道，但没有转向的操作（如打转向灯），该系统会发出轻微的警示声。如图 1-0-4 所示，该系统通过一台摄像机检测车辆在车道线之间的位置，当车速超过 60km/h，该系统激活；当车速超过 65km/h 系统便开始进行干预。驾驶人警示控制系统（DAC）由一个摄像头、若干传感器和一个控制单元组成。摄像头装在风窗玻璃和车内后视镜之间，不断测量汽车与车道标志之间的距离；传感器记录汽车的运动；控制单元储存该信息并计算是否有失去对汽车控制的危险。如果评估的结果是高风险，即通过声音信号向驾驶人发出警示。

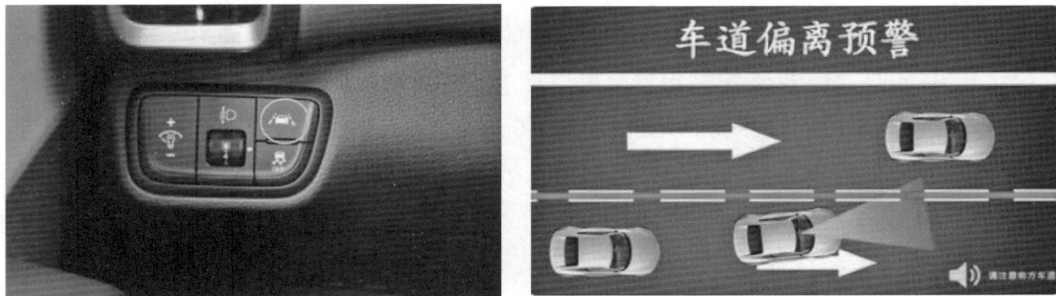

图 1-0-4　车道偏离警示系统

欧盟规定针对总重超过 3.5t 的商用车和 8 座以上的小型客车，自 2013 年 11 月起新车型必须强制安装车道偏离警示系统；2015 年 11 月针对所有新注册新车，强制装备以上系统。

车道偏离警示系统的应用不仅限于高端汽车,随着技术的进步和成本的降低,该系统有望广泛应用于中低端汽车。此外,车道偏离警示系统还可以应用于公共交通工具和工程车辆等领域,进一步提高交通安全水平。

三　汽车底盘电控技术的发展趋势

汽车底盘电控
技术的发展趋势

1. 集成化

集成化是指若干个汽车底盘电控技术共用电子控制单元(ECU)、共享信号。例如,电子控制制动系统 ABS/ASR/ESP 可以集成在一起,在制动、加速和转向方面满足用户的较高要求,解决汽车在制动和驱动时的方向稳定性问题,对提升汽车的主动行驶安全具有较大的贡献。

ABS/ASR/ACC 也可集成在一起,具有优先用户操作和 ABS 优先工作的功能,在实时动态监控、数据计算和确定汽车行驶状态和车轮转动状态上表现出色。

未来汽车底盘技术的发展方向势必将制动控制系统、转向控制系统、主动悬架控制系统等技术集成融合在一起成为汽车底盘智能控制系统,实现信息共享、集中控制,提高各自单独控制的性能,使资源合理分配。

2. 线控化

所谓线控系统就是执行机构和操纵机构两者没有机械连接和机械能量传递,驾驶人的操纵指令通过传感器件感知,采用电信号等形式经过网络传递给执行机构与电子控制器。其中,执行机构通过利用外来能源完成相对应的任务,而其执行的整个过程和执行结果受到电子控制器的控制与监测。

汽车底盘线控系统的核心是线控驱动系统、线控转向系统和线控制动系统。线控驱动系统是电子控制器根据用户指令来控制发动机的转速和方向,并且通过踩加速踏板来控制发动机输出的转矩大小。线控转向系统由转向系统、电子控制系统和转向盘系统三部分组成,去除了转向轮与转向盘之间的机械连接装置,使得自身与其他系统更加协调一致地工作。线控制动系统由接收单元、踏板行程传感器和制动踏板等组成,经制动控制器接收车轮传感器信号、踏板信号与制动信号来控制车轮制动。

以线控制动系统为例做简单介绍。线控制动系统(Brake-By-Wire,BBW)是一种新型的智能化制动系统,也是未来制动控制系统的发展趋势。BBW 省去了传统制动系统中的制动油箱、制动主缸、液压阀和复杂的管路。BBW 采用嵌入式总线技术,可以与防抱死制动系统(ABS)、牵引力控制系统(TCS)、车身电子稳定程序(ESP)、自适应巡航控制系统(ACC)等汽车主动安全系统协同工作,通过优化微处理器中的控制算法,可以精确地调整制动系统的工作过程,缩短制动响应时间,提高车辆的制动效果,加强汽车的制动安全性能。BBW 以电能作为能量来源,通过电机或电磁铁驱动制动器,耐久性好,可改善各种电控制动系统能效。BBW 系统总成制造、装配、测试简单快捷,安装和维修更加方便。

3. 智能化

智能化是指事物在计算机网络、大数据、物联网和人工智能等技术的支持下,所具有的能满足人各种需求的属性。随着系统能够接管汽车横向/纵向运动控制、动态驾驶任务、目标和事件探测与响应等,汽车将会越来越智能化。例如无人驾驶汽车,就是一种智能化的事物,它将传感器物联网、移动互联网、大数据分析等技术融为一体,从而能动地满足人的出行需求。它之所以是能动的,是因为它不像传统的汽车,需要被动地人为操作驾驶。智能驾驶汽车主要有 5 个等级,见表 1-0-1。

驾驶自动化等级与划分要素之间的关系 表 1-0-1

等级	名称	车辆横向和纵向运动控制	目标和事件探测与响应	动态驾驶任务接管	设计运行条件
0 级	应急辅助	驾驶人	驾驶人和系统	驾驶人	有限制
1 级	部分驾驶辅助	驾驶人和系统	驾驶人和系统	驾驶人	有限制
2 级	组合驾驶辅助	系统	驾驶人和系统	驾驶人	有限制
3 级	有条件自动驾驶	系统	系统	动态驾驶任务接管用户（接管后成为驾驶人）	有限制
4 级	高度自动驾驶	系统	系统	系统	有限制
5 级	完全自动驾驶	系统	系统	系统	无限制 *

注:* 为排除商业和法规因素等限制。

4. 安全化

随着汽车底盘电控技术的不断创新、发展,越来越多的线控化、智能化电控技术应用在汽车的驱动、转向、制动、悬架等上面,汽车将会越来越安全。

任务实施

一 实施计划

任务导入中销售顾问碰到的难题其实就是汽车底盘电控技术的应用情况,常见的汽车底盘电控技术英文缩略语及含义见表 1-0-2。

汽车底盘电控技术常见英文缩略语及含义 表1-0-2

英文缩略	含义	英文缩略	含义
AT	自动变速器	TPMS	胎压监测系统
ACC	自适应巡航控制系统	APS	自动泊车系统
HDC	上坡辅助系统	HHC	下坡辅助系统
ECSS	电子控制悬架系统	EPS	电动动力转向系统
EDS	电子差速锁	EBD/CBC	电子制动力分配系统
ABS	防抱死制动系统	EBA/BAS/BA	辅助制动系统
ASR	驱动防滑控制系统	ESP	电子稳定程序
TCS/TRC	牵引力控制系统	DSC	动态稳定性控制系统
LDWS	车道偏离警示系统	VSC	汽车稳定性控制系统

二 实施环境

（1）汽车底盘电控实训室或汽车整车实训室。
（2）装备有底盘电控技术的轿车、举升机、工具车、工作台。
（3）相应的车辆维修手册或车辆参数表。

三 实施步骤

分小组完成如下操作要求：
（1）对照本组指配的整车查看车辆装配了哪些底盘电控技术。
（2）分组指出底盘电控部件的具体位置。
（3）完成下面的任务工单。

四 任务工单

项目一 认知汽车底盘电控技术	班级			
	姓名		学号	
	日期		分数	

1. 根据教师指定的整车，回答以下问题。（20分）

（1）车辆的型号：_____。

（2）车辆的 VIN 码：_____。

(3)装配汽车底盘电控技术的部件有：_____

_____。

2. 电控自动变速器的类型。（20 分）

(1)_____；

(2)_____；

(3)_____；

(4)_____。

3. 目前,汽车已用的电子控制制动系统有哪些？（至少回答 6 种）（30 分）

4. 分组讨论汽车底盘电控技术的发展趋势。（30 分）

✿ 复习延伸

一 重点总结

（1）汽车底盘电控技术是指汽车底盘总成部件应用汽车电子技术来提高汽车的操纵性能、舒适性能和安全性能。

（2）电控自动变速器有：电控机械式自动变速器（AMT 或 EMT）、电控液力-机械式自动变速器（EHAT 或 EAT）、有级式双离合器机械自动变速器（DCT 或 DSG）、电控机械式无级变速器（CVT）。

（3）电子控制制动系统主要包括 ABS/ASR/ESP 等集成控制系统。

（4）电子控制悬架系统包括主动悬架和半主动悬架两种。

（5）电控动力转向系统是为了改善用户的转向操纵感，减轻用户的体力消耗和提高汽车的转向性能而设计的。

（6）自适应巡航控制系统的英文全称是 Adaptive Cruise Control，简称 ACC。

（7）轮胎气压监测系统的英文全称是 Tire Pressure Monitoring System，简称 TPMS。

（8）自动辅助泊车系统的英文全称是 Automatic Parking System，简称 APS。

（9）车道偏离警示系统的英文全称是 Lane Departure Warning System，简称 LDWS。

（10）未来汽车底盘电控技术的总体发展趋势是集成化、线控化、智能化和安全化。

二 课后练习

（一）简答题

1. 解释汽车底盘电控技术。

2. 电子控制自动变速器有哪几种类型？

3. 电子控制制动系统作用主要体现在哪几个方面？

4. 电子控制悬架系统有什么作用？

5. 电子控制动力转向系统有何优点？

6. 自适应巡航控制系统的应用场景有哪些？

7. 列举目前已应用的汽车底盘电控技术。

8. 请在学习过程中留意积累素材，在学习结束时写一篇关于汽车底盘电子控制技术应用现状和发展趋势的总结。

(二)选择题

1. 下面哪些是汽车底盘电控系统的装置?(　　)(多选)
   A. EPS　　　　　B. ABS　　　　　C. ASR　　　　　D. ECSS

2. 自动变速器和手动变速器相比,传动效率(　　)。
   A. 提高了　　　B. 降低了　　　C. 不变

3. 电控悬架和传统悬架相比,哪些装置可实现自动调节?(　　)(多选)
   A. 弹性元件　　　B. 减振器　　　C. 车身高度　　　D. 车轮

4. 轮胎气压监测系统(　　)了轮胎爆胎的可能性。
   A. 提高　　　　B. 降低　　　　C. 不变

5. 车道偏离警示系统工作时,当车速超过(　　),系统被激活。
   A. 50km/h　　　B. 60km/h　　　C. 65km/h　　　D. 70km/h

6. 自适应巡航控制系统的英文简称是(　　)。
   A. CCS　　　　B. ACC　　　　C. CSC

7. 防抱死制动系统的英文简称是(　　)。
   A. ABS　　　　B. ASR　　　　C. ESP

8. 汽车底盘电控技术的发展趋势包括(　　)。(多选)
   A. 智能化　　　B. 集成化　　　C. 线控化　　　D. 复杂化

(三)判断题

1. DCT 是指电控双离合机械自动变速器。(　　)
2. ASR 是在汽车制动时起作用的。(　　)
3. RWS 控制后轮的转向角度和 AFS 控制的前轮转向角度一样大。(　　)
4. 自适应巡航控制系统的英文简称是 CCS。(　　)
5. 自动辅助泊车系统的英文简称是 APS。(　　)
6. 胎压监测系统可检测轮胎的温度、压力等。(　　)
7. 汽车底盘线控系统的核心是线控驱动系统、线控转向系统和线控制动系统。(　　)
8. 线控制动系统的英文全称是 Brake-By-Wire,简称 BBW。(　　)

项目二

检修电控自动变速器

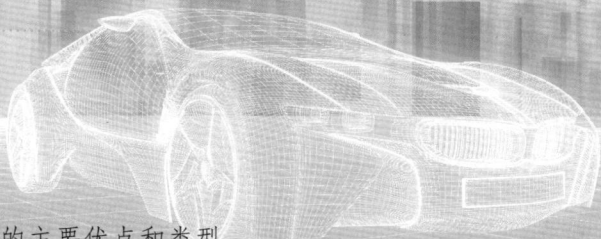

学习目标

知识目标

1. 了解电控自动变速器的主要优点和类型。

2. 掌握电控自动变速器及其主要元件的作用、组成、结构和工作原理。

3. 掌握电控自动变速器的控制内容和控制策略。

能力目标

1. 能正确识别电控自动变速器的类型和检修主要元件。

2. 能熟练分析电控自动变速器的换挡执行元件和动力传动路线。

3. 能熟练识读电控自动变速器的电路图和油路图。

4. 能够对电控自动变速器的常见故障进行正确的诊断与排除。

素质目标

1. 培养学生精益求精的工匠精神。

2. 培养学生技能报国的爱国精神。

3. 培养学生热爱汽车的技术品质。

知识结构导图

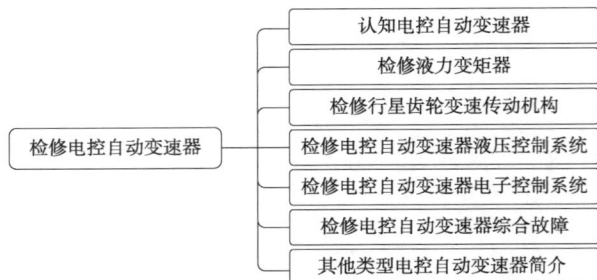

```
                          ┌──────────────────────────┐
                          │      认知电控自动变速器      │
                          ├──────────────────────────┤
                          │       检修液力变矩器        │
                          ├──────────────────────────┤
                          │   检修行星齿轮变速传动机构    │
  ┌──────────────┐        ├──────────────────────────┤
  │ 检修电控自动变速器 │──────│ 检修电控自动变速器液压控制系统 │
  └──────────────┘        ├──────────────────────────┤
                          │ 检修电控自动变速器电子控制系统 │
                          ├──────────────────────────┤
                          │   检修电控自动变速器综合故障   │
                          ├──────────────────────────┤
                          │  其他类型电控自动变速器简介   │
                          └──────────────────────────┘
```

任务一　认知电控自动变速器

任务导入

一　任务描述

一位新购买手自一体自动挡汽车的车主,电话询问汽车 4S 店售后人员,反映其车辆上陡坡时动力不足,咨询车辆是否出现了问题?

二　任务分析

此案例中的车主由于不能正常使用自动变速器换挡杆,从而出现上陡坡时动力不足的现象。作为专业的汽车 4S 店售后技术人员,应该准确告知客户使用方法,这样可以赢得客户的好感和信任,为客户以后到店维修奠定良好基础。

三　技能目标

(1)能准确查找车型换挡杆资料。

(2)能熟练操作自动挡汽车换挡杆。

（3）能掌握换挡杆不同位置的使用方法。

知识结构导图

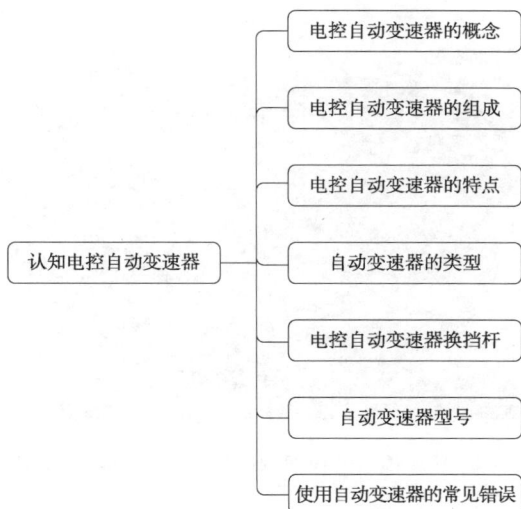

```
                              ┌─ 电控自动变速器的概念 ─┐
                              │                      │
                              ├─ 电控自动变速器的组成 ─┤
                              │                      │
                              ├─ 电控自动变速器的特点 ─┤
                              │                      │
    认知电控自动变速器 ───────┼─ 自动变速器的类型 ───┤
                              │                      │
                              ├─ 电控自动变速器换挡杆 ┤
                              │                      │
                              ├─ 自动变速器型号 ─────┤
                              │                      │
                              └─ 使用自动变速器的常见错误 ┘
```

相关知识

电控自动变速器的普遍采用,使汽车驾驶变得舒适方便,操作简单省力,有利于行车安全和提高机件使用寿命。目前,中高级轿车普遍采用电控自动变速器,普通家用轿车普及率更高。这就使得学习掌握电控自动变速器的相关知识和技能日显迫切,否则,容易由于盲目拆卸或维护不当而引发电控自动变速器各种故障,甚至导致电控自动变速器报废。

一　电控自动变速器的概念

自动变速器是指在汽车行驶过程中,驾驶人无须操纵换挡杆,仅通过踩踏加速踏板即可自动变换挡位进而改变车速的变速器,简称 AT(Automatic Transmission)(注:AT 现在也专指采用电控液力传动类型的自动变速器,以区别于 AMT、CVT、DCT 等不同类型)。

目前,自动变速器全都是由 ECU 依据设计好的换挡规律或换挡策略来控制自动换挡过程,因此又称为电控自动变速器,简称 EAT、ECT、ECAT 等(缩略语中的字母 E、C 分别对应于英文 Electronic 和 Control)。

二　电控自动变速器的组成

电控自动变速器的
概念、组成和特点

尽管自动变速器的型号很多,外部形状各异,内部结构也不尽相同,但他们的组成却基本相同。以奔驰 9G-TRONIC 9 速电控液力自动变速器(Electronic Hydraulic Auto Transmission, EHAT)为例,它由液力变矩器、齿轮变速机构、换挡执行机构、液压控制系统和电子控制系统 5 部分组成,如图 2-1-1 所示。

图 2-1-1　奔驰 9G-TRONIC 9 速电控液力自动变速器结构简图

1. 液力变矩器

液力变矩器位于自动变速器的最前端,与飞轮固定连接,其作用相当于手动挡汽车中的离合器。它可利用油液循环流动过程中动能的变化将发动机的动力传递给自动变速器的输入轴,并能根据汽车行驶阻力的变化,在一定范围内自动、无级地改变传动比和转矩比,具有一定的减速增矩功能。

2. 齿轮变速机构

齿轮变速机构用于构成不同的传动比,进而组成不同的挡位。目前,绝大多数的电控液力自动变速器都采用行星齿轮机构进行变速,图 2-1-1 中齿轮变速机构由 4 排行星齿轮机构构成。

3. 换挡执行机构

换挡执行机构由若干多片湿式离合器、制动器(也有带式的)和单向离合器组成,通过其中不同类型和数量的组合,用以改变行星轮系中主动元件的角色(太阳轮、齿圈或行星架)和限制某个元件的运动(固定或单向固定),进而使得动力传递的方向和传动比发生改变。

4. 液压控制系统

液压控制系统主要包括油压提供和限制部分、油压调节部分、联动控制部分、换挡控制部分和变矩器锁止控制部分及其他部分。组成中的各种控制阀和油路通常设置在一个板块内,称为阀体总成。

5. 电子控制系统

电子控制系统由输入装置、ECU、执行器三大部分组成。输入装置主要包括各种传感器和部分控制开关;ECU 根据各传感器和控制开关的信号与设定的控制程序,通过运算、分析,向相应的执行器输出控制信号,实现对自动变速器的控制。

三 电控自动变速器的特点

1. 电控自动变速器的优点

1)操作简单省力

采用自动变速器的车辆取消了离合器踏板,只剩加速踏板和制动踏板;省去了手动挡汽车换挡时离合器踏板与加速踏板、换挡杆三者间的配合操作,极大地简化了换挡动作,降低了驾驶人的劳动强度。

2)行车安全可靠

由于操作的简化,使驾驶人的注意力从频繁的换挡操作中解放出来,可以更加集中精力观察道路交通情况,把控行车方向,极大地提高了行车安全。统计显示,公共汽车采用自动变速器后,交通事故可减少 1/3。

3)驾乘平顺舒适

自动变速器能把发动机的转速控制在一定范围内,避免了发动机转速忽高忽低地急剧变化,有利于减轻发动机的振动和噪声;并可通过其专门的控制系统,得到平稳的换挡过程,减轻驾驶人操作水平不高所带来的驾乘不适感觉;另外,液力传动可吸收和减弱换挡过程中的冲击。

4)机件寿命延长

因为采用液力元件,可以消除或减弱动力传动装置中的动载荷;且由于自动换挡避免了粗暴换挡操作所产生的冲击,所以装备自动变速器的车辆,其传动装置零件的使用寿命较长;加上动力控制系统的作用,使发动机的寿命也得到了相应的提高。

5)改善动力性能

由于液力变矩器性能及可连续自动换挡,车辆起步加速性能得以提高;自动换挡过程中传动系统可不中断功率传递,并有减少换挡冲击的设计措施(减油压、蓄能器、减转矩等),加之换挡时刻与发动机功率的合理匹配,所有这些使得车辆平均速度提高,加速性能良好。

6)通过性能提高

由于自动变速器绝大多数都是采用液力传动,再加上自动控制换挡,使得车辆的通过性能也得到了显著改善,能以较高的平均车速通过雪地和松软路面。

7)降低空气污染

在手动变速器中,由于换挡过程中常伴有燃油供给量的急剧变化,发动机转速的变化较大,导致燃烧过程变差,使得发动机排气中的有害成分增加,加剧了对空气的污染。使用自动变速器,由于液力传动和自动换挡技术,能把发动机的工作限制在污染较小的转速范围内,进而减少排气有害物的排放数量,有利于大气环境的保护。

2. 电控自动变速器的缺点

(1)结构复杂,制造精度要求高,质量大,因而造成其成本较高,研制费用较大。通常装备自动变速器的小汽车,较其相应的手动挡汽车价格高出10%左右。

(2)传动效率降低,燃油消耗增加,这主要由液力传动导致。通常液力传动效率最高可达86%~90%,比机械传动效率要低8%~12%,故通常燃料消耗量较手动变速器车型略高。

(3)电控自动变速器由于结构复杂,故在使用维修、故障分析和处理等方面,要求必须有较高的技术水平。

四 自动变速器的类型

不同车型装备的自动变速器在形式和结构上往往差异甚大,常见的分类方法和类型如下。

1. 按变速方式

汽车自动变速器按变速方式的不同,可分为有级自动变速器和无级自动变速器两类。

有级自动变速器是有几个固定传动比的变速器(通常有4~10个前进挡和1或2个倒挡)。无级自动变速器是能使传动比在一定范围内连续变化的变速器,无级变速器目前在汽车上已日渐普及。

2. 按汽车驱动方式

按汽车驱动方式的不同,自动变速器可分为后驱自动变速器和前驱自动变速器两类。它们在结构和布置上有很大的差别。

后驱自动变速器的变矩器和齿轮变速器的输入轴及输出轴在同一轴线上,轴向尺寸较大,在小型客车上布置比较困难。

前驱自动变速器在壳体内还装有差速器。其中,发动机纵向布置所配用的前驱自动变速器的结构和布置与后驱自动变速器基本相同,只是在后端增加了差速器。横置发动机前驱自动变速器限于汽车横向尺寸,要求必须有较小的轴向尺寸,因此常将输入轴和输出轴设计成平行排列方式;液力变矩器输入、输出轴和变速器输入轴在同一轴线上,布置在上方,变速器输出轴则布置在下方。这样就使变速器的轴向尺寸减小,高度增加,因而常将阀体总成布置在变速器的侧面或上方,确保汽车有足够的最小离地间隙。

3. 按前进挡位数

目前,自动变速器按前进挡位数的不同,可分为4~6个挡位,有些车型还装备有7~10

个前进挡。挡位数的增多,必然使得自动变速器的构造更加复杂,但是对于车辆燃油经济性的提高却大有益处。

4. 按齿轮机构类型

按齿轮变速机构的类型不同,自动变速器分为普通(定轴)齿轮式和行星齿轮式两类。定轴齿轮式自动变速器体积较大,最大传动比较小,只在少数车型使用,如本田 ACCORD 轿车。行星齿轮式自动变速器因其结构紧凑,能获得较大的传动比,为绝大多数轿车所采用。

5. 按变矩器的类型

现代轿车自动变速器大多采用结构简单的单级三元件综合式液力变矩器,内部均设有锁止离合器。这样,当汽车达到一定车速时,控制系统使锁止离合器接合,将液力变矩器输入部分和输出部分连成一体,发动机动力不再借助于液力传动而是以机械传递方式直接传入齿轮变速器,提高了传动效率,降低了燃油消耗,使得车辆燃油经济性得以改善。

6. 按控制方式

液力自动变速器按控制方式不同,可分为全液力控制自动变速器(简称为液力自动变速器)和电子控制液力自动变速器(简称电控液力自动变速器)两类,前者现已几乎淘汰。

现代汽车普遍采用的电控液力自动变速器,是在液力自动变速器基础上增设电子控制系统而形成的。节气门开度和车速参数分别由节气门位置传感器和车速传感器提供,替代了液力自动变速器中的节气门阀和速控阀,简化了液压系统,提高了响应速度;并增设了油路控制电磁阀。

电控系统中的传感器和开关检测汽车与发动机的运行状态及驾驶人的驾驶意图,并将其所检测到的信息转换成电信号输入到电控单元 ECU。ECU 经过计算、比较处理后,根据设计的换挡程序(或称控制策略),确定并输出换挡指令信号,通过电磁阀的开闭,实施油压的增加和泄放,完成对换挡阀的控制,使其打开或关闭通往相应换挡离合器和制动器的油路,最终实现换挡时刻和挡位的变换,达到自动变速的目的。

五　电控自动变速器换挡杆

自动变速换挡杆

不同类型的电控自动变速器换挡杆大同小异,使用方法相差无几。如图 2-1-2 所示,换挡杆上通常有 P、R、N、D 等位置。有的手/自一体变速器上有 M(Manual)位(有的甚至只简化为"＋"或"－"),表示此位置可以手动控制;"M＋"表示手动升挡,"M-"表示手动降挡。也有的换挡杆上有字母 S,表示运动模式(Sport)。换挡杆的操纵既可以是机械的,也可以是电子的;既可以上下操纵,也可以旋转操纵。

电控自动变速器换挡杆各位置的名称及功用见表 2-1-1。

图 2-1-2 电控自动变速器常见的换挡杆

电控自动变速器换挡杆各位置名称与功用　　　　表 2-1-1

挡位	挡位名称	挡位功用
P	驻车挡(Parking)	停车位置,作用一是可以起动发动机,作用二是机械锁止变速器输出轴。若从此位移出,可踩下制动踏板或按下换挡杆上的锁止按钮,才能解除锁止功能。注意:只有当车辆完全停稳时才能进入该挡位
R	倒车挡(Reverse)	倒车位置,作用是实现汽车倒退行驶。通常要按下换挡杆上的锁止按钮,才能将手柄移至 R 挡。注意:当车辆尚未完全停稳时,绝对不可以强行转至 R 挡,否则变速器会受到严重损坏
N	空挡(Neutral)	空挡位置,作用一是中断自动变速器的动力传递,作用二是可以起动发动机。注意:若发动机运转而短暂停车(10s 以上)时,或长距离拖车时,应将换挡杆置于 N 挡,以避免变速器油温变高
D	前进挡(Drive)	前进挡位置,作用是汽车前进行驶时使用。由于各国车型有不同的设计,所以"D"挡一般包括从 1 挡至高挡或者 2 挡至高挡,并会因车速及负荷的变化而自动换挡
M + 或 M –	手动加减挡	手动加减挡的位置,往前推一下,就加一挡,往后推一下,表示减一挡。M 挡的设计,是弥补自动挡车型所欠缺的驾驶快感
S	运动模式(Sport)	运动模式,汽车行驶过程中可直接将挡位挂入"S"挡,用于爬坡与快速超车。注意:超车后应立即换回 D 挡,否则就会增加油耗

六　自动变速器型号

　　一种变速器可能被用在多个公司不同款式的汽车上,而同种车型也可能装用不同型号的变速器。如果对自动变速器的型号不了解,在维修中就会对故障分析、资料查找及零配件采购等造成障碍。通过自动变速器的型号可以了解其基本配置,通常在油尺、油底壳或变速器壳某一特定位置上可以找到。

1. 自动变速器型号的内容

自动变速器的型号中主要包含以下这些内容。

(1)变速器性质:指自动变速器或手动变速器。一般用"A"表示自动变速器,"M"表示手动变速器。

(2)生产公司:有的自动变速器型号前会加上表明生产厂家的字母,如"ZF"表示德国ZF公司生产的自动变速器。

(3)驱动方式:指车辆是前轮驱动还是后轮驱动。一般用"F"表示前轮驱动,"R"表示后轮驱动。

(4)前进挡位数:一般用数字表示。

(5)控制方式:指自动变速器是电控、液控还是电液控制。一般用"E"表示电控,"H"表示液控,"EH"表示电液控制。

(6)生产、改进序号:指自动变速器是基本型还是改进型。

(7)额定输出转矩或代号:指自动变速器能够输出的最大转矩。

2. 自动变速器型号含义举例

下面将几个主要公司的自动变速器介绍如下。

1)采埃孚(ZF)公司自动变速器

德国ZF公司全名ZF Friedrichshafen AG(弗里德里西港ZF股份公司),简称ZF公司,是当今世界上最重要的传动系统产品专业制造厂家之一。它与日本的爱信(Aisin AW)、捷特科(Jatco)并称为世界三大自动变速器厂商。只要是汽车自动变速器标识为"××HP-××"的均为ZF公司产品。

例如:宝马ZF5HP-19-EH。ZF表示ZF公司;5表示5个前进挡位;HP表示液压控制行星齿轮式变速器;19表示最大传递转矩代号;EH表示电控-液压类型变速器。

又如ZF-6HP-22、8HP-30/45/70/90、9HP-28/48等型号。目前,ZF已推出10HP等。

2)通用(GM)公司自动变速器

该公司自动变速器的型号主要有:4T60/65E、4L60E、5L40/45E、6L45E、6T30/40/45E等。第一位阿拉伯数字表示前进挡的个数,如"6"表示有6个前进挡;第二位的字母表示驱动方式,"T"表示自动变速器横置(前轮驱动),"L"表示纵向安装(后轮驱动、四轮驱动);第三、四位数字表示自动变速器的产品系列;第五位字母表示控制类型,"E"表示电子控制。目前,通用(GM)公司已推出10L80/90E、10R80E等型号。

3)丰田公司自动变速器

丰田自动变速器大部分为日本爱信公司生产的,型号分为A系列和U系列。

早期的丰田自动变速器型号以"A43D"这种其中含有2个数字为代表,这种形式的自动变速器主要有 A40、A40D、A42DL、A45DF、A55、A55F 等，其中：A 表示自动变速器；4 表示驱动方式，其中 1、2、5 表示前轮驱动，3、4、6、7 表示后轮驱动；3 表示生产序号，0 是基本型，1是第一次改进型，3 是第三次改进型；D 表示前进挡位数，D 表示具有超速挡，即 4 挡自动变速器，若无 D 则表示为 3 挡自动变速器；E 表示电控自动变速器，同时具有锁止离合器，若无E 则表示为液控自动变速器；L 表示具有锁止离合器；F 表示四轮驱动自动变速器。

目前的丰田自动变速器型号以"A340E"这种其中含有 3 个数字为代表，这种形式的自动变速器主要有 A340E、A340H、A341E、A340F、A341F、A140E、A141E、A240E、A241E、A245E、A540E、A540H、A541E、A650E 等。其中，左起第一个字母"A"仍表示自动变速器；左起第一位阿拉伯数字以及后附字母的含义同上；左起第二位阿拉伯数字表示该自动变速器前进挡的个数；左起第三位阿拉伯数字表示生产序号。还需说明，上述各型自动变速器中，A340H、A340F、A540H 的后面均省略了字母"E"。

丰田公司近年来升级版本的自动变速器型号有 A750E、A760/761E、A960 和 AA80E 等。U 系列有 U151、U241、U250、U340/341E、U540、U660、U760/761E 等型号。这里的"U"表示超级智能自动变速器，且均为前轮驱动。

特别说明，在当今的 6 速自动变速器市场上，爱信公司产品占有很大的市场份额，其中国内最常见的就是爱信的 TF-60SN。大众公司将它安装于多种车型中，将它称为 09G、09M以及 09K。而用于奥迪、途锐及保时捷卡宴的 09D 也是爱信的 6 速后驱自动变速器，爱信的名称为 TR-6SN。此外，还有爱信的 TF-80SC，整车厂称之为 AF40，在欧系车如 VOLOV、SAAB、OPEL、RANGE ROVRE、PEUGEOT 等车型上使用广泛，而国内上汽通用公司新近生产的新款君威 2.0T 用的也是这款 AF40 爱信 6 挡变速器。而爱信的 TF-81SC 变速器被福特称为 AWF21，被用于新款福特蒙迪欧等车型上。这些爱信 6 速自动变速器将在今后几年的维修市场中日益常见，尤其是大众 09G，此变速器已被用来完全取代早先的大众 01M 和 01N 这两种 4 速变速器，正应用于各种国产的大众车型中，如大众途安、POLO、新宝来、朗逸、速腾、迈腾、斯柯达等，其今后维修量之大可想而知。

目前，丰田也推出了横置和纵置 10AT 自动变速器。

4）奔驰公司自动变速器

奔驰公司自动变速器型号形式为 722.×，如 722.4（4 个前进挡），722.5、722.6（5 个前进挡），722.7（5 挡平行轴式），722.8（无级变速器），722.9（7 个前进挡、两个倒挡）等。以"722.6"做进一步介绍：其中，722 表示轿车用自动变速器；6 表示自动变速器有 5 个前进挡。此外，奔驰还有 7G-DCT（7 速双离合）、8G-DCT（8 速双离合）。

5）大众公司自动变速器

大众公司自动变速器型号分为两大系列，即 09 系列和 01 系列。

09 系列有 096、097、098、099、09G、09E、09L、09D（09G 系列由日本爱信公司生产）等。

01 系列有 01M、01N、01V（是大众服务号，实为 ZF 公司生产的 ZF-5HP-19）和 01J（无级变速器系列）。

DCT/DSG 双离合器直接换挡系列有 DQ200（7 挡干式，主要与 1.2T 和 1.4T 发动机搭配使用，广泛应用于朗逸、宝来等多款车型，最大转矩 250N·m），DQ250（6 挡湿式，与 1.8TSI 和 2.0TSI 版本发动机配合使用，主要搭载在一汽-大众迈腾等车型上，最大转矩 350N·m），DQ381（7 挡湿式，作为 DQ380 的升级版，主要适配大众的 2.0T 发动机，可承受的最大转矩高达 420N·m），DQ500（7 挡湿式，在新途昂等高端车型中得到应用，最大转矩 600N·m）等。

七　使用自动变速器的常见错误

1. 自动变速器车辆长时间停车时，换挡杆仍滞留在 D 位

在等待通过信号或堵车时，有些驾驶人喜欢将换挡杆保持在 D 位，同时踩下制动踏板，若时间很短，这样做是允许的。但若时间较长时（通常是超过 10s）最好换入 N 位，并拉紧驻车制动器操纵杆。

2. 自动变速器车辆高速行驶或下坡时，把换挡杆置于 N 位滑行

当下长坡确需滑行时，将换挡杆还保持在 D 位也可以滑行，但不可使发动机熄火（因下长坡滑行将发动机熄火会减少车轮制动助力）。另外，因发动机转速处于怠速，造成油泵供油量过小，会导致换挡执行元件油压不足而打滑，且润滑散热效果下降，进而烧毁换挡执行元件。

3. 自动变速器在 P 位或 N 位以外的挡位起动车辆

装备自动变速器的车辆被设计为只能在 P 位或 N 位才能将发动机起动，以避免在其他挡位起动时，使车辆立刻出现向前或向后的窜动而发生意外。因此，起动发动机时一定确定换挡杆处于 P 位或是 N 位。

4. 装备自动变速器汽车通过外力推拉车辆来起动发动机

搭载自动变速器的汽车因在发动机熄火状态下，在任何挡位是不能将车轮滚动力矩反向传递给发动机的，而采用人推或其他车辆拖拽的方法起动，是非常错误的。

5. 装备自动变速器的车辆在坡道停车时不使用驻车制动

装有自动变速器的汽车在坡道上停车时，有些驾驶人只是将换挡杆拨至 P 位，而不使用驻车制动器。这种操作容易引发交通事故。虽然装备自动变速器的汽车在 P 位设有停车锁止机构，一般是很少失效的，但其没有制动车轮的功能。因此，在坡道上停车时，还是应该同时使用驻车制动器。

6. 装备自动变速器汽车在 D 位可以起步,一直踩加速踏板就可以换到高速挡

正确的换挡操作应是"松加速踏板提前升挡,急踩加速踏板提前降挡"。也就是说,在 D 位起步后,若要快速升挡,可以采用"踩—放—踩—放"这种循环操作方式。但要注意不能将踏板踩到底,否则,会强制挂入低速挡,长期如此有可能造成变速器的损坏。

总之,自动变速器汽车相对于手动变速器汽车而言,省去了离合器踏板,不必频繁地实施复杂的换挡操作,使驾驶汽车变得简单、轻松。但若操作不当,也会人为增加自动变速器的故障发生频率,降低其使用寿命,增加维修费用。正确使用自动变速器,不仅可以避免或减少交通事故的发生,还会降价车辆使用油耗,减少排放污染。

任务实施

一 实施计划

任务导入中新车主碰到的问题其实是自动变速器换挡杆熟练使用的问题。作为 4S 店售后服务人员,一是要告知客户查阅汽车用户手册,熟悉换挡杆各位置的功能,掌握各位置的使用方法;二是要耐心向客户介绍各位置的特殊用法,消除客户的顾虑。当爬坡或下坡时,应该将换挡杆置于 M 或 S 位,这样汽车的动力性比较强,不会过早升挡而导致车速升高过快。而在汽车高速行驶时,可以将换挡杆从 D 位拨到 M(手动加减挡位置)或 S(运动模式)位。

二 实施环境

(1)汽车整车实训室。
(2)装备有自动变速器的轿车、举升机、工具车、工作台等。
(3)相应的车辆维修手册。

三 实施步骤

分小组完成如下操作要求:
(1)对照本组指配的整车观察换挡杆的类型。
(2)分组操作领会自动变速操纵杆的换挡方法。
(3)完成下面的任务工单。

四 任务工单

项目二　检修电控自动变速器 任务一　认知电控自动变速器	班级			
	姓名		学号	
	日期		分数	

1. 根据教师指定的自动挡车辆和自动变速器,回答以下问题。(20分)

(1)车辆的型号:＿＿＿＿＿＿＿＿＿＿＿＿＿＿＿＿＿。

(2)车辆的 VIN 码:＿＿＿＿＿＿＿＿＿＿＿＿＿＿＿＿＿。

(3)自动变速器型号:＿＿＿＿＿＿＿＿＿＿＿＿＿＿＿＿。

(4)自动变速器的组成部件有:＿＿＿＿＿＿＿＿＿＿＿＿＿＿＿＿＿＿＿＿＿＿＿＿＿＿＿＿＿＿

2. 写出自动变速器选挡手柄位置的名称。(20分)

P:＿＿＿＿＿＿＿＿＿＿＿。　　　　R:＿＿＿＿＿＿＿＿＿＿＿＿。　　N:＿＿＿＿＿＿＿＿＿＿＿＿＿＿。

D:＿＿＿＿＿＿＿＿＿＿＿。　　　　S:＿＿＿＿＿＿＿＿＿＿＿＿。

M＋:＿＿＿＿＿＿＿＿＿＿＿。　　M－:＿＿＿＿＿＿＿＿＿＿＿＿。

3. 简述自动变速器的换挡杆和手动变速器换挡杆的区别。(30分)

4. 讨论说明对于手动挡车辆和自动挡车辆在拖车时有何区别?(30分)

复习延伸

一 重点总结

（1）自动变速器是指在汽车行驶过程中，驾驶人无须操纵换挡手柄，仅通过踩踏加速踏板即可自动变换挡位进而改变车速的变速器，简称 AT。

（2）电控液力自动变速器主要由液力变矩器、齿轮变速机构、换挡执行机构、液压控制系统、电子控制系统等组成。

（3）电控自动变速器有操作简单省力、行车安全可靠、驾乘平顺舒适、机件寿命延长、改善动力性能、提高通过性能、降低空气污染等优点。

（4）目前使用的电控自动变速器按照传动及控制原理的不同可分为 EAT（液力自动变速器）、AMT（自动控制机械式变速器）、CVT（无级变速器）和 DCT/DSG（双离合自动变速器）四种。

（5）各公司的自动变速器都编有不同的型号，由字母和数字组成，用以表示各种不同意义。

（6）自动变速器的换挡杆位置不同于手动变速器的换挡位置，并不是在每个位置都对应着某个具体确定的挡位，通常有 P、R、N、D 等位置。自动变速器的挡位变化不只是由换挡手柄的位置所决定，还受到控制开关和模式开关的约束。

二 课后练习

（一）简答题

1. 简述自动变速器的基本组成。
2. 电控自动变速器有何优点？
3. 如何识别不同品牌的汽车自动变速器？
4. 简述换挡手柄上各挡位的作用。

（二）案例分析题

小孙是汽车修理学徒工，有一天他带着一大包拆散的自动变速器旧零件去买新配件。到了配件公司他将一大包旧件拿了出来，说："我要购买宝马和奔驰两个车的这一堆自动变速器配件，这些都是样品"，并请销售人员给他拿货。然而，销售人员不但不给小孙拿货，反而漫不经心地回答:"我们无法给你配货,请把你这些旧件拿到别的地方去配吧。"接下来小孙又找了几家配件公司,结果如出一辙。

请问小孙是在哪个环节出了问题呢?配件公司为什么不给他配货呢?

(三)选择题

1. 以下是电控自动变速器的英文简称的是(　　　)。(多选)

　　A. ECT　　　　　　B. EAT　　　　　　C. ECAT　　　　　　D. AT

2. 以下属于电控自动变速器优点的是(　　　)。(多选)

　　A. 操纵简单　　　　B. 结构复杂　　　　C. 驾驶平顺

　　D. 维修成本低

3. 电控自动变速器换挡杆"P"是(　　　)。

　　A. 驻车制动器　　　　　　　　　B. 停车挡

　　C. 倒挡　　　　　　　　　　　　D. 前进挡

4. 电控自动变速器换挡杆"D"是(　　　)。

　　A. 驻车制动器　　　　　　　　　B. 停车挡

　　C. 倒挡　　　　　　　　　　　　D. 前进挡

5. 电控自动变速器换挡杆上能起动发动机的是(　　　)。(多选)

　　A. P　　　　　　　B. R　　　　　　　C. N　　　　　　　D. D

6. 若等待红绿灯时间超过10s,应将换挡杆置于(　　　)。

　　A. P　　　　　　　B. R　　　　　　　C. N　　　　　　　D. D

7. ZF8HP-30自动变速器有(　　　)个前进挡。

　　A. 3　　　　　　　B. 5　　　　　　　C. 6　　　　　　　D. 8

8. 722.9自动变速器有(　　　)个前进挡。

　　A. 2　　　　　　　B. 5　　　　　　　C. 7　　　　　　　D. 9

(四)判断题

1. 换挡执行机构由若干多片湿式离合器、制动器和单向离合器组成。　　　　　　(　　　)

2. 无级自动变速器是能使传动比在一定范围内连续变化的变速器。　　　　　　(　　　)

3. 电控自动变速器换挡杆"N"是空挡,可以起动发动机。　　　　　　　　　　(　　　)

4. 驾驶自动挡汽车时,可以保持"N"位滑行。　　　　　　　　　　　　　　(　　　)

5. 自动挡汽车可以通过推车的方法起动发动机。　　　　　　　　　　　　　(　　　)

6. A340E自动变速器有3个前进挡。　　　　　　　　　　　　　　　　　(　　　)

7. 电控自动变速器换挡杆"P"是前进挡。　　　　　　　　　　　　　　　　(　　　)

8. 大众09系列变速器有6个前进挡。　　　　　　　　　　　　　　　　　(　　　)

任务二　检修液力变矩器

🎴 任务导入

一　任务描述

　　某 4S 店前台接待人员刚上班,接到一位购买了手自一体自动挡汽车的车主报修:早晨起动汽车后,发现起步异常缓慢,深踩加速踏板才勉强起步,明显感到车辆动力不足,提速困难,希望得到检修处理。

二　任务分析

　　自动挡汽车因其起步迅速而得到广大客户的青睐,此案例中的自动挡汽车起步异常缓慢,主要是由于变速器增矩出现问题而导致汽车动力不足,与电控自动变速器中的液力变矩器性能异常有关。

三　技能目标

　　(1)能查阅液力变矩器维修资料。

　　(2)能检查液力变矩器的好坏。

　　(3)能分析因液力变矩器故障引起的汽车故障。

知识结构导图

```
                              ┌─────────────────────┐
                              │  液力变矩器的作用和性能  │
                              └─────────────────────┘
                              ┌─────────────────────┐
                              │ 液力变矩器的结构与工作原理 │
        ┌──────────────┐      └─────────────────────┘
        │  检修液力变矩器  │──┤
        └──────────────┘      ┌─────────────────────┐
                              │       锁止离合器      │
                              └─────────────────────┘
                              ┌─────────────────────┐
                              │       单向离合器      │
                              └─────────────────────┘
```

相关知识

一　液力变矩器的作用和性能

液力变矩器位于自动变速器的最前端,与飞轮固定连接,其作用相当于手动挡汽车中的离合器。它可利用油液循环流动过程中动能的变化将发动机的动力传递给自动变速器的输入轴,并能根据汽车行驶阻力的变化,在一定范围内自动、无级地改变传动比和转矩比,具有一定的减速增矩功能。

液力变矩器(Fluid Torque Converter)动力传递的主要形式是液力传动,其是液力自动变速器不可缺少的重要组成部分。此总成封装在一个钢质壳体中,内部充满自动变速油(Automatic Transmission Fluid,ATF)。变矩器壳体前端通过螺栓与发动机曲轴后端的飞轮连接,随曲轴一同旋转,将发动机的动力柔性地传递给自动变速器中的齿轮机构,并具有一定的自动变速能力。

1. 液力变矩器的作用

(1)起到无级变速变矩的作用,当汽车起步时增大由发动机产生的转矩,有利于车辆起步。

(2)起到自动离合器的作用,传递(或不传递)发动机转矩至变速器。

(3)缓冲发动机和传动系统的扭振,使发动机和传动系统寿命延长。

(4)起到飞轮的作用,使发动机运转平稳。

(5)驱动液压控制系统的油泵。

2. 液力变矩器的性能

(1)自适应性:指变矩器能够根据外界负荷的大小,自动改变其转速和转矩值并使系统处于稳定工作的能力。

(2)变矩性能:指液力变矩器在一定范围内按一定规律无级改变由泵轮传到涡轮轴转矩值的能力。

(3)效率性能:指变矩器在传递能量过程中的提升效率的能力。

(4)透穿性能:指液力变矩器涡轮轴上的转矩和转速变化时,影响泵轮轴上转矩和转速也相应变化的能力。

(5)局限性:传动效率低,经济性差;结构复杂,成本高。

二 液力变矩器的结构与工作原理

认知和拆装
液力变矩器

1. 液力变矩器的结构

液力变矩器的结构如图 2-2-1 所示,由壳体、泵轮、涡轮、导轮、单向离合器、锁止离合器等部件组成。整个液力变矩器内充满着 ATF。

图 2-2-1 液力变矩器的结构

1-后壳体及泵轮;2-导轮及单向离合器;3-涡轮;4-锁止离合器;5-前壳体;6-焊接的毂;7-轴承;8-驱动轮

1)泵轮

泵轮是液力变矩器的动力输入元件,作用是将发动机的机械能转化为液力能。它位于液力变矩器的后部,与壳体连成一体,由许多具有一定曲率的叶片按一定的方向辐射状安装在泵轮壳体上,叶片内缘则装有让变速器油液平滑流过的导环,如图 2-2-2 所示。液力变矩器壳体固定在曲轴飞轮上。当泵轮旋转时,叶片便带动其间的液体介质一同运动。

2)涡轮

涡轮是液力变矩器的动力输出元件,作用是将液力能转化为机械能。如图 2-2-3 所示,涡轮位于泵轮前,靠飞轮更近,它也装有很多一定曲率的叶片,但弯曲方向与泵轮叶片的弯曲方向相反。涡轮叶片与泵轮叶片相对放置,中间留有 2～3mm 的间隙。涡轮中心有花键孔与变速器输入轴相连接。

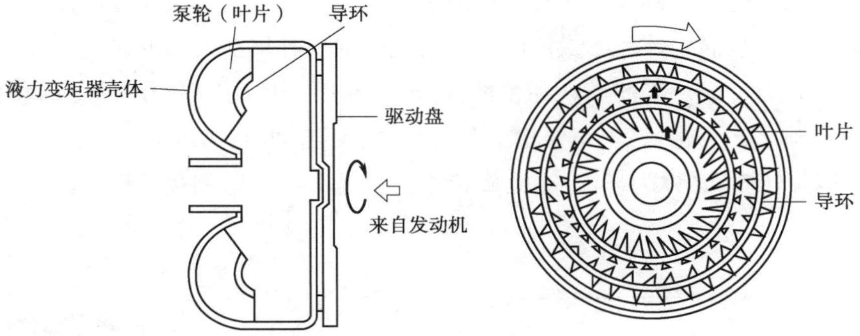

图 2-2-2　泵轮的结构

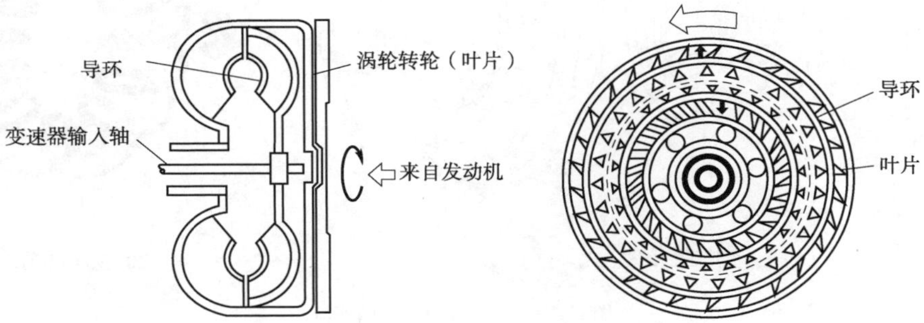

图 2-2-3　涡轮的结构

3）导轮

导轮是液力变矩器的增矩（或变矩）元件，作用是改变从涡轮流回到泵轮的液体流向。如图 2-2-4 所示，导轮位于泵轮与涡轮之间，与泵轮和涡轮均保持有一定的轴向间隙，通过单向离合器支承在固定套管上，使得导轮只能单向旋转（顺时针旋转）。

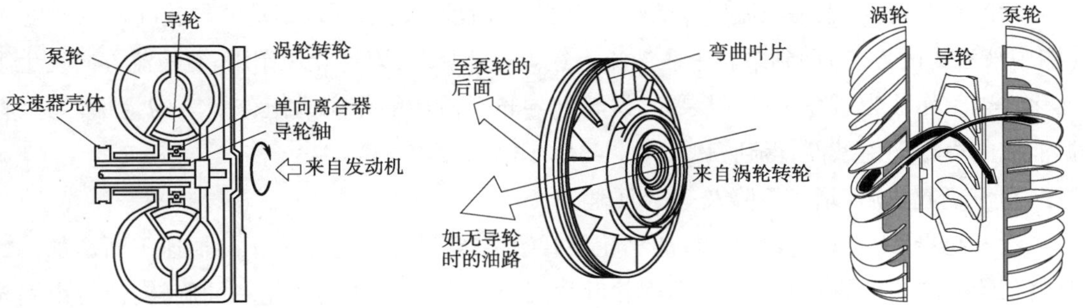

图 2-2-4　导轮的结构

2. 液力变矩器的工作原理

1）车辆起步前（增矩原理）

车辆起动后，发动机飞轮带着变矩器壳体和内部的泵轮随之一同转动，泵轮内的液压油在离心力的作用下，由中心向外甩出，经叶片外缘冲击涡轮，并沿涡轮叶片流向导轮，再经导轮叶片内缘流回泵轮,形成循环的液流,如图 2-2-5a)所示,称为涡流。导轮用于改变涡轮上的输出转矩。由于从涡轮叶片下缘流向导轮的液压油仍有相当大的冲击力,只要将泵轮、涡轮和导轮的叶片设计成一定的形状和角度,就可以利用上述的冲击力来提高涡轮的输出转矩。由于液流除了在泵轮、涡轮和导轮三者之间的循环流动(称为涡流)之外,还要绕着输入、输出轴线一同旋转流动(称为环流,亦称旋转流),最后形成首尾相接的螺旋流,如图 2-2-5b)所示。

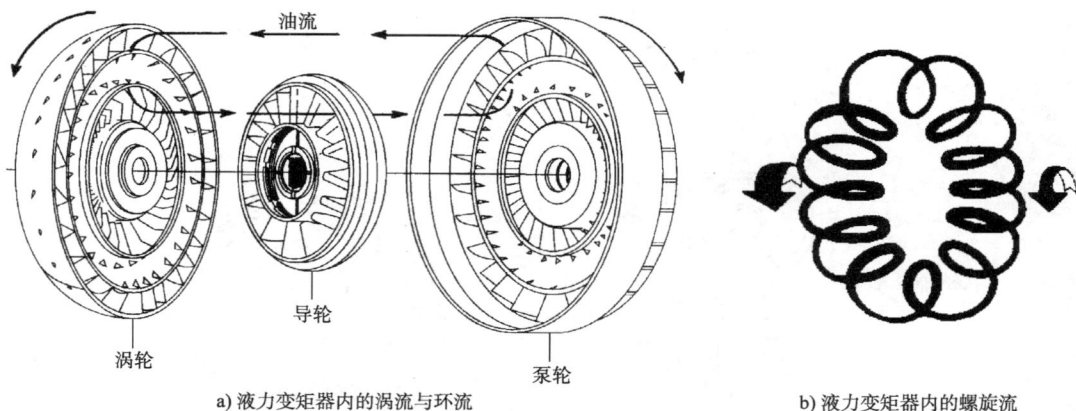

a) 液力变矩器内的涡流与环流　　　　　　　　　　b) 液力变矩器内的螺旋流

图 2-2-5　液力变矩器内的液流

如图 2-2-6 所示,车辆起步前,涡轮转速 $n_W = 0$,发动机通过液力变矩器的壳体带动泵轮旋转,并对工作液产生一个大小为 M_B 的转矩。液力变矩器内的工作液在泵轮叶片带动下,以一定的绝对速度 v_B(图中液流 1 的方向)冲向涡轮叶片,绝对速度 v_B 是泵轮的圆周速度 v_{B1}(环流)和沿泵轮叶片的相对速度 v_{B2}(涡流)的合成速度(图中未画出 v_{B1} 和 v_{B2})。因此时涡轮静止不动,液流沿涡轮叶片流出冲向导轮叶片,v_W(图中液流 2 的方向)既是液流质点在涡轮叶片的相对速度,也是液流质点的绝对速度,然后液流再沿固定不动的导轮叶片以速度 v_D(图中液流 3 的方向)回到泵轮中。液流流经导轮叶片时,因受叶片作用,使液流方向发生了变化。以工作液为研究对象,设泵轮、涡轮和导轮对液体的作用力矩分别为 M_B、M_W、M_D,根据液流的力矩平衡条件,得到:$M_W = M_B + M_D$,详见图 2-2-6a)。

2)车辆起步后(增矩下降及等矩原理)

汽车起步后,与驱动轮相连接的涡轮便开始旋转,其转速随着汽车的加速不断增加。此时由泵轮冲向涡轮的液流除了沿着涡轮叶片流动之外,还要跟随涡轮一同旋转,使得由涡轮内缘出口处冲向导轮的液流方向发生变化,不再与涡轮出口处叶片的方向相同,而是顺着涡轮转动的方向向前倾斜一个角度,使冲向导轮的液流方向与导轮叶片之间的夹角变小,导轮所受到的冲击力矩也减小,液力变矩器的增矩作用也随之减小。车速越高,涡轮转速越大,冲向导轮的液流方向与导轮叶片的夹角就越小,液力变矩器的增矩作用也越小;反之,车速越低,液力变矩器的增矩作用就越大。因此,液力变矩器在汽车低速行驶时有较大的输出转矩,在汽车起步、上坡或遇到较大行驶阻力时,能使驱动轮获得较大的驱动力矩。

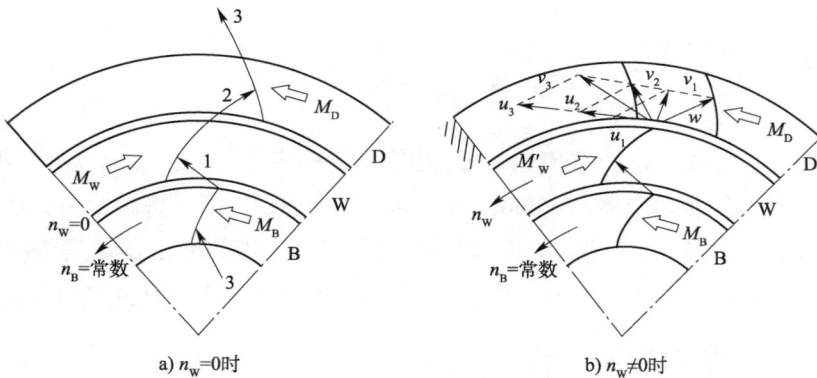

图 2-2-6　液力变矩器的工作原理图

在汽车起步之后,随着涡轮速度不断增大到某一数值时,涡轮出口处的液流绝对速度方向与导轮叶片平行(v_2),即冲向导轮的液流方向与导轮叶片之间的夹角减小为 0,由于从涡轮流出的液流流经导轮后方向不变,故导轮对涡轮的反作用力矩为 0,即 $M_D = 0$,所以此时涡轮的输出力矩等于泵轮对液流的作用力矩。此时,液力变矩器由变矩工况转为耦合工况,失去增矩作用,其输出转矩等于输入转矩。具体情况如图 2-2-6b)所示。

3)车辆高速行驶时(减矩原理)

此时,涡轮转速进一步增大,涡轮出口处液流绝对速度 v_W 方向进一步向左倾斜,当涡轮转速超过耦合工况的转速时,液流便冲击到导轮叶片的背面(v_3),此时导轮对液流反作用力矩的方向与泵轮对液流的作用力矩的方向相反,即 $M_W = M_B - M_D$,故涡轮输出力矩反而小于泵轮输入力矩,其传动效率也随之减小。为了解决这个不利问题,可将变矩器导轮设置成不是完全固定不动的,而是通过单向超越离合器支承在固定于变速器壳体的导轮固定套上。单向超越离合器使导轮可以朝顺时针方向旋转(从发动机前面向后看),但反向旋转被禁止。

因此,当涡轮转速超过前述耦合工况的转速时,液压油从反面冲击导轮叶片,对导轮产生顺时针方向的转矩,由于单向超越离合器在顺时针方向没有锁止作用,所以导轮在液流的冲击下开始旋转。这时导轮对液流失去了反作用力矩,液压油只受到泵轮和涡轮的反作用力矩,故导轮不再起增矩作用。

总结:自动变速器在低速区域,输出力矩 $M_W = M_B + M_D$。如果单向离合器不能被锁止,M_D 就会减小,M_W 也就减小,导致汽车在低速区域加速无力故障的发生。自动变速器在高速区域 $M_W = M_B - M_D$。如果单向离合器被锁止,M_D 就会增大,M_W 也会减小,导致汽车在高速区域加速无力故障的发生。可以把液力变矩器的工作过程概括为两个工况:一个是变矩,另一个为耦合。当泵轮与涡轮转速相差较大,或者说在低速区时,液力变矩器实现变矩(增矩);当涡轮转速达到泵轮转速的 85% ~ 90%,或者说在高速区时,液力变矩器实现耦合传动,即涡轮输出转矩等于泵轮输入转矩。

三 锁止离合器

液力变矩器利用液流动能来传递动力,但是ATF的内部摩擦会造成一定的能量损失,因此传动效率较低。锁止离合器(Torque Converter Clutch,TCC)可以将涡轮和变矩器壳体连接起来,即将发动机与机械变速器直接连接起来,这样可减少液力变矩器在高传动比时的能量损耗,提高了传动效率,提高汽车在正常行驶时的燃油经济性,并可防止ATF过热。

1. 锁止离合器的结构

1)多片式锁止离合器

多片式锁止离合器的结构如图2-2-7所示,主要包括锁止离合器片组、扭转减振器、摩擦片支架等部件。

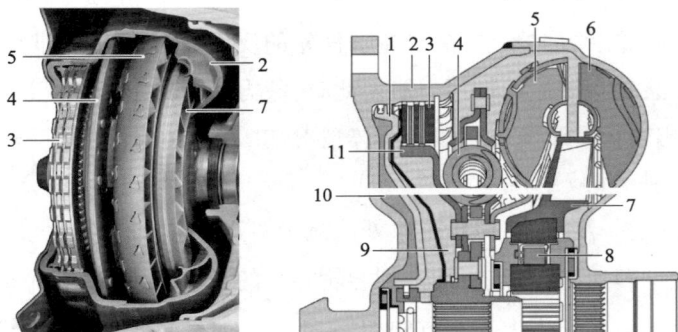

图2-2-7 多片式锁止离合器

1-锁止离合器活塞;2-壳体(锁止离合器外摩擦片支架);3-锁止离合器片组;4-扭转减振器;5-涡轮;6-泵轮;7-导轮;8-导轮单向离合器;9-至泵室和涡轮室的管路1和2;10-锁止离合器的管路3和压力室;11-锁止离合器内摩擦片支架

锁止离合器片组由若干内、外摩擦片组成,内摩擦片上有摩擦材料。外摩擦片有外花键,与液力变矩器壳体的花键槽配合;内摩擦片有内花键,与内摩擦片支架配合。扭转减振器可以防止变矩器发生扭转振动,通过花键套与涡轮连接,并可以沿涡轮轴向运动。

2)单片式锁止离合器

如图2-2-8所示,带有摩擦材料和扭转减振器的压盘总成可做轴向移动,并通过花键与涡轮连接,随涡轮一起旋转。液力变矩器的壳体加工成可与摩擦材料接触的光滑平整的环面。通过改变压盘两侧的油压来实现锁止离合器的分离和接合。

2. 锁止离合器的工作原理

自动变速器电子控制单元根据车速、节气门开度、发动机转速、液压油温度、操纵手柄位置、控制模式等因素,按设定的锁止程序向锁止电磁阀发出控制信号,操纵锁止控制阀,改变锁止离合器活塞两侧的油压,从而控制锁止离合器的工作。

图 2-2-8 单片式锁止离合器

1）锁止离合器分离

如图 2-2-9a）所示，变矩器锁止离合器阀 15 和变矩器压力控制阀 9 处于静止位置，由变矩器压力阀 10 调节的压力油从变矩器压力控制阀 9 内的一个转换位置通过并提供给涡轮室。压力油从涡轮室出口经过变矩器压力控制阀 9 的第二个转换位置进入变速器冷却器并用于润滑。

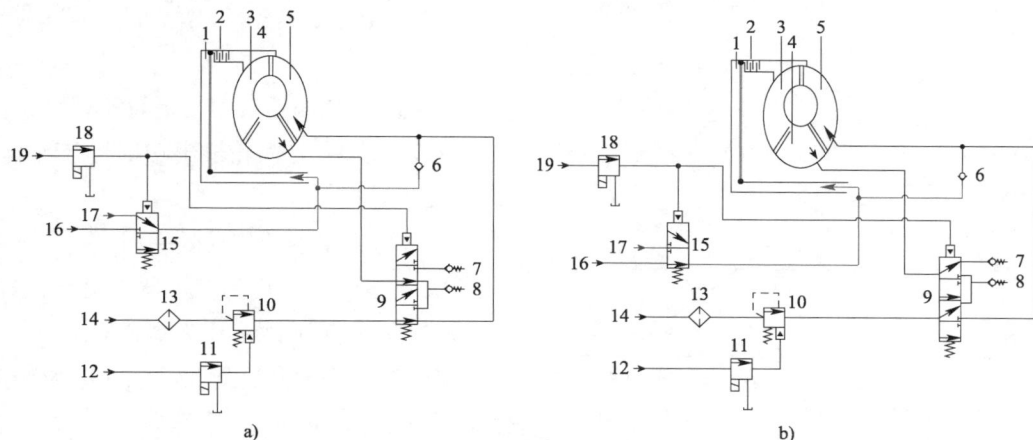

图 2-2-9 锁止离合器分离的油路图

1-变矩器锁止离合器压力室；2-变矩器锁止离合器；3-涡轮；4-导轮；5-泵轮；6-止回阀；7-变矩器底阀；8-变矩器保持阀；9-变矩器压力控制阀；10-变矩器压力阀；11-系统压力电子压力控制阀；12-来自调压阀；13-过滤器；14-来自系统压力；15-变矩器锁止离合器阀；16-来自系统压力保持阀；17-用于预先注满的压力 0.3bar；18-变矩器锁止离合器电子压力控制阀；19-来自调压阀

2）锁止离合器接合

如图 2-2-9b）所示，变矩器锁止离合器阀 15 直接为锁止离合器活塞提供压力油。为此接通变矩器锁止离合器阀 15，因此系统压力保持阀 16 的系统压力直接作用在变矩器锁止离合器活塞上。与此同时，还接通变矩器压力控制阀 9。因此，系统压力阀 14 不再为变矩器提供液压油，此时液压油直接用于冷却和提供润滑部位，通过变矩器锁止离合器活塞与变矩器短路连接提供液压油。

3. 锁止离合器锁止的条件

当车辆在良好路面行驶时，变矩器进入锁止工况的工作条件一般包括下列 5 个方面。

(1)工作温度:ATF 要求温度达到标准温度(一般为80℃左右,具体因车型而异,还需查看维修手册)。

(2)挡位:通常要求挡位开关指示变速器处于前进挡位置,且挡位在 2 挡及以上。

(3)制动状态:车辆没有进行制动。

(4)车速:车速必须高于规定值(因车型而异,大部分汽车在三挡进入锁止工况,车速为 50 ~ 70km/h)。

(5)节气门位置信号:节气门处于开启(怠速触点打开)状态。

以上 5 个条件任一条件不满足,锁止离合器将解除锁止。

当车辆起步、低速或在坏路面上行驶时,锁止离合器处于分离状态,使液力变矩器具有变矩作用。

4. 带锁止离合器的液力变矩器工作特性曲线

如图 2-2-10 所示,液力变矩器工作特性曲线及各参数表达如下:

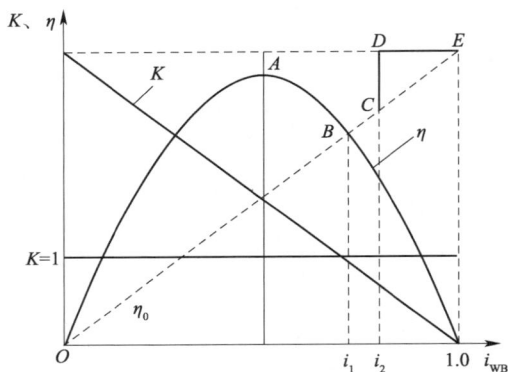

图 2-2-10　液力变矩器工作特性曲线

K 为变矩比,是涡轮输出转矩与泵轮输入转矩之比。

i 为转速比,是涡轮转速与泵轮转速之比。

η 为传动效率,是涡轮输出功率与泵轮输入功率之比。

η_0 为液力变矩器的传动效率。

在 $i < i_1$ 区域,$K > 1$,为变矩器工况。

在 $i_1 \leq i \leq i_2$ 区域,$K = 1$,为耦合器工况。

当涡轮转速升高到 i_2(约为 0.8)时,锁止离合器接合,动力由锁止离合器直接传递,此时

$K = 1$,效率 η 上升约为 100%。锁止离合器的效率特性曲线为 $OABCDE$,其动力性及经济性均较理想,故在轿车上应用较为广泛。

5. 锁止离合器常见的故障现象

锁止离合器的常见故障有不锁止和常锁止。

不锁止的故障现象是车辆的油耗高、发动机高速运转而车速不够快。具体检查时要检查相应电路部分、阀体部分以及锁止离合器本身。

常锁止的故障现象是发动机怠速正常,但换挡杆置于动力挡(R、D、2、L)后发动机熄火。

四　单向离合器

单向离合器的功用是实现导轮的单向锁止,即导轮只能顺时针旋转而不可逆时针转动,

使得液力变矩器在高速区实现耦合传动。常见的单向离合器包括楔块式和滚柱式两种结构,液力变矩器中使用的单向离合器多为滚柱式。

1. 楔块式单向离合器

楔块式单向离合器如图 2-2-11 所示,由外座圈、内座圈、保持架和楔块等组成。导轮与外座圈连为一体,内座圈与固定套管刚性连接,不能转动。当导轮带动外座圈顺时针转动时,外座圈带动楔块顺时针转动,楔块的短径与内、外座圈接触,由于短径长度小于内、外座圈之间的距离,所以外座圈可以自由转动;当导轮带动外座圈逆时针转动时,外座圈带动楔块逆时针转动,楔块的长径与内、外座圈接触,由于长径长度大于内、外座圈之间的距离,所以外座圈被卡住而不能转动。

2. 滚柱式单向离合器

滚柱式单向离合器如图 2-2-12 所示,由外座圈、内座圈、叠片弹簧和滚柱等组成。当导轮带动外座圈逆时针转动时,滚柱进入楔形槽的窄处,内、外座圈被滚柱楔紧,外座圈和导轮固定不动;当导轮带动外座圈顺时针转动时,滚柱进入楔形槽的宽处,内、外座圈不能被滚柱楔紧,外座圈和导轮可以顺时针自由转动。

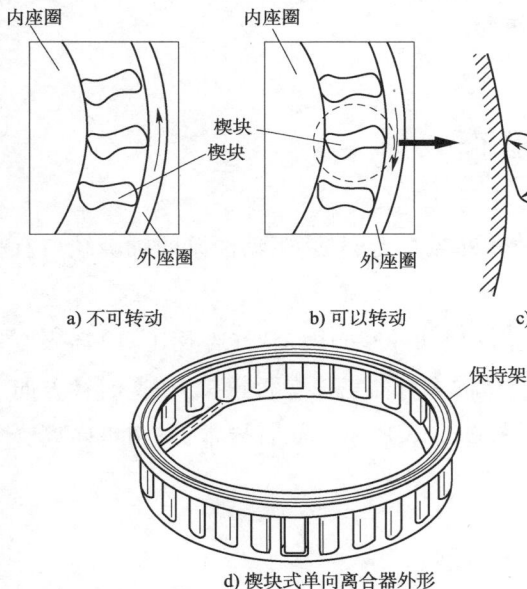

图 2-2-11　楔块式单向离合器的结构和工作状态

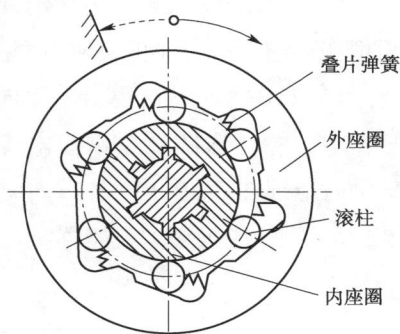

图 2-2-12　滚柱式单向离合器

任务实施

一　实施计划

装备自动变速器的车辆无法起步或起步困难均是极为典型的故障现象,导致此类故障现象的出现有诸多原因,如发动机的动力严重下降、传动系统阻力过大、自动变速器中换挡执行元件打滑或齿轮变速机构异常、液压控制系统压力不足等。

此外,与液力变矩器相关的另一个重要方面就是其中的增矩元件导轮出现了故障,进而导致起步无力。根据前述液力变矩器结构的介绍,导轮主要是改变液流的方向,通过单向离合器单向固定。若单向离合器失效或损坏后,液力变矩器就没有了增加转矩的作用,便出现前述故障现象:车辆起步加速无力,不踩加速踏板车辆不前进,但车辆行驶起来之后换挡正常,发动机功率正常。

二 实施环境

(1)汽车底盘电控实训室或汽车整车实训室。

(2)装备有自动变速器的轿车或汽车自动变速器台架、举升机、工具车(配有拆装工具)、工作台。

(3)相应的车辆维修手册或自动变速器台架资料。

三 实施步骤(液力变矩器的检查)

(1)检查液力变矩器外部有无损坏和裂纹、轴套外径有无磨损、驱动油泵的轴套缺口有无损伤,如有异常,应更换液力变矩器。

(2)检测单向离合器。将单向离合器内座圈驱动杆和外座圈固定器(专用工具)插入变矩器中,并卡在轴套上的缺口内,转动驱动杆,检查单向离合器工作是否正常,在逆时针方向转动时应锁住,而在顺时针方向应能自由转动,如图 2-2-13 所示。如有异常,说明单向离合器损坏,则应更换液力变矩器。

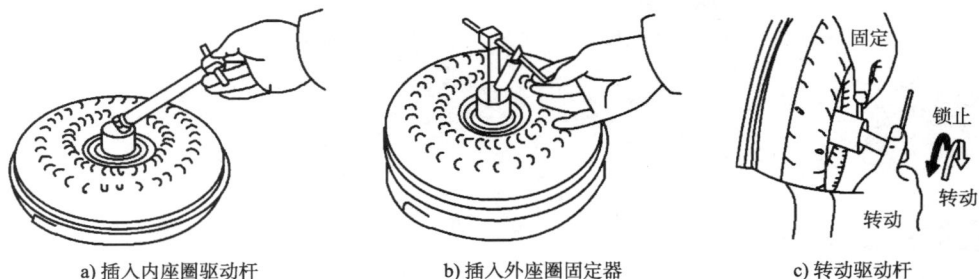

a) 插入内座圈驱动杆　　　b) 插入外座圈固定器　　　c) 转动驱动杆

图 2-2-13　单向离合器的检查

（3）测量液力变矩器轴套偏摆。暂时将液力变矩器装在传动板上,安装百分表,如图 2-2-14 所示。如偏摆超过 0.30mm,可通过重新调整液力变矩器的安装方位进行校正,并在校正后的位置上做一记号,以保证安装正确,若无法校正,应更换液力变矩器。

（4）检查液力变矩器的安装情况。用卡尺和直尺测量液力变矩器安装面至自动变速器壳体正面的距离,若距离小于标准值,则应检查是否由于安装不当导致。

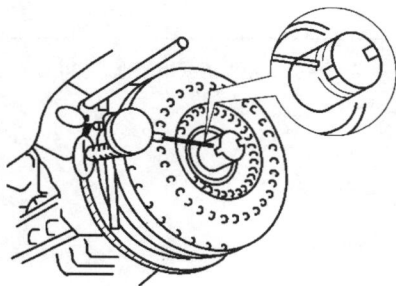

图 2-2-14　偏摆量的检查

四　任务工单

项目二　检修电控自动变速器	班级			
任务二　检修液力变矩器	姓名		学号	
	日期		分数	

1. 根据教师指定的自动挡车辆和自动变速器,回答以下问题。（20 分）

（1）车辆的型号：_____。

（2）车辆的 VIN 码：_____。

（3）自动变速器型号：_____。

（4）液力变矩器的组成部件：_____。

（5）液力变矩器的动力传递路线是：_____。

2. 写出下图中液力变矩器各零件的名称。（20 分）

1:_____;　2:_____;　3:_____;　4:_____;

5:_____;　6:_____;　7:_____;　8:_____。

3. 分析液力变矩器的变矩原理。(30分)

4. 分组讨论:液力变矩器就是一个无级变速器,对吗? 为何不能将它直接用驱动桥呢?(30分)

复习延伸

一 重点总结

(1)液力变矩器的作用有:增大发动机产生的转矩;起到自动离合的作用;缓冲发动机和传动系统的扭振;起到飞轮的作用,使发动机转动平稳;驱动液压控制系统的机油泵。

(2)液力变矩器主要由壳体、泵轮、涡轮、导轮、单向离合器、锁止离合器等部件组成。

(3)液力变矩器内的螺旋流是由在循环圆内流动的涡流和绕输入、输出轴线旋转的环流合成的。涡流的存在是普通液力变矩器传递动力的必要条件,如此才能保证泵轮液流对涡轮叶片的冲击。

(4)液力变矩器涡轮输出转矩的增加是靠导轮对其冲击液流的反作用来实现的。泵轮与涡轮的转速差最大时,增矩效果最强。

(5)液力变矩器的工作过程概括为两个工况:一个是变矩,另一个为耦合。当泵轮与涡轮转速相差较大(在低速区)时,液力变矩器实现变矩(增矩);当涡轮转速达到泵轮转速的85%~90%(在高速区)时,液力变矩器实现耦合传动,即涡轮输出转矩等于泵轮输入转矩。

(6)如果涡轮固定不动而泵轮仍在旋转,这种工况称为失速。失速转速是当涡轮处于静止时,发动机所能达到的最高转速。

（7）因为不同车系、车型所装备的自动变速器品种多样，甚至同一车系的同种品牌车辆采用的自动变速器型号也不相同，所以其所匹配的液力变矩器规格也不一样，也就不能通用。

（8）锁止离合器将涡轮和变矩器壳体连接起来，提高传动效率。

（9）锁止离合器有分离和接合两个工作状态。

（10）单向离合器的功用是实现导轮的单向锁止，即导轮只能顺时针旋转而不可逆时针转动。

（11）常见的单向离合器有楔块式和滚柱式两种。

二　课后练习

（一）简答题

1. 简述液力变矩器的基本组成和基本工作原理。
2. 液力变矩器有何功用？
3. 如果导轮单向离合器打滑不能锁止，会引起什么不良后果？
4. 液力变矩器为何在停车时不脱开传动系统也能维持发动机怠速运转？
5. 锁止离合器的工作条件有哪些？
6. 简述滚柱式单向离合器的工作原理。

（二）选择题

1. 液力变矩器的动力输入是（　　　）。

    A. 泵轮　　　　　　　B. 导轮　　　　　　　C. 涡轮　　　　　　　D. 单向离合器

2. 液力变矩器处于增矩工况时，涡轮和导轮的速度（　　　）。

    A. 相等　　　　　　　B. 涡轮转得快　　　　C. 泵轮转得快　　　　D. 不确定谁转得快

3. 液力变矩器的三个工作轮分别是（　　　）。（多选）

    A. 泵轮　　　　　　　B. 导轮　　　　　　　C. 涡轮　　　　　　　D. 飞轮

4. 下列工况下，液力变矩器传递转矩最大的是（　　　）。

    A. 起步　　　　　　　B. 下坡　　　　　　　C. 加速　　　　　　　D. 正常行驶

5. 导轮只能（　　　）。

    A. 顺时针旋转　　　　B. 逆时针旋转　　　　C. 顺逆旋转都可以

6. 因液力变矩器导致汽车的常见故障有：（　　　）。（多选）

    A. 起步困难　　　　　B. 制动熄火　　　　　C. 高速动力不足　　　D. 加速性能差

7. 锁止离合器将( )和( )接合在一起,提高液力变矩器的传递效率。

    A. 泵轮、涡轮　　　　B. 泵轮、壳体　　　　C. 涡轮、壳体　　　　D. 涡轮、导轮

8. 对于滚柱式单向离合器,当导轮带动外座圈逆时针转动时,下面说法正确的是:( )。

    A. 导轮能逆时针旋转　　　　　　　　B. 外座圈能逆时针旋转

    C. 导轮不能逆时针旋转

(三)判断题

1. 液力变矩器有自动离合器的作用。 ( )

2. 车辆起步时,液力变矩器起到增矩的效果。 ( )

3. 导轮旋转时,液力变矩器增矩效果最好。 ( )

4. 任何挡位下,锁止离合器都是处于接合状态。 ( )

5. 液力变矩器发生故障后,对汽车起动没有影响。 ( )

6. 常见的导轮单向离合器有楔块式和滚柱式两种。 ( )

任务三　检修行星齿轮变速传动机构

任务导入

一　任务描述

    一辆自动挡汽车车主反映,车辆运行过程中变速器部位伴随有明显的呜呜声,而且发动机转速越高,呜呜声音也越大。

二　任务分析

    此案例中车主碰到的问题属于自动变速器运行时的噪声问题。可能是由于变速器缺油、润滑不良引起的;也可能是变速器内部存在明显的磨损或损坏,需要规范拆装和检查才能解决。

三　技能目标

（1）能熟练查阅自动变速器维修资料。

（2）能规范拆装自动变速器。

（3）能准确判断自动变速器部件的性能。

知识结构导图

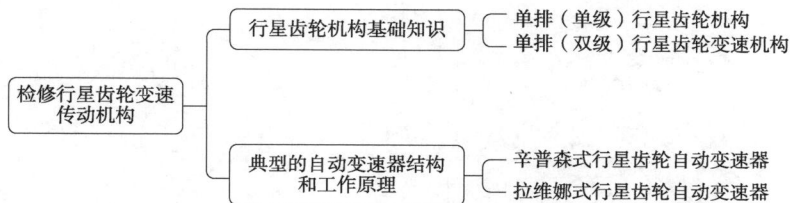

检修行星齿轮变速传动机构
- 行星齿轮机构基础知识
  - 单排（单级）行星齿轮机构
  - 单排（双级）行星齿轮变速机构
- 典型的自动变速器结构和工作原理
  - 辛普森式行星齿轮自动变速器
  - 拉维娜式行星齿轮自动变速器

相关知识

一　行星齿轮机构基础知识

（一）单排（单级）行星齿轮机构

单排（单级）行星齿轮机构的组成运动规律和传动方案

1. 单排（单级）行星齿轮机构的结构

行星齿轮机构有很多类型,最简单的单排行星齿轮机构主要由 1 个太阳轮（又称为中心轮）、1 个带有若干个行星齿轮的行星架和 1 个齿圈组成。这被称为一个行星排,如图 2-3-1 所示。

齿圈又称为齿环,制有内齿,其余齿轮均为外齿轮。太阳轮位于机构的中心,行星齿轮与太阳轮外啮合,与齿圈内啮合。通常行星齿轮有 3~6 个,通过滚针轴承安装在行星齿轮轴上,行星齿轮轴对称、均匀地安装在行星架上。行星齿轮机构中的太阳轮、齿圈和行星架有一个共同的固定轴线,当行星齿轮机构工作时,行星齿轮除了绕自身轴线的自转外,同时还绕着太阳轮公转,行星齿轮绕太阳轮公转,行星架也绕太阳轮旋转。由于太阳轮与行星齿轮是外啮合,所以两者的旋转方向是相反的;而行星齿轮与齿圈是内啮合,则这两者的旋转方向是相同的。在行星排中,具有固定轴线的太阳轮、齿圈和行星架称为行星排的 3 个基本元件,亦称"运动三元件"。由于行星轮齿数对于机构传动比的计算没有

影响，故称其为"惰轮"。

2. 单排（单级）行星齿轮机构的运动规律

图2-3-2所示为单排行星齿轮机构的传动简图。

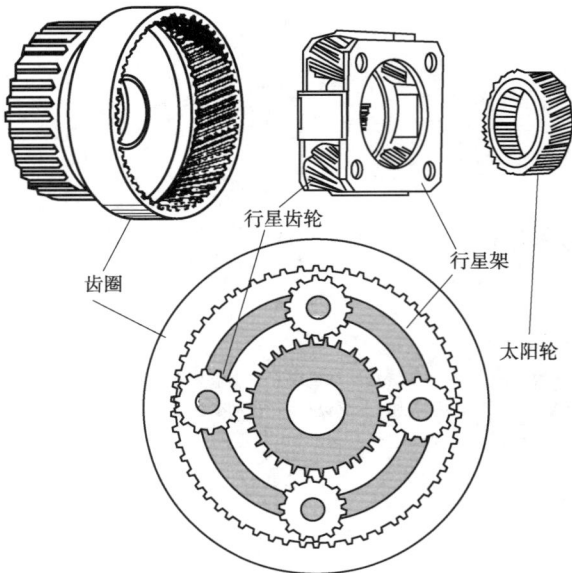

图2-3-1　单排（单级）行星齿轮机构

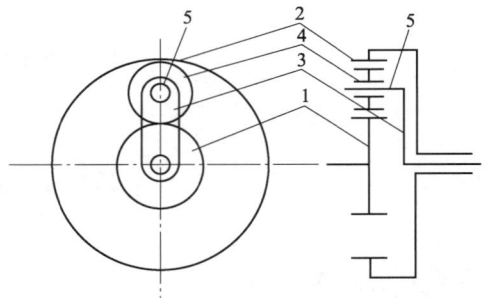

图2-3-2　单排（单级）行星齿轮机构的传动简图
1-太阳轮;2-齿圈;3-行星架;4-行星齿轮;5-行星齿轮轴

根据能量守恒定律，由作用在单排（单级）行星齿轮机构各元件上的力矩和结构参数，可以得出表示单排行星齿轮变速机构运动规律的特性方程式为：

$$n_1 + \alpha n_2 - (1 + \alpha)n_3 = 0 \qquad (2\text{-}3\text{-}1)$$

式中：n_1——太阳轮转速；

n_2——齿圈转速；

n_3——行星架转速；

α——齿圈齿数 Z_2 与太阳轮齿数 Z_1 之比，即 $\alpha = Z_2/Z_1$，且 >1。

设太阳轮的齿数为 Z_1，齿圈的齿数为 Z_2，行星架的当量齿数为 $Z_3 = Z_1 + Z_2$，则将式(2-3-1)的两边同时乘以太阳轮的齿数 Z_1 后，得到：$Z_1 n_1 + \alpha Z_1 n_2 - (1+\alpha)Z_1 n_3 = 0$。

化简后，得到：

$$Z_1 n_1 + Z_2 n_2 - Z_3 n_3 = 0 \qquad (2\text{-}3\text{-}2)$$

观察上式可知，式(2-3-2)中的三项从左至右分别为太阳轮、齿圈和行星架的齿数与转速的积，三项间的运算符号为先"＋"后"－"，为便于记忆，可总结出"太、圈、架、＋、－"的五字助记口诀。

3. 单排(单级)行星齿轮机构的动力传动方案

由于一个方程[指式(2-3-1)和式(2-3-2)]中有三个变量,如果将太阳轮、齿圈和行星架中某个元件作为主动(输入)部分,让另一个元件作为从动(输出)部分,则由于第三个元件不受任何约束和限制,所以从动部分的运动是不确定的(这可通过行星齿轮的机构自由度计算证明)。因此为了得到确定的运动,必须对太阳轮、齿圈和行星架三者中某个元件的运动进行约束和限制。

如图 2-3-3 所示,通过对不同的元件进行约束和限制,可以得到不同的动力传动方式。

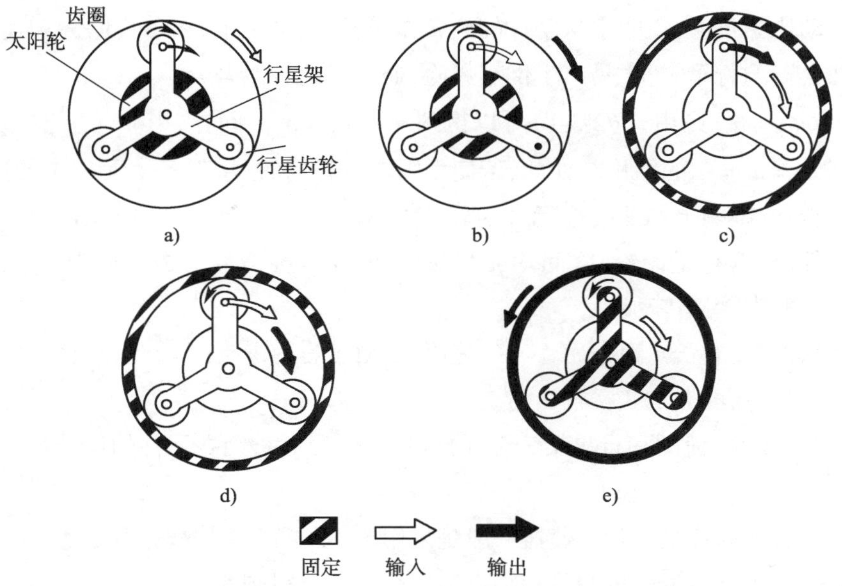

图 2-3-3　单排(单级)行星齿轮机构不同的约束条件

(1)齿圈为主动件(输入),行星架为从动件(输出),太阳轮固定,如图 2-3-3a)所示。此时,$n_1 = 0$,则传动比 i_{23} 为:$i_{23} = n_2/n_3 = (1 + \alpha)/\alpha > 1$。

由于传动比大于1,说明为减速传动,可以作为降速挡。

(2)行星架为主动件(输入),齿圈为从动件(输出),太阳轮固定,如图 2-3-3b)所示。此时,$n_1 = 0$,则传动比 i_{32} 为:$i_{32} = n_3/n_2 = \alpha/(1 + \alpha) < 1$。

由于传动比小于1,说明为增速传动,可以作为超速挡。

(3)太阳轮为主动件(输入),行星架为从动件(输出),齿圈固定,如图 2-3-3c)所示。此时,$n_2 = 0$,则传动比 i_{13} 为:$i_{13} = n_1/n_3 = (1 + \alpha) > 1$。

由于传动比大于1,说明为减速传动,可以作为降速挡。

对比这两种情况的传动比,由于 $i_{13} > i_{23}$,虽然都为降速挡,但 i_{13} 是降速挡中的低挡,而 i_{23} 为降速挡中的高挡。

(4)行星架为主动件(输入),太阳轮为从动件(输出),齿圈固定,如图 2-3-3d)所示。此时,$n_2 = 0$,则传动比 i_{31} 为:$i_{31} = n_3/n_1 = 1/(1 + \alpha) < 0.5$。

由于传动比小于1，说明为增速传动，可以作为超速挡。但因此时传动比数值过小，超速过多，故考虑到实际的行车安全问题，通常将此方案舍弃不用。

（5）太阳轮为主动件（输入），齿圈为从动件（输出），行星架固定，如图2-3-3e）所示。此时，$n_3 = 0$，则传动比i_{12}为：$i_{13} = n_1/n_2 = -\alpha$。

由于传动比为负值，说明主从动件的旋转方向相反；又由于绝对值> 1，说明为减速传动，可以作为倒挡。

（6）齿圈为主动件（输入），太阳轮为从动件（输出），行星架固定。此时，$n_3 = 0$，则传动比i_{21}为：$i_{21} = n_2/n_1 = -1/\alpha$。

由于传动比为负值，说明主从动件的旋转方向相反；又由于$i < 1$，说明为增速传动，考虑到作为倒挡会影响行车安全，易产生倒车风险，通常将此方案舍弃。

（7）如果$n_1 = n_2$，则由式（2-3-1）可以得到$n_3 = n_1 = n_2$。同样，当$n_1 = n_3$或$n_2 = n_3$时，也都能够得到$n_1 = n_2 = n_3$的结论。如此，若使太阳轮、齿圈和行星架三个元件中的任何两个元件连为一体转动，则剩余的那一个元件的转速必然与前两者等速同向转动。即行星齿轮机构中所有元件（包含行星齿轮）之间均无相对运动，在这种情形下传动比为1。此传动方式被用于变速器的直接挡传动。

需要注意的是：若任意两个元件不等速输入，则输出的速度可能增加，也可能降低，即有可能获得超速挡，也有可能获得低速挡。

（8）如果太阳轮、齿圈和行星架三个元件没有任何约束，则各元件的运动是不确定的，此时为空挡。

自动变速器中的行星齿轮变速器一般是采用2～4排行星齿轮机构传动，其各挡传动比就是根据上述单排行星齿轮机构传动特点进行合理组合得到的。

将上述单排（单级）行星齿轮机构的传动方式归纳为表2-3-1。

单排（单级）行星齿轮机构的运动规律　　表2-3-1

序号	固定件	主动件	从动件	传动比	挡位特性
1	齿圈	太阳轮	行星架	$(1+\alpha) > 1$	减速增矩
2		行星架	太阳轮	$0 < 1/(1+\alpha) < 0.5$	增速减矩
3	太阳轮	齿圈	行星架	$(1+\alpha)/\alpha > 1$	减速增矩
4		行星架	齿圈	$0.5 < \alpha/(1+\alpha) < 1$	增速减矩
5	行星架	太阳轮	齿圈	$-\alpha < 0$	减速增矩
6		齿圈	太阳轮	$-1/\alpha < 0$	增速减矩
7	太阳轮、齿圈、行星架均不固定			无	空挡
8	任意两个等速输入，其余一个输出			1	直接挡

观察上表,可进一步归纳得出如下单排(单级)行星齿轮机构运动规律:

(1)只要行星架主动,则无论固定太阳轮或是齿圈中的哪个,均为"同向、增速"传动。

(2)只要行星架从动,则无论固定太阳轮或是齿圈中的哪个,均为"同向、减速"传动。

(3)只要行星架固定,则无论太阳轮或是齿圈中的哪个主动,均为"反向"传动,其中的减速传动方式通常用作倒挡。

(4)若将"太、圈、架"中的任意两个元件连为一体,则剩余元件必与它们的转速相等,则"运动三元件"一同转动,实现"同向等速"传动,可构成直接挡;

(5)若无固定元件,则机构无法传递运动,构成空挡。

熟练掌握以上运动规律,是分析自动变速器挡位传动的基础。为了便于记忆,可总结为下面的顺口溜:"三件自由为空挡,两件联锁直接挡;架出减速架进升;固圈巨变固心缓,固架传动定倒挡"。

然而,只有一个行星排是不能满足汽车多挡位传动要求的,因此需要多个行星排,以一定的方式连接起来。例如,两个行星排共用一个太阳轮,或前行星排齿圈与后行星排的行星架连为一体等。这种多行星排互连的设计,丰富了挡位的数量,也增加了挡位分析的难度。这使得在分析挡位时,有时会出现"单看一个行星排时,好像没有固定元件,动力无法传递,而实际上则由于某种(通常不易察觉的)连接关系构成与另一个行星排的某个元件彼此约束,其运动状态仍然是确定的,依然可以实现动力传递"的情况。

(二)单排(双级)行星齿轮变速机构

1. 单排(双级)行星齿轮机构的结构

掌握单排(双级)行星齿轮机构的运动规律,是学习拉维娜式行星齿轮机构的基础。如图 2-3-4 所示,单排(双级)行星齿轮机构与单排(单级)行星齿轮机构一样,也有太阳轮、齿圈和行星架三个基本元件,不同之处表现为:在太阳轮与齿圈之间有两组行星轮,两组行星轮共用一个行星架。

单排(双级)行星齿轮机构的组成运动规律和传动方案

2. 单排(双级)行星齿轮机构的运动规律

图 2-3-5 是单排(双级)行星齿轮机构的结构简图。通过机构自由度的计算可知,单排双级行星齿轮机构与单排单级行星齿轮机构一样,均为两个自由度。为了组成具有一定传动比的传动机构,必须将太阳轮、齿圈和行星架这三个元件中的一个加以固定,或者将某两个基本元件互相连接在一起,即两者同速转动,才能获得一定的传动比。

设太阳轮、齿圈和行星架的转速分别为 n_1、n_2 和 n_3,齿数分别为 Z_1、Z_2 和 Z_3,α 为齿圈与太阳轮的齿数比,可运用行星齿轮机构运动分析中的"反转法",分析得到其运动规律为:

$$n_1 - \alpha n_2 + (\alpha - 1)n_3 = 0 \qquad (2\text{-}3\text{-}3)$$

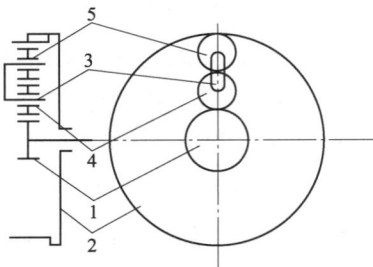

图 2-3-4 单排（双级）行星齿轮机构

1-太阳轮；2-齿圈；3-行星架；4-行星齿轮

图 2-3-5 单排（双级）行星齿轮机构的结构简图

1-太阳轮；2-齿圈；3-行星架；4-行星齿轮 1；5-行星齿轮 2

设行星架的当量齿数为 $Z_3 = Z_2 - Z_1$，则将式（2-3-3）的两边同时乘以太阳轮的齿数 Z_1 后，得到：

$$Z_1 n_1 - \alpha Z_1 n_2 + (\alpha - 1) Z_1 n_3 = 0$$

化简后，得到：

$$Z_1 n_1 - Z_2 n_2 + Z_3 n_3 = 0 \qquad (2\text{-}3\text{-}4)$$

观察上式可知，式中的三项从左至右分别为太阳轮、齿圈和行星架的齿数与转速的积，三项间的运算符号为先"－"后"＋"，为便于记忆，可总结出"太、圈、架、－、＋"的五字助记口诀。

值得强调的是：要注意单排双级行星齿轮机构中行星架当量齿数与单排单级行星齿轮机构中行星架当量齿数的差异，在单排单级行星齿轮机构中：$Z_3 = Z_1 + Z_2$，在单排双级行星齿轮机构中：$Z_3 = Z_2 - Z_1$。助记口诀为："单＋、双－"。

3. 单排（双级）行星齿轮机构的动力传动方案

双级行星齿轮机构的运动分析与单级行星齿轮方法相同，下面介绍单排（双级）行星齿轮机构的运动规律。

（1）将行星架固定，以太阳轮为主动件，齿圈为从动件，则行星齿轮的轴线亦被固定，行星齿轮只能自转，不能公转。可获得减速传动，传动比 i 为：$i = n_1 / n_2 = \alpha$。

由于行星架固定，所以 $n_3 = 0$。因为齿圈的齿数 Z_2 大于太阳轮的齿数 Z_1，所以这一传动比的数值 α 要大于 1。结果从动件与主动件是同向，减速传动。

（2）将行星架固定，以齿圈为主动件，太阳轮为从动件，即可获得增速传动，其传动比 i 为：$i = n_2 / n_1 = 1/\alpha$。

由于行星架固定，所以 $n_3 = 0$。由于太阳轮的齿数 Z_1 小于齿圈的齿数 Z_2，因而 α 大于 1，所以 $1/\alpha$ 小于 1。可实现同向增速传动。

（3）将太阳轮固定，以行星架为主动件。齿圈为从动件，此时传动比 i 为：$i = n_3 / n_2 = \alpha / (\alpha - 1)$。

由于太阳轮固定，所以 $n_1 = 0$。这一传动比 i 大于 1。结果从动件与主动件是同向，减速传动。

（4）将太阳轮固定，以齿圈为主动件，行星架为从动件，即可获得同向增速传动。传动比

i 为：$i = n_2/n_3 = (\alpha - 1)/\alpha$。

这一传动比 i 小于 1。结果实现同向增速传动。

（5）将齿圈固定，行星架主动，太阳轮从动。传动比 i 为：$i = n_3/n_1 = 1/(1-\alpha)$。

由于 α 大于 1，$(1-\alpha)$ 小于 0。此传动比绝对值小于 1，表示输出与输入转向相反，且为增速传动。

（6）将齿圈固定，太阳轮主动，行星架从动，可获得减速传动，传动比 i 为：$i = n_1/n_3 = 1 - \alpha$。

由于齿圈固定，所以 $n_2 = 0$，此传动比小于 0。结果是从动件与主动件是反向、减速传动。

（7）若 3 个基本元件都没有被固定，各个基本元件都可以自由转动，则此时该机构不论以哪两个基本元件为主动件、从动件，都不能获得动力传递，处于空挡状态。

（8）若将任意两个基本元件互相连接起来，也就是说 $n_1 = n_2$ 或 $n_2 = n_3$，则由行星排的运动特性方程可知，第三个基本元件的转速必与前两个基本元件的转速相同，即 3 个基本元件将以同样的转速一同旋转。此时，不论以哪两个基本元件为主动件、从动件，其传动比都是 1，这种情况相当于直接挡。

需要注意的是：若任意两个不等速输入，则输出的速度可能增加，也可能降低，即有可能获得超速挡，也有可能获得低速挡。

将上述单排（双级）行星齿轮机构的传动方式归纳为表 2-3-2。

单排（双级）行星齿轮机构的运动规律　　　　　　表 2-3-2

序号	固定件	主动件	从动件	传动比	挡位特性
1	齿圈	太阳轮	行星架	$(1-\alpha) < 0$	减速增矩
2		行星架	太阳轮	$1/(1-\alpha) < 0$	增速减矩
3	太阳轮	齿圈	行星架	$(\alpha-1)/\alpha > 1$	增速减矩
4		行星架	齿圈	$0 < \alpha/(\alpha-1) < 1$	减速增矩
5	行星架	太阳轮	齿圈	$\alpha > 1$	减速增矩
6		齿圈	太阳轮	$1/\alpha < 0$	增速减矩
7	太阳轮、齿圈、行星架均不固定			无	空挡
8	任意两个等速输入，其余一个输出			1	直接挡

综上所述，单排双级行星齿轮机构的运动规律归纳如下：

（1）只要齿圈主动，无论哪个固定，均为同向、增速传动。

（2）只要齿圈从动，无论哪个固定，均为同向、减速传动。

（3）只要齿圈固定，无论哪个主动，均为反向传动，可实现倒挡。

（4）任意两元件连为一体，可实现同向等速传动，传动比为 1，用于构成直接挡。

（5）无固定元件，构成空挡。

为了便于记忆，可总结为下面的顺口溜："三件自由为空挡，两件联锁直接挡；圈出减速圈进升；固架巨变固心缓，固圈传动定倒挡"。

二 典型的自动变速器结构和工作原理

不同车型自动变速器在结构上往往有些差异,主要表现为:前进挡数目不同,离合器、制动器及单向超越离合器(均为换挡执行元件)的数目和布置方式不同,所采用的行星齿轮机构的类型亦不同等。对于同种类型的行星齿轮变速机构而言,前进挡数目越多,行星齿轮变速机构的结构越复杂。下面分别介绍不同类型的行星齿轮变速机构及典型的自动变速器代表。

(一)辛普森式行星齿轮自动变速器

1. 辛普森式行星齿轮自动变速器的结构特征

辛普森式(simpson)行星齿轮变速器是自动变速器中应用最广泛的一种行星齿轮变速器,它是由美国福特公司的工程师 H. W. 辛普森发明的。如图 2-3-6 所示是典型的双排辛普森式行星齿轮机构,它的结构特征有:

(1)前后排共用太阳轮。

(2)前排行星架和后排齿圈形成组件(有的自动变速器采用前排齿圈和后排行星架形成组件,请注意甄别)。

因此,该机构有四个独立元件:前齿圈、共用太阳轮、前架后圈组件、后行星架。

对图 2-3-6 略加改进,使得前、后排行星架和齿圈互为一体,即形成 CR-CR 式行星齿轮机构,如图 2-3-7 所示,它的结构特征有:

(1)前、后排行星架和齿圈互为一体,形成圈架组件。

(2)前、后太阳轮独立。

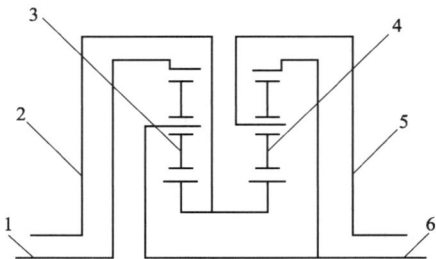

图 2-3-6 双排辛普森式行星齿轮机构

1-前齿圈;2-共用太阳轮;3-前行星齿轮;4-后行星齿轮;5-后行星架;6-前架后圈组件

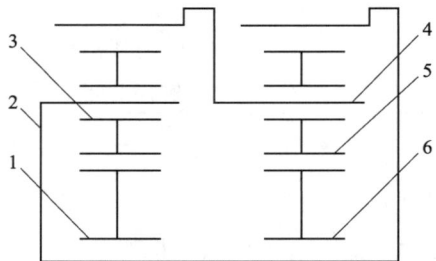

图 2-3-7 CR-CR 式行星齿轮机构

1-前太阳轮;2-前架后圈组件;3-前行星齿轮;4-前圈后架组件;5-后行星齿轮;6-后太阳轮

因此,该机构也有四个独立部件:前太阳轮、前架后圈组件、前圈后架组件、后太阳轮。

不难看出,我们将两个单排行星齿轮机构组合之后,由原来的 6 个独立部件变成了 4 个独立部件。

2. 四速辛普森式自动变速器

下面以丰田 A340E 自动变速器为例进行介绍,虽然此变速器较为老旧,但其设计理念值得我们借鉴和学习,因此可作为学习自动变速器的入门样例,为后续较难的自动变速器打好基础。

从 20 世纪 90 年代起,丰田公司推出了 A340 系列自动变速器,其具有"电控、四速、带锁止离合器"等共同特征,其中 A341E 和 A342E 的电液控制系统为智能型控制系统,但它们的行星齿轮机构却基本没有改变。区别通常是:构成行星机构的"运动三元件"的结构尺寸和齿数有所不同,以适应配用的发动机最大转矩的差异;另外在前进低挡设置的挡位数也有所不同,例如有的在 2 位时最高只能升到 2 挡,但有的却可升到 3 挡;有的在 L 位仅仅只有 1 挡,有的却可以升到 2 挡。

1)结构特点

图 2-3-8 所示为丰田 A340E 型自动变速器的结构简图。该变速器共有三个行星排:超速行星排(参数为 α_0)、前行星排(参数为 α_1)、后行星排(参数为 α_2)。

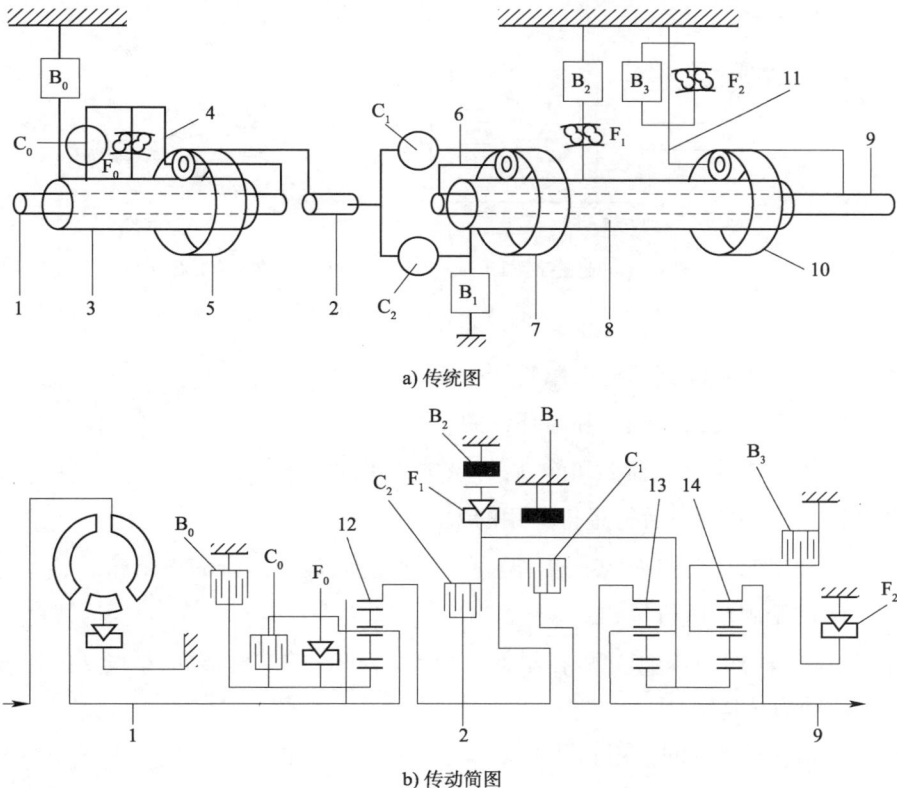

a) 传统图

b) 传动简图

图 2-3-8　丰田 A340E 自动变速器的结构简图

1-超速输入轴;2-输入轴;3-超速太阳轮;4-超速行星架;5-超速环齿圈;6-前行星架;7-前环齿圈;8-太阳轮(前、后行星排共用);9-输出轴;10-后环齿圈;11-后行星架;12-超速行星排;13-前行星排;14-后行星排;C_0-超速离合器;B_0-超速制动器;F_0-超速单向离合器;C_1-前进离合器;C_2-直接离合器;B_1-2 挡滑行制动器;B_2-2 挡制动器;B_3-低倒挡制动器;F_1-第一单向离合器;F_2-第二单向离合器结构特点有：

(1)前、后行星排共用一个太阳轮。

(2)前行星排的行星架和后行星排的环齿圈连接在一起,作为行星齿轮变速系统的动力输出端。

(3)超速行星排位于前、后行星排的前部(也有的位于后部),发动机的动力由超速输入轴1输入。

(4)超速输入轴与超速行星架相连,超速环齿圈作为超速行星排的输出端与输入轴2相连。

2)换挡执行元件的作用

如图2-3-9a)所示,超速离合器 C_0 用于连接超速行星架和超速太阳轮。超速单向离合器 F_0 的作用是保护超速离合器 C_0。当发动机刚起动时,油路中油压较低,作用在超速离合器 C_0 上的压力较小,使离合器摩擦片容易打滑,产生磨损。当与超速离合器 C_0 并列装上超速单向离合器 F_0 时,超速单向离合器 F_0 反向锁止,这样在超速离合器 C_0 摩擦片间不会产生打滑,使其得到保护。因此 F_0 的结构(楔块式)如图2-3-9b)所示。

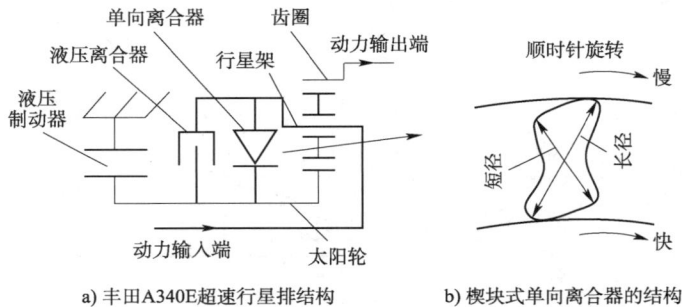

a) 丰田A340E超速行星排结构　　　　b) 楔块式单向离合器的结构

图2-3-9　单向离合器 F_0 的结构

超速制动器 B_0 用于固定超速太阳轮。

离合器 C_1 用于连接输入轴2和前环齿圈。

离合器 C_2 用于连接输入轴2和前、后行星排共用的太阳轮。

制动器 B_1 用于固定前、后行星排共用的太阳轮。

制动器 B_2 和单向离合器 F_1 共同工作可单向锁止前、后行星排的太阳轮。

制动器 B_3 用于固定后行星架。

单向离合器 F_2 用于单向锁止后行星架。因此 F_1 和 F_2 的结构形同,如图2-3-10所示。

3)各挡位动力传递分析

下面对各个不同挡位的功用和动力传递进行具体分析：

(1)停车挡(P位)。

换挡杆处于P位,行星齿轮变速系统中除超速离合器 C_0 外的其他换挡执行元件都不工作,行星齿轮机构中各元件自由转动,不传递动力,汽车不能运行。此时,换挡杆(手控连杆机构)控制停车闭锁凸轮动作,使固定在变速器外壳上的停车闭锁爪啮入变速器输出轴的外齿槽中,将输出轴固定,驱动轮不能转动,如图 2-3-11 所示。

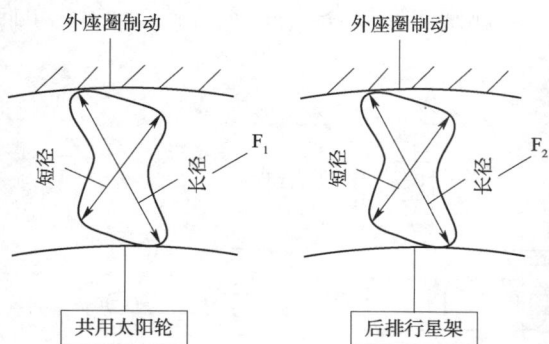

图 2-3-10　F_1 和 F_2 的结构

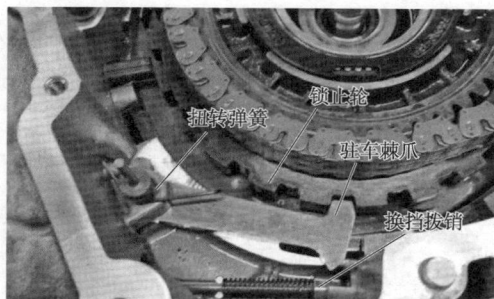

图 2-3-11　P 位的结构示意图

(2)空挡(N 位)。

在空挡,由于停车闭锁爪并不工作,当有外力作用在汽车上或汽车停在斜坡上时,车辆仍可移动。因此,当汽车长时间停车时,不应将换挡杆拨至空挡,而应拨至停车挡,并进行驻车制动,以防车辆溜动而引发事故。

(3)倒挡(R 位)。

当换挡杆处在倒挡时,换挡执行元件中超速离合器 C_0、超速单向离合器 F_0、离合器 C_2 和制动器 B_3 工作,如图 2-3-12 所示。

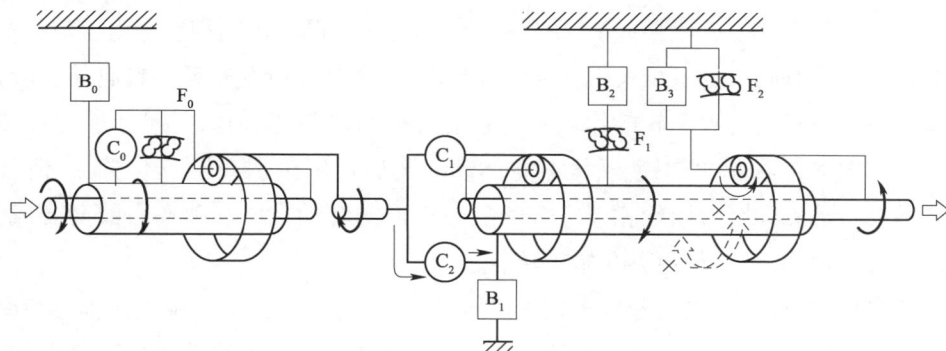

图 2-3-12　A340E 型自动变速器倒挡传动图

超速离合器 C_0、超速单向离合器 F_0 工作时,将超速排的行星架和太阳轮连接起来,使超速行星排由超速输入轴 1 到前、后行星排的输入轴 2 形成传动比为 1 的直接传动。离合器 C_2 工作时,将输入轴 2 与前、后行星排的太阳轮连接起来。制动器 B_3 工作时,将后行星排的行星架固定起来。

输入轴 2 的动力经离合器 C_2 输入太阳轮时,由于前行星排中另两个元件(行星架及环齿圈)均没有约束,因此前行星排空转,不传递动力。而后行星排的行星架被制动器 B_3 固定,因此,太阳轮的动力经行星轮(自转)传递给后轮圈,经输出轴输出。后环齿圈的转动方向与太阳轮相反,形成倒挡。

(4)前进 1 挡(D_1 挡)。

在前进 1 挡,换挡执行元件中超速离合器 C_0、超速单向离合器 F_0、离合器 C_1、第二单向离合器 F_2 工作,如图 2-3-13 所示。

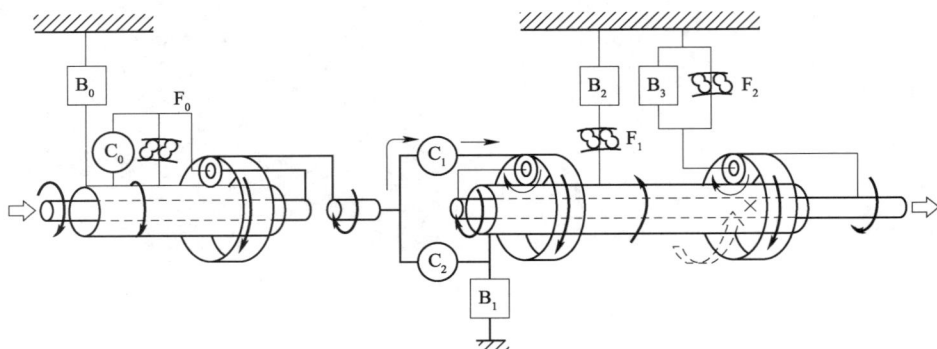

图 2-3-13　A340E 型自动变速器前进 1 挡传动图

当超速离合器 C_0、超速单向离合器 F_0 工作时,将超速输入轴 1 上的动力直接传递给输入轴 2。离合器 C_1 工作时,将输入轴 2 和前排环齿圈连接在一起。第二单向离合器 F_2 工作时,将后行星架单向锁止。

在前进 1 挡,汽车起步时,行星齿轮变速系统的输出轴尚未转动,前行星架因此也被固定。当发动机的动力经超速行星排、离合器 C_1 传到前环齿圈时,因前行星架被固定,动力传到太阳轮(前、后排共用一个太阳轮),太阳轮的转动方向与前环齿圈相反。由于前行星排行星轮顺时针自转,则前、后行星排太阳轮逆时针转动,再驱动后行星轮顺时针自转,此时后行星排行星轮在前后行星排太阳轮的作用下有逆时针公转的趋势,但后行星架逆时针转动的趋势被第二单向离合器 F_2 单向锁止,太阳轮的动力经后行星轮(自转)又传到后环齿圈,使得后环齿圈的转动方向与太阳轮相反,这时,后环齿圈的转动方向和前环齿圈又变成一致。这样,输出轴便在后环齿圈作用下开始旋转。

汽车起步后,前行星架也随着输出轴慢慢转动。这时,经离合器 C_1 输送到前环齿圈的动力分两路传递到输出轴:一路是前环齿圈带动前行星架转动,直接将动力传至输出轴;另一路是前环齿圈的动力经太阳轮、后行星排的环齿圈传到输出轴。这样动力经齿轮变速系统传递后,其转矩增大、转速降低,汽车可以较大的转矩克服行驶阻力低速前进。

(5)前进 2 挡(D_2 挡)。

在前进 2 挡,换挡执行元件中超速离合器 C_0、超速单向离合器 F_0、离合器 C_1、制动器 B_2、第一单向离合器 F_1 工作,如图 2-3-14 所示。

超速离合器 C_0、超速单向离合器 F_0 工作时,将超速输入轴 1 上的动力直接传递给前、后行星排的输入轴 2。制动器 B_2 工作时,将第一单向离合器 F_1 的外圈固定,第一单向离合器 F_1 与制动器 B_2 共同作用,可将太阳轮单向锁止。

变速器在前进 2 挡工作时,发动机的动力经过超速行星排、离合器 C_1 传到前环齿圈,因

太阳轮被 B_2 和 F_1 单向锁止,所以前环齿圈的动力经前行星架传至输出轴。

图 2-3-14 A340E 型自动变速器前进 2 挡传动图

(6)前进 3 挡(D_3 挡)。

在前进 3 挡,换挡执行元件中超速离合器 C_0、超速单向离合器 F_0、离合器 C_1、离合器 C_2 及制动器 B_2 工作,如图 2-3-15 所示。

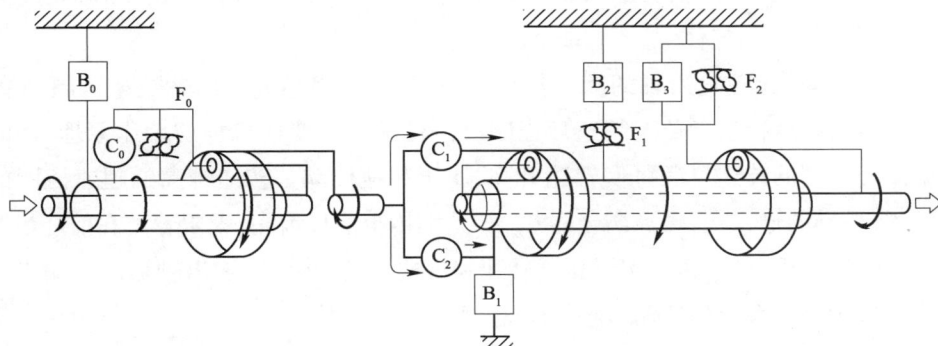

图 2-3-15 A340E 型自动变速器前进 3 挡传动图

超速离合器 C_0、超速单向离合器 F_0 工作时,将超速输入轴 1 上的动力直接传递给前、后行星排的输入轴 2。离合器 C_1 工作时,将输入轴的动力传至前环齿圈。离合器 C_2 工作时,将输入轴的动力传至太阳轮。

制动器 B_2 工作时,将第一单向离合器 F_1 的外座圈固定。在该挡位,太阳轮转动方向为顺时针,因此 F_1 不会锁止太阳轮,即 F_1 在前进 3 挡不工作,只在前进 2 挡及由前进 2 挡转换至前进 3 挡过程中起作用。

变速器在前进 3 挡工作时,超速输入轴的动力经超速行星排传到前、后行星排的输入轴。输入轴的动力分两路传递:一路经离合器 C_1 传至前环齿圈;另一路经离合器 C_2 传至太阳轮。前环齿圈的转速和转动方向与太阳轮相同,并同时作为前行星排的主动件,因此,前行星架作为从动件,将会以相同转速和方向转动,并经输出轴向外传送动力。由于在整个动力传递过程中,齿轮变速系统的传动比为 1,则输入轴和输出轴转速相同。

（7）前进 4 挡（D_4 挡）。

在前进 4 挡，换挡执行元件中超速制动器 B_0、离合器 C_1、离合器 C_2 及制动器 B_2 工作，如图 2-3-16 所示。

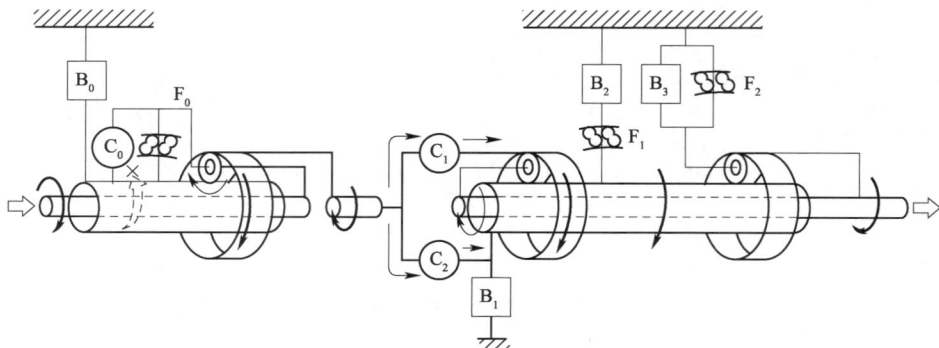

图 2-3-16　A340E 型自动变速器前进 4 挡传动图

超速制动器 B_0 工作时，将超速太阳轮固定。离合器 C_1 工作时，将输入轴和前环齿圈连接在一起。离合器 C_2 工作时，将输入轴和太阳轮连接在一起。制动器 B_2 工作时，将第一单向离合器 F_1 的外座圈固定住。

变速器工作时，超速输入轴的动力传至超速行星架，因超速太阳轮被超速制动器 B_0 固定，因此，动力由超速行星架传至超速环齿圈。由行星齿轮变速机构的工作原理可知，动力从行星架向环齿圈的传递过程可使转速升高，属于超速传动。转速升高的超速齿圈的动力传至前、后行星排的输入轴，再经离合器 C_1、C_2 分别传至前环齿圈、太阳轮。在前环齿圈和太阳轮两主动件的作用下，前行星架以相同转速和方向转动，然后经输出轴输出。输出轴的转速高于行星齿轮变速系统超速输入轴的转速，实现了超速传动。

（8）制动 2 挡。

当换挡杆处于 2 位时，汽车的最高车速受到限制。变速器最高只能升到 2 挡，或者从高速挡（直接挡、超速挡）被强制降至 2 挡，并且在此状态下还具有发动机制动作用，因此称为"制动 2 挡"。

在制动 2 挡时，换挡执行元件中的超速离合器 C_0、超速单向离合器 F_0、离合器 C_1、制动器 B_1、制动器 B_2、第一单向离合器 F_1 工作，如图 2-3-17 所示。

超速离合器 C_0、超速单向离合器 F_0 工作时，将超速输入轴和前、后行星排的输入轴连接起来。离合器 C_1 工作时，将前、后行星排的输入轴和前环齿圈连接起来。制动器 B_1、B_2 及单向离合器 F_1 工作时，将前、后行星排的太阳轮固定住，使其既不能顺时针转动，也不能逆时针转动。

在汽车正常前进、变速器由 1 挡升至 2 挡时，发动机驱动汽车前进，发动机的动力经变速器传至汽车驱动轮，此时制动器 B_1、B_2 及单向离合器 F_1 共同将前、后排的太阳轮固定住，变速系统的动力传递路线与 D 位 2 挡时相同。

图 2-3-17 A340E 型自动变速器制动 2 挡传动图

当汽车减速行驶、变速器由高速挡(如超速挡)强制降入 2 挡时,在汽车惯性的作用下,变速器输出轴转速高于发动机转速。由于在制动 2 挡时制动器 B_1 投入工作,将太阳轮固定住,使 2 挡的动力能逆向传递,变速器输出轴带着输入轴转动,因此汽车便在发动机的作用下强制减速,实现了发动机的制动作用。

假如变速系统在汽车减速时换挡执行元件的工作情况与 D 位 2 挡时相同,只是由 B_2、F_1 单向锁止前、后行星排的太阳轮,则动力的逆向传递(由输出轴到输入轴)便不能实现。这是因为动力逆向传递时,输出轴带动前行星架转动,前行星架又会带动太阳轮顺时针转动(太阳轮在顺时针方向转动不受单向离合器 F_1 的限制),这样前行星架的动力就不能传递给前环齿圈,发动机就不能作为阻力矩去强制降低汽车车速,发动机的制动作用就不能实现,而汽车会在惯性作用下仍然高速行驶。

(9)制动 1 挡。

当换挡杆位于 1 位时,变速系统只能在 1 挡工作,且在此 1 挡具有发动机制动作用,因此称为"制动 1 挡"。

在制动 1 挡时,换挡执行元件中的超速离合器 C_0、超速单向离合器 F_0、离合器 C_1、制动器 B_2、第二单向离合器 F_2 工作。与 D_1 挡相比,所不同的是制动器 B_3 投入了工作,如图 2-3-18 所示。

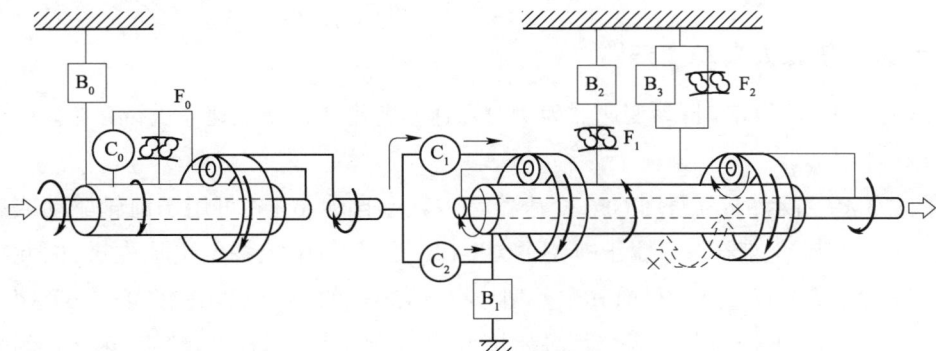

图 2-3-18 A340E 型自动变速器制动 1 挡传动图

D_1 挡时,虽然制动器 B_3 没有工作,但在汽车正常行驶时,后行星架因有向逆时针转动方向转动的趋势而被第二单向离合器 F_2 锁止,可实现前进 1 挡的动力传递。但在汽车减速(动力逆向传递)时,因第二单向离合器 F_2 不能在顺时针方向锁止后行星架,因而动力逆向传递中断,发动机制动作用不能实现。

当汽车制动 1 挡行驶时,制动器 B_3 投入工作,后行星架被制动器 B_3 固定住,既不能逆时针转动,也不能顺时针转动,可以实现变速系统在 1 挡的正、反双向动力传动,因而能够实现发动机的制动作用。

4)换挡执行元件工作情况总结

从上述各个挡位的分析可以看出,变速系统的各种传动(各挡位)是靠变速系统换挡执行元件的不同工作组合来实现的。表 2-3-3 为丰田 A340E 型自动变速器各换挡执行元件在各挡位时工作情况。

丰田 A340E 型自动变速器换挡执行元件工作情况　　　　表 2-3-3

换挡杆位置	传动挡位	换挡执行元件										传动比大小
		C_0	C_1	C_2	B_0	B_1	B_2	B_3	F_0	F_1	F_2	
P	停车挡	○										无
R	倒挡	○		○				○	○			$-\alpha_2$
N	空挡	○										无
D	1挡	○	○						○		○	$1 \times [(1+\alpha_1+\alpha_2)/\alpha_1]$
	2挡	○	○				○		○	○		$1 \times [(1+\alpha_1)/\alpha_1]$
	3挡	○	○	○			○					1×1
	4挡		○	○	○		○					$[\alpha_0/(1+\alpha_0)] \times 1$
2	1挡	○	○						○		○	$1 \times [(1+\alpha_1+\alpha_2)/\alpha_1]$
	2挡	○	○			○			○	○		$1 \times [(1+\alpha_1)/\alpha_1]$
1	1挡	○	○					○	○		○	$1 \times [(1+\alpha_1+\alpha_2)/\alpha_1]$

注:1. ○表示换挡执行元件工作。

　　2. 从左往右 3 排的参数分别为:α_0、α_1 和 α_2。

　　3. 倒挡传动比中的"－"表示输入输出反向。

3. 六速辛普森式自动变速器

下面以上汽通用 GF6 自动变速器为例对六速辛普森式自动变速器进行介绍。

1)结构特点

如图 2-3-19 所示,上汽通用 GF6 变速器是一款全自动、6 挡、可用于前轮驱动或四轮驱动的电子控制自动变速器。它属于典型的 CR-CR 类型,但电控技术更加先进,因此单向离合器只有 1 个(图中 OWC)。目前其主要型号有:6T30E、6T35E、6T40E、6T45E、6T50E 等。

上汽通用 GF6 变速器共有 3 个行星齿轮组,第 1 排为输出行星齿轮组,第 2 排为输入行星齿轮组,第 3 排为反作用行星齿轮组。

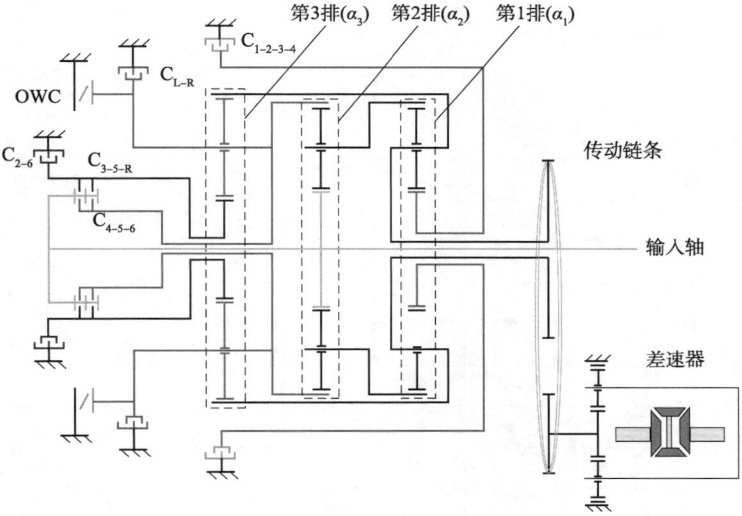

图 2-3-19　通用 GF6 变速器的结构简图

3 个行星齿轮组连接的特点如下：

（1）1 排齿圈和 2 排行星架组件、2 排齿圈和 3 排行星架组件及 3 排齿圈和 1 排行星架组件，形成 3 个独立运动的部件。

（2）1、2、3 排的太阳轮各自独立，也是 3 个独立的运动部件。

（3）第 2 排太阳轮与输入轴通过花键连接，任何挡位都有动力输入，即常态动力输入。

（4）3 排齿圈和 1 排行星架组件作为动力输出。

2）各换挡执行元件的作用

根据图 2-3-19，通用 GF6 变速器 6 个换挡执行元件各自的作用如下。

$C_{1-2-3-4}$：制动第 1 排太阳轮。

C_{2-6}：制动 3 排太阳轮。

C_{3-5-R}：连接 3 排太阳轮与输入轴。

C_{4-5-6}：连接 2 排齿圈和 3 排行星架组件与输入轴。

C_{L-R}：制动 2 排齿圈和 3 排行星架组件。

OWC：单向制动 2 和 3 排圈架组件（允许 2 和 3 排圈架组件顺转，不允许其逆转）。

3）各挡位与换挡执行元件之间的关系

通用 GF6 变速器各挡位与换挡执行元件之间的关系见表 2-3-4。

通用 GF6 变速器各挡位与换挡执行元件之间的关系　　　　　表 2-3-4

换挡杆位置	传动挡位	换挡执行元件						传动比的大小
		$C_{1-2-3-4}$	C_{2-6}	C_{3-5-R}	C_{4-5-6}	C_{L-R}	OWC	
P	停车挡							无
R	倒挡			●		●		$-\alpha_3$

换挡杆位置	传动挡位	换挡执行元件						传动比的大小
		$C_{1\text{-}2\text{-}3\text{-}4}$	$C_{2\text{-}6}$	$C_{3\text{-}5\text{-}R}$	$C_{4\text{-}5\text{-}6}$	$C_{L\text{-}R}$	OWC	
N	空挡							无
D	1挡	●					●	$(1+\alpha_1)/[\alpha_1\times(1+\alpha_2)]$
	2挡	●	●					$[(1+\alpha_1)(1+\alpha_2)(1+\alpha_3)-\alpha_1\alpha_2\alpha_3]/[\alpha_1(1+\alpha_3)]$
	3挡	●		●				$[(1+\alpha_1)(1+\alpha_2)(1+\alpha_3)-\alpha_1\alpha_2\alpha_3]/[\alpha_1(1+\alpha_2+\alpha_3)]$
	4挡	●			●			$(1+\alpha_1)/\alpha_1$
	5挡			●	●			1
	6挡		●		●			$(1+\alpha_3)/\alpha_3$
1	1挡	●				●		$(1+\alpha_1)/\alpha_1\times(1+\alpha_2)$

注:1. ●表示换挡执行元件工作。

2. 从右往左3排的参数分别为:α_1、α_2、α_3。

3. 倒挡传动比中的"−"表示输入输出反向。

4)D_2、D_3和D_4挡位分析

通用GF6六速自动变速器最难理解的挡位分别是D_2、D_3和D_4挡位,因此对D_2、D_3和D_4挡位进行重点分析。

分别假定为第1、2和3排的参数为α_1、α_2和α_3。则每排的特性方程式分别为:

$$n_{11}+\alpha_1 n_{12}-(1+\alpha_1)n_{13}=0 \qquad (2\text{-}3\text{-}5)$$

$$n_{21}+\alpha_2 n_{22}-(1+\alpha_2)n_{23}=0 \qquad (2\text{-}3\text{-}6)$$

$$n_{31}+\alpha_3 n_{32}-(1+\alpha_3)n_{33}=0 \qquad (2\text{-}3\text{-}7)$$

式中,n_{11}、n_{21}和n_{31}分别为第1、2和3排太阳轮的转速;n_{12}、n_{22}和n_{32}分别为第1、2和3排齿圈的转速;n_{13}、n_{23}和n_{33}分别为第1、2和3排行星架的转速。

根据图2-3-19,考虑2、3排圈架为组件,若第2排齿圈未固定,根据式(2-3-6),第2排行星架的转速将取决于第2排齿圈的转速,规律是:第2排齿圈的转速越高,第2排行星架的转速也越高。而第2排齿圈的转速又与第3排行星架的转速有关,故该款自动变速器D_2和D_3挡位在计算传动比时是1、2和3排同时起作用,需要通过式(2-3-5)~式(2-3-7)联立求解传动比。

假设第1、2和3排的参数为$\alpha_1=\alpha_2=\alpha_3=2$(自动挡汽车行星齿轮排参数一般为1.5~3之间,取中间值),带入式(2-3-5)~式(2-3-7)得到:

$$n_{11}+2n_{12}-3n_{13}=0 \qquad (2\text{-}3\text{-}8)$$

$$n_{21}+2n_{22}-3n_{23}=0 \qquad (2\text{-}3\text{-}9)$$

$$n_{31}+2n_{32}-3n_{33}=0 \qquad (2\text{-}3\text{-}10)$$

式(2-3-8)~式(2-3-10)中:$n_{12}=n_{23}$,$n_{13}=n_{32}$,$n_{22}=n_{33}$。

根据图 2-3-19，第 3 排的约束条件有：C_{2-6} 或 C_{3-5-R}。若选择 C_{2-6}，即制动第 3 排太阳轮，$n_{31}=0$；再假设输入轴的转速为 2000r/min（自动挡汽车行驶时发动机转速大部分在 1500～2500r/min，取中间值），即 $n_{21}=2000$r/min；$C_{1-2-3-4}$ 制动第 1 排太阳轮，即 $n_{11}=0$。将以上条件带入式(2-3-8)～式(2-3-10)，即可快速求出输出轴转速 n_{13} 或 $n_{32}\approx632$r/min。若选择 C_{3-5-R}，即 $n_{31}=2000$r/min，将此条件和 $n_{11}=0$ 代入式(2-3-8)～式(2-3-10)，可求出输出轴转速 n_{13} 或 $n_{32}\approx1053$r/min，显然速度增加了。因此，D_2 挡位的换挡执行元件为 $C_{1-2-3-4}$ 和 C_{2-6}；D_3 挡位的换挡执行元件为 $C_{1-2-3-4}$ 和 C_{3-5-R}。

根据式(2-3-6)，若第 2 排齿圈转速继续升高，则第 2 排行星架转速也升高，变速器输出轴转速也升高，挡位也就上升。根据图 2-3-23，当 C_{4-5-6} 起作用，第 2 排齿圈与输入轴转速相同，即此时第 2 排为直接传动，意味着第 1 排齿圈与输入轴转速相同。若 $C_{1-2-3-4}$ 制动第 1 排太阳轮，可获得 $(1+\alpha_1)/\alpha_1$ 大小的减速比。若将 $n_{21}=n_{12}=2000$r/min、$n_{11}=0$ 代入式(2-3-8)，则输出轴的转速为 $n_{13}=\alpha_1/(1+\alpha_1)\times2000$r/min ≈1333r/min，比 D_3 挡输出速度又增加了，也意味着挡位继续上升。因此 D_4 挡位的换挡执行元件为 $C_{1-2-3-4}$ 和 C_{4-5-6}。

其余 D_1（低速挡，传动比最大）、D_5（直接挡）、D_6（超速挡）挡位相对简单，大家可根据表 2-3-5 自行分析。

4. 八速辛普森式自动变速器

下面以 ZF8HP 自动变速器为例对八速辛普森式自动变速器进行介绍。

8HP 系列自动变速器主要包括 8HP40、8HP45、8HP50、8HP70 等，8 是指变速器有 8 个前进挡，HP 是指行星齿轮机构，两位数字 40/45/50/70 表示产品系列号，应用在奥迪 A8/Q5、宝马 X 系/5 系、克莱斯勒 300C、捷豹 F-PACE、路虎揽胜、保时捷 Panamera 等车型上。

1）结构特点

8HP 系列自动变速器的结构简图如图 2-3-20 所示，由 GS1、GS2、GS3 和 GS4 四个单行星齿轮机构组合而成。

变速传动机构的结构特点主要有：

(1)图中 GS2 行星架为常态动力输入，GS4 太阳轮通过离合器 C 进行动力输入。通过离合器 E 可将动力输入传递至 GS3 齿圈和 GS4 太阳轮。

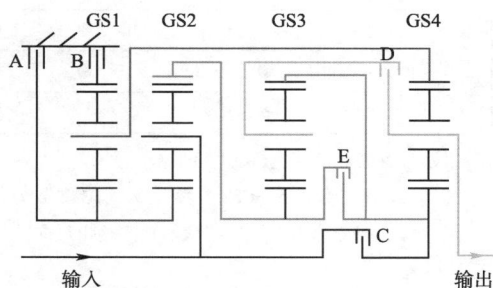
图 2-3-20　8HP 系列自动变速器的结构简图

(2)图中 GS4 行星架为常态动力输出。若离合器 D 工作，GS3 行星架也可作为动力输出。

(3)图中的组件较多，依次有：1、2 排太阳轮组件、1 架 4 圈组件、2 圈 3 太组件和 3 圈 4 太组件。所谓组件，即两个或多个部件加工为一体，同速同向运动。

(4)若离合器 E 工作，图中 4 个部件(2 排齿圈、3 排太阳轮、3 排齿圈、4 排太阳轮)将同速同向运动。

2)各换挡执行元件的作用

8HP 系列自动变速器有 5 个换挡执行元件,各自的作用如下。

A:制动器,制动 1、2 排太阳轮组件。

B:制动器,制动 GS1 齿圈。

C:离合器,连接 GS4 太阳轮与输入轴。

D:离合器,连接 GS3 行星架和 GS4 行星架。

E:离合器,连接 2 圈 3 太组件和 3 圈 4 太组件。

3)各挡位与换挡执行元件之间的关系

8HP 系列自动变速器各挡位与换挡执行元件之间的关系见表 2-3-5。

8HP 系列自动变速器各挡位与换挡执行元件之间的关系　　　　表 2-3-5

换挡杆位置	传动挡位	换挡执行元件					传动比的大小
		A	B	C	D	E	
P	停车挡						无
R	倒挡	●	●		●		$[\alpha_2(1-\alpha_3\alpha_4)]/(1+\alpha_2)$
N	空挡						无
D	1 挡	●	●	●			$(1+\alpha_4)$
	2 挡	●	●			●	$[\alpha_2/(1+\alpha_2)]\times(1+\alpha_4)$
	3 挡		●	●		●	$[(1+\alpha_1)(1+\alpha_4)]/(1+\alpha_1+\alpha_4)$
	4 挡		●		●	●	$(1+\alpha_1+\alpha_2)/(1+\alpha_2)$
	5 挡		●	●	●		$[\alpha_2\alpha_4(1+\alpha_3)+(1+\alpha_1)(1+\alpha_4)]/$ $[\alpha_4(1+\alpha_2+\alpha_2\alpha_3)+(1+\alpha_1)]$
	6 挡			●	●	●	1
	7 挡	●		●	●	●	$(\alpha_2+\alpha_2\alpha_3)/(1+\alpha_2+\alpha_2\alpha_3)$
	8 挡	●			●	●	$\alpha_2/(1+\alpha_2)$

注:1. ●表示换挡执行元件工作。

2. GS1 参数为 α_1,GS2 参数为 α_2,GS3 参数为 α_3,GS4 参数为 α_4。

3. 倒挡传动比中的"－"表示输入输出反向。

5. 九速辛普森式自动变速器

下面以 ZF9HP 自动变速器为例对九速辛普森式自动变速器进行介绍。

ZF9HP 系列自动变速器主要包括 9HP28、9HP48、9HP50 等型号,9 是指变速器有 9 个前进挡,HP 表示齿轮机构是行星齿轮机构,两位数字 28/48/50 表示转矩代号,28 表示最大传递转矩 280N·m,48 表示最大传递转矩 480N·m。应用于搭载横置发动机的前驱或四驱车型,Jeep 自由光、路虎极光、本田奥德赛、讴歌 MDX 等车型都曾搭载该款自动变速器。

1)结构特点

ZF9HP 系列自动变速器的结构如图 2-3-21 所示,由 GS1、GS2、GS3 和 GS4 四个单行星齿轮机构组合而成。

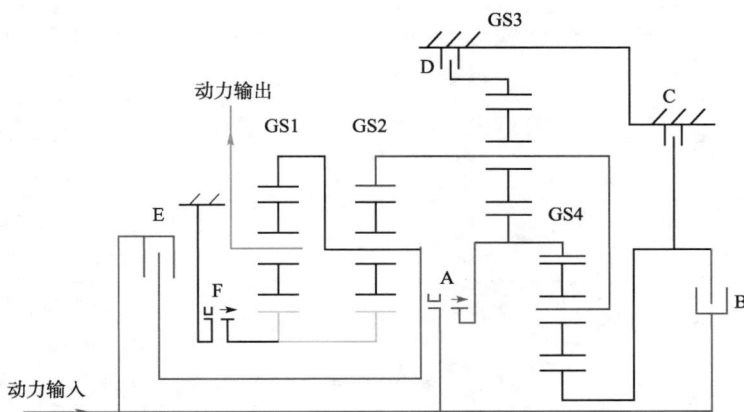

图 2-3-21 9HP 系列自动变速器的结构

变速传动机构的结构特点主要有:

(1)图中通过(A、B、E)3 个离合器进行动力输入的控制。

(2)图中 GS1 中的行星架为常态动力输出。

(3)ZF9HP 变速器的组件较多,依次有:1、2 排太阳轮组件;1 圈 2 架组件;2 圈 3 架 4 架组件、3 太 4 圈组件。

2)各换挡执行元件的作用

9HP 系列自动变速器有 6 个换挡执行元件,各自的作用如下。

A:爪型离合器,将输入轴的动力传递至 3 太 4 圈组件。

B:多片式离合器,将输入轴的动力传递至 GS4 太阳轮。

C:多片式制动器,制动 GS4 太阳轮。

D:多片式制动器,制动 GS3 齿圈。

E:多片式离合器,将输入轴的动力传递至 1 圈 2 架组件。

F:爪型制动器,制动 1、2 排太阳轮组件。

3)各挡位与换挡执行元件之间的关系

9HP 系列自动变速器各挡位与换挡执行元件之间的关系见表 2-3-6。

9HP 系列自动变速器各挡位与换挡执行元件之间的关系　　　　　表 2-3-6

换挡杆位置	传动挡位	换挡执行元件						传动比的大小
		A	B	C	D	E	F	
P	停车挡							无
R	倒挡		●		●		●	$(1 - \alpha_3\alpha_4) \times (1 + \alpha_2)/\alpha_2 \times (1 + \alpha_1)/\alpha_1$
N	空挡							无
D	1 挡	●			●		●	$(1 + \alpha_3) \times (1 + \alpha_2)/\alpha_2 \times (1 + \alpha_1)/\alpha_1$
	2 挡	●		●			●	$(1 + \alpha_4)/\alpha_4 \times (1 + \alpha_2)/\alpha_2 \times (1 + \alpha_1)/\alpha_1$

续上表

换挡杆位置	传动挡位	换挡执行元件						传动比的大小
		A	B	C	D	E	F	
D	3 挡	●	●				●	$1 \times (1+\alpha_2)/\alpha_2 \times (1+\alpha_1)/\alpha_1$
	4 挡	●				●	●	$(1+\alpha_1)/\alpha_1$
	5 挡	●	●			●		1
	6 挡	●		●		●		$[(1+\alpha_1) \times (1+\alpha_4)]/$ $[(1+\alpha_1) \times (1+\alpha_4)+\alpha_2]$
	7 挡	●			●	●		$[(1+\alpha_1) \times (1+\alpha_3)]/$ $[(1+\alpha_1) \times (1+\alpha_3)+\alpha_2\alpha_3]$
	8 挡			●	●	●		$(1+\alpha_1)/(1+\alpha_1+\alpha_2)$
	9 挡		●	●	●	●		$[(1+\alpha_1) \times (\alpha_3\alpha_4-1)]/$ $[(1+\alpha_1) \times (\alpha_3\alpha_4-1)+\alpha_2\alpha_3\alpha_4]$

注:1. ●表示换挡执行元件工作。

2. GS1 参数为 α_1, GS2 参数为 α_2, GS3 参数为 α_3, GS4 参数为 α_4。

3. 倒挡传动比中的" – "表示输入输出反向。

(二)拉维娜式行星齿轮自动变速器

1. 拉维娜式行星齿轮变速器的结构特征

拉维娜(Ravigneaux)式行星齿轮机构是区别于辛普森式行星齿轮机构的另外一种典型行星齿轮机构,是一种双排单、双级复合式行星齿轮机构,图 2-3-22 为其结构示意图。

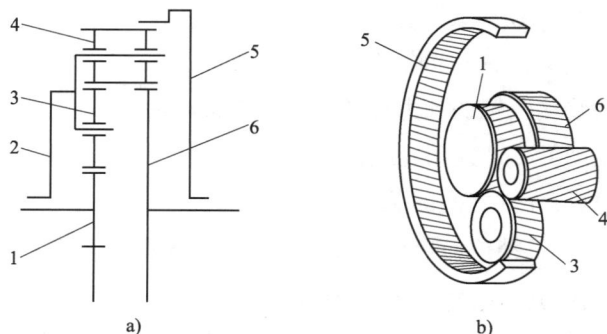

拉维娜式行星齿轮变速器动力传动路线分析

图 2-3-22　拉维娜式行星齿轮机构

1-小太阳轮;2-行星架;3-短行星轮;4-长行星轮;5-齿圈;6-大太阳轮

拉维娜式行星齿轮机构前排为单级行星齿轮机构,后排是双级行星齿轮机构;前、后排共用一个齿圈和一个行星架。在行星架上,外行星轮为长行星轮,它的小端与齿圈啮合,大端与太阳轮啮合。内行星轮为短行星轮,与小太阳轮和长行星轮的小端同时啮合。大众、别克、三菱等公司生产的自动变速器多采用此结构。

此种类型的第二种变化是共用太阳轮、行星架，前、后排齿圈独立，具体结构简图如图 2-3-23 所示。

2. 四速拉维娜式自动变速器

下面以德系车通常采用的四速 01M 和 01N 变速器为例进行挡位分析。

1）结构特点

01M 属于常规的横置前驱型变速器，01N 是纵置前驱型变速器。这两款变速器在内部结构上几乎相同，均采用了拉维娜式行星齿轮机构，通过 3 组离合器、2 组制动器及 1 个单向离合器的不同组合，实现 4 个前进挡和 1 个倒挡。具体动力简图如图 2-3-24 所示。

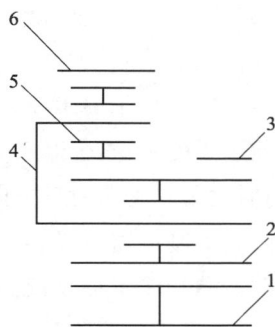

图 2-3-23　拉维娜式行星齿轮机构的变化
1-共用太阳轮；2-长行星轮；3-前齿圈；
4-共用行星架；5-短行星轮；6-后齿圈

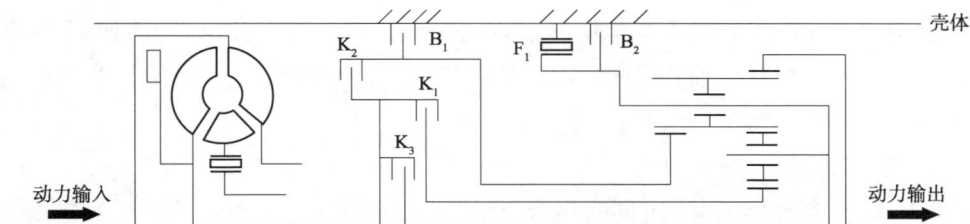

图 2-3-24　四速 01M/01N 变速器动力简图

2）各挡位动力传递路线

01M/01N 型行星齿轮变速器动力传递路线如下。

（1）前进 1 挡（D_1 挡）。

前进 1 挡时，只有离合器 K_1 工作。在图 2-3-24 中，发动机动力经输入轴和离合器 K_1 传至后太阳轮，使后太阳轮顺时针方向转动，并通过短行星轮带动长行星轮也以顺时针方向转动。由于内齿圈与车轮相连有阻力，因此行星架有逆时针转动的趋势，但 F_1 阻止了行星架逆时针方向的转动。由于行星架所受阻力大于齿圈所受到的阻力，这时动力由后排的小太阳轮传递给齿圈，从而带动齿圈至输出轴以较慢转速顺时针方向转动。若设前排的内齿圈齿数与太阳轮的齿数比为 α_1，后排内齿圈齿数与太阳轮的齿数比为 α_2，则前进 1 挡传动比为 α_2。

当汽车滑行、输出轴反向驱动行星齿轮变速器时，齿圈通过长行星轮对行星架产生一个顺时针方向的力矩，此时 1 挡单向超越离合器 F_1 脱离锁止状态，使行星架朝顺时针方向自由转动，行星齿轮机构因此失去传递动力的能力，无法实现发动机制动。

为了使 1 位 1 挡能产生发动机制动作用，可将换挡杆拨入前进低挡 1 位置。这样在 1 挡时，离合器 K_1 和制动器 B_2 同时工作。行星架由制动器 B_2 固定，此时动力传递路线及传动比和前述 1 挡时完全相同，而且不论汽车加速或滑行，行星架都固定不动，在汽车下坡或滑行时,驱动轮可以通过行星齿轮变速器同向带动发动机,利用发动机怠速运转阻力实现发动机制动作用。

(2)前进 2 挡(D_2 挡)。

前进 2 挡时,离合器 K_1 和制动器 B_1 工作。发动机动力经输入轴和离合器 K_1 传至后太阳轮,使后太阳轮朝顺时针方向转动,并通过短行星轮带动长行星轮朝顺时针方向转动。由于前太阳轮被制动器 B_1 固定,因此长行星轮在做顺时针自转时,还将朝顺时针方向做公转,从而带动齿圈和输出轴以较快转速朝顺时针方向转动。此时发动机动力是由后太阳轮经短行星轮、长行星轮传至前行星排,再由前行星排传至齿圈和输出轴。

根据行星齿轮机构运动规律的特性方程式得:

$$n_{11} + \alpha_1 n_{12} - (1 + \alpha_1) n_{13} = 0 \qquad (前行星排)$$
$$n_{21} - \alpha_2 n_{22} - (1 - \alpha_2) n_{23} = 0 \qquad (后行星排)$$

式中:$n_{11} = 0$;$n_{12} = n_{22}$;$n_{13} = n_{23}$。

因此,前进 2 挡的传动比为 $i_2 = n_{21}/n_{22} = (\alpha_1 + \alpha_2)/(1 + \alpha_1)$,此结果说明前后排全参与了变速。前进 2 挡时,输出轴具有向发动机反向传递动力的能力,在汽车滑行时能产生发动机制动作用。

(3)前进 3 挡(D_3 挡)。

前进 3 挡时,离合器 K_1 和 K_3 同时接合,使输入轴同时和后太阳轮及行星架连接。由于后太阳轮和行星架以相同的转速随输入轴转动,因此短行星轮和长行星轮不能做自转,只能和前后太阳轮及行星架一起做公转,从而导致齿圈一同转动。发动机动力由后排小太阳轮和行星架传至齿圈和输出轴,此时传动比 i_3 等于 1,因此前进 3 挡是直接挡。

在上述 3 挡状态下,输出轴也具有向发动机反向传递动力的能力,在汽车滑行时会产生发动机制动作用,但是效果不明显。

(4)前进 4 挡(D_4 挡)。

前进 4 挡时,离合器 K_3 和制动器 B_1 同时工作,使输入轴与行星架连接,同时前太阳轮被固定。发动机动力经离合器 K_3 传至行星架,行星架带动长行星轮朝顺时针方向一边自转一边公转,并带动齿圈和输出轴朝顺时针方向转动。其传动比为 $i_4 = \alpha_1/(1 + \alpha_1)$。由于其值小于 1,所以前进 4 挡为超速挡。

在 4 挡状态下,输出轴也具有向发动机反向传递动力的能力,在汽车滑行时会产生发动机制动作用,但效果已经很不明显。

(5)倒挡。

倒挡时,离合器 K_2 接合,使输入轴同前太阳轮连接,同时制动器 B_2 产生制动,将行星架固定。发动机动力经输入轴传给前太阳轮,使前太阳轮朝顺时针方向转动,并带动长行星轮朝逆时针方向转动。由于行星架固定不动,长行星轮只能做自转,从而带动齿圈和输出轴朝逆时针方向转动,此时的传动比 i_R 等于 $-\alpha_1$。在倒挡时,该行星齿轮变速器也能实现发动机制动作用。

3）各挡位与换挡执行元件的关系总结

01M/01N 四速行星齿轮变速器换挡执行元件工作规律见表 2-3-7。

01M/01N 四速行星齿轮变速器换挡执行元件工作规律表　　表 2-3-7

换挡杆位置	挡位	换挡执行元件						传动比的大小
		K_1	K_2	K_3	B_1	B_2	F_1	
D 位	1 挡	○					○	α_2
	2 挡	○			○			$(\alpha_1+\alpha_2)/(1+\alpha_1)$
	3 挡	○		○				1
	4 挡			○	○			$\alpha_1/(1+\alpha_1)$
1 位	1 挡	○				○		α_2
R 位	倒挡		○			○		$-\alpha_1$

注：1. ○表示换挡执行元件工作。

2. 前排参数为 α_1，后排参数为 α_2。

3. 倒挡传动比中的"－"表示输入输出反向。

3. 六速拉维娜式自动变速器

以 AISIN 09G 自动变速器为例对六速拉维娜式自动变速器进行介绍。09G 可选两种换挡程序，即经济型、运动型，通过换挡杆选择"D"或"S"即可实现，在 D 位为经济型，S 位时为运动型。

1）结构特点

图 2-3-25 所示为 AISIN 六速 09G 自动变速器结构简图，其结构特点是：采用前、后两个行星齿轮组，前面是一个单排行星齿轮机构，称为初级行星齿轮组；后面是一个拉维娜式行星齿轮机构，由一个单级行星齿轮机构和一个双级行星齿轮机构复合组成，称为次级行星齿轮组。初级行星齿轮组的太阳轮是永久固定不动的，次级行星齿轮组的齿圈是动力输出端。随着电控技术的不断发展，汽车低挡位滑行以及换挡冲击控制逐渐改善，取消了单向离合器，使莱派特式齿轮变速机构的组合，只需要 5 个换挡执行元件即可组合实现 6 个前进挡和倒挡。传动系统的构件更少，减轻了变速器质量，降低了制造成本。

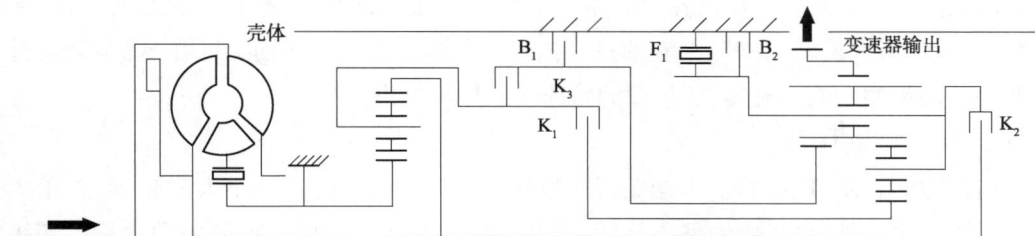

图 2-3-25　AISIN 09G 自动变速器的结构简图

2）各挡位换挡执行元件

AISIN 09G 自动变速器换挡执行元件工件规律见表 2-3-8。

AISIN 09G 自动变速器换挡执行元件工作规律表　　　　　　　　表 2-3-8

换挡杆位置	挡位	换挡执行元件						传动比大小
		K_1	K_2	K_3	B_1	B_2	F_1	
D 位	1 挡	○					○	$[(1+\alpha_1)/\alpha_1] \times \alpha_3$
	2 挡	○			○			$[(1+\alpha_1)/\alpha_1] \times [(\alpha_2+\alpha_3)/(1+\alpha_2)]$
	3 挡	○		○				$[(1+\alpha_1)/\alpha_1] \times 1$
	4 挡	○	○					$(\alpha_1 \times \alpha_3 + \alpha_3)/(\alpha_1 \times \alpha_3 + \alpha_3 - 1)$
	5 挡		○	○				$(\alpha_1 \times \alpha_2 + \alpha_2)/(\alpha_1 \times \alpha_2 + \alpha_2 + 1)$
	6 挡		○		○			$\alpha_2/(1+\alpha_2)$
1 位	1 挡	○				○		$[(1+\alpha_1)/\alpha_1] \times \alpha_3$
R 位	倒挡			○		○		$[(1+\alpha_1)/\alpha_1] \times (-\alpha_2)$

注:1. ○表示换挡执行元件工作。

　　2. 从左往右 3 排的参数分别为:α_1、α_2 和 α_3。

　　3. 倒挡传动比中的"－"表示输入输出反向。

3)各挡位动力传递路线

(1)前进 1 挡(D_1挡)。

前进 1 挡时,K_1、F_1工作。初级行星齿轮组太阳轮与壳体相连,为永久固定件,动力由齿圈输入,行星架输出,同向减速后向后输出。经 K_1 离合器传到次级行星齿轮组小太阳轮,由于齿圈有阻力,使得行星架有逆时针转动的趋势,被单向离合器 F_1 固定,由齿圈减速输出。经过初级行星齿轮组和次级行星齿轮组两次减速后,完成 1 挡动力传递。由于单向离合器 F_1 工作,没有发动机制动作用。

当驾驶人选用制动 1 挡时,制动器 B_2 工作,将次级行星齿轮组的行星架双向固定,此时有发动机制动作用,在路况不好或下坡时使用该挡位。

(2)前进 2 挡(D_2挡)。

前进 2 挡时,K_1、B_1工作。初级行星齿轮组同向减速后由离合器 K_1 将动力传递到小太阳轮。在前进 1 挡的基础上,由制动器 B_1 将大太阳轮固定,长行星轮绕着大太阳轮做公转,使得行星架也做顺时针转动,使齿圈加速转动,实现前进 2 挡。

在前进 1 挡时,次级行星齿轮组共用行星架被 F_1 单向固定,前排行星轮顺时针旋转,前排大太阳轮逆时针旋转(空转)。在前进 2 挡时,前排大太阳轮被固定,共用行星架顺时针旋转,驱动共用齿圈顺时针旋转,故齿圈的转速比 1 挡时要快一些。

(3)前进 3 挡(D_3挡)。

前进 3 挡时,K_1、K_3工作。由初级行星齿轮组减速后,由 K_1 输给小太阳轮,K_3 输给大太阳轮,次级行星排被卡死,作为整体旋转,没有改变传动比。因此 3 挡的传动比只由初级单独完成。

初级行星齿轮组是一个减速传动,传动比大于 1;次级行星齿轮机构没有参与传动比变化,是等速传动,传动比等于 1,则整个自动变速器的传动比等于初级行星齿轮组传动比,即总传动比大于1。

（4）前进4挡（D_4挡）。

前进4挡时，K_1、K_2工作。K_2离合器将输入轴的动力直接传到次级行星齿轮组的公共行星架，没有经过初级行星齿轮的减速，因此又在3挡的基础上加速。但是由于大太阳轮是自由空转的。且K_2的转速大于K_1的转速，K_1的转速输到小太阳轮后，被减速后由齿圈输出，由于K_2的速度快，使得齿圈最后的输出速度介于K_1和K_2之间，是减速传动。传动比仍大于1。

次级行星齿轮组是一个双级行星齿轮机构，行星架被驱动以涡轮轴转速等速运行，如果后排小太阳轮也被驱动以涡轮轴转速等速运行，则次级行星齿轮组齿圈为同向等速输出；现在后排太阳轮被减速驱动，则次级行星齿轮组齿圈的输出转速介于以上两种情况之间，即同向减速。

（5）前进5挡（D_5挡）。

前进5挡时，K_2、K_3工作。K_2将输入轴的动力传到次级行星齿轮组行星架，K_3将初级行星齿轮组减速后的动力传递到大太阳轮。K_2的转速大于K_3的转速，均为顺时针转动，如果K_3的转速与K_2相等，那么输出的转速也与K_2、K_3相等，如果K_3速度为0，那么输出转速为最大超速。现在K_3的转速比K_2略小，介于以上两种情况之间，输出的转速比K_2略有增大，因此是超速传动。

次级行星齿轮组的前排是一个简单的单级行星齿轮机构，行星架被驱动以涡轮轴转速等速运行，如果前排大太阳轮固定，则次级行星齿轮组齿圈为同向增速输出；如果前排太阳轮也被驱动以涡轮轴转速等速运行，则次级行星齿轮组齿圈为同向等速输出；现在前排大太阳轮被减速驱动，则次级行星齿轮组齿圈的输出转速介于以上两种情况之间，即同向增速。

（6）前进6挡（D_6挡）。

前进6挡时，K_2、B_1工作。离合器K_2工作，将涡轮轴与次级行星齿轮组行星架连接为一体，涡轮轴动力未经减速直接传至次级行星齿轮组行星架。制动器B_1工作，固定前排太阳轮。次级行星齿轮组前排是一个简单的单级行星齿轮机构，行星架被驱动以涡轮轴转速等速运行，前排太阳轮被固定，则次级行星齿轮组齿圈为同向增速输出。

（7）倒挡（R挡）。

倒挡时，K_3、B_2工作。涡轮轴转速经初级行星齿轮组减速后，通过离合器K_3将动力传递到次级行星齿轮组前排大太阳轮，制动器B_2将行星架固定，齿圈反向减速输出。倒挡时，有初级和次级两次减速。

总之，该款自动变速器挡位分布合理，只用了6个换挡执行元件就实现了6个前进挡和1个倒挡的相互转换，换挡执行元件的布置合理紧凑。在09L/09E自动变速器中只有5个换挡执行元件，即3个离合器K_1、K_2、K_3和2个制动器B_1、B_2，没有单向离合器，使自动变速器的结构大为简化，质量减轻，损耗减小，效率提高，每个挡位都有发动机制动。但在换挡过程中存在着换挡重叠，发动机转矩有重叠或干涉，这给电控系统提出了更高的要求。自动变速器控制单元检测自动变速器输入转速传感器信号，通过调整换挡油压来实现重叠换挡，并使在换高挡时会减小发动机转矩输出，在换低挡时会增加发动机转矩输出，与行驶状态相适应。

4. 七速拉维娜式自动变速器

以奔驰 722.9 自动变速器为例对七速拉维娜式自动变速器进行介绍。

1)结构特征

奔驰 722.9 自动变速器是奔驰公司推出的世界上最早的七速自动变速器,其结构简图如图 2-3-26 所示。

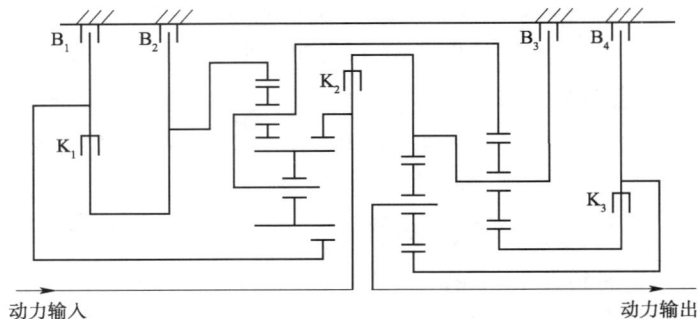

图 2-3-26　奔驰 722.9 自动变速器的结构简图

串联复合式行星
齿轮变速器动力
传动路线分析

此七速变速器的传动齿轮机构由前部的拉维娜式行星齿轮组和中部、后部的单排行星齿轮机构组成。发动机动力直接输入前部拉维娜式行星齿轮机构的小齿圈,经变速后,由中部的行星齿轮机构的行星架输出给传动轴。

2)各挡位换挡执行元件

换挡执行元件由 3 组离合器 K_1、K_2、K_3,4 个制动器 B_1、B_2、B_3、B_4 组成。各挡位换挡执行元件工作规律见表 2-3-9。

奔驰 722.9 自动变速器换挡执行元件工作规律　　　　表 2-3-9

换挡杆位置	挡位	换挡执行元件规律							传动比大小
		K_1	K_2	K_3	B_1	B_2	B_3	B_4	
D 位	1 挡			○		○		○	$[(\alpha_1+\alpha_2)/\alpha_2] \times [(1+\alpha_4)/\alpha_4] \times [(1+\alpha_3)/\alpha_3]$
	2 挡			○	○			○	$[(1+\alpha_2)/\alpha_2] \times [(1+\alpha_4)/\alpha_4] \times [(1+\alpha_3)/\alpha_3]$
	3 挡	○		○				○	$1 \times [(1+\alpha_4)/\alpha_4] \times [(1+\alpha_3)/\alpha_3]$
	4 挡	○	○					○	$1 \times [(1+\alpha_3)/\alpha_3]$
	5 挡	○	○	○					1
	6 挡		○	○			○		$[(1+\alpha_2) \times (1+\alpha_3)]/[(1+\alpha_2) \times (1+\alpha_3+\alpha_4)-\alpha_2]$
	7 挡		○			○			$[(\alpha_1+\alpha_2) \times (1+\alpha_3)]/[(\alpha_1+\alpha_2) \times (1+\alpha_3+\alpha_4)-\alpha_2]$
R 位	R_1 挡			○	○		○		$[(1+\alpha_2)/\alpha_2] \times (-1/\alpha_4) \times (1+\alpha_3)$
	R_2 挡			○		○	○		$[(\alpha_1+\alpha_2)/\alpha_2] \times (-1/\alpha_4) \times (1+\alpha_3)$

注:1. ○表示换挡执行元件工作。

2. 从左往右 4 排参数分别为 α_1、α_2、α_3 和 α_4。

3. 倒挡传动比中" – "表示输入输出反向。

3）各挡位动力传递路线

（1）前进 1 挡（D_1 挡）。

B_2、B_4、K_3 工作。B_2 将前部双级行星齿轮机构的大齿圈固定，B_4、K_3 将中部和后部的太阳轮固定。输入轴动力经前部拉维娜行星齿轮组大传动比减速后，传递到前部行星架（即后部齿圈），经后部行星齿轮机构再次减速后，传递到后部行星架（即中部齿圈），再经中部行星齿轮机构第三次减速后，传递到中部行星架（即输出轴），经过 1 次大减速和 2 次小减速完成 1 挡传动。

（2）前进 2 挡（D_2 挡）。

B_1、B_4、K_3 工作。B_1 将前部行星齿轮机构的太阳轮固定，B_4、K_3 将中部和后部太阳轮固定。输入轴动力经前部拉维娜行星齿轮组小传动比减速后，传递到前部行星架（即后部齿圈），经后部行星齿轮机构再次减速后，传递到后部行星架（即中部齿圈），再经中部行星齿轮机构第三次减速后，传递到中部行星架（即输出轴），经过 3 次小减速完成 2 挡传动。

（3）前进 3 挡（D_3 挡）。

K_1、B_4、K_3 工作。K_1 将前部行星齿轮机构的大齿圈和太阳轮连接为一体，B_4、K_3 将中部和后部的太阳轮固定。输入轴动力未经减速直接传递到前部行星架（即后部齿圈），再经后部行星齿轮机构减速后，传递到后部行星架（即中部齿圈），经中部行星齿轮机构再次减速后，传递到中部行星架（即输出轴），经过 2 次小减速完成 3 挡传动。

（4）前进 4 挡（D_4 挡）。

K_1、B_4、K_2 工作。K_1 将前部行星齿轮机构的大齿圈和太阳轮连接为一体，B_4 将中部太阳轮固定。输入轴动力经 K_2 直接传递到中部齿圈，经中部行星齿轮机构减速后，传递到中部行星架（即输出轴），经过 1 次小减速完成 4 挡传动。

（5）前进 5 挡（D_5 挡）。

K_1、K_2、K_3 工作。前、中、后部的行星齿轮机构全部连接为一体，输入轴动力直接传递给输出轴，完成 5 挡传动，即直接挡。

（6）前进 6 挡（D_6 挡）。

B_1、K_2、K_3 工作。B_1 将前部行星齿轮机构的太阳轮固定，K_3 将中部和后部太阳轮连接为一体，输入轴动力经前部拉维娜式行星齿轮组小传动比减速后，传递到前部行星架（即后部齿圈），另外输入轴动力经 K_2 直接传递到后部行星架，由于后部齿圈转速低于后部行星架转速，所以后部太阳轮（即中部太阳轮）转速高于输入轴转速，而中部齿圈与输入轴转速相同，故中部行星架（即输出轴）以高于输入轴的转速传递动力，6 挡为超速挡。

（7）前进 7 挡（D_7 挡）。

B_2、K_2、K_3 工作。B_2 将前部行星齿轮机构的大齿圈固定，K_3 将中部和后部太阳轮连接为一体，输入轴动力经前部拉维娜式行星齿轮组大传动比减速后，传递到前部行星架（即后部齿圈），另外输入轴动力经 K_2 直接传递到后部行星架，由于后部齿圈转速低于后部行星架转速，所以后部太阳轮（即中部太阳轮）转速更高于输入轴转速，而中部齿圈与输入轴转速相同,故中部行星架(即输出轴)以更加高于输入轴的转速传递动力,7 挡为传动比更高的超速挡。

(8)倒挡(R 挡)。

在冬季(Winter)模式下倒挡传动时,B_1、B_3、K_3 工作。B_1 将前部行星齿轮机构的太阳轮固定,K_3 将中部和后部太阳轮连接为一体,B_3 将中部齿圈和后部行星架固定,输入轴动力经前部拉维娜式行星齿轮组小传动比减速后,传递到前部行星架(即后部齿圈)。再经后部行星齿轮机构换向增速后,传递到后部太阳轮(即中部太阳轮),再经中部行星齿轮机构减速后,传递到中部行星架(即输出轴)。经过 2 次减速、1 次增速和换向后完成倒挡传动。

在标准(Standard)模式下倒挡传动时,B_2、B_3、K_3 工作。B_2 将前部行星齿轮机构的大齿圈固定,K_3 将中部和后部太阳轮连接为一体,B_3 将中部齿圈和后部行星架固定,输入轴动力经前部拉维娜式行星齿轮组大传动比减速后,传递到前部行星架(即后部齿圈)。再经后部行星齿轮机构换向增速后,传递到后部太阳轮(即中部太阳轮),再经中部行星齿轮机构减速后,传递到中部行星架(即输出轴)。经过 2 次减速、1 次增速及换向后完成传动比更大的倒挡传动。

🌀 任务实施

一 实施计划

任务导入中的异响问题是自动变速器比较常见的故障现象,作为专业的维修技师,要问清楚客户是在怎样的情况下(何时、何地、何运行条件)出现的异响。判断是润滑问题,还是变速器内部磨损问题,以便制订详细的维修方案。

二 实施环境

(1)汽车底盘电控实训室。
(2)汽车自动变速器台架、工具车、工作台等。
(3)自动变速器台架资料。

三 实施步骤

(1)查找车型维修手册及相关资料,确定自动变速器的类型。

（2）依据维修手册部件定位图，实操分解自动变速器。

（3）对照实物，实绘其行星齿轮机构的结构简图，并与教材比对。

（4）依据结构简图绘制各挡执行元件工作表。

（5）分析其各挡位的动力传动路线。

（6）依据维修手册标准，检查自动变速器各零部件。

（7）依据维修手册部件定位图，实操组装自动变速器。

四　任务工单

项目二　检修电控自动变速器 任务三　检修行星齿轮变速传动机构	班级			
	姓名		学号	
	日期		分数	

1. 根据教师指定的自动变速器，回答以下问题。（45 分）

（1）自动变速器型号：＿＿＿＿＿＿＿＿＿＿＿＿。（5 分）

（2）齿轮变速机构的类型：＿＿＿＿＿＿＿＿＿＿。（5 分）

（3）所用行星排的个数及结构特点。（10 分）

_____

_____

_____

_____。

（4）所用换挡执行元件各自的名称及作用。（10 分）

_____

_____

_____

_____

_____。

（5）绘出此型自动变速器的变速传动机构结构示意图。（15 分）

2. 小明在完成下列单排单级行星齿轮机构运动规律图表时,有些项目空缺了,请你补充完整。(15分)

传动方案	固定件	主动件	从动件	传动比	转速变化	可能挡位
1	齿圈	太阳轮	行星架			
2						
3	太阳轮	齿圈				
4						
5	行星架	太阳轮				
6						
7	所有元件都不固定					
8	无	任意两个	另一个			

单排单级行星齿轮的运动方程为:_____;

3. 下图是某车型自动变速器的行星齿轮机构简图,请据此推理分析其各挡传动路线。(20分)

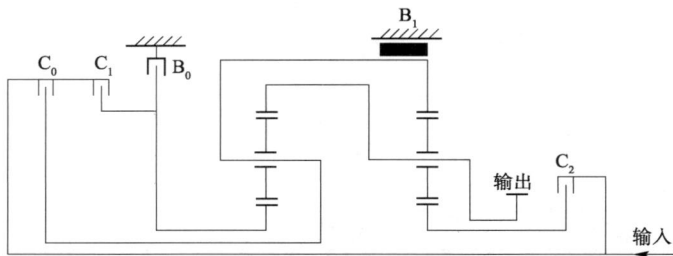

(1)这是哪种类型的行星齿轮变速机构?

(2)写出各挡换挡执行元件

①1 挡:_____。

②2 挡:_____。

③3 挡:_____。

④4 挡:_____。

⑤R 挡:_____。

4. 分组讨论通用 GF6 六速自动变速器各挡传动路线,并计算出各挡传动比的函数表达式。(20分)

复习延伸

一　重点总结

（1）太阳轮、齿圈和行星架被称作"运动三元件"，而行星齿轮被称为"惰轮"。

（2）单排单级行星齿轮机构的运动规律为：$n_1 + \alpha n_2 - (1 + \alpha) n_3 = 0$ 和 $Z_1 n_1 + Z_2 n_2 - Z_3 n_3 = 0$（助记口诀为"太、圈、架、+、-"，行星架的当量齿数为 $Z_3 = Z_1 + Z_2$）。

（3）单排双级行星齿轮机构的运动规律为：$n_1 - \alpha n_2 + (\alpha - 1) n_3 = 0$ 和 $Z_1 n_1 - Z_2 n_2 + Z_3 n_3 = 0$（助记口诀为"太、圈、架、-、+"，行星架的当量齿数为 $Z_3 = Z_2 - Z_1$）。

（4）在单排单级行星齿轮机构中：$Z_3 > Z_2 > Z_1$。由运动方程容易推出结论：只有固定行星架，方为倒挡；只要行星架输出就为减速。

（5）在单排双级行星齿轮机构中：通常有 $Z_1 < Z_3 < Z_2$。由运动方程容易推出结论：只有固定齿圈，方为倒挡；只要齿圈输出就为减速。

（6）不同型号的自动变速器所采用的行星齿轮机构有不同的类型，常见的有：辛普森式、拉维娜式、串联复合（CR-CR）式，莱派特式等。无论其挡位数的多少，行星排数的组合方式有何差异，分析其不同挡位的动力传递路线都是要依据行星齿轮机构的运动规律，结合换挡执行元件的组合状态来进行的。所以，想要快速地摸透某个行星齿轮变速器的挡位传递路线，应当找到其机构运动简图和换挡执行元件工作表。

二　课后练习

（一）选择题

1. A340E 自动变速器 1 挡单向离合器装反会（　　　）。

 A. 没有倒挡   B. 不能升入 2 挡

 C. D 位是空挡

2. 使用辛普森式自动变速器的汽车不能行驶，最常见的原因之一是（　　　）。

 A. 主油压过高   B. 超速挡离合器打滑

 C. 超速挡单向离合器打滑

3. 两组行星轮共用一个太阳轮的是（　　　）。

 A. 辛普森式   B. 拉维娜式   C. 串联式

4. 在单排行星齿轮中,以( )输入,( )固定可以实现超速传动。

　　A. 太阳轮、行星架　　　　　　　　B. 太阳轮、齿圈

　　C. 行星架、太阳轮　　　　　　　　D. 齿圈、行星架

5. 在单排双级行星齿轮机构中,只有以下( )组合方式才能获得倒挡。

　　A. 行星架固定,太阳轮主动　　　　B. 行星架主动,齿圈固定

　　C. 齿圈主动,太阳轮固定　　　　　D. 齿圈固定,太阳轮主动

6. 在单排单级行星齿轮机构中,增加转矩的状态是( )。

　　A. 太阳轮输入,行星架自由,齿圈输出

　　B. 行星架输入,太阳轮固定,齿圈输出

　　C. 齿圈输入,行星架固定,太阳轮输出

　　D. 齿圈输入,太阳轮固定,行星架输出

7. 技师甲说:辛普森行星齿轮机构是两组行星排共用一个太阳轮。技师乙说:拉维娜式行星齿轮机构有两个太阳轮,两组行星齿轮架,共用一个齿圈。请问谁说的正确?( )

　　A. 甲正确　　　　B. 乙正确　　　　C. 两人均正确　　　D. 两人均不正确

8. 下列不属于拉维娜式行星齿轮机构特点的是( )。

　　A. 一个行星架上装了两套行星齿轮

　　B. 大、小太阳轮相互独立

　　C. 大、小太阳轮、行星架都可动力输入,齿圈输出

　　D. 前行星架、后齿圈一体输出

9. 722.9 自动变速器有几个前进挡( )。

　　A. 6　　　　　　B. 7　　　　　　C. 8　　　　　　D. 9

10. 上汽通用 6T45E 自动变速器有( )个前进挡。

　　A. 3　　　　　　B. 4　　　　　　C. 5　　　　　　D. 6

11. 单排双行星齿轮机构,太阳轮输入、齿圈输出、行星架固定,可获得( )。

　　A. 倒挡　　　　　B. 超速挡　　　　C. 低速挡　　　　D. 直接挡

(二) 判断题

1. 判断行星齿轮变速器在某个挡位是否有发动机制动作用,主要看其约束件用的换挡执行元件是否使用的是单向离合器。　　　　　　　　　　　　　　　( )

2. 丰田 A340E 在 D_1 挡无发动机制动作用,但在 L 位有发动机制动作用。　( )

3. 09G 是五速自动变速器。　　　　　　　　　　　　　　　　　　( )

4. ZF8HP 自动变速器有 8 个前进挡。　　　　　　　　　　　　　　( )

5. 01M、01N 都是大众车型所用的拉维娜式四速自动变速器。　　　( )

6. 行星齿轮自动变速器的换挡执行元件的工作组合只要能满足各挡传动比的变化就行了,无须考虑挡位变化时的换挡便利性和平顺性。　　　　　　　　　　( )

7. 在丰田 A340E 中 C_0 和 F_0 都是连接超速排太阳轮和行星架,所以其中一个工作失效,对于自动变速器的工作性能并无影响。 （　　）

8. "前架后圈"和"前圈后架"是串联复合式行星齿轮变速器的典型结构特征。 （　　）

9. 单排单行星齿轮变速机构运动规律的特性方程式为: $n_1 - \alpha n_2 - (1 + \alpha) n_3 = 0$。

（　　）

10. 单排双行星齿轮变速机构运动规律的特性方程式为: $n_1 - \alpha n_2 - (1 - \alpha) n_3 = 0$。

（　　）

11. 单排单行星齿轮机构中,若行星架固定,则太阳轮和齿圈的旋转方向是相反的。

（　　）

12. 对于单排单行星齿轮变速机构,太阳轮输入,齿圈输出,约束行星架,可获得倒挡。

（　　）

13. 若将"太、圈、架"中的任意两个元件连为一体,则剩余元件必与它们的转速相等,则"运动三元件"一同转动,实现"同向等速"传动,可构成直接挡。 （　　）

（三）案例分析题

请正确填写以下实际维修案例中的空省内容。

1. 故障症状

某车采用四挡辛普森式自动变速器,由于 B_3 损坏而造成无 R 挡,经拆检修复后,反而出现 D 位和 2 位均无动力输出。

2. 诊断思路

初步判断为 C_1、F_2 故障。先进行试车看有无 R 挡和 L 挡。将换挡杆置于 R 位,动力输出正常,说明油压正常,排除了由于油压低导致_____工作不正常的可能。再将换挡杆置于 L 位,动力输出正常,由此可以判断故障是由于_____故障所致。

换挡杆在动力挡时,变速器都是在 1 挡起步,当 F_2 有故障时,换挡杆在 D 位和 2 位时没有 1 挡,而 L 位由于有_____工作,可以起到 F_2 的作用,即防止后排行星架逆时针转动,所以有 1 挡。

3. 排障感悟

经拆检后发现 F_2 装反了,这是由于上次维修时工作人员安装失误造成的。重新安装_____后故障得以消除。

由此例故障的检修过程可以说明:汽车维修人员对待工作一定要认真仔细,不可马马虎虎,否则就是害人害己,对他人不负责任实际上就是对自己不负责任。

（四）实操分析题

通过分析辛普森式 A340E 变速器各挡位换挡执行元件的工作情况及各挡位的动力传

动路线,可以得出以下结论:

(1)如果_____故障,则自动变速器没有前进挡,即将换挡杆置于D位、2位或L位时车辆都无法起步行驶。但对于倒挡没有影响。

(2)如果_____故障,则自动变速器没有3挡,倒挡也将没有。

(3)如果_____或_____故障,则自动变速器没有D位2挡,但对于2位2挡没有影响。

(4)如果_____故障,则自动变速器没有倒挡。

(5)如果_____故障,则自动变速器3挡升4挡时会产生换挡冲击。这是由于3挡升4挡时,相当于由C_0切换到B_0,但C_0、B_0有可能同时不工作。此时负荷的作用将使超速行星排的齿圈不动,如果没有F_0,在行星架的驱动下太阳轮将顺时针超速转动,当B_0工作时产生换挡冲击。

(6)如果_____故障,则自动变速器没有D位1挡和2位1挡,但对于L位1挡没有影响。

(7)换挡时,单向离合器是_____参与工作的,所以只考虑离合器和制动器的工作即可。D_1升D_2挡是B_2工作,D_2升D_3挡是C_2工作,D_3和D_4互换,相当于C_0和B_0互换。

(8)如果某挡位的动力传动路线上有单向离合器工作,则该挡位_____发动机制动。

任务四 检修电控自动变速器液压控制系统

任务导入

一 任务描述

一辆装用电控自动变速器的轿车冷车时起步正常。但热车时出现动力不足,且要重踩加速踏板方可缓慢起步,同时行驶无力、加速不良。

二 任务分析

从故障现象分析,故障应由液压油泄漏引起。通过失速、时滞、液压等试验,初步判定应是油泵故障,拆解油泵,测量其有关数据,发现油泵从动齿轮与泵体间隙大于 $0.4\mathrm{mm}$,标准数值在 $0.07\sim0.15\mathrm{mm}$,极限值是 $0.3\mathrm{mm}$ 。

三　技能目标

(1)能正确拆装和检查阀板。
(2)能熟练测量油泵各间隙并判断是否合格。

知识结构导图

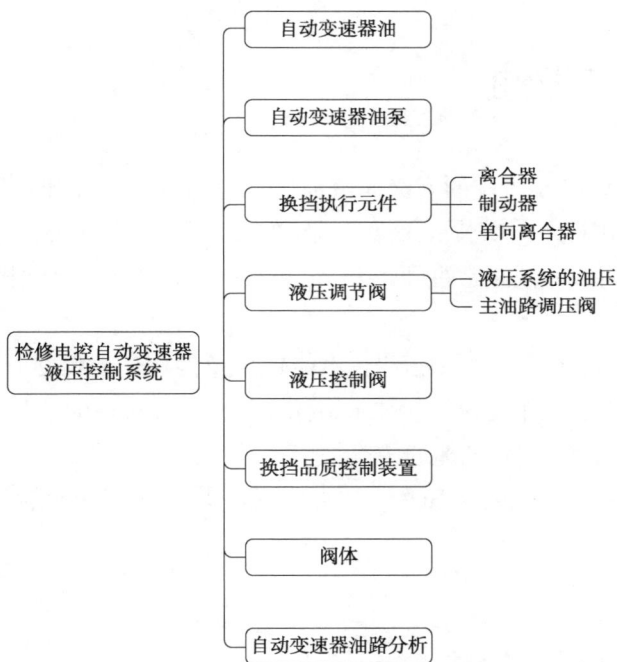

相关知识

　　液压控制系统是自动变速器的重要组成部分,它不仅负责对液力传动装置提供介质,控制液力变矩器锁止,同时还担负着对行星齿轮结构进行换挡控制和对齿轮、轴承等零部件润滑、冷却等功能。

　　液压控制系统主要由自动变速器油、油泵、主油路油压调节装置、换挡信号装置、换挡控制装置、变矩器锁止离合器控制装置、缓冲安全装置等组成。根据驾驶人的意图和行驶条件(节气门的开度、车速等信号)的需要,利用控制液压阀等元件控制液压油的施加和释放,通过操纵换挡执行元件中的离合器和制动器的动作,控制行星齿轮机构运动组合方式的改变,从而实现自动换挡。液压控制系统的组成及液压流向如图 2-4-1 所示。

图 2-4-1　液压控制系统的组成及液压流向示意图

液压控制系统组成、
工作原理和油泵

一　自动变速器油

自动变速器油(ATF)是特殊的高级润滑油,不仅具有润滑、冷却作用,还具有传递转矩以及传递压力(充当执行元件以及液压操纵系统的工作介质)的作用。

一般来说,ATF 每 2 年或正常行驶 4 万 km 更换一次(注意:各车型略有差别,建议参考用户手册)。

ATF 由于型号不同,摩擦系数也不同,不能错用及混用。建议尽量选用原厂推荐的标准,因为某些厂家是根据汽车变速器的技术指标设计出有针对性的油品,使用这样的油品可以使变速器保持良好的机械性能,延长寿命。

正常的 ATF 清澈略带红色,无异味。如果使用不当,容易出现油液变质,如果呈深褐色或有杂质、异味,则需及时更换。

二　自动变速器油泵

自动变速器油泵的作用是使 ATF 产生一定的压力和流量,供给液力变矩器和液力操纵系统,并保证行星齿轮机构的润滑需要。通常安装在液力变矩器的后方,由液力变矩器后端的轴套驱动。

自动变速器油泵主要有内啮合齿轮泵、转子泵、叶片泵等类型。

1. 内啮合齿轮泵

如图 2-4-2 所示,内啮合齿轮泵主要由泵体、从动齿轮、主动齿轮等组成。由于从动齿轮是一个较大的齿圈,而主动齿轮是一个较小的齿轮,所以在主、从动齿轮之间的空隙用一个月牙形隔板把这个容腔分为两部分,其中一腔是进油腔,另一腔是出油腔。

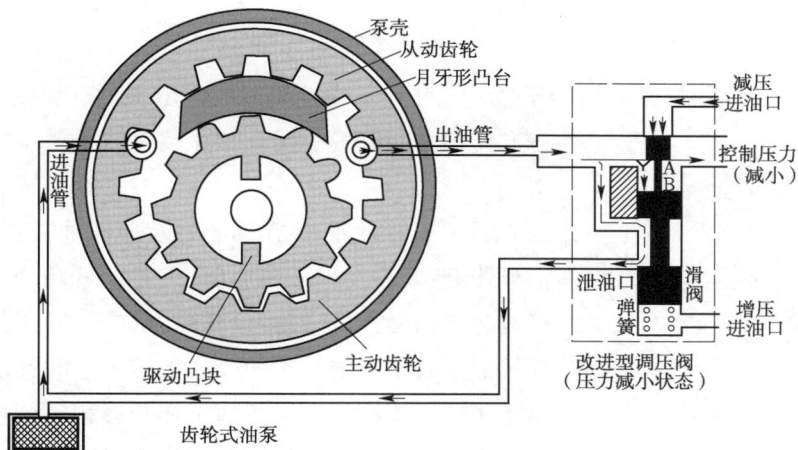

图 2-4-2 内啮合齿轮泵的结构和工作原理示意图

油泵工作时,主动齿轮带动从动齿轮旋转,在齿轮脱离啮合的一端,容积不断增大,成为低压吸油腔,把 ATF 吸入;在齿轮开始啮合的一端,容积不断减小,成为高压油腔,将自动变速器油压出。

内啮合齿轮泵具有结构紧凑、质量轻、自吸能力强、流量波动小、噪声小等特点。

2. 转子泵

如图 2-4-3 所示,转子泵主要由一对内啮合的转子组成。内转子为外齿轮,是主动件;外转子为内齿轮,是从动件。通常内转子比外转子少一个齿,而且内外转子之间是偏心安装。内转子的齿廓和外转子的齿廓是由一对共轭曲线组成,因此,内转子上的齿廓和外转子上的齿廓相啮合,就形成了若干密封容腔。

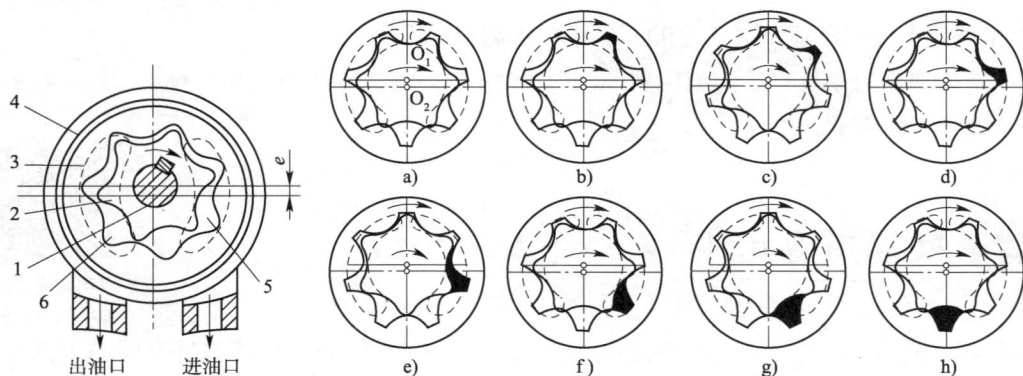

图 2-4-3 转子泵的结构和工作原理示意图

1-驱动轴;2-内转子;3-外转子;4-泵壳;5-进油腔;6-出油腔

发动机旋转时,变矩器驱动油泵转子朝相同的方向旋转。转子转动,工作腔的容积发生变化:容积由小变大,形成局部真空,将液压油从进油口吸入;容积由大变小,形成局部高压,将液压油从出油口排出。

转子泵具有高速性能好、噪声小、运转平稳、流量脉动大等优点,但对加工精度要求高。

3.叶片泵

如图 2-4-4 所示,叶片泵由转子、定子、叶片及端盖等组成。定子具有圆柱形内表面,定子和转子之间有偏心距。叶片装在转子槽中,并可在槽中滑动。

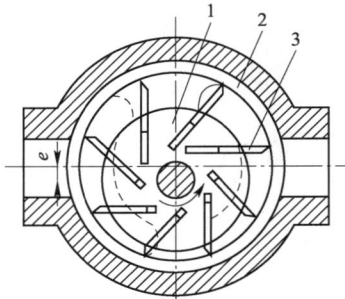

图 2-4-4　叶片泵结构
1-转子;2-叶片;3-定子

转子旋转时,叶片在离心力及底部油液压力的作用下向外张开,紧靠在定子内表面上,并随着转子的转动,在转子叶片槽内做往复运动,这样就在定子、转子、叶片和端盖间形成了若干个密封空间。如果转子逆时针旋转,在转子与定子中心连线的右半部的工作腔容积逐渐增大,以致产生一定的真空,将油从进油腔吸入;在中心连线左半部的工作腔容积逐渐变小,将油从出油口压出。

4.油泵使用注意事项

自动变速器所用油泵要求具有严格的加工制造精度。因为齿轮之间、齿轮与泵体之间、柱塞与活塞腔之间、滑片与滑片槽之间等配合副之间精度极高,这些地方任何过大的磨损和间隙都将导致油泵的性能下降、油压过低,直接影响自动变速器的正常工作(本任务中的故障案例正是由此引起)。油泵使用应注意如下事项:

(1)发动机不工作时,油泵不转,自动变速器无油压,即使在 D 位和 R 位,也不能靠推车起动发动机。

(2)长距离拖车时,由于发动机不转,油泵也不转,齿轮系统没有润滑油,磨损会加剧,因此,要求车速慢、距离短。例如,丰田车系要求拖车车速不高于 30km/h,距离不超过 80km;奔驰车系要求拖车车速不高于 50km/h,距离不超过 50km。

(3)变速齿轮系统有故障或严重漏油时,牵引车辆应将传动轴脱开。对于前轮驱动的汽车,应将前轮悬空牵引。

三　换挡执行元件

自动变速器的
换挡执行元件

行星齿轮变速器中的所有齿轮都处于常啮合状态,挡位的变换是通过不同的方式对行星齿轮机构的基本元件进行约束,即固定或连接某些基本元件来实现的。通过选择被约束的基本元件和约束方式,就可以使该机构具有不同的传动比,从而组成不同的挡位。换挡执行元件包括离合器、制动器和单向离合器。

(一)离合器

离合器起连接作用,是将行星齿轮变速器的输入轴与行星排中的某个基本元件连接,以传递动力或将行星排的某两个基本元件连接在一起,使之成为一个整体。目前,使用较多的是湿式多片离合器,由液压来控制其接合和分离。

如图2-4-5所示,湿式多片离合器由离合器壳、离合器活塞总成、复位弹簧总成、摩擦片、钢片、离合器毂、挡圈及卡环等组成。离合器活塞总成包括活塞和密封圈,安装在离合器壳内,和离合器壳一起形成一个封闭的环状液压缸,并通过离合器壳内圆轴颈上的进油孔和控制油道相通。摩擦片和钢片交错排列,钢片的外花键齿安装在离合器壳的内花键齿圈上,可沿齿圈键槽做轴向移动。摩擦片由其内花键齿与离合器毂的外花键齿连接,也可沿键槽做轴向移动。摩擦片的工作面上有摩擦材料,而钢片表面则是光滑的,没有摩擦材料。

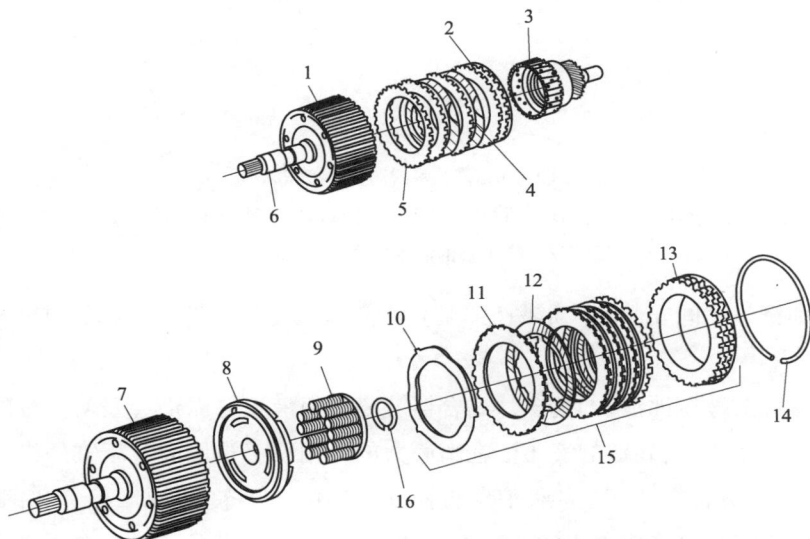

图2-4-5　湿式多片离合器的结构

1、7-离合器壳;2、13-挡圈;3-离合器毂;4、12-摩擦片;5、11-钢片;6-输入轴;8-离合器活塞总成;9-复位弹簧总成;10-波形弹簧;14、16-卡环;15-离合器片

离合器壳或离合器毂分别以一定的方式和变速器输入轴或行星排的某个基本元件相连接,离合器壳为主动件,离合器毂为从动件。当来自控制阀的液压油进入离合器液压缸时,推动离合器活塞克服复位弹簧的弹力而移动,把摩擦片和钢片紧压在一起,使离合器处于接合状态,把离合器壳和离合器毂连接成一个整体,因此,通过离合器把输入轴或行星排的基本元件也连接在一起,如图2-4-6a)所示。

当控制阀控制液压油从离合器的液压缸内泄压后,则复位弹簧使活塞复位,从而使离合器处于分离状态,摩擦片和钢片相互分离,两者之间无压力,离合器壳和离合器毂以不同的转速旋转,如图2-4-6b)所示。离合器在分离状态时,摩擦片和钢片之间有一定的轴向间隙,以保证摩擦片和钢片间无轴向压力,防止片间滑磨,这个间隙为离合器的自由间隙,其大小可通过组合不同厚度的挡圈来调整。各种不同型号的自动变速器的标准间隙不尽相同,通常在1.8~2.2mm之间。离合器片的数量越多、油压越高,离合器传递负荷的能力也越大。

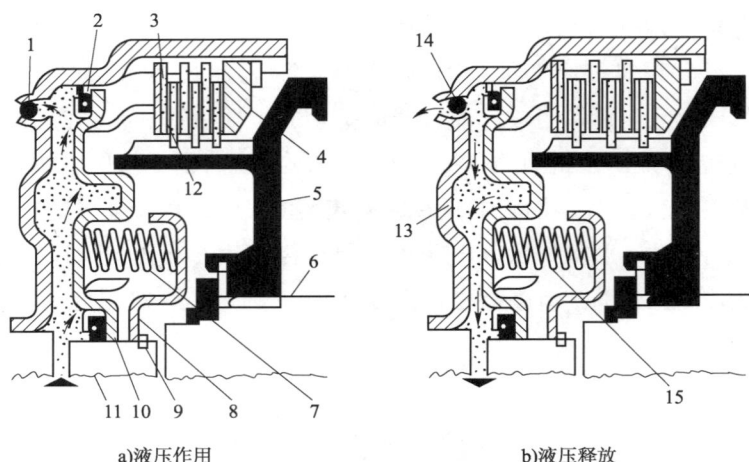

a)液压作用   b)液压释放

图 2-4-6　多片湿式离合器工作原理

1-封闭的止回阀;2-油封;3-钢片;4-挡圈;5-离合器毂;6-输出轴;7-压缩的复位弹簧;8-弹簧支座;9-卡环;10-活塞;11-输入轴;12-摩擦片;13-离合器壳;14-打开的止回阀;15-伸展的复位弹簧

在活塞和钢片之间安装有波形圈(弹簧),它具有一定的弹性,可以减缓离合器接合时的冲击。

离合器液压缸液压油泄压时,多片离合器分离。但液压缸内仍会残留少量的液压油,由于离合器壳的高速旋转,残留的液压油在离心力的作用下会被甩向液压缸外缘,并在此处产生一定的油压,使离合器活塞不能彻底复位而处于半接合状态,导致摩擦片和钢片相互摩擦而产生磨损。为了泄除液压缸内的残留液压油,在离合器上设置了一个离心式止回阀,通过离心力把止回阀打开,使部分残留液压油迅速地从这里泄出,防止片间的拖滞现象发生。当液压油进入液压缸时,止回阀自行关闭,建立压力使离合器接合。

(二) 制动器

制动器的作用是将行星排中的太阳轮、齿圈或行星架加以固定,使其不能旋转。制动器有两种类型:一种是带式制动器,另一种是湿式多片制动器。

1. 带式制动器

带式制动器是利用围绕在制动转鼓周围的制动带收缩作用而产生制动效果的一种制动器。带式制动器由制动带、制动转鼓、液压缸和活塞等组成。制动转鼓与行星排的某一基本元件连接随之一起转动,如图 2-4-7 所示。

制动带内表面为一层摩擦系数较高的摩擦衬片,其一端支承在变速器壳体上的制动带支架或制动带调整螺栓上,另一端与液压缸活塞上的推杆连接。液压缸被活塞分隔为施压腔和释放腔两部分,分别通过各自的控制油道与控制阀相通。当液压缸的施压腔和释放腔内均无液压油时,带式制动器不工作,制动带与转鼓之间有一定的间隙。当控制阀给液压缸的施压腔通液压油时,活塞克服复位弹簧弹力而移动,通过机械联动装置使制动带箍紧制动转鼓,行星齿轮机构某一元件也随之被固定,此时为制动状态。若在此状态时,通过控制阀有液压油进入释放腔,因释放腔一侧的活塞面积大于施压腔一侧的活塞面积,作用在活塞两侧的液压力不相等,释放腔一侧大于施压腔一侧。活塞在两侧的压力差及复位弹簧弹力的共同作用下回到初始位置,使制动器由制动状态变为释放状态。

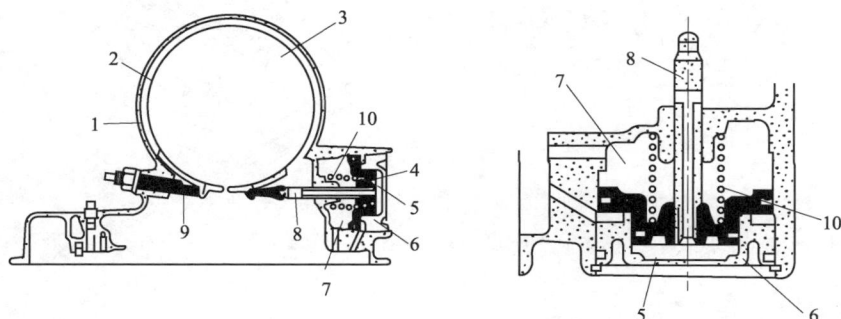

图 2-4-7 带式制动器

1-变速器壳;2-制动带;3-制动转鼓;4-活塞;5-液压缸施压腔;6-液压缸端盖;7-液压缸释放腔;8-推杆;9-调整螺栓;10-复位弹簧

在制动过程中,制动带和制动转鼓之间会有磨损,通过调整螺栓可以调整制动带和制动鼓的间隙。

带式制动器的优点是:有良好的制动性能;占用变速器的空间较小;当制动带贴紧旋转的制动鼓时,会产生一个使制动鼓停止旋转的具有自增力作用的楔紧作用。

2. 湿式多片制动器

如图 2-4-8 所示,湿式多片制动器由制动器壳、制动器活塞、复位弹簧、钢片、摩擦片及制动器毂等部件组成。它的工作原理和多片湿式离合器基本相同,但不同的是制动器壳(相当于离合器壳)固定在变速器壳体上。钢片通过外花键齿安装在固定于变速器壳体上的制动器壳内花键齿圈中,或直接安装在变速器壳体上的内花键齿圈中;摩擦片则通过内花键齿和制动器毂上的外花键齿连接。当制动器不工作时,钢片和摩擦片之间没有压力,制动器毂可以自由旋转。当制动器工作时,来自控制阀的液压油进入制动器的液压缸中,油压作用在制动器活塞上,推动活塞将制动器摩擦片和钢片紧压在一起,与行星排某一基本元件连接的制动器毂被固定而不能旋转。

湿式多片制动器的工作平顺性优于带式制动器,近年来在轿车自动变速器上应用湿式多片制动器的越来越多。另外,湿式多片制动器也易于通过增减摩擦片的片数来满足不同排量发动机的要求。

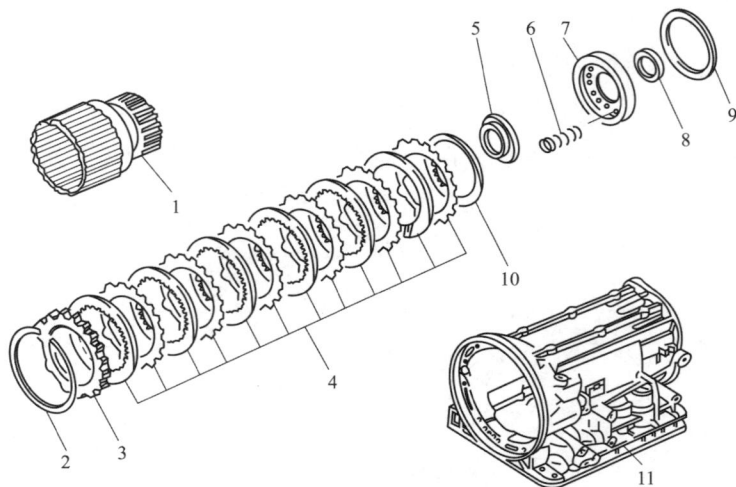

图 2-4-8　湿式多片制动器

1-制动器毂;2-卡环;3-挡圈;4-钢片和摩擦片;5-弹簧座;6-复位弹簧;7-制动器活塞;8、9-密封圈;10-碟形环;11-变速器壳

(三) 单向离合器

单向离合器也是一种固定装置,但其不需要控制机构,依靠其单向锁止原理来发挥固定或连接作用,力矩的传递是单方向的,其连接和固定完全由与之相连接元件的受力方向所决定。当与之相连接元件的受力方向与锁止方向相同时,该元件即被固定或连接;当受力方向与锁止方向相反时,该元件即被释放或脱离连接。

自动变速器中常用的单向离合器有滚柱式和楔块式两种。它们的具体结构和工作原理与液力变矩器中的导轮单向离合器一样,请读者参照前述内容自行理解,此处不再赘述。

四　液压调节阀

在液压系统中,液压阀可分为调节阀和控制阀两种基本形式。另外,还有其他形式的阀,如止回阀和起阻尼、节流作用的小孔,它们协助变速器的液压系统工作。

(一) 液压系统的油压

液力自动变速器存在着三种基本控制油压,它们是:主油路油压、节气门油压和速控油压。这些油压都是由调压阀、节气门阀和速控阀(目前的大多数自动变速器改由相应的电磁阀取代节气门阀和速控阀来调节节气门油压和速控油压)调节的。主油路油压是由主调压阀将液压泵输出的油压经调节后形成的,又称工作油压。主油路油压主要用于驱动制动器和离合器,如图2-4-9所示。

主油路油压经过减压装置或节流通道之后用于变矩器和润滑变速器。节气门油压是根据发动机负荷或节气门开度变化调节的油压。速控油压是根据车速变化调节的油压。在液力自动变速器中,节气门油压和速控油压的综合作用控制变速器换挡。在电控液力自动变速器中,由于采用电磁阀控制换挡(前文已述),一般没有速控阀和节气门开度阀,节气门油压由电磁阀调节产生。

(二) 主油路调压阀

自动变速器的油泵由发动机曲轴通过变矩器外壳驱动,因此,油泵的泵油量和压力均受发动机转速的影响。为了保证自动变速器的正常工作,当发动机处于最低转速工况(怠速)时,供油系统中的油压应能满足自动变速器各部分的需要,防止油压过低使

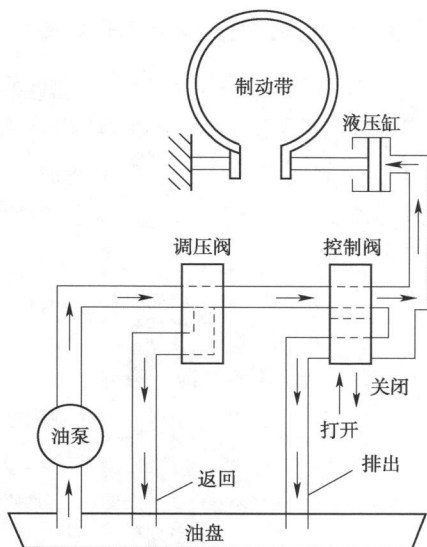

图 2-4-9　液压系统原理布置图

离合器、制动器打滑,影响变速器的动力传递。由于发动机在怠速工况下的转速(800r/min 左右)和最高转速(7000r/min 左右)相差太大,那么当发动机高速运转时,液压泵的泵油量将大大超过自动变速器各部分所需要的油量和油压,导致油压过高,增加发动机的负荷,并造成换挡冲击。因此,必须在油路中设置一个油压调节装置,在发动机高速运转时让多余的液压油流回油底壳,使液压泵的泵油压力维持在一定范围内。

1.油压调节装置的功能

为使主油路油压能满足自动变速器不同工况的需要,油压调节装置还应具备以下功能:

(1)主油路油压应能随发动机节气门开度的增大而升高。当节气门开度较大时,发动机输出功率和自动变速器所传递的转矩都较大,为了防止离合器、制动器等换挡执行元件打滑,主油路油压要相应升高;反之,主油路油压可以相应降低。

(2)汽车在高速挡以较高车速行驶时,汽车传动系统处在高转速、低转矩状态下工作,因此,可以相应地降低主油路的油压,以减少液压泵的运转阻力,节省燃油。

(3)倒挡时主油路油压应比前进挡时的主油路油压大,通常可达 1～1.5MPa。这是因为倒挡在汽车使用过程中所占的时间少,为了减小自动变速器的尺寸,倒挡离合器或倒挡制动器在设计上采用的摩擦片较少,因此在工作时需要较高的油压,以防止其接合时打滑。

2.主油路调压阀的作用和结构

主油压调节装置是一个油压调节阀,也称主油路调压阀。它的作用是根据汽车行驶速度和节气门开度的变化,自动调节流向各液压系统的油压,保证各系统液压的稳定,使各信号阀工作平稳。主油路调压阀一般由阀芯、阀体、柱塞、柱塞套筒和调压弹簧等元件组成,如图 2-4-10 所示。

3. 主油路调压阀的调压原理

如图 2-4-11 所示,来自液压(油泵)的压力油液从进油口进入,并作用到阀芯的上部 A 处,节气门油压和手动阀倒挡油路油压经进油口作用在柱塞的 C 和 B 处,车速油压作用在顶部 D 处。节气门油压由油压电磁阀调控,它随发动机节气门开度的增加而增大。车速油压也由油压电磁阀调控,它随车速的升高而增大。

图 2-4-10　主油路调压阀的结构

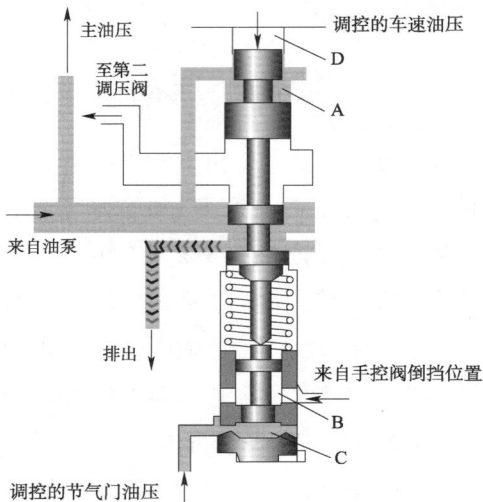

图 2-4-11　主油路调压阀的调压原理图

1)基本调压过程

来自液压泵的压力油液达到调压阀,并作用到阀芯的上端,产生向下推力,此时节气门和手动阀倒挡油路的两个反馈油压为零,主调压滑阀克服弹簧力向下移动。主调压滑阀先将至第二调节阀的油路打开,若压力仍然上升,则主调压滑阀将泄油口开启,部分油液排出并使管道压力下降。管道压力下降,弹簧力推动主调压滑阀上移,将泄油口关闭,管道压力又升高。滑阀持续往复运动,压力保持在弹簧弹性力范围内。

2)负荷调压过程

当发动机负荷较小时,节气门油压较低。若液压泵压力升高,作用在阀芯 A 处的油液压力较高,此油压所产生的作用力大于阀芯下端弹簧预紧力和节气门油压对柱塞的作用力时,弹簧被压缩,阀芯向下移动,阀芯中部的密封台肩将使泄油口露出一部分(来自液压泵的油液压力越高则泄油口就露出越多),油液经泄油口流回油箱,使油压下降,直至油液压力所产生的推力与调压弹簧的预紧力和节气门油压的合力保持平衡为止,此时主油路调压阀以低于液压泵输入压力的油压输出。

当节气门开度增大时,增大了的节气门油压将使柱塞向上移动,压缩调压弹簧,使阀芯中部的密封台肩关小或堵住泄油口,令油压上升。节气门开度越大,主油路高压阀输出的压力越高。例如:当汽车在起步、加速等大负荷工况时,系统油压高,作用于液压离合器的压力大,则传递的转矩增加。这样的调节可以使离合器在不改变结构尺寸情况下能满足高速挡、低速挡工作要求,在低速时获得较大转矩,在高速时降低能量消耗。

3)倒车调压过程

当选择倒挡时,倒挡油压通过倒挡油路进入柱塞中间部位。柱塞的两个阀肩直径上大下小(B > C),在倒挡油压作用下产生向上推力,柱塞向上移动压缩调压弹簧。与负荷调压过程类似,弹簧力与倒挡油压推力的共同作用使主调压阀压力提高,满足了倒挡时对主油路油压的需要。

4)车速调压过程

经调控的车速油压作用在柱塞顶部 D 处,阀芯下移,压缩调压弹簧,阀芯中部的密封台肩增大,使油压下降,满足了车速对主油路油压的需要。

主油路压力的大小控制着自动变速器内所有的多片离合器、制动器能否可靠地接合工作和传递驱动转矩。同时,它也是自动变速器内所有其他压力的基础。所以,主油路压力也就成了汽车自动变速器内最基本、最重要,而且也最关键的压力。如果主油路压力调节阀工作异常,就无法实现给定的控制主油路压力任务。例如,一旦压力调节阀中阀芯运动卡滞,就可能使主油路压力过高,引发换挡冲击、部件损坏等问题。而由于油液脏污和使用过久等原因使阀芯配合表面过度磨损造成间隙,则泄漏过大会使主油路压力过低,引起离合器、制动器等打滑,严重时甚至会造成车辆无法运行。因此,如果发现上述问题,应及时测量主油路压力,看其是否在正常范围之内。为了方便测量,一般汽车自动变速器壳体上,都设有专门的主油路压力测量孔。如图 2-4-12 所示为通用 6T 系列变速器主油路压力测量孔的位置。

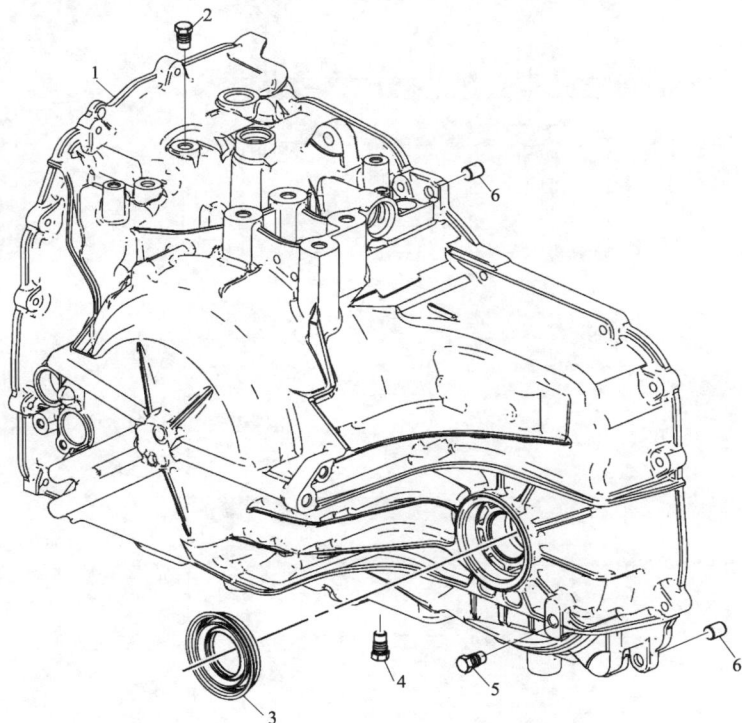

图 2-4-12 通用 6T 系列变速器主油路压力测量孔的位置

1-自动变速器壳体总成;2-油压测试孔塞;3-驱动轴油封;4-放油螺塞;5-油位螺塞;6-壳体盖定位销

五 液压控制阀

液压系统的控制阀绝大多数采用的是滑阀,通过改变滑阀在阀座中的位置,可改变油液流动路线,从而使换挡执行元件接合或分离。

1. 手动阀

手动阀又称选挡阀,是一种手动控制的多路换向阀,位于控制系统的阀体总成中,经机械传动机构和自动变速器的换挡手柄相连,由驾驶人手动操作。换挡手柄处于不同位置时,手动阀也随之移至相应的位置,使进入手动阀的主油路油压与不同的控制油路接通,或直接将主油路压力油送入不同的控制油路。

如图 2-4-13 所示为典型手动阀的结构和原理示意图。手动阀由几段直径相同的阀芯组成,控制阀体上不同油道的开通和关闭。手动阀的进油口与主油路相通,出油口与各换挡阀相通。换挡手柄的位置不同时,出油口的位置有所不同。

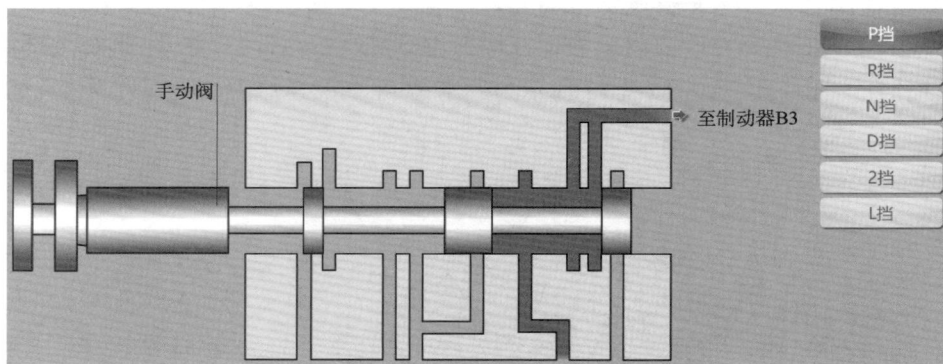

a) P挡手动阀油路

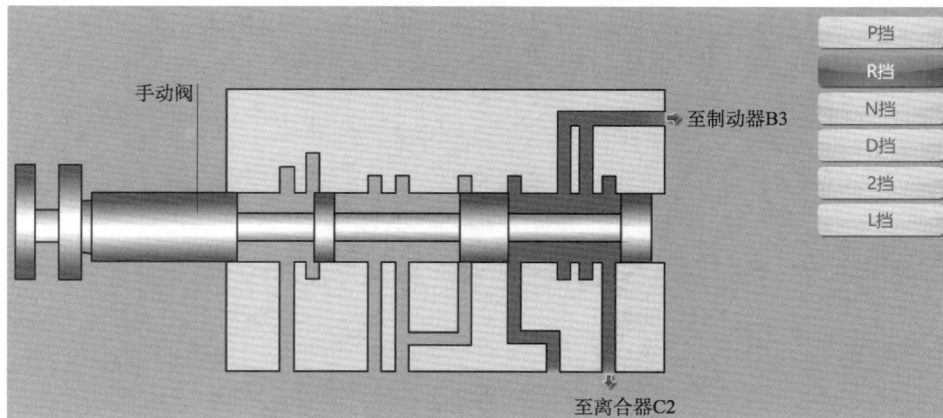

b) R挡手动阀油路

图 2-4-13

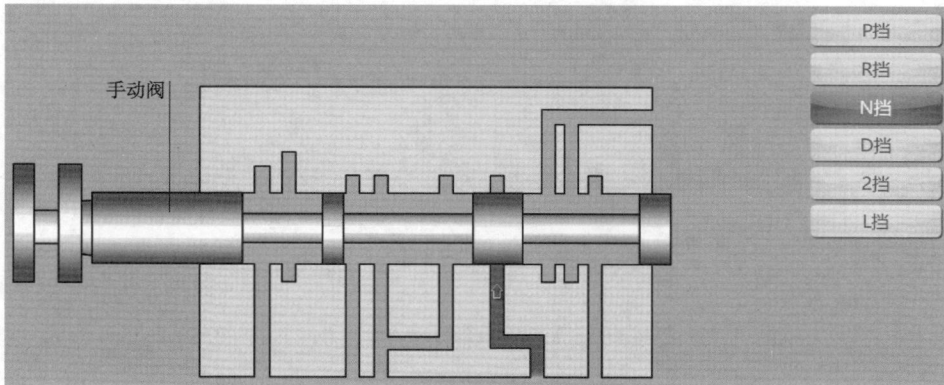

c) N挡手动阀油路

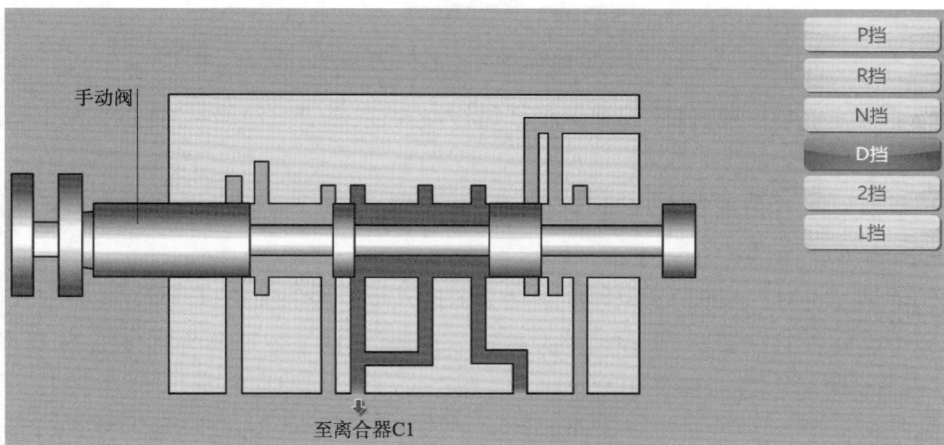

至离合器C1

d) D挡手动阀油路

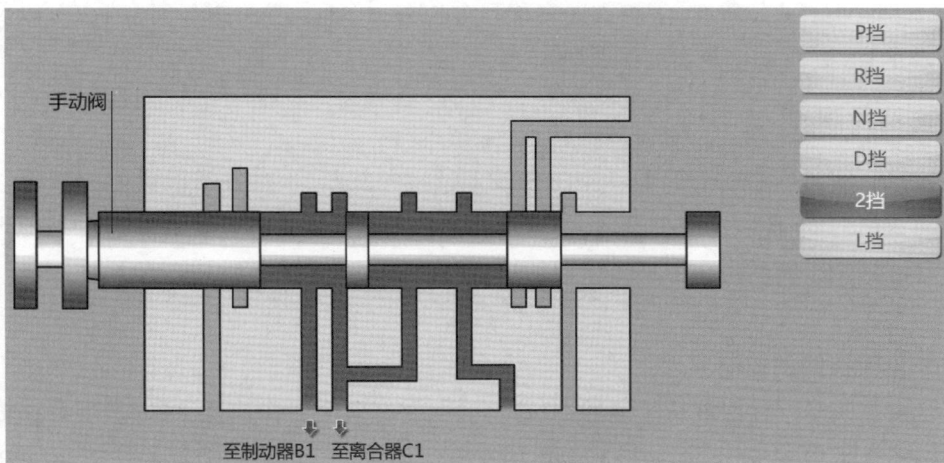

至制动器B1 至离合器C1

e) 2挡手动阀油路

图 2-4-13

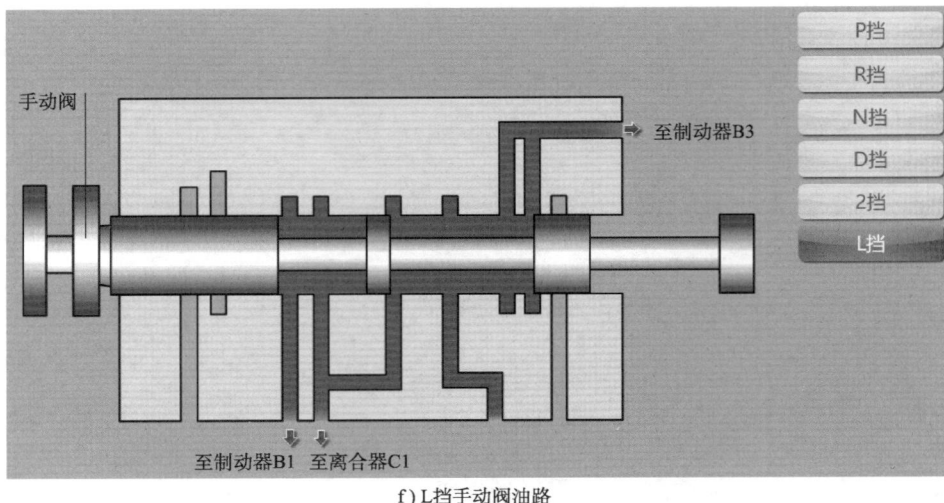

f）L挡手动阀油路

图 2-4-13　典型手动阀的结构及工作原理示意图

换挡手柄处于 P 位置时：手控阀向左移到 P 位置，接通了主油路与 B3 的油路，自动变速器处于驻车 P 挡。

换挡手柄处于 R 位置时：手控阀向左移到 R 位置，接通了主油路与制动器 B3 和离合器 C2 的油路，自动变速器处于倒挡。

换挡手柄处于 N 位置时：手控阀阀芯堵塞了进入手控阀的油路，自动变速器处于空挡。

换挡手柄处于 D 位置时：手控阀向右移到 D 位置，接通了主油路与离合器 C1 以及 1—2 挡换挡阀的油路，自动变速器处于前进挡。

换挡手柄处于 2 位置时：手控阀向右移到 2 位置，接通了主油路与离合器 C1 以及制动器 B1 的油路，自动变速器处于前进 2 挡。

换挡手柄处于 L 位置时：手控阀向右移到 L 位置，接通了主油路与离合器 C1 以及制动器 B1、B3 的油路，自动变速器处于前进 L 挡。

2. 换挡控制阀

换挡控制阀(简称换挡阀)是一个二位或多位换向阀，它根据发动机负荷(节气门开度)或车速的变化，自动控制挡位的升降，使自动变速器处于最适合汽车行驶状态的挡位上。自动变速器换挡控制阀的数目根据变速器前进挡挡位数来确定。下面以二位换挡阀为例进行介绍。

1）二位换挡阀的控制原理

二位换挡阀是一种由液压控制的二位换向阀，它有两个工作位置，可以实现升挡或降挡目的。如图 2-4-14 所示，换挡阀的右端作用着车速油压 P_1，左端作用着节气门油压 P_2 和弹簧力 F。

换挡阀的位置取决于两端控制压力的大小。如图 2-4-14a)所示，当右端的车速油压 P_1

低于左端的节气门油压 P_2 和弹簧力 F 之和时,换挡阀保持在右端。此时,主油路的油压经进油孔至低挡换挡执行元件,自动变速器处于低挡。如图 2-4-14b)所示,当右端的车速油压 P_1 高于左端的节气门油压 P_2 和弹簧力 F 之和时,换挡阀移至左端。此时,主油路的油压经进油孔至高挡换挡执行元件,自动变速器处于高挡。即当换挡阀从左端移至右端时,自动变速器降低 1 个挡位,反之则升高 1 个挡位。

图 2-4-14 二位换挡阀的工作原理示意图

1-换挡阀;2-弹簧;3-主油路进油孔;4-至低挡换挡执行元件;5-至高挡换挡执行元件;6、7-泄油孔;P_1-车速油压;P_2-节气门油压;F-弹簧力

由此可见,自动变速器的升挡和降挡完全受节气门油压和速控油压控制。节气门油压大小反映的是节气门的开度大小,车速油压大小反映的是车速的高低。

若汽车行驶时节气门开度保持不变,车速低时换挡阀在右端处于低挡,随着车速升高至规定值将推动换挡阀移至左端升入高挡,这个车速的规定值称为升挡车速(或升挡时刻)。

2)二位换挡阀的控制方式

电控自动变速器换挡阀的工作完全由换挡电磁阀控制。其控制方式有两种:一种是泄压控制,即通过开启或关闭换挡阀控制油路的泄油孔来控制换挡阀的工作;另一种是加压控制,即通过开启或关闭换挡阀控制油路的进油孔来控制换挡阀的工作。

泄压控制方式工作原理如图 2-4-15a)所示,换挡电磁阀不通电时,在弹簧力的作用下,油阀关闭,主油路油压经节流孔后加在换挡控制阀的右侧,于是柱塞左移,主油路与高挡油路接通,此时为高挡状态。换挡阀通电时,油阀打开,控制阀柱塞右侧油液经电磁阀泄油口泄压,柱塞右侧压力下降,柱塞右移,主油路与低挡油路接通,此时为低挡状态。

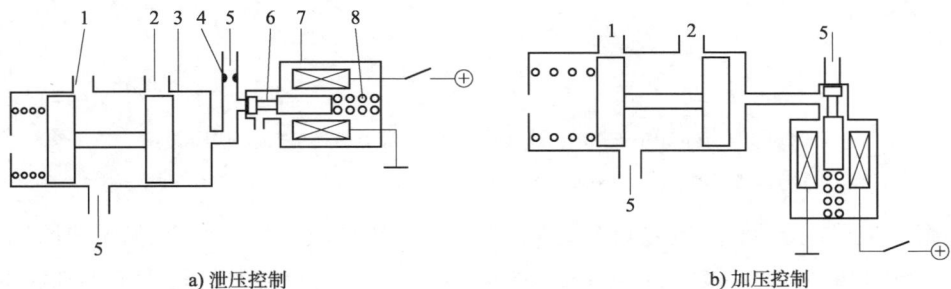

图 2-4-15 换挡阀的控制方式

1-高挡油路;2-低挡油路;3-换挡控制阀;4-节流孔;5-主油路;6-油阀;7-换挡电磁阀;8-弹簧

加压控制方式工作原理如图 2-4-15b)所示,换挡电磁阀不通电时,在弹簧力的作用下,

油阀关闭,柱塞在弹簧力作用下右移,主油路与低挡油路接通,此时为低挡状态。换挡电磁阀通电时,油阀打开,主油路油压进入柱塞右侧,柱塞左移,主油路与高挡油路接通,此时为高挡状态。

3)二位换挡阀的工作举例

下面以泄压式控制方式为例介绍二位换挡阀控制的自动换挡工作过程。如图2-4-16所示,有3个换挡阀(分别为1—2换挡阀、2—3换挡阀和3—4换挡阀),由2个电磁阀控制3个换挡阀的位置。由图中可知,1—2换挡阀和3—4换挡阀由电磁阀A控制,2—3换挡阀则由电磁阀B控制。电磁阀不通电时关闭泄油孔,来自手动阀的主油路压力油通过节流孔之后作用在各换挡阀右端;电磁阀通电时泄油孔开启,换挡阀右端压力油被泄空。

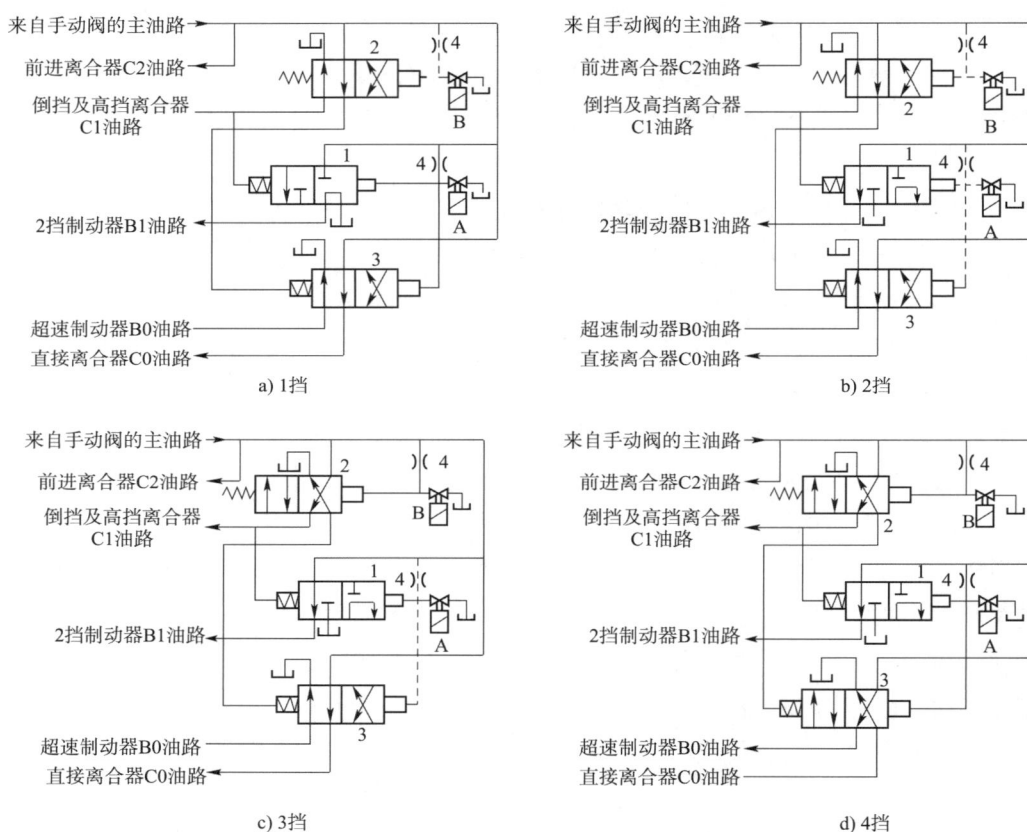

图2-4-16 有4个前进挡的电控液力自动变速器D位换挡控制原理示意图

1-1—2换挡阀;2-2—3换挡阀;3-3—4换挡阀;4-节流阀;A、B-换挡电磁阀

1挡时,电磁阀A断电,电磁阀B通电。2—3换挡阀(左侧弹簧力,右侧无油压)阀芯在弹簧作用下右移,C1油路及1—2换挡阀左侧油压被2—3换挡阀泄压,来自手动阀的主油路经2—3换挡阀作用在3—4换挡阀的左侧。1—2换挡阀(左侧弹簧力,右侧高压)阀芯在控制油压作用下左移,B1油路被1—2换挡阀泄压。3—4换挡阀(左侧弹簧力+高压,右侧高压)阀芯在弹簧作用下处于右端位置,B0油路被3—4换挡阀泄压。于是前进离合器C2

和直接离合器 C0 油路接通,如图 2-4-16a)所示。

2 挡时,首先确保2—3 换挡阀和3—4 换挡阀位置不变,即电磁阀 B 通电,因此电磁阀 A 和 B 同时通电。2—3 换挡阀(左侧弹簧力,右侧无油压)仍然处于右端。3—4 换挡阀(左侧弹簧力 + 高压,右侧无油压)仍然处于右端位置。1—2 换挡阀(左侧弹簧力,右侧无油压)阀芯在弹簧作用下右移,B1 油路接通。于是前进离合器 C2、直接离合器 C0 和 2 挡制动器 B1 油路接通,如图 2-4-16b)所示。

3 挡时,首先确保1—2 换挡阀和3—4 换挡阀位置不变,即电磁阀 B 断电,因此电磁阀 A 通电、电磁阀 B 断电。2—3 换挡阀(左侧弹簧力,右侧高压)阀芯左移,C1 油路和 1—2 换挡阀左侧油路接通,3—4 换挡阀左侧油压被 2—3 换挡阀泄压;1—2 换挡阀(左侧弹簧力 + 高压,右侧无油压)仍然处于右端位置。3—4 换挡阀(左侧弹簧力,右侧无油压)仍然处于右端位置。于是 C2、C1、B1 和 C0 油路接通,如图 2-4-16c)所示。

4 挡时,首先确保1—2 换挡阀和2—3 换挡阀位置不变,即电磁阀 B 断电,因此电磁阀 A 和 B 均断电。3—4 换挡阀(左侧弹簧力,右侧高压)阀芯左移,B0 油路接通,C0 油路被泄压。1—2 换挡阀(左侧弹簧力 + 高压,右侧高压)阀芯仍保持在右端而不能左移。2—3 换挡阀(左侧弹簧力,右侧高压)仍然处于左侧位置。于是 C2、C1、B1 和 B0 油路接通,如图 2-4-16d)所示。

3. 锁止离合器控制阀

早期的电子控制自动变速器中,锁止电磁阀是采用开关电磁阀,即通电时锁止离合器接合,断电时锁上离合器分离。目前电子控制自动变速器大多数采用脉冲线性式电磁阀作为锁止电磁阀,如图 2-4-17 所示。

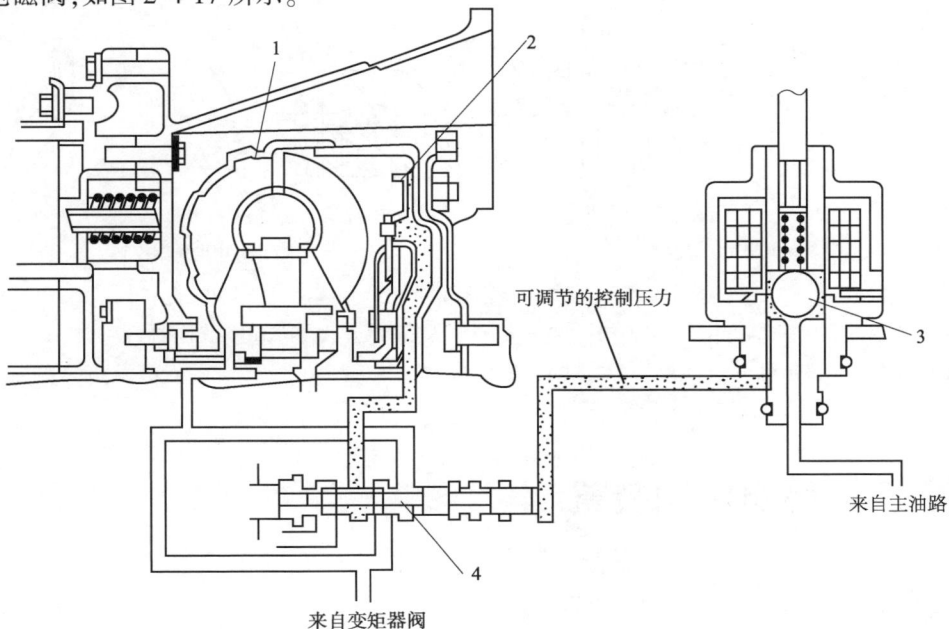

图 2-4-17　锁止离合器控制阀工作原理示意图

1-变矩器;2-锁止离合器;3-脉冲线性式锁止电磁阀;4-锁止离合器控制阀

当作用在锁止电磁阀上的脉冲电信号占空比为 0 时,电磁阀关闭,没有油压作用在锁止离合器控制阀右端,此时锁止离合器左、右两侧的油压相同,锁止离合器处于分离状态;当作用在锁止电磁阀上的脉冲信号的占空比较小时,电磁阀的开度和作用在锁止离合器控制阀右端的油压以及锁止控制阀左移打开的排油孔开度均较小,锁止离合器活塞左、右两侧油压差以及由此产生的锁止离合器接合力也较小,使锁止离合器处于半接合状态。脉冲电信号的占空比越大,锁止离合器左、右侧的油压差以及锁止离合器的接合力也越大。当脉冲电信号的占空比达到一定数值时,锁止离合器即可完全接合。这样,ECU 在控制锁止离合器接合时,可以通过电磁阀来调节接合力和接合速度,让接合力逐渐增大,使接合过程更加柔和。

4. 强制降挡阀

强制降挡阀用于节气门全开或接近全开时,强制性地将自动变速器降低一个挡位,以获得良好的加速性能。强制性降挡阀主要有两种类型:一种类似于节气门阀,由控制节气门阀的节气门拉索和节气门阀凸轮控制其工作。当节气门开度超过 85% 时,节气门拉索通过节气门阀凸轮推动强制降挡阀,使之打开一个通往各个换挡阀的油路。该油路的压力油作用在换挡阀上,迫使换挡阀移至低挡位置,使自动变速器降低一个挡位,降挡阀的结构加图 2-4-18a)所示。另一种是通过强制降挡开关控制,如图 2-4-18b)所示。当节气门开度超过 85% 时,强制降挡开关闭合,使强制降挡电磁阀通电,电磁阀作用在阀杆上的推力消失,阀芯在弹簧弹力的作用下右移,打开油路,主油路压力油进入换挡阀的左端(作用着节气门油压的一端),强迫换挡阀右移,让自动变速器降低一个挡位。

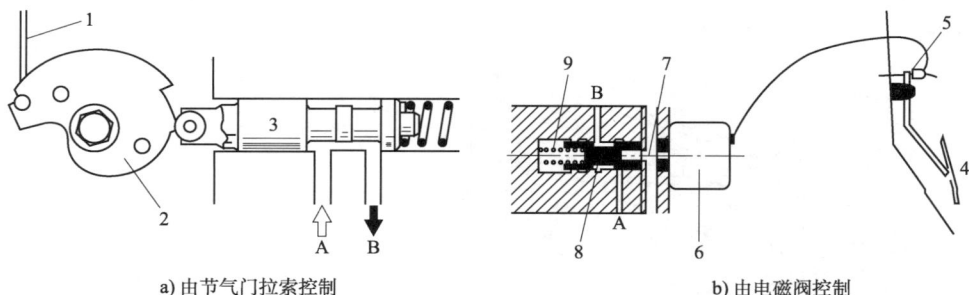

a) 由节气门拉索控制   b) 由电磁阀控制

图 2-4-18 强制降挡阀

1-节气门拉索;2-节气门阀凸轮;3-强制降挡阀;4-加速踏板;5-强制降挡开关;6-强制降挡电磁阀;7-阀杆;8-阀芯;9-弹簧;A-通主油道;B-通换挡阀

六 换挡品质控制装置

1. 换挡品质

换挡品质是指换挡过程的平顺性,即换挡能平稳而冲击地进行。换挡品质控制是指自动换挡液压控制系统中设计利用节流、调压和延时等有效措施,在液压换挡执行元件动作的过渡阶段消除或减缓换挡冲击,以改善换挡品质。

根据行星齿轮换挡传动分析可知,升降挡时需要不同的离合器、制动器接合或分离。两个不同挡位换挡元件的分离与接合过程和过渡时间称为换挡重叠,如图 2-4-19 所示。如果这个时间不合适,两组元件会产生运动干涉,不可避免伴随着转矩扰动,产生相应的换挡冲击。

换挡品质控制的任务是:换挡过程应实现平稳过渡,没有过高的瞬时加速度;减少因换

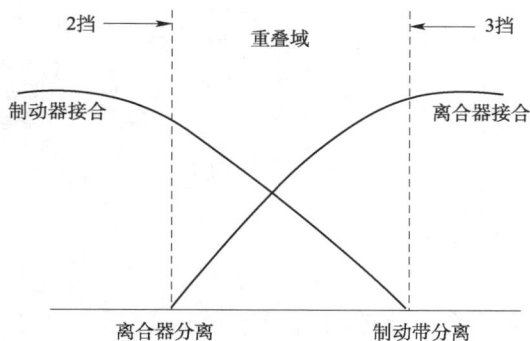

图 2-4-19　换挡重叠示意图

挡期间输入功率变化或中断而引起的速度损失;避免汽车颠簸和冲击,以提高乘坐舒适性;减小传动系统的冲击载荷和磨损,延长机件寿命。通常对换挡过程的具体要求有两个:

(1)换挡过程应尽量迅速地完成,以减少由于换挡时间过长而使摩擦元件的磨损增加,以及减少因换挡期间输入功率低或中断而引起的速度损失。

(2)换挡过程应尽量缓慢平稳过渡,以使车速过渡圆滑,没有过高的瞬时加速度或瞬时减速度,避免振动和冲击,以提高乘坐舒适性,减小传动系统的冲击载荷,延长机件寿命。

容易看出,以上两个要求是相互矛盾的。换挡过程快,就不可避免地产生较大的冲击和动载荷,换挡过程的平稳性就不好。而如果为了提高换挡过程的平稳性而延长过渡时间,则摩擦元件的滑转时间延长,会导致摩擦元件温度升高、磨损加剧。一般情况下,应在最小摩擦时间的前提下提高换挡过程的平稳性。

2. 换挡品质的控制方法

改善换挡品质可以通过对换挡执行元件的液压换挡油路进行控制,实现执行元件接合的缓冲、换挡元件的定时动作和压力控制。缓冲控制是指通过对换挡油路节流,适当延缓作用于换挡执行元件上压力的剧烈变化,以减小换挡时冲击。

自动变速器中用于改善换挡品质的装置很多,其中最常见的有缓冲阀、蓄能器、单向节流阀等。其作用都是使换挡执行元件的接合更为柔和,使换挡平稳、无冲击。

1)蓄能器

蓄能器又称蓄压器或储能器,用于储存少量压力油液,其作用是在换挡时,利用弹性元件变形吸收部分液压能量,平抑油压的瞬时冲击,实现执行元件平稳动作。自动变速器控制系统中采用的一般是弹簧式蓄能器,它由缸筒、活塞和弹簧组成,如图 2-4-20 所示。当油压作用在活塞上时,弹簧被压缩储存能量,这一过程缓和了急剧上升的压力。而当弹簧伸长时,则释放能量。有的蓄能器为了能够随汽车负荷变化提供相应的缓冲作用,在活塞的弹簧侧提供负荷油压。负荷油压升高,则换挡油路压力不致被吸收过多,可防止离合器的过度打滑。

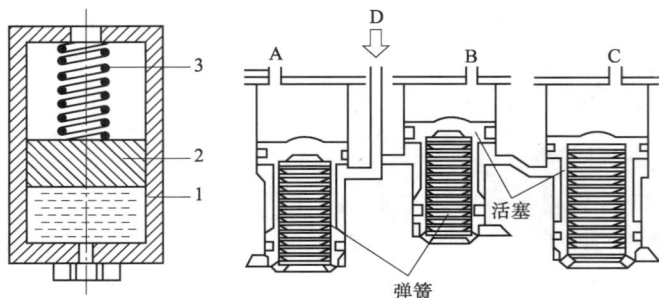

图 2-4-20 蓄能器

1-缸筒;2-活塞;3-弹簧;A、B、C-不同换挡油路;D-负荷油压

蓄能器工作过程如图 2-4-21 所示,当自动变速器换挡时,主油路压力油进入离合器(或制动器)液压缸的同时也进入蓄能器。压力油进入的初期,油压不是很高,不能推动蓄能器活塞下移,因此液压缸油压升高快,这样便于离合器或制动器迅速消除自由间隙。此后,油压迅速增大,油压克服蓄能器弹簧的弹力将活塞下移,容积增大,油路部分压力油进入蓄能器工作腔,使液压缸内压力升高速度减缓,离合器或制动器接合柔和,减小换挡冲击。

2)单向节流阀

单向节流阀布置在换挡阀至换挡执行元件之间的油路中,其作用是对流向换挡执行元件的液压油产生节流作用,在换挡执行元件接合时延缓油压增大的速率,以减小换挡冲击。在换挡执行元件分离时,单向节流阀对换挡执行元件的泄油不产生节流作用,以加快泄油过程,使换挡执行元件迅速分离。

单向节流阀有两种形式:一种是整体型(弹簧式)单向节流阀,节流孔设在柱塞止回阀上,由弹簧将止回阀关闭,如图 2-4-22a)所示。在充油时,节流阀关闭,液压油只能从节流阀中的节流孔通过,从而产生节流效应;在回油时,液压油将节流阀推开,节流孔不起作用。另一种是分立式(球阀式)单向节流阀,如图 2-4-22b)所示。在充油时,球阀关闭,液压油只能从球阀旁的节流孔经过,减缓了充油过程;回油时,球阀开启,加快了回油过程。

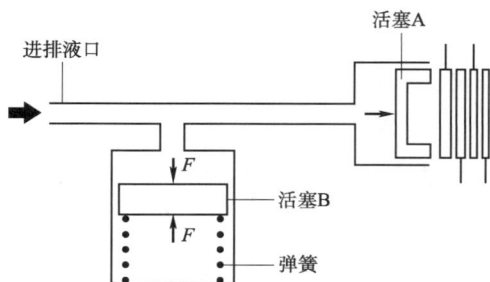

图 2-4-21 蓄能器工作情况示意图

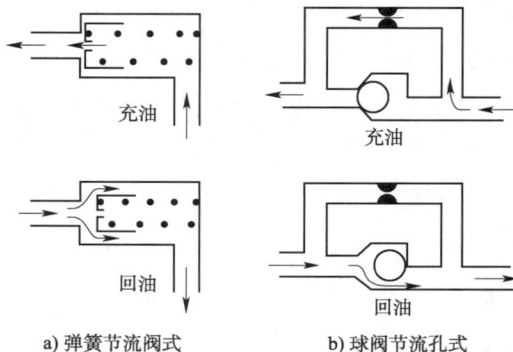

a)弹簧节流阀式　　b)球阀节流孔式

图 2-4-22 单向节流阀

3)缓冲阀

缓冲阀通过滑阀控制进、出油口的截面积实现节流,从而控制出油压力的上升速率,达

到缓冲调节的目的。

（1）节流型缓冲阀。

如图 2-4-23 所示，节流型缓冲阀由滑阀、弹簧和阀堵组成。

在阀体上有 3 个油道，A 是控制油压，B 是来自换挡阀的换挡油压，C 是至执行器的缓冲油压。换挡油压进入滑阀后，由于两阀肩尺寸的不同，在滑阀上产生向左的推力。推力克服弹簧力使滑阀左移并减小进油口处截面积，在节流口两侧产生较大压力差，从而降低了输出的油路压力。当滑阀控制的泄油口开启，油压下降。弹簧与油压推力相互作用，使节流后的压力稳定。当控制油压 A 升高时，滑阀左侧作用力增强，缓冲阀进行新的压力平衡调节。由此形成随控制油压变化的缓冲调压。

当换挡时，若控制油压为负荷油压，则可随着负荷的变化，限制和减缓执行机构油压升高的速率。

（2）溢流型缓冲阀。

如图 2-4-24 所示，溢流型缓冲阀由溢流阀、节流孔、弹簧、止动销和柱塞等组成。溢流阀用于打开或关闭泄油口，柱塞在液压力和弹簧力作用下可以左右移动。

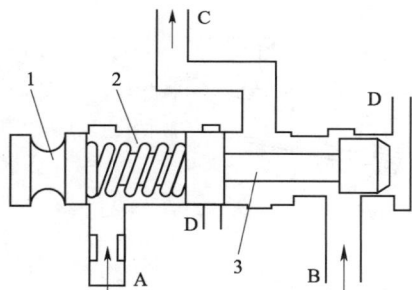

图 2-4-23　缓冲阀结构

1-阀堵；2-弹簧；3-滑阀；A-控制油压；B-换挡油压；C-执行器油压；D-泄油口

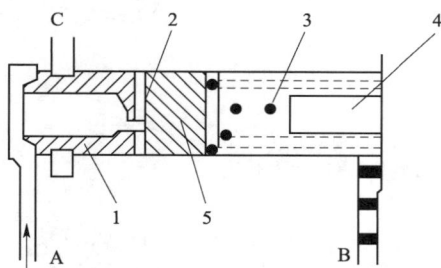

图 2-4-24　溢流型缓冲阀

1-溢流阀；2-节流孔；3-弹簧；4-止动销；5-柱塞；A-执行器油压；B-调节油压；C-泄油口

当执行器油路压力 A 升高时，溢流阀 1、柱塞 5 受油压作用克服弹簧力右移，将泄油口开启，油路内压力下降。与此同时，油液经溢流阀阀芯底部的节流孔 2 缓慢流入柱塞 5 与溢流阀 1 间的缝隙，其间的压力也缓慢上升，产生的推力使溢流阀左移而逐渐将泄油口 C 关闭。泄油口关闭则执行器油路压力上升，压力又推动溢流阀将泄油口打开，溢流阀与柱塞 5 之间的压力也会随之上升。溢流阀与柱塞间压力重复调节上升，当压力不再上升时，即达到执行器工作最大油压。压力上升的时间受节流孔尺寸的影响。油压 B 为调节油压，可根据发动机不同负荷调节液压油的压力。

七　阀体

液压控制系统的阀体用于装载各种液压阀，其上制造有许多密集复杂的油道，用于控制液压及切换液压通道。

有的自动变速器阀体有上阀体和下阀体两部分,如图2-4-25所示;也有的自动变速器阀体有上阀体、中间阀体和下阀体(直接加工在变速器壳体上,图中未标明)三部分,如图2-4-26所示。

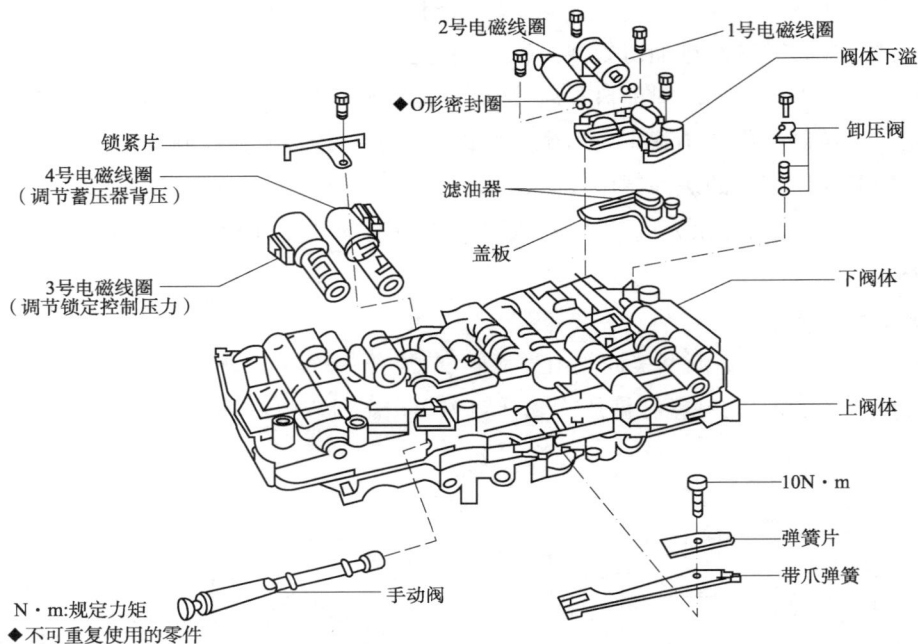

N·m:规定力矩
◆不可重复使用的零件

图 2-4-25　丰田 A341E 变速器阀体

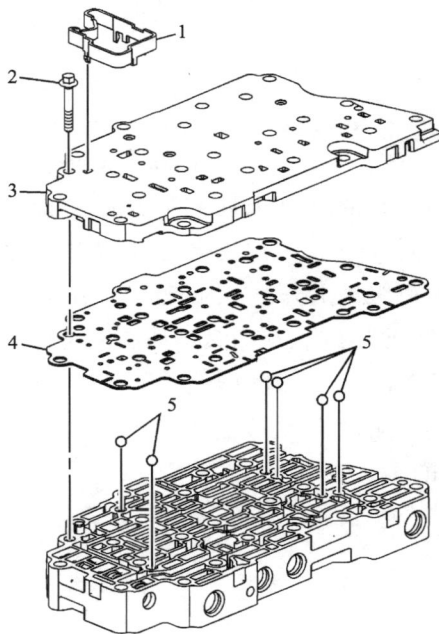

图 2-4-26　上汽通用 6T 系列变速器第 1 代阀体

1-控制电磁阀支架;2-控制阀体螺栓;3-阀油路板;4-油路板至阀体隔板总成;5-控制阀体单向球阀

八　自动变速器油路分析

通过前面知识的学习,可以看到自动变速器的液压控制系统元件众多,油道错综复杂,宛若"迷宫"。当这个部分出现故障时,油路分析是推断出故障具体原因的必要手段。

1. 油路分析的必备条件

想要顺利地进行油路分析,需要有必备的条件,那就是"1图2表"。

这里的图是指自动变速器的油路图,表则是指换挡执行元件工作表和电磁阀工作表。

2. 油路分析技巧

下面以奔驰722.9七速自动变速器D_1挡油路为例进行介绍,如图2-4-27所示。

1)D_1挡换挡执行元件

通过机械元件工作表可知,自动变速器处于D_1挡时,K_3离合器工作,B_2和B_3制动器工作。K_3离合器工作的目的是把后排太阳轮与中间排的太阳轮连接成一个整体,B_2制动器工作的目的是制动后排太阳轮与中间排的太阳轮,B_3制动器工作的目的是制动前排行星齿轮机构的内齿圈。

2)D_1挡时电磁阀工作状态

通过电磁阀工作表可知,自动变速器处于D_1挡时,1号、2号、3号、6号、7号电磁阀通电。

3)D_1挡的工作油路

主油压:3号电磁阀是线性斜率为负的电子压力调节电磁阀,它的工作特性与工作电流成反比,当自动变速器控制模块向3号电磁阀提供变化的电流时,3号电磁阀将会向1号阀杆上端面的弹簧腔内提供变化的油压(1号阀是主油路油压调节阀),由于弹簧腔内有变化的油压,所以1号阀杆就能够调节出变化的主油压,来适应自动变速器在不同负荷的工作情况,需要不同的油压。

B_2制动器油路:1号电磁阀是线性斜率为正的电子压力调节电磁阀,它的工作特性与工作电流成正比,通电时供油,油压在半秒钟的时间从40kPa逐步上升到600kPa。该油压向下推动22塑料球阀堵塞了下面的通油路,再从中路向右流出,然后分成3路。第1路控制18号阀断油,第2路控制9号阀杆通油,第3路控制8号阀调节出换挡油压。

作用于8号阀下端面的油压克服阀杆上端弹簧的压力,推动阀杆向上运动,使8号阀转换关闭回油路,开通供油路,从而使经1号阀调节的主油压通过8号阀芯流出,然后分成2路。第1路向左通过19号手动阀,向上输送到B_2制动器,同时第2路油压向上转右,通过节流孔,缓冲流到8号阀杆上环形端面。该油压在8号阀杆上环形端面产生一个向下的推力,推动8号阀杆向下运动,从而使8号阀转换关闭供油路。与此同时,1号电磁阀输送到8号阀杆下端面的油压继续升高,再次推动8号阀杆向上运动,主油路的油压再次通过8号阀芯

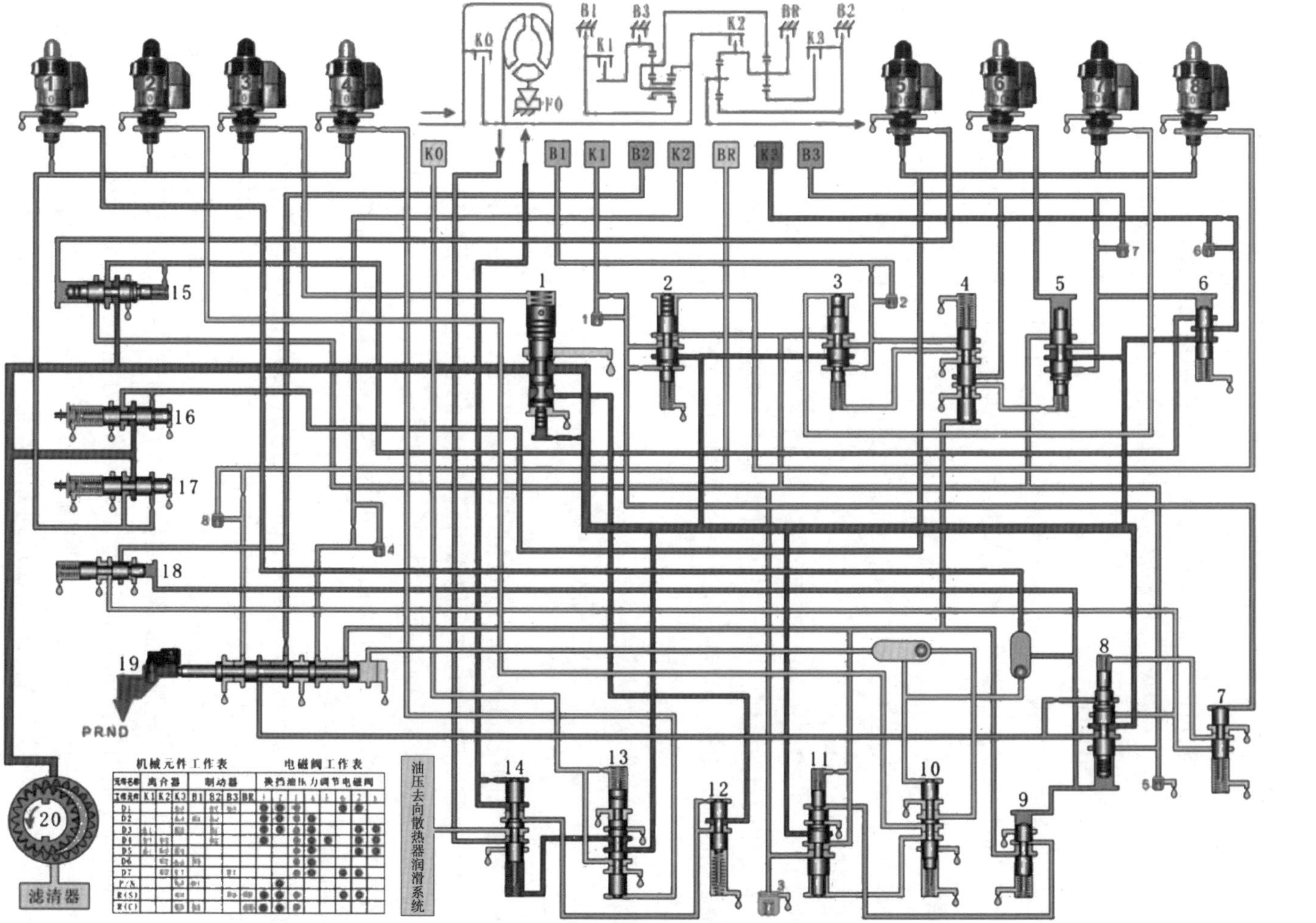

图 2-4-27 奔驰 722.9 自动变速器 D₁ 挡油路

1-主油压调节阀；2-K₁换挡油压调节阀；3-B₁换挡油压调节阀；4-B₁/B₃减压调节阀；5-B₃换挡油压调节阀；6-K₃换挡油压控制阀；7-B₂油压减压调节阀；8-B₂/Bᵣ换挡阀；9-K₂油压减压调节阀；10-失效保护换挡阀；11-K₃换挡油压调节阀；12-润滑油压调节阀；13-锁止离合器转换阀；14-锁止油压调节阀；15-K₃换挡油压调节阀；16-电磁阀油压调节阀；17-电磁阀油压调节阀；18-B₂/Bᵣ减压控制阀；19-手动控制阀

流出,输送到 B_2 制动器的油压再次升高。以此类推,8 号阀杆形成上下往复运动,从而形成流向 B_2 制动器的换挡油压在半秒钟的时间逐步升高,当 1 号电磁阀输送的油压上升到 600kPa 时,8 号阀杆调节出恒定的油压,该油压保持输送到 B_2 制动器。

K_3/B_3 油路:6 号电磁阀与 1 号、4 号和 8 号工作特性相同,输出的油压直接控制 5 号阀杆的上端面,5 号阀调节输出换挡油压供给 B_3 制动器。该油压同时控制 6 号阀杆,目的是将主油压供给 K_3 离合器工作。

其余的 $K_0/K_1/K_2/B_1/B_R$ 均与泄油口(图中小水滴形状)相通。

3. 油路分析总结

丰田 A340E 部分
挡位油路分析

关于油路分析,有以下几点提示:

(1)油路图既可能是分挡位用若干张不同的挡位油路图画出,也可能是一张图中包含着所有挡位的油路,分析时应该一次只看一条油路。

(2)所有执行元件的油路从油泵开始查看。

(3)注意手动阀、换挡阀和调节阀的油路连接。

(4)先查油路的主要部分,再查油路的交替部分。

(5)整体式油路图中,阀的位置均为不工作位置,要根据工作情况来将阀的动态分析出来,并据此来理解油路。

(6)油路图表达的并非是液控系统组成部件的实际位置,它只是简单的原理图。

(7)要特别注意油液的流动方向和各种阀、孔的位置。

对于油路分析,简单地说就是:有图(油路图),有表(电磁阀和换挡元件工作表),有目标(油液到哪个液压元件),有方法(看图方法)。后面没分析的挡位,请大家自行练习。

任务实施

一　实施计划

任务导入中出现的故障现象由于冷、热车表现差别较大,多为由于油液黏度变化引起的故障,经维修技师诊断是自动变速器油泵损坏导致。因此,需要查阅自动变速器维修手册,通过塞尺测量各啮合间隙来判断是否达到磨损极限。

二　实施环境

(1)汽车底盘电控实训室。

(2)汽车自动变速器台架、工具车、工作台等。

(3)相应的自动变速器维修资料。

三 实施步骤(拆检油泵)

下面以内啮合齿轮泵为例进行介绍。

1. 油泵零部件分解图

如图 2-4-28 所示为油泵零部件分解图。

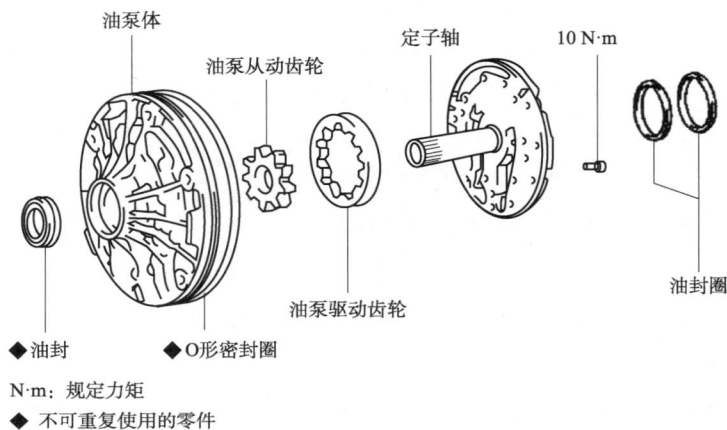

图 2-4-28　油泵零部件分解图

2. 油泵关键检修步骤

油泵关键检修步骤解析见表 2-4-1。

油泵检修关键步骤　　　　　　　　　　　　　　　　　　　表 2-4-1

步骤	对应项目	具体程序	
1	检查从动齿轮与泵体间隙	将从动齿轮推向泵体的一侧,用塞尺测量间隙。标准泵体间隙为 0.07～0.15mm,最大泵体间隙为 0.3mm。若间隙超过最大值,应更换主动齿轮、从动齿轮或泵体	
2	检查从动齿轮齿顶间隙	测量从动齿轮与泵体月牙板的间隙。标准齿顶间隙为 0.11～0.14mm,最大齿顶间隙为 0.3mm。如果齿顶间隙超过最大值,应更换主动齿轮、从动齿轮或泵体	

步骤	对应项目	具体程序	
3	检查主动齿轮和从动齿轮的侧隙	用直规和塞尺测量两齿轮侧隙。标准侧隙为 0.02~0.05mm，最大侧隙为 0.1mm。如果侧隙超过最大值，应更换主动齿轮、从动齿轮或泵体	

四 任务工单

项目二　检修电控自动变速器 任务四　检修电控自动变速器液压控制系统	班级			
	姓名		学号	
	日期		分数	

1. 根据教师指定的自动变速器，回答以下问题。(20 分)

(1) 自动变速器的型号：_____。

(2) 液压控制系统的主要部件：_____

_____

_____。

(3) 自动变速器执行元件离合器、制动器和单向离合器的区别是：

_____

_____

_____。

2. 下面的资讯中有些地方空缺了，请你补充完整。(20 分)

(1) 自动变速器中的油泵主要有：_____、_____、_____等。

(2) 自动变速器中换挡执行元件主要有：_____、_____和_____三种类型。

(3) 在自动变速器中常用的制动器有_____和_____两类。

(4) 根据控制阀所起作用的不同，自动变速器常见的控制阀有手动阀、_____、_____等。

(5) 自动变速器液压控制系统中主油压调节阀主要由_____、_____、_____、_____等部件组成。

(6) 自动变速器中换挡控制阀的控制方式有：_____和_____。

(7) 常见的换挡品质控制元件有_____、_____、_____等。

3. 油泵的检修。(30 分)

检查内容	检查结果	是否合格
外齿轮与壳体间隙		
齿顶与月牙板间隙		

续上表

检查内容	检查结果	是否合格
齿轮端隙		
油泵零件表面质量		

4.分析换挡控制阀的工作过程。(30分)

复习延伸

一 重点总结

(1)液压控制系统不仅提供工作油,还具有润滑、冷却等功能。

(2)液压控制系统主要由自动变速器油、油泵、主油路油压调节装置、换挡信号装置、换挡控制装置、变矩器锁止离合器控制装置、缓冲安全装置等组成。

(3)自动变速器油泵主要有内啮合齿轮泵、转子泵、叶片泵等类型。

(4)限压阀的作用是限制主油道的最高压力。

(5)主油压的大小与节气门的开度有关,节气门的开度大时主油压高,节气开度小时主油压低。

(6)第二调节阀的作用是调节变矩器油压和润滑油压。

(7)手控阀由换挡手柄通过联动装置控制,用于液压控制系统中油道初始状态的确定,在换挡手柄的位置确定后,以后的挡位变换只能在此基础上进行。

(8)换挡阀通过控制换挡执行元件进油通道的开通和断开而实现自动变速器的升降挡。

(9)单向球阀的作用是减小油压增长的速度并缓和换挡冲击。

(10)蓄压器的作用是吸收液压油的压力脉冲,以避免较大的压力脉动影响执行元件接合,缓和换挡冲击。

二 课后练习

(一)简答题

1. 自动变速器液压控制系统由哪些部分组成?
2. 自动变速器液压控制系统有哪些作用?
3. 自动变速器主油路调压阀是如何调压的?
4. 多片离合器及制动器为什么要设置自由间隙?
5. 查找自动变速器的油路图,并尝试进行分析。

(二)选择题

1. 内啮合齿轮泵的组成不包括(　　)。

　A. 小齿轮　　　　　B. 用牙形隔板　　　C. 叶片　　　　　　D. 内齿轮

2. 换挡执行器是用来(　　)。

　A. 将发动机与变矩器连接　　　　　B. 将齿圈与输入轴连接

　C. 将行星架与输出轴连接　　　　　D. 驱动或锁定行星齿轮组的不同元件

3. 油泵泵出的油首先经过(　　)。

　A. 主调压阀　　　B. 手动阀　　　　C. 换挡阀　　　　D. 蓄压器

4. 甲说:自动变速器油加少了,空气会侵入油道。乙说:油加多了,空气也会侵入油道。
(　　)

　A. 甲对　　　　B. 乙对　　　　C. 两人都对　　　D. 两人都错

5. 甲说:哪个换挡阀发生卡滞就没有哪个挡,如 2—3 换挡阀卡滞,就没有三挡。乙说:换挡阀卡滞的位置不同,造成的故障也不相同。(　　)

　A. 甲对　　　　B. 乙对　　　　C. 两人都对　　　D. 两人都错

6. 甲说:离合器复位弹簧大多数是由一圈小螺旋弹簧组成,也有的使用 1 个大的螺旋弹簧。乙说:离合器活塞复位弹簧也有膜片式和波浪形的。(　　)

　A. 甲对　　　　B. 乙对　　　　C. 两人都对　　　D. 两人都错

7. 甲说:离合器、制动器摩擦衬片的磨损极限,主要是看含油层是否完好,油槽是否磨平,表面是否烧蚀或剥落。乙说:摩擦片使用极限是片厚的 1/2。(　　)

　A. 甲对　　　　B. 乙对　　　　C. 两人都对　　　D. 两人都错

8. 自动变速器中的湿式多片离合器起(　　)作用。

　A. 连接　　　　B. 制动　　　　C. 单向制动　　　D. 分离

9. 自动变速器液控系统的动力源是(　　　)。

　　A. 油泵　　　　　　B. 手动阀　　　　　C. 换挡阀　　　　　D. 离合器

10. 关于换挡阀,说法正确的是(　　　)。(多选)

　　A. 它可以用2位换向阀　　　　　　B. 换挡阀的多少与挡位数量有关

　　C. 它由电磁阀控制其位置　　　　　D. 换挡阀的多少与挡位数量无关

11. 自动变速油泵主要有(　　　)等类型。(多选)

　　A. 内啮合齿轮泵　B. 转子泵　　　　　C. 叶片泵

(三)判断题

1. 油面过高会影响执行元件的平顺分离和换挡稳定性。　　　　　　　　　　(　　)

2. 离合器的自由间隙不符合标准值,可采用更换不同厚度挡圈的方法来调整。(　　)

3. 节气门开度越大,节气门油压也越高。　　　　　　　　　　　　　　　　(　　)

4. 在自动变速器换挡执行元件中的离合器主要使用的是湿式多片式的。　　(　　)

5. 发动机不工作时,油泵不泵油,但变速器内有控制油压。　　　　　　　　(　　)

6. 蓄能器可以使换挡执行元件工作时接合平稳。　　　　　　　　　　　　(　　)

7. 正常的自动变速器油无异味。　　　　　　　　　　　　　　　　　　　(　　)

8. 湿式多片式离合器起连接的作用。　　　　　　　　　　　　　　　　　(　　)

9. 主油路的油压随着发动机节气门开度的增大而升高。　　　　　　　　　(　　)

10. 机械式的手动阀是由驾驶人控制的多路换向阀。　　　　　　　　　　　(　　)

11. 离合器摩擦片上有数字记号的,记号磨掉后可以继续使用。　　　　　　(　　)

12. 正常的自动变速器油清澈略带红色,无异味,如果使用不当,容易出现油液变质,如果呈深褐色或有杂质、异味,则需及时更换。　　　　　　　　　　　　　　(　　)

任务五　检修电控自动变速器电子控制系统

任务导入

一　任务描述

　　某自动挡轿车车主反映,汽车在行驶过程中仪表板变速器故障指示灯常亮,且不能正常换挡。经维修技师检查,发现换挡电磁阀出现故障,需要进行更换。

二 任务分析

变速器故障指示灯常亮的原因很多,可能是变速器过热、自动变速器油不足/脏污/变质、电子元件(传感器、电磁阀、电脑等)故障,也可能是机械故障(执行元件打滑磨损、齿轮磨损等)。因此,需要做好定期维护与检查,避免高强度驾驶,一旦故障灯亮,需要及时检查维修,避免引发更严重的问题。上述案例中由于换挡电磁阀故障,变速器进行失效保护,锁止挡位,因此不能自动换挡。

三 技能目标

(1)能查找自动变速器电路图,掌握电控系统控制原理。
(2)能熟练检查电磁阀。

知识结构导图

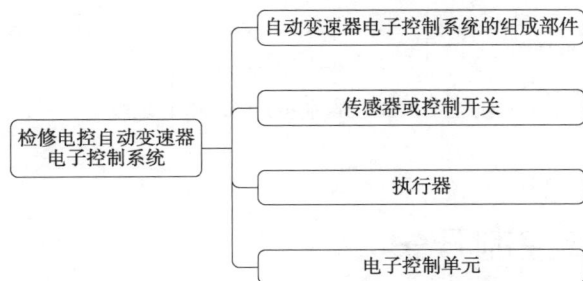

```
                                    ┌─ 自动变速器电子控制系统的组成部件
                                    │
检修电控自动变速器                    ├─ 传感器或控制开关
电子控制系统                         │
                                    ├─ 执行器
                                    │
                                    └─ 电子控制单元
```

相关知识

一 自动变速器电子控制系统的组成部件

目前,自动变速器电子控制系统主要由信号输入装置(传感器或控制开关)、执行器和电子控制单元(ECU)三大部分组成。

传感器或控制开关主要包括节气门位置传感器、车速传感器、发动机转速传感器、输入轴转速传感器、冷却液温度传感器、自动变速器油温度传感器、空挡启动开关、强制降挡开关、制动灯开关、模式选择开关等。

执行器主要包括各种电磁阀和故障指示灯等。

ECU 主要完成换挡控制、锁止离合器控制、油压控制、故障诊断和失效保护等功能。ECU 是整个控制系统的控制中心,它通过检测节气门开度和车速、发动机转速、控制开关信号等参数,按照特定的处理程序处理这些数据,并发出相应的控制信号,控制各种电磁阀的工作,使各种液压阀动作,用液压油驱动离合器、制动器、锁止离合器等执行机构,实现对自动变速器的自动换挡等控制,其控制原理框图如图 2-5-1 所示。

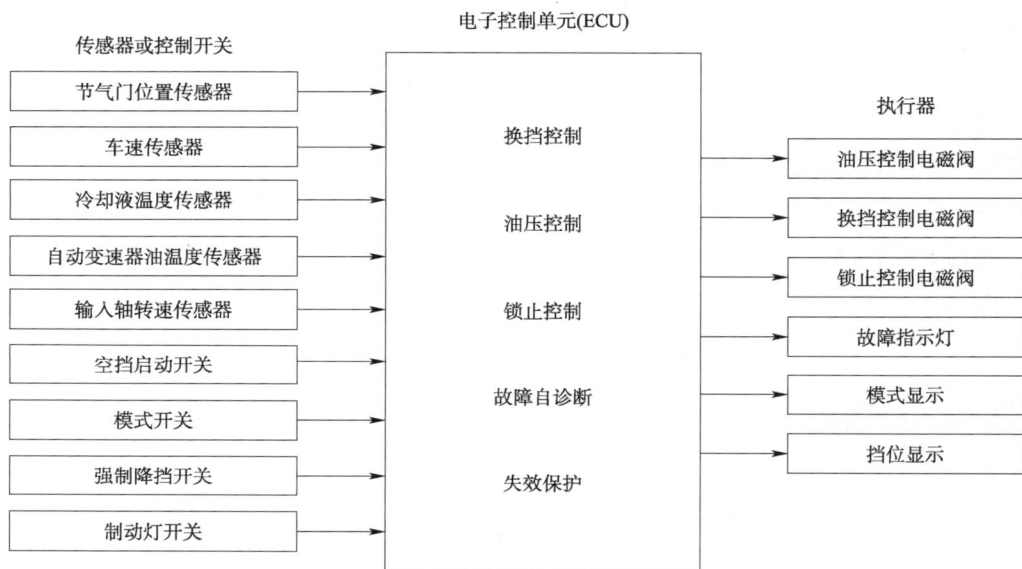

图 2-5-1　自动变速器电控系统控制原理框图

二　传感器或控制开关

1. 节气门位置传感器

节气门位置传感器用于检测节气门开度的大小,并将数据传送给 ECU,ECU 据此判断发动机负荷,从而控制自动变速器的换挡、调节主油压和对锁止离合器控制。

2. 车速传感器

车速传感器用于检测自动变速器输出轴转速,自动变速器 ECU 根据车速传感器输入的信号计算出车速,并以此信号控制自动变速器的换挡、调节主油压和锁止离合器的锁止。

车速传感器有磁阻式、电磁式、霍尔式、光电式等类型。有的自动变速器装有两个车速传感器,一个为主传感器,另一个为副传感器,当主传感器失效后,由副传感器代替工作。

下面以电磁式车速传感器为例进行介绍。

如图 2-5-2a) 所示,电磁式车速传感器主要由永久磁铁、电磁感应线圈、转子等组成。转子一般安装在变速器输出轴上,永久磁铁和电磁感应线圈安装在变速器壳体上,如图 2-5-2b) 所示,当输出轴转动,转子也转动,转子与传感器之间的空气间隙发生周期性变化,使电磁感应线圈中磁通量也发生变化,从而产生交流感应电压,如图 2-5-2c) 所示,并输送给电脑。交流感应电压随着车速(输出轴转速)具有两个响应特性:一是随着车速的增加,交流感应电压增高;二是随着车速的增加,交流感应电压脉冲频率也增加。电脑是根据交流感应电压脉冲频率大小计算车速,并以此控制自动变速器的换挡。车速传感器信号相当于液控自动变速器中的速控油压,电控自动变速器没有速控阀。

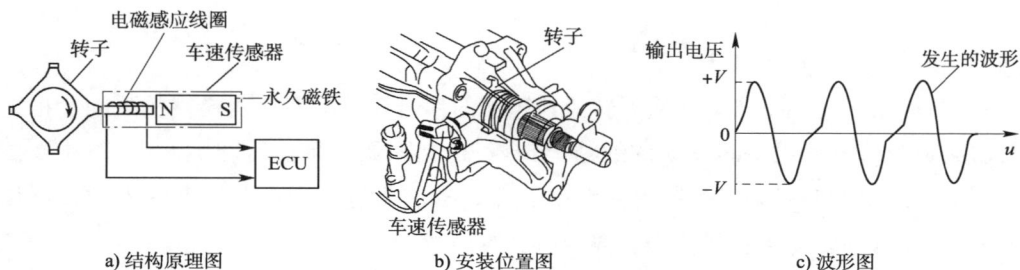

a) 结构原理图　　　　　　　b) 安装位置图　　　　　　　c) 波形图

图 2-5-2　电磁式车速传感器的结构原理、安装位置和波形图

3. 输入轴转速传感器

输入轴转速传感器的结构、工作原理与车速传感器相同。它安装在行星齿轮变速器的输入轴或与输入轴连接的离合器毂附近的壳体上(图 2-5-3)。输入轴转速传感器的主要作用如下。

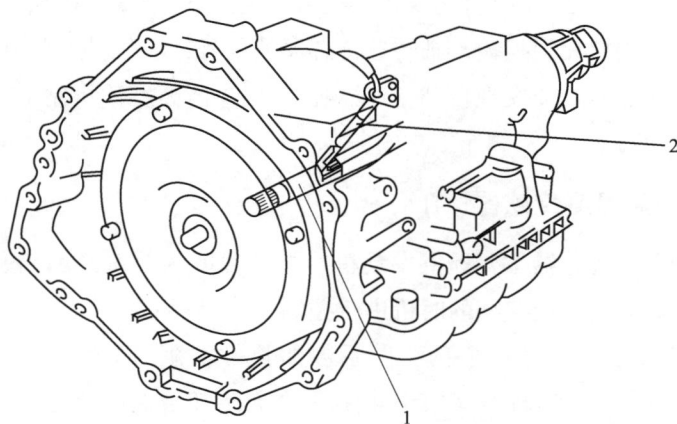

图 2-5-3　输入轴转速传感器安装位置

1-自动变速器输入轴;2-输入轴转速传感器

1)检查自动变速器各个挡位的传动比是否正常

输入轴转速传感器和车速传感器(VSS)一起检测自动变速器各个挡位的传动比是否正常。ECU掌握了挡位和发动机负荷的信号,然后根据自动变速器输入轴和输出轴的转速差和储存的数据对比,即可判断该挡位负责连接和固定作用的离合器和制动器是否打滑。

2)检查变矩器的传动比是否正常

ECU根据来自输入轴转速传感器的信号和发动机转速传感器的信号进行比较,计算出液力变矩器的传动比,使变矩器锁止离合器的锁止油压控制过程和锁止离合器锁止程度的控制过程得到进一步优化,以改善变矩器锁止工况的平顺性。

3)用于控制变矩器锁止离合器

控制单元在控制变矩器锁止离合器进入锁止工况的时机时,也要参考输入轴转速传感器的信号。

4)用于控制防止换挡冲击

发动机控制单元根据自动变速器转速传感器的信号在自动变速器换挡的瞬间会推迟点火提前角,通过降低换挡瞬间发动机的输出转矩,达到降低油泵油压和主油压,防止换挡冲击的目的。在此期间,发动机控制单元在推迟点火提前角过程中也要参考输入轴转速传感器的信号。输入轴转速传感器信号失准会造成换挡冲击。

5)检查自动变速器能否保证发动机制动

用诊断仪读取数据流,在发动机急减速时,检查自动变速器输入轴的转速是否同步减速,进而检查自动变速器内相关挡位的制动器是否打滑。如果发动机急减速时输入轴的转速没有同步降低,表明负责该挡的制动器打滑。或者读取故障码,如果故障码显示2挡无发动机制动,表明负责2挡的制动器已经打滑,必须马上更换失效的制动器。

如果出现换挡不顺,施力装置打滑,自动变速器会进入失效保护,在"D"位上只有各换挡电磁阀都不工作的那个挡,同时自动变速器故障灯被点亮,并留下该挡位传动比不对的故障码。自动变速器控制单元根据输入轴转速传感器的信号,发现变矩器不能进入锁止工况,自动变速器不能进入超速挡或发现自动变速器在2挡/3挡无发动机制动,会点亮自动变速器故障灯,留下故障码。

4. 发动机冷却液温度传感器(CTS)

发动机冷却液温度传感器主要提供发动机冷却液温度的信息,ECU根据这些信息对变矩器锁止和自动变速器进入超速挡的时机进行控制。

冷却液温度传感器一般是一个负温度系数的热敏电阻,即温度升高,电阻下降。如图2-5-4所示,发动机ECU在THW端子接收到一个与冷却液温度成正比的电压,从而得到冷却液温度信号,并通过OD1传递给ECT ECU。

发动机冷却液温度达到56~65℃以上时,液力变矩器才能进入锁止;冷却液温度达到

70℃以上时,自动变速器才能升入超速挡(注意各车型略有差异)。发动机冷却液温度传感器的实际电阻值与规定电阻值有差异时,会导致不良后果。如因传感器自身故障,或线束端子接触不良,造成电阻值过高时,会造成变矩器不能进入锁止,自动变速器不能升入超速挡。如果冷却液温度传感器出现故障,发动机 ECU 会自动将冷却液温度设定为 80℃,以便发动机和自动变速器可以工作。

5. 自动变速器油温度传感器

自动变速器油温度传感器也是热敏电阻式负温度系数传感器,装在控制阀上(图 2-5-5),当自动变速器油温度达到 132 ~ 150℃(不同车型在温度上略有差异)时,自动变速器 ECU 进入失效保护。

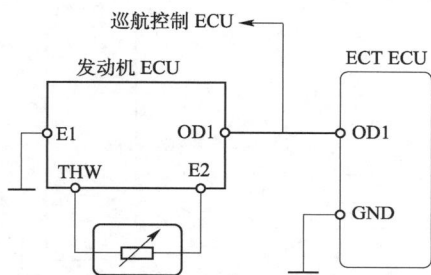

图 2-5-4　发动机冷却液温度传感器电路图

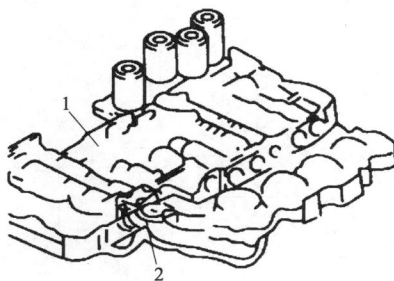

图 2-5-5　自动变速器油温度传感器安装位置
1-阀板;2-温度传感器

(1)变矩器先进锁止工况,进入锁止工况 20 ~ 30s 后,如果油温仍不下降,变矩器解除锁止。

(2)在变矩器解除锁止的同时,自动变速器退出超速挡。

(3)自动变速器的升挡点会严重滞后。

(4)大众自动变速器油温过高时,自动变速器还会再自动降一个挡位,以避免因离合器或制动器打滑而造成摩擦片烧蚀。

自动变速器油温传感器的实际电阻值与规定电阻值有差异时,也会导致不良后果。如因传感器或线束短路时,或线束端子接触不良,造成电阻值过低时,ECU 会错误地认为自动变速器油温过高(明明自动变速器油温度正常,数据流却显示自动变速器油温度超过150℃),造成变矩器不能进入锁止,自动变速器升挡点严重滞后,而且不能升入超速挡。自动变速器油温度过低时,自动变速器 ECU 会根据自动变速器油温度传感器的信号不让变矩器进入锁止工况。发动机 ECU 在换挡瞬间推迟点火提前角过程中也要参考自动变速器油温传感器的信号。

6. 空挡启动开关

空挡启动开关又称自动变速器挡位传感器或多功能开关,它由一个随换挡摇臂轴旋转的活动触头(活动触头和点火开关相连)和 P 位、R 位、N 位、D 位及手动挡的固定触头组成

(每个选位上有一个固定触头和自动变速器控制单元相连),其中在"P"位和"N"位各多设一个启动触头(和启动开关相连),R位多设一个倒车灯触头(和倒车灯开关相连)。

空挡启动开关有两个功用:一是感知变速杆位置并将此状态信号送给自动变速器ECU,二是保证只有变速杆置于P或N位才能起动发动机。

如图2-5-6所示,当变速杆置于不同的挡位时,仪表板上相应的挡位指示灯会点亮。当ECU的端子N、2或L与端子E接通时,ECU便分别确定变速器位于N、2或L位,否则,ECU便确定变速器位于D位。只有当变速杆置于P或N位时,端子B与NB接通,才能给起动机通电,使发动机起动。

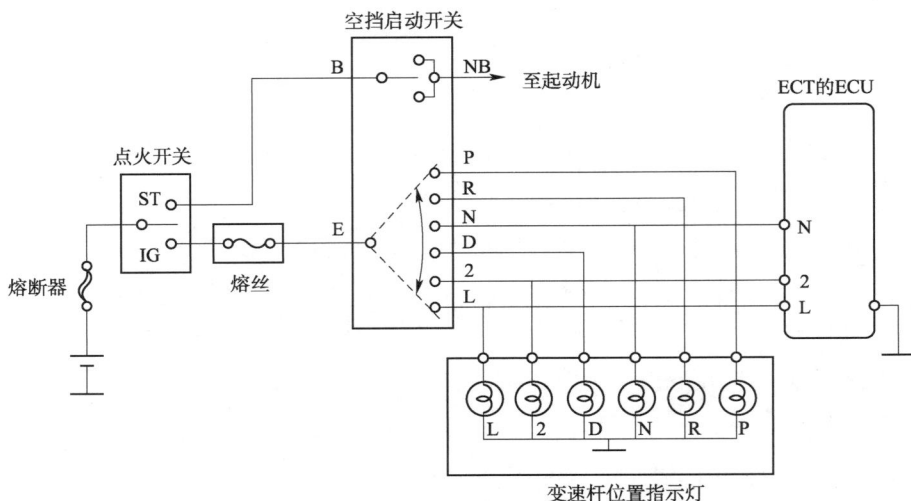

图2-5-6　空挡启动开关电路图

7. 模式选择开关

模式选择开关又称程序选择开关,用于选择变速器控制模式。模式选择开关一般安装在操纵手柄旁边,常见的模式选择开关有常规模式(Normal)、动力模式(Power)、经济模式(Economy)、雪地模式(Snow)等。自动变速器ECU根据所选择的行驶模式执行不同的换挡程序,控制换挡和锁止正时。如选择动力模式,自动变速器会推迟升挡,以提高动力性,而选择经济模式,自动变速器会提前升挡,以提高经济性,常规模式介于二者之间。

图2-5-7所示为常见的具有常规和动力两种模式的模式选择开关线路图,当开关接通NORM(常规模式),仪表板上NORM指示灯点亮,同时自动变速器ECU的PWR端子的电压为0V,ECU从而知道选择了常规模式。当开关接通PWR(动力模式),仪表板上PWR指示灯点亮,同时自动变速器ECU的PWR端子电压为12V,ECU从而知道选择了动力模式。

8. 手动模式开关

1) 通过换挡电磁阀进行增减挡控制

手动与自动一体的自动变速器和普通自动变速器的控制阀和传动系统上并没有明显的

变化,只是在换挡手柄的一侧装有手动模式开关,即增/减挡开关,位于换挡选位的外侧。

图 2-5-7 模式选择开关及电路图

自动变速器 ECU 根据增/减挡开关的信号通过电磁阀对换挡滑阀进行增挡或减挡控制。

2)根据实际需要选择合适的起步挡位

汽车正常行驶的条件是牵引力大于或等于行驶阻力,小于附着力。在附着力较差的路面上起步时利用手动模式开关选择 2 挡或 3 挡起步,可保证顺利起步。

9. 制动灯开关

制动灯开关用以判断制动踏板是否踩下。如果踩下,则该开关将信号输给电控单元,以解除锁止离合器的接合,防止突然制动时发动机熄火。

如图 2-5-8 所示,制动灯开关安装在制动踏板支架上。当踩下制动踏板,开关接通,ECU 的 STP 端子电压为 12V;当松开制动踏板,开关断开,STP 端子电压为 0V。ECU 根据 STP 端子的电压变化了解制动踏板的工作情况。

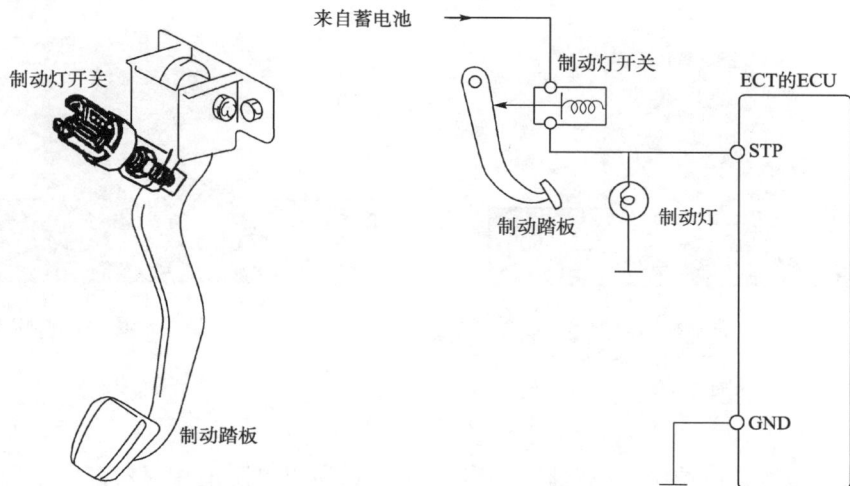

图 2-5-8 制动灯开关及电路图

三 执行器

电控自动变速器的执行器主要是指各种电磁阀,其功用是根据变速器 ECU 的指令接通、切断或部分接通、切断液压回路,以实现自动变速器的换挡、液力变矩器锁止、主油压调节等控制。

电磁阀根据功能的不同可以分为换挡电磁阀、锁止离合器电磁阀和油压电磁阀。根据工作原理的不同可以分为开关式电磁阀、磁保持电磁阀、占空比(脉冲线性)式电磁阀和脉冲宽度调制(PWM)电磁阀。

不同的自动变速器使用的电磁阀数量不尽相同。例如上汽通用的 4T65E 自动变速器电控系统有 4 个电磁阀,其中 2 个是换挡电磁阀、1 个是油压电磁阀、1 个是锁止离合器电磁阀。而 6T45E 自动变速器电控系统则采用了 7 个电磁阀,其中 1 个是换挡电磁阀、5 个是油压电磁阀、1 个是锁止离合器电磁阀。

绝大多数换挡电磁阀采用开关式电磁阀或磁保持电磁阀,油压电磁阀采用脉冲线性式电磁阀或 PWM 电磁阀,而锁止离合器电磁阀采用开关式的和脉冲线性式的都有。

1. 开关式电磁阀

开关式电磁阀的作用是开启或关闭液压油路,通常用于控制换挡阀及变矩器锁止控制阀的工作。其主要由电磁线圈、复位弹簧、球阀、衔铁和阀芯等部件组成,如图 2-5-9 所示。当电磁线圈不通电时,复位弹簧使衔铁和阀芯下移,推动球阀关闭进油孔、打开泄油孔,控制油道内的压力油由泄油孔泄空,如图 2-5-9a)所示;当电磁线圈通电时,油压将阀芯推开,球阀在油压作用下关闭泄油孔、打开进油孔,使主油路压力油进入控制油道,如图 2-5-9b)所示。

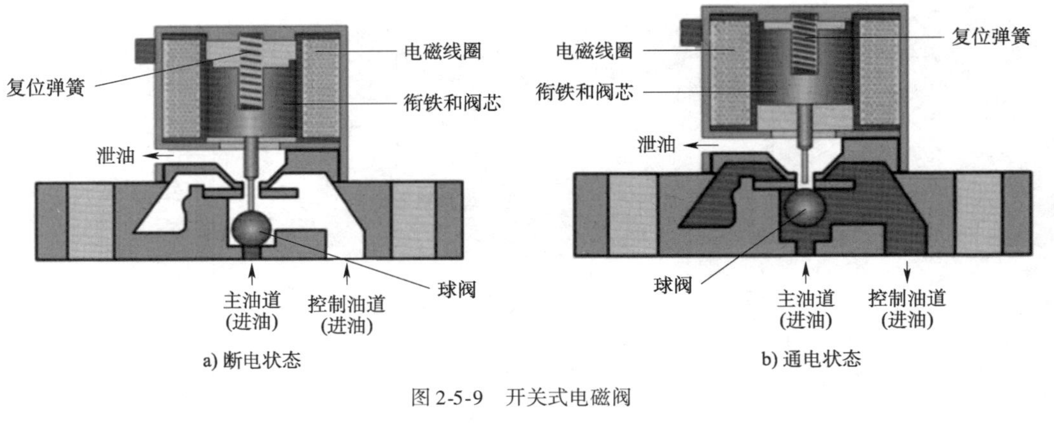

图 2-5-9 开关式电磁阀

开关式电磁阀是两位两通电磁阀,工作频率较低,所以电阻值相对较高。丰田公司的开关式电磁阀电阻值是 $11 \sim 15\Omega$,大众公司的开关式电磁阀电阻值是 $56 \sim 65\Omega$,其余公司的开关式电磁阀电阻值通常为 $20 \sim 30\Omega$。

2. 磁保持电磁阀

如图 2-5-10 所示,磁保持电磁阀在结构上比开关式电磁阀多了一块永久磁铁,磁保持电磁阀受脉冲控制。接受负向脉冲时,电磁线圈磁场方向和永久磁铁磁场方向相反,磁场相互抵消,衔铁和阀芯在弹簧力的作用下关闭主油道油路。负向脉冲消失时,电磁线圈磁场消失,但永久磁铁磁场太小,且和衔铁距离远,不足以克服弹簧力,使衔铁和阀芯向上移动,因此,断电时主油道油路依然保持关闭状态,如图 2-5-10a) 所示。接受正向脉冲时,电磁线圈磁场方向和永久磁铁磁场方向相同,磁场加强,衔铁和阀芯克服弹簧力向上移动,打开主油道油路。正向脉冲消失时,电磁线圈磁场消失,但永久磁铁和衔铁距离近,永久磁铁磁场使衔铁和阀芯克服弹簧力保持不动。因此,断电时主油道油路依然保持打开状态,如图 2-5-10b) 所示。磁保持电磁阀不用一直通电,因此能量损耗小,产生的热量小,另外磁保持电磁阀断电时保持开闭状态的特性可以使自动变速器在断电情况下具有应急模式。

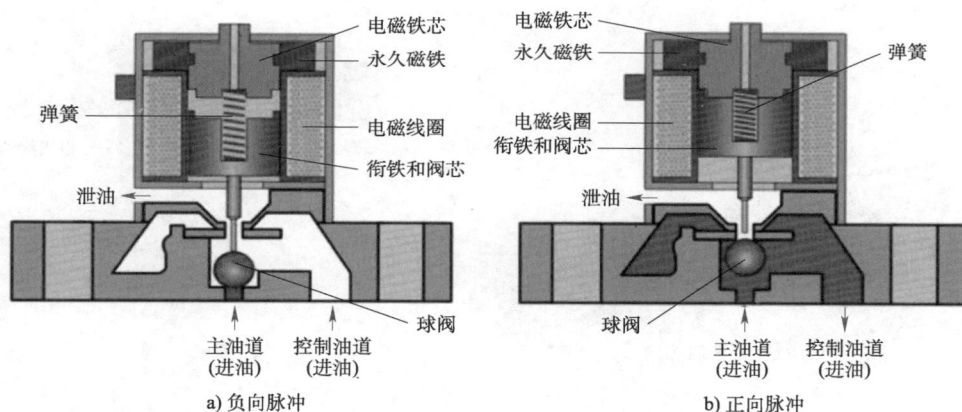

图 2-5-10　磁保持电磁阀

3. 占空比(脉冲线性)式电磁阀

占空比是指一个脉冲周期中通电时间所占的比例(百分数),如图 2-5-11 所示。

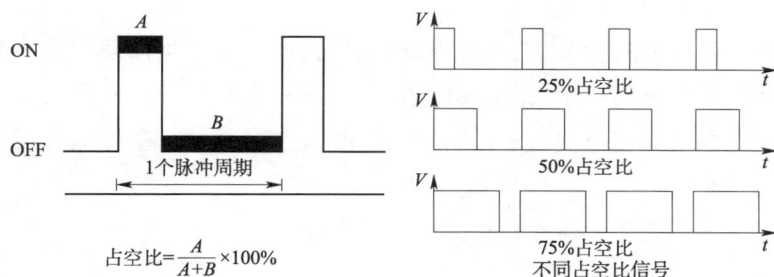

$$占空比 = \frac{A}{A+B} \times 100\%$$

图 2-5-11　占空比的定义

占空比(线性脉冲)式电磁阀由壳体、电磁线圈、柱塞、滑阀等组成,如图 2-5-12 所示。通常用它来控制油路中的油压,有的车型的锁止离合器也采用此种电磁阀控制。占空比(线性脉冲)式电磁阀受脉冲控制,脉冲占空比越大,流过电磁线圈的电流就越大,电磁线圈的磁场就越强,柱塞对滑阀的推力就越大,出油口油压就越大,ECU 通过改变占空比来控制出油口油压。占空比式电磁阀有两种工作方式:一种是占空比越大,经电磁阀泄油就越多,油压就越低;另一种是占空比越大,油压就越高(图 2-5-12 所示,占空比信号越大,泄油越少,出油口的油压越高)。

脉冲线性式电磁阀一般安装在主油路或蓄压器背压油路上,ECU 通过这种电磁阀在自动变速器升挡或降挡的瞬间,控制出油口油压,可以减少换挡冲击,提高换挡品质。

4. PWM 电磁阀

脉冲宽度调制(PWM),是英文"Pulse Width Modulation"的缩写,简称脉宽调制。如图 2-5-13 所示,PWM 电磁阀与脉冲线性式电磁阀的原理相同,脉冲占空比越大,柱塞对球阀的推力就越小,出油口油压就越大。

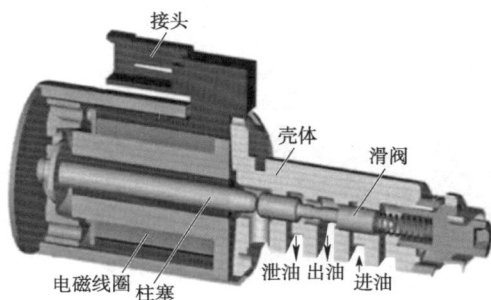

图 2-5-12　占空比(线性脉冲)式电磁阀

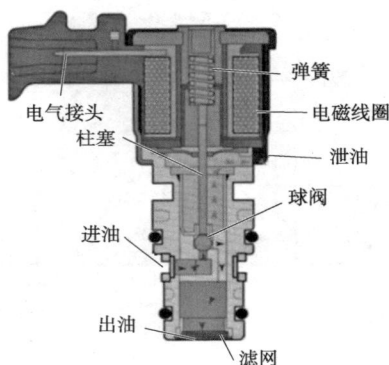

图 2-5-13　PWM 电磁阀

四　电子控制单元

电子控制单元英文缩写为 ECU,俗称电脑,电控自动变速器可以使用独立的 ECU,也可与发动机电子控制系统共用一个 ECU(如通用则称其为动力控制模块,英文缩写为 PCM)。电子控制单元是电控自动变速器电子控制系统的核心,它由电源、输入电路、信号转换电路、微机和输出电路等组成。

自动变速器电子控制单元通常具有以下控制功能。

1. 换挡控制

换挡控制即换挡时刻控制,是电控自动变速器电子控制单元最基本的控制内容。汽车在某个特定工况下都有一个与之相对应的最佳换挡时机或换挡车速,ECU 应使自动变速器在汽车任何行驶条件下都按最佳换挡时刻进行换挡,从而使汽车的动力性和燃料经济性等各项指标达到最优。

　　汽车的最佳换挡车速主要取决于汽车行驶时的节气门开度。不同节气门开度下的最佳换挡车速可以用自动换挡图(图 2-5-14)来表示。

图 2-5-14　自动换挡图
实线表示升挡曲线;虚线表示降挡曲线

　　节气门开度越小,汽车的升挡车速和降挡车速越低;节气门开度越大,汽车的升挡车速和降挡车速越高。这种换挡规律十分符合汽车的实际使用要求。例如,当汽车在良好的路面上缓慢加速时,行驶阻力较小,节气门开度也小,升挡车速可相应降低,即可以较早地升入高挡,从而让发动机在较低的转速范围内工作,减少汽车油耗;反之,当汽车急加速或上坡时,行驶阻力较大,为保证汽车有足够的动力,节气门开度应较大,换挡时刻相应延迟,也就是升挡车速相应提高,从而让发动机工作在较高的转速范围内,以发出较大的功率,提高汽车的加速和爬坡能力。

　　图 2-5-15 所示为典型四挡自动变速器的自动换挡图,具有如下特点。

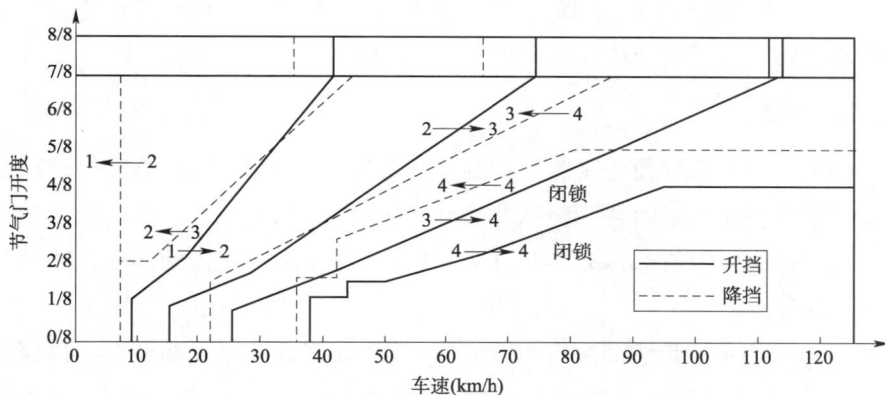

图 2-5-15　典型四挡自动变速器的自动换挡图

　　(1)随着节气门开度增加,升挡或降挡车速增加。以 2 挡升 3 挡为例,当节气门开度为 2/8 时,升挡车速约为 31km/h,降挡车速约为 12km/h。当节气门开度为 4/8 时,升挡车速为 48km/h,降挡车速为 25km/h。

　　(2)升挡车速高于降挡车速以免自动变速器在某一车速附近频繁升挡、降挡而加速自动变速器的磨损。

　　汽车的行驶条件多变,在不同的条件对汽车的使用要求也有所不同。当汽车自动变速器的变速杆或模式开关处于不同位置时,要求其换挡规律也应做相应调整。ECU 将汽车在不同使用要求下的最佳换挡规律以自动换挡图的形式储存在存储器中。在汽车行驶中,ECU 根据挡位开关和模式开关的信号从存储器内选择出相应的自动换挡图,再将车速传感器和节气门位置传感器测得的车速、节气门开度与自动换挡图比较,根据比较结果,在达到设定的换挡车速时,ECU 向换挡电磁阀发出电信号,以实现挡位的自动变换,如图 2-5-16 所示。

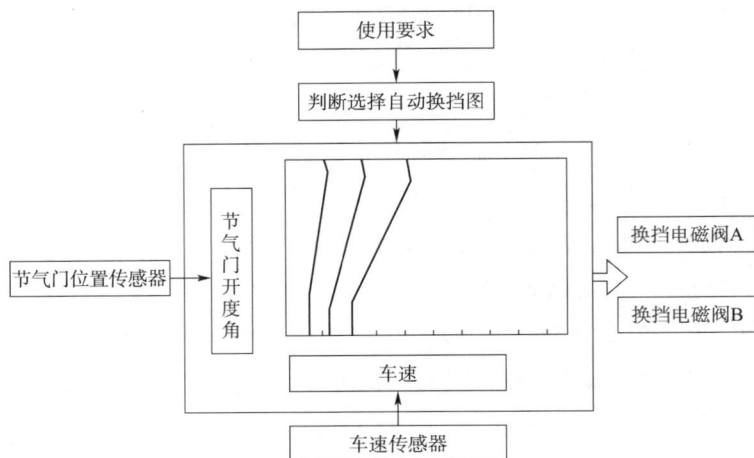

图 2-5-16　自动换挡控制图

四挡自动变速器控制系统换挡电磁阀通常有 2 个或 3 个,控制系统借助这些换挡电磁阀开启和关闭(通电或断电)的不同组合来控制油路,以组成不同的挡位。不同车型自动变速器换挡电磁阀的工作组合与挡位的关系不完全相同。

2. 主油压控制

现代大多数电控液力自动变速器的控制系统都取消了节气门阀,节气门油压由一个高压电磁阀来产生。高压电磁阀是一种脉冲线性式电磁阀(参见图 2-5-12),除丰田公司自动变速器所有的电磁阀电阻值都是 $11 \sim 15\Omega$ 外,其余公司自动变速器的高压电磁阀的电阻值通常都在 5Ω 左右。

ECU 根据节气门位置传感器测得的节气门开度,计算并控制送往调压电磁阀的脉冲信号占空比,以改变调压电磁阀排油孔的开度,产生随节气门开度变化的油压(即节气门油压)。节气门开度越大,脉冲电信号的占空比越小,调压电磁阀的排油孔开度越小,节气门油压越大。这一节气门油压被反馈到主油路调压阀,作为主油路调压阀的控制压力,使主油路调压阀随着节气门开度的变化改变所调节的主油路油压,以获得不同的发动机负荷下主油路油压的最佳值,并将驱动油泵的动力损失减少到最小。此外 ECU 还能根据挡位开关的信号,在变速杆位于倒挡时提高节气门油压,使倒挡时的主油路油压升高,以满足倒挡时对主油路油压的需要,如图 2-5-17 所示。

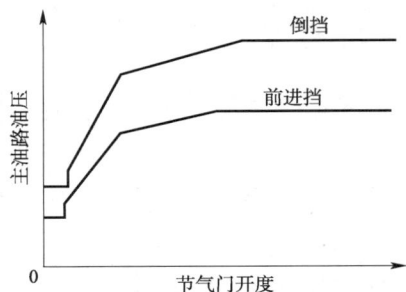

图 2-5-17　主油路油压调节特性

除正常的主油路油压控制外,ECU 还可以根据各个传感器测得的自动变速器工作条件,在一些特殊情况下对主油路油压作适当的修正,使油路压力的控制获得最佳效果。例如,在变速杆位于前进低挡(S、L或2、1)位置时,由于汽车的驱动力相应较大,ECU自动使主油路油压高于前进挡时的油压,以满足动力传递的需要。为减小换挡冲击,ECU还在自动变速器换挡过程中按照换挡时节气门的大小,通过调压电磁阀适当减小主油路油压,以提升换挡品质。ECU还可以根据ATF温度传感器的信号,在ATF温度未达到正常工作温度时(低于60℃),将主油路油压调整为低于正常值,以防止因ATF在低温下黏度较大而产生换挡冲击。当ATF温度过低时(低于-30℃),ECU使主油路油压升到最大值,以加速离合器、制动器的接合,防止温度过低时因ATF黏度过大而导致换挡过程过于缓慢。在海拔较高时,发动机输出功率降低,ECU将主油路油压控制为低于正常值,以防止换挡时产生冲击。

3. 液力变矩器锁止离合器(TCC)控制

电控自动变速器中的锁止离合器的工作是由ECU控制的,ECU按照设定的控制程序,通过锁止电磁阀来控制锁止离合器的接合或分离。电控自动变速器在各种工作条件下的最佳锁止离合器控制程序被预先储存在ECU的存储器内。如图2-5-18所示,ECU根据自动变速器的挡位、控制模式等工作条件从存储器内选择出相应的锁止控制程序,再将节气门开度、车速与锁止控制程序进行比较。当车速足够高,且其他各种因素均满足锁止条件时,ECU即向锁止电磁阀输出电信号,使锁止离合器接合,实现变矩器的锁止。

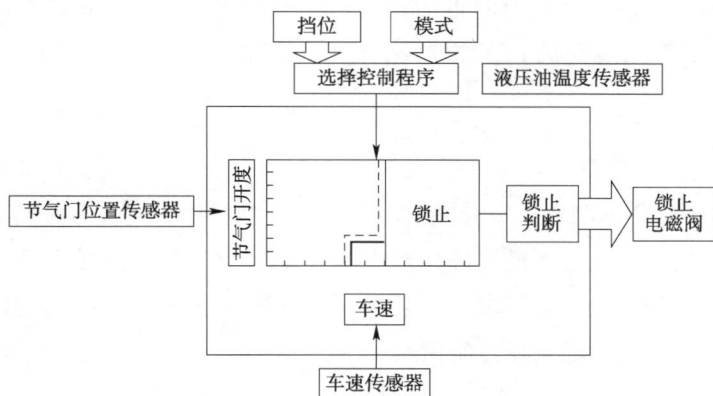

图2-5-18　锁止离合器控制示意图

ECU在对锁止离合器进行控制时,还要根据自动变速器的工作条件,在下述一些特殊工况下禁止锁止离合器接合,以保证汽车的行驶性能。这些禁止锁止离合器接合的条件有:自动变速器收到制动信号时(有些自动变速器则是在ECU收到制动信号且车速降到一定车速时),当发动机冷却液温度低于某值时,当自动变速器油温度低于某值时,当节气门完全关闭时,在其他情况如ECU检测到锁止离合器控制电路故障时。早期的电子控制自动变速器中,控制锁止离合器工作的电磁阀采用的是开关式电磁阀,即通电时锁止离合器接合,断电时锁止离合器分离。目前新生产的车型多数采用脉冲线性式电磁阀作为锁止电磁阀,ECU

在控制锁止离合器接合时,通过改变脉冲电信号的占空比,让锁止电磁阀的开度缓慢增大,以减小锁止离合器接合时所产生的冲击,使锁止离合器的结合过程变得更加柔和。

4. 换挡品质控制

为了提高汽车舒适性,自动变速器换挡需平顺柔和,为此,电控自动变速器 ECU 都有换挡品质控制程序。目前常见的改善换挡品质的控制功能有以下几个方面:

(1)换挡油压控制。在自动变速器升挡或降挡的瞬间,ECU 通过油路压力电磁阀适当降低主油路油压,以减小换挡冲击,改善换挡质量。也有一些控制系统是通过电磁阀在换挡时减小蓄压器活塞的背压,以减缓离合器或制动器液压缸内油压的增长速度,达到减小换挡冲击的目的。

(2)减力矩控制。在换挡的瞬间,通过延迟发动机的点火时间或减少喷油量,暂时减小发动机的输出转矩,以减小换挡冲击和输出轴的转矩波动。

(3)N—D/R 换挡控制。这种控制是在变速杆由停车挡或空挡(P 或 N)位置换至前进挡或倒挡(D 或 R)位置,或相反地由 D 位或 R 位换至 P 位或 N 位时,通过调整发动机喷油量,将发动机的转速变化减至最小程度,以改善换挡品质。

若没有这种控制时,当自动变速器的变速杆由 P 位或 N 位换至 D 位或 R 位时,由于发动机负荷增加,转速随之下降。反之,由 D 位或 R 位换至 P 位或 N 位时,由于发动机负荷减小,转速将上升。具有 N—D 换挡控制功能的自动变速器 ECU 在变速杆由 P 位或 N 位换至 D 位或 R 位时,若输入轴传感器所测得的输入轴转速变化超过规定值,即向发动机 ECU 发出 N—D 换挡控制信号,发动机 ECU 根据这一信号增加或减小喷油量,以防止发动机转速变化过大。

5. 自动模式选择控制

ECU 通过各个传感器测得汽车行驶情况和驾驶人的操作方式,经过运算分析,自动选择采用经济模式、普通模式或动力模式进行换挡控制,以满足不同的驾驶人操作要求。

ECU 在进行自动模式选择控制时,主要参考变速杆的位置及加速踏板被踩下的速率,以判断驾驶人的操作目的,自动选择控制模式。

(1)在前进低挡(S、L 或 2、1)时,ECU 只选择动力模式。

(2)在前进挡 D 位,ECU 根据加速踏板踩下的速率来确定换挡模式。在不同的车速和节气门开度下,换挡模式转换时加速踏板踩下速率是不同的,为此将车速和节气门开度划分成若干小区域,每个区域有不同的加速踏板踩下的速率的程序值,如图 2-5-19 所示。

当驾驶人踩下加速踏板的速率大于对应区域的程序值时,ECU 选择动力模式。反之,当踩下加速踏板的速率小于对应区域的程序值时,ECU 选择经济模式。

这些区域中节气门开启速率程序值的分布规律是:车速越低或节气门开度越大,其程序值越小,即越容易选择动力模式。

(3)在前进挡 D 位中,ECU 选择动力模式之后,一旦节气门开度低于 1/8 时,ECU 即由动力模式转换为经济模式。

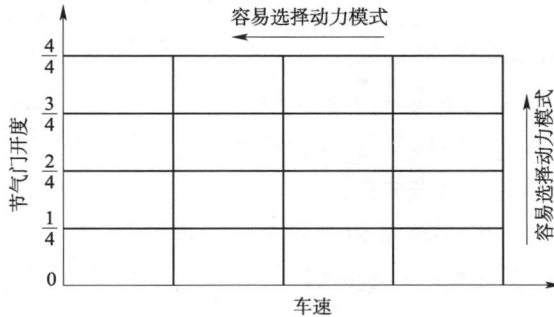

图 2-5-19　自动模式选择控制示意图

6. 发动机制动功能控制

一些新型电控自动变速器的强制离合器或强制制动器的工作也由 ECU 通过电磁阀来控制。ECU 按照设定的发动机制动控制程序,当变速杆位置、车速、节气门开度等因素满足一定条件(如变速杆位于前进低挡位置,且车速大于 10km/h,节气门开度小于 1/8)时,向强制离合器电磁阀或强制制动器电磁阀发出电信号,打开强制离合器或强制制动器的控制油路,使之接合或制动,让自动变速器具有反向传递动力的能力,在汽车滑行时以实现发动机制动。

7. 输入轴转速传感器的控制

电控自动变速器 ECU 通过输入轴转速传感器可以检测出自动变速器输入轴的转速,并由此计算出变矩器的传动比(泵轮和涡轮的转速之比)以及发动机曲轴和自动变速器输入轴的转速差,从而使 ECU 更精确地控制自动变速器的工作。特别是 ECU 在进行换挡油路压力控制、减力矩控制、锁止离合器控制时,利用这一参数进行计算,可使这些控制的持续时间更加精确,从而获得最佳的换挡品质和乘坐舒适性。

8. 故障自诊断与失效保护功能

电控自动变速器 ECU 具有故障自诊断和失效保持功能。ECU 在汽车行驶过程中不停地监测自动变速器电子控制装置中所有传感器和部分执行器的工作。一旦发现某个传感器或执行器有故障,它立即采取以下几种保护措施。

(1)在汽车行驶时,仪表板上的自动变速器故障警告灯亮起,提醒驾驶人立即将汽车送至维修厂检修。

(2)传感器出现故障时,ECU 所采取的控制方式和保护措施如下:

①当节气门位置传感器出现故障时,ECU 根据怠速开关的状态进行控制。当怠速开关断开时(加速踏板被踩下),按节气门开度为 1/2 进行控制,同时节气门油压为最大值。当怠速开关接通时(加速踏板完全放松),按节气门处于全闭状态进行控制,同时节气门油压为最小值。

②当车速传感器出现故障时,ECU 不能进行自动换挡控制,此时自动变速器的挡位由变速杆的位置决定。在 D 位和 S(或2)位固定为超速挡或 3 挡,在 L(或1)位固定为 2 挡或 1 挡,或不论变速杆在任何前进挡位,都固定为 1 挡,以保持汽车最基本的行驶能力。许多车型的自动变速器有 2 个车速传感器,其中一个用于自动变速器的换挡控制,另一个为仪表板上车速表的传感器。这两个传感器都与 ECU 相连,当用于换挡控制的车速传感器损坏时,ECU 可利用车速表传感器的信号来控制换挡。

③输入轴转速传感器出现故障时,ECU 停止减转矩控制,换挡冲击有所增大。

④自动变速器油温度传感器出现故障时,ECU 按自动变速器油温度为 80℃ 的设定进行控制。

(3)执行器出现故障时,ECU 所采取的控制方式和保护措施如下:

①换挡电磁阀出现故障时,不同的 ECU 有两种不同的失效保护功能。一种是不论有几个换挡电磁阀出现故障,ECU 都将停止所有换挡电磁阀的工作,此时自动变速器的挡位将完全由变速杆的位置决定。另一种是几个换挡电磁阀中有一个出现故障时,ECU 控制其他无故障的电磁阀工作,以保证自动变速器仍能自动升挡或降挡,但会失去某些挡位,而且升挡或降挡规律有所变化,例如可能直接由 1 挡升到 3 挡。

②强制离合器或强制制动器电磁阀出现故障时,ECU 停止电磁阀的工作,让强制离合器或强制制动器始终处于接合状态,这样汽车减速时总有发动机制动作用。

③锁止电磁阀出现故障时,ECU 停止锁止离合器控制,使锁止离合器始终处于分离状态。

④油压电磁阀出现故障时,ECU 停止锁止离合器控制,使油路压力保持为最大。

任务实施

一 实施计划

经维修技师诊断,故障原因是换挡电磁阀故障。因此,需要查阅自动变速器维修手册,查找换挡电磁阀的安装位置,使用万用表测量其电阻,判断其是否损坏。

二 实施环境

(1)汽车底盘电控实训室。

(2)汽车自动变速器台架、工具车、工作台等。

(3)相应的自动变速器维修资料。

三　实施步骤（换挡电磁阀的检查）

下面以通用 6T 系列变速器为例进行介绍。

（1）查找维修手册部件定位图中的拆解视图，如图 2-5-20 所示，确认电磁阀总成的安装位置（如图中 7 所示），进行变速器部分拆解。

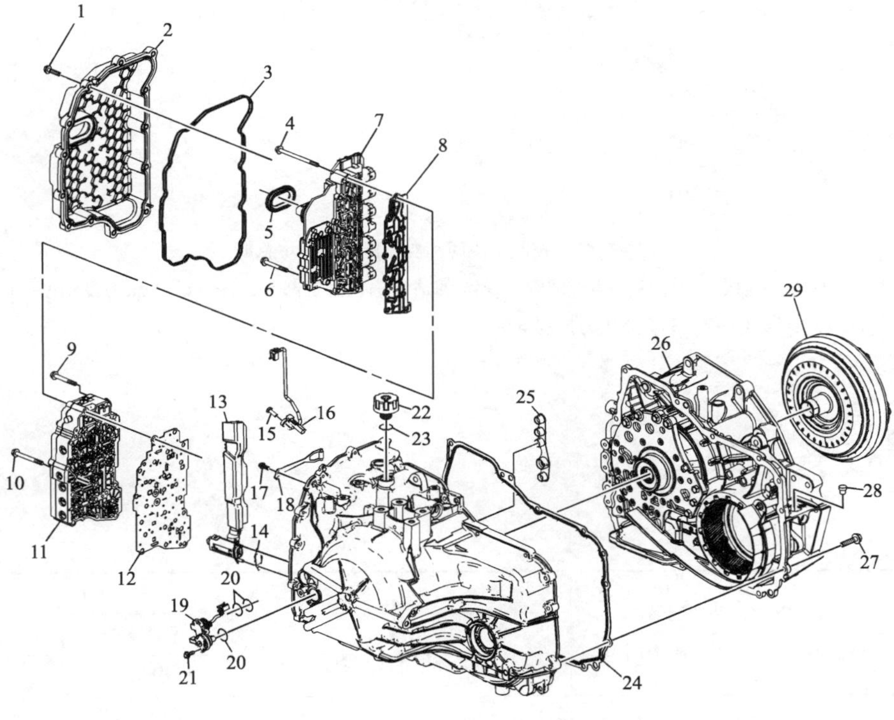

图 2-5-20　6T 系列自动变速器拆解视图

1-控制阀体盖螺栓；2-控制阀体盖总成；3-控制阀体盖衬垫；4-控制阀体螺栓；5-控制阀体盖孔密封件；6-控制电磁阀散热片螺栓；7-控制电磁阀（带阀体和变速器控制模块）总成；8-控制阀体滤清器隔板总成；9、10-控制阀体螺栓；11-控制阀体总成；12-控制阀体隔板总成；13-油位控制阀；14-油位控制阀衬垫；15-输出轴转速传感器螺栓；16-输出轴转速传感器总成；17-手动换挡轴止动弹簧螺栓；18-手动换挡轴止动杆弹簧总成；19-输入轴转速传感器总成；20-输入轴转速传感器总成 O 形密封圈；21-输入轴转速传感器螺栓；22-加注口盖；23-加注口盖密封件；24-变速器壳体衬垫；25-油泵密封件总成；26-带油泵的变矩器壳体总成；27-变矩器和差速器壳体螺栓；28-自动变速器加油管螺塞总成；29-变矩器总成

（2）查找控制电磁阀和变速器控制模块总成的检查，如图 2-5-21 所示，确定换挡电磁阀的位置（如图中 10 所示）。

（3）用万用表测量换挡电磁阀两个针脚的电阻，正常阻值范围为 16.2～19.8Ω，否则应更换。

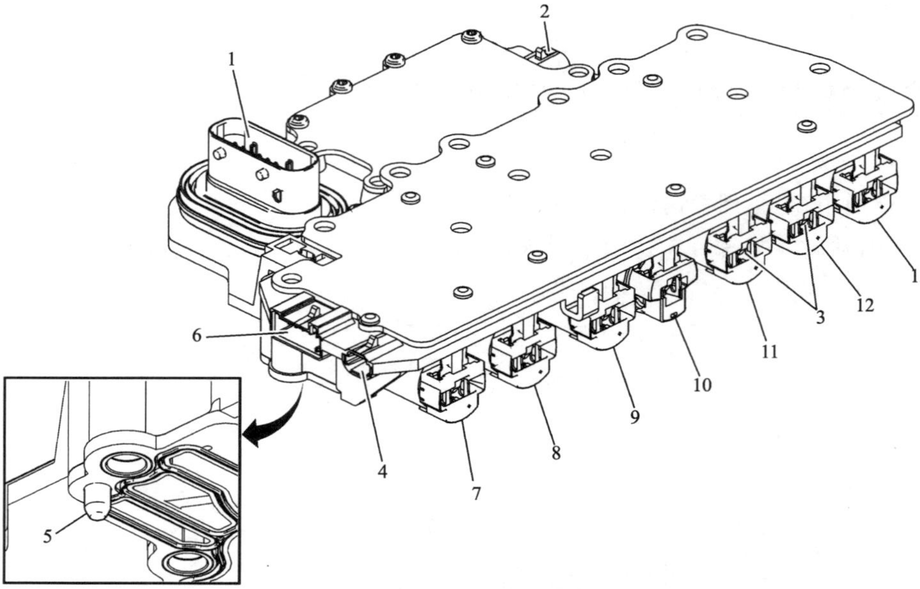

图 2-5-21　控制电磁阀和变速器控制模块总成

1、2、4、6-控制电磁阀总成连接器和针脚;3-电磁线圈引线;5-滤清器隔板固定凸舌;7、8、11、12-压力控制电磁阀;9-锁止离合器控制电磁阀;10-换挡电磁阀;13-管路压力控制电磁阀

四　任务工单

项目二　检修电控自动变速器 任务五　检修电控自动变速器电子控制系统	班级		
	姓名		学号	
	日期		分数	

1. 根据教师指定的自动变速器,回答以下问题。(20 分)

(1)自动变速器型号:_____。

(2)电子控制控制系统主要的信号输入装置有:_____。

(3)电子控制控制系统主要的执行元件有:_____。

2. 查找以下部件,并完成以下任务。(40 分)

(1)换挡电磁阀。

①查找换挡电磁阀所在位置,并判断有几个换挡电磁阀?

②换挡电磁阀的通电状态与挡位间的对应关系是怎样的？

（2）油压电磁阀。

①查找油压电磁阀所在位置，并判断有几个油压电磁阀？

②油压电磁阀的通电状态与挡位间的对应关系是怎样的？

（3）锁止离合器控制电磁阀。

①查找锁止离合器控制电磁阀所在位置，并判断有几个锁止离合器控制电磁阀？

②说明锁止离合器控制电磁阀的控制电路。

3.测量并判断电磁阀的好坏，将下面表格补充完整。（40分）

电磁阀名称	电阻标准值	电阻实测值	判断好坏
换挡电磁阀			
锁止离合器控制电磁阀			
压力控制电磁阀1			
压力控制电磁阀2			
压力控制电磁阀3			
压力控制电磁阀4			
管路压力控制电磁阀			

复习延伸

一 重点总结

(1)目前,电控自动变速器电子控制系统主要由传感器或控制开关、电子控制单元(ECU)和执行器三大部分组成。

(2)电控自动变速器传感器或控制开关主要包括节气门位置传感器、车速传感器、发动机转速传感器、输入轴转速传感器、冷却液温度传感器、ATF油温传感器、空挡起动开关、强制降挡开关、制动灯开关、模式选择开关等。

(3)电控自动变速器执行器部分主要包括各种电磁阀和故障指示灯等。

(4)电控自动变速器ECU主要有换挡控制、锁止离合器控制、油压控制、故障诊断和失效保护等功能。

(5)换挡控制即换挡时刻控制,汽车的最佳换挡车速主要取决于汽车行驶时的节气门开度。不同节气门开度下的最佳换挡车速可以用自动换挡图来表示。

(6)电控自动变速器ECU根据自动变速器的挡位、控制模式等工作条件从存储器内选择出相应的锁止控制程序,再将节气门开度、车速与锁止控制程序进行比较。当车速足够高,且其他各种因素均满足锁止条件时,ECU即向锁止电磁阀输出电信号,使锁止离合器接合,实现变矩器的锁止。

(7)目前常见的改善换挡品质的控制功能有以下几个方面:换挡油压控制,减力矩控制,N-D/R换挡控制。

(8)ECU在进行自动模式选择控制时,主要参考变速杆的位置及加速踏板被踩下的速率,以判断驾驶人的操作目的,自动选择控制模式。

(9)电控自动变速器ECU具有故障自诊断和失效保护功能。ECU在汽车行驶过程中不停地监测自动变速器电子控制装置中所有传感器和部分执行器的工作。一旦发现某个传感器或执行器有故障,它立即采取相应的保护措施。

二 课后练习

(一)简答题

1.简述电控自动变速器电子控制系统的组成。

2.电子控制系统的传感器主要有哪些？

3.电磁阀有哪些类型？

4.电控自动变速器的自动换挡图有哪些规律？

5.电控自动变速器电子控制系统有哪些控制功能？

6.电控自动变速器 ECU 是如何进行失效保护的？

(二) 选择题

1.自动变速器油温传感器一般用(　　　)温度系数的传感器。

  A.负　　　　　　　　　　　　　B.正

  C.正、负都可以　　　　　　　　　D.正、负都不可以

2.空挡起动开关的作用是变速杆置于(　　　)可以起动发动机。

  A.N 和 D　　　　　B.P 和 D　　　　　C.P 和 N　　　　　D.D 和 R

3.按工作原理不同,电磁阀可分为(　　　)。(多选)

  A.开关式电磁阀　　　　　　　　B.脉冲线性电磁阀

  C.换挡电磁阀　　　　　　　　　D.油压电磁阀

4.自动变速器电控系统由哪几部分组成？(　　　)(多选)

  A.信号输入装置　　　　　　　　B.电子控制单元

  C.执行器　　　　　　　　　　　D.信号输出装置

5.下面哪些信号会影响换挡控制？(　　　)(多选)

  A.节气门位置传感器　　　　　　B.车速传感器

  C.空挡起动开关　　　　　　　　D.冷却液温度传感器

6.下面哪些信号会影响油压控制？(　　　)(多选)

  A.节气门位置传感器　　　　　　B.车速传感器

  C.冷却液温度传感器　　　　　　D.轮速传感器

7.下面哪些信号会影响锁止离合器控制？(　　　)(多选)

  A.节气门位置传感器　　　　　　B.车速传感器

  C.冷却液温度传感器　　　　　　D.制动灯开关

8.关于自动变速器输入轴转速传感器的作用,说法正确的是:(　　　)。(多选)

  A.检查自动变速器各个挡位的传动比是否正常

  B.检查变矩器的传动比是否正常

  C.用于控制防止换挡冲击

  D.检查自动变速器能否保证发动机制动

9.下面哪些属于自动变速器信号输入装置？(　　　)(多选)

  A.节气门位置传感器　　　　　　B.车速传感器

  C.冷却液温度传感器　　　　　　D.空挡起动开关

10.电磁阀根据功能的不同,主要包括:(　　　)。(多选)

    A.换挡电磁阀　　　　　　　　　B.开关式电磁阀

    C.脉冲线性电磁阀　　　　　　　D.油压电磁阀

(三)判断题

1.按照电磁阀的功能不同,主要有换挡电磁阀、锁止离合器电磁阀和油压电磁阀。

    (　　　)

2.节气门开度越小,汽车的升挡和降挡车速越低。　　　　　　　(　　　)

3.若车速传感器出现故障现象,自动变速器ECU将进行失效保护。 (　　　)

4.若油压电磁阀出现故障现象,自动变速器ECU将停止锁止离合器控制,同时将油压控制为最小。　　　　　　　　　　　　　　　　　　　　(　　　)

5.自动变速器安装输入轴传感器是多余的。　　　　　　　　　(　　　)

6.同样的节气门开度,经济模式比动力模式升挡车速要高。　　　(　　　)

7.自动变速器的执行器主要包括各种电磁阀、调压阀、换挡阀等。 (　　　)

8.发动机冷却液温度传感器的信号对于自动变速器来说没有什么用处。(　　　)

9.开关式电磁阀的作用是开启或关闭液压油路。　　　　　　　(　　　)

10.占空比是指一个脉冲周期中断电时间所占的比例。　　　　　(　　　)

11.节气门开度越大,对应的升挡和降挡车速也越高。　　　　　(　　　)

12.自动变速器使用正温度系数油温传感器。　　　　　　　　　(　　　)

13.自动变速器ECU主要有换挡控制、锁止离合器控制、油压控制、故障诊断和失效保护等功能。　　　　　　　　　　　　　　　　　　　　　(　　　)

14.自动变速器采集车速信号可以调整主油压。　　　　　　　　(　　　)

15.在前进低挡(S、L或2、1)时,ECU只选择经济模式。　　　(　　　)

任务六　检修电控自动变速器综合故障

任务导入

一　任务描述

某自动挡轿车车主反映,汽车发动机工作正常,但汽车加速困难,明显动力不足。经维修技师检查,要进行失速测试,进一步判断故障原因所在。

二　任务分析

　　自动变速器加速困难的故障原因很多,可能是自动变速器油不足、主油压过低、液力变矩器故障,也可能是执行元件打滑、磨损等。在明确故障原因之前,需要进行相关测试。失速测试是非常重要的试验项目之一,根据失速转速的高低,可判断液力变矩器、主油压及执行元件是否存在问题。

三　技能目标

　　(1)能进行自动变速器油的检查。
　　(2)能熟练进行失速测试。

知识结构导图

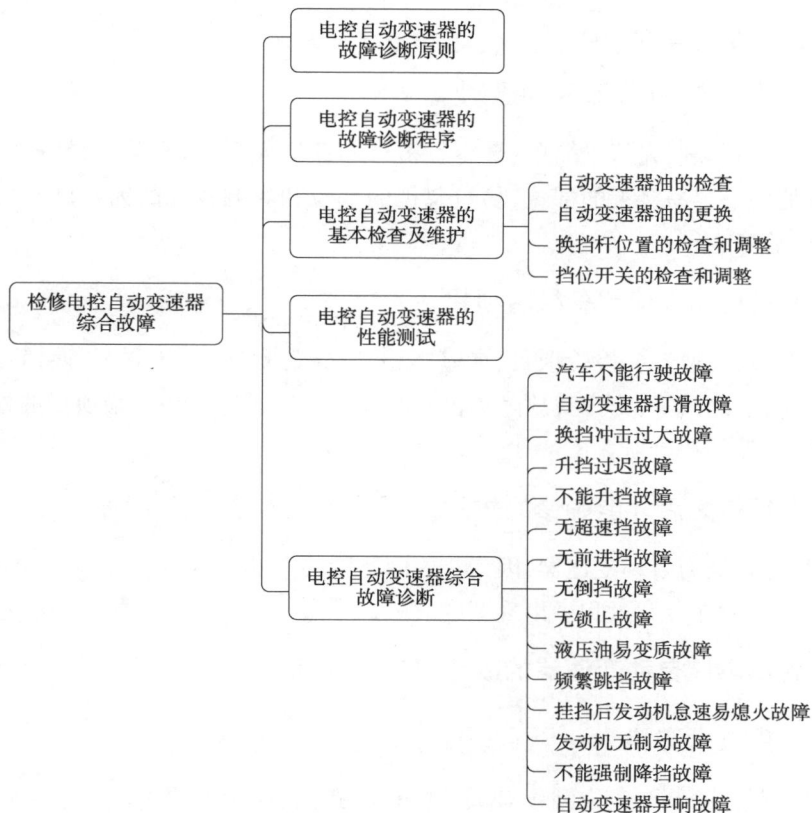

🎏 相关知识

通过前面的学习,我们已经知道自动变速器的结构和具体的工作原理均相当复杂,不论是换挡执行元件损坏,还是控制电路、阀板等其他任何部件出现故障,都会影响自动变速器的正常工作。自动变速器不宜多次反复拆装,否则会给故障的诊断与排除带来一定的困难。因此,当自动变速器出现故障或工作不正常时,应首先利用各种检测工具和手段,按照合理的程序和步骤,诊断出故障的原因,以便有针对性地进行检修。盲目地拆卸和分解往往找不出故障的真正原因,甚至造成自动变速器不应有的损坏。

一 电控自动变速器的故障诊断原则

自动变速器结构复杂,一旦出现故障,检修的难度较大。因此,必须确定故障部位,而确定故障部位的关键是故障诊断。

1. 分清故障部位

首先应分清故障是发动机电控系统还是自动变速器液压控制系统、电控系统引起的,抑或是机械系统(液力变矩器或行星齿轮机构)引起的,只有分清了故障部位,才能有针对性地去查找故障根源,少走弯路。

2. 坚持先简后难、逐步深入的原则

按故障的难易程度,先从最简单、最容易检查的部位入手,如开关、换挡杆、自动变速器油状况等,从那些最容易接近的部位、易被忽视的部位和影响较大的因素开始检查,最后再深入到实质性故障。

3. 充分利用自动变速器各检验项目

充分利用自动变速器各检验项目,如基本检查、失速测试、油压测试、换挡延迟测试、道路测试和手动换挡测试等,为查找故障提供思路和线索。通过这些检验项目的检测,一般可以发现自动变速器的故障所在。

4. 必须在拆检之后才能确诊的故障,应是故障诊断的最后程序

不要轻易分解液力自动变速器,因为在原因不明的情况下盲目分解,不但不能确诊故障原因和部位,还可能在分解过程中出现新的故障。

5. 充分利用电控自动变速器的故障自诊断功能

6. 充分利用技术资料

在进行检测与诊断前,应先阅读有关故障检测指南、使用说明书和维修手册,掌握必要

的结构原理图、油路图、电控系统电路图等有关技术资料。

二 电控自动变速器的故障诊断程序

虽然各国厂商生产的自动变速器具体结构千差万别,但是它们的基本原理是一致的,所以诊断时也就有了一定的规律可循。

一般情况下,自动变速器的诊断过程按照由简单到复杂的程序,有条不紊地逐步进行。

1. 询问用户

向用户询问的内容包括:故障产生的时间、症状、条件、过程,是否已检修及动过什么部位等。通常应尽可能详细地进行询问,有时用户不一定都能说清楚,此时需要邀请他们一起在适当的路段上进行实际的行车观察(注意:行车观察前先检查车况和变速器油液),在行车观察中再次提出询问,作为验证和补充用户的叙述。若车况或路况不允许进行行车观察,则应做一些初步的外观检查,同时提出有关的查询问题。应当注意到,有些用户限于技术水平或叙述能力,所回答的内容只能作为诊断故障的参考。

2. 初步检查

初步检查的目的是确定自动变速器是否在正常前提条件下工作。通过初步检查往往能很快就找出故障的部位和原因。

3. 故障自诊断测试

如果电控自动变速器在初步检修后仍存在故障,可通过电子控制单元自诊断系统进行故障自诊断测试,调出故障码,帮助寻找故障发生部位。排除故障以后要记住清除故障代码。不同公司生产的不同车型,其故障自诊断方法不尽相同。

4. 手动换挡测试

手动换挡测试的目的是判断故障是出自自动变速器的电控系统还是机械系统(包括齿轮变速传动系统和液压控制系统)。

5. 机械系统的测试

机械系统的测试包括失速测试、油压测试、换挡延迟测试、道路测试和手动换挡测试等内容,因厂家不同这些内容又有一定的差异。通过这几项测试,可以准确地判断出自动变速器机械系统的故障发生部位。

6. 电控系统测试

电控系统测试主要是根据系统电路图检查线束导线以及各插接件是否有断路、短路、搭铁和接触不良的故障,检测各种传感器、执行器是否损坏和失效。

7. 按故障诊断表检测

当按前述诊断步骤未发现异常,或者根据前述几个诊断步骤的结果很难准确判断具体的故障部位时,则为疑难故障。对疑难故障的诊断,一般可根据制造厂家提供的故障诊断表采取逐项排除法查找故障部位。

三 电控自动变速器的基本检查及维护

自动器变速器结构复杂,拆装困难,当出现故障或工作不正常时,盲目拆卸分解往往找不出产生故障的真正原因,甚至造成自动变速器不应有的损坏。

对于有故障的自动变速器,应先进行基本检查和性能测试,以缩小故障查找范围和确认故障部位,为进一步的分解检修提供依据。

自动变速器的基本检查与维护项目包括:自动变速器油的检查、自动变速器油的更换、变速器操纵手柄位置的检查与调整、挡位开关的检查及其他控制开关的检查等。

(一) 自动变速器油的检查

自动变速器油的检查包括油位高度检查和油液状况检查,这是自动变速器最基本的检查项目,也是决定自动变速器是否进行拆检的主要依据之一。自动变速器每行驶 4 万 km (各车型略有差异,按照维修手册标准执行)应检查一次自动变速器油,通过检查自动变速器油可以判断自动变速器的工作是否正常。

1. 油位高度的检查

各种型号自动变速器的加油量都是有明确规定的,ATF 的油面高度应在厂家规定的范围内。低油位会使空气从油泵的进口混入,使油压难以建立,并最终导致换挡时打滑。高油位同样导致空气的混入,当行星齿轮及相连零部件在油液里旋转时,空气会被压入油液。混有空气的 ATF 容易产生泡沫、过热和氧化等现象,并造成各种阀、离合器、伺服机构等部件出现故障。

1)有油尺检查程序

(1)将车辆停在水平地面上,拉起驻车制动器操纵杆,并且将换挡杆挂在驻车挡(P)。起动发动机。

(2)踩下制动踏板并将换挡杆挂到每个挡位,且在每个挡位停顿3s。然后将换挡杆挂回驻车挡(P)。

(3)使发动机以 500~800r/min 的速度急速运行至少 3min,从而使油液泡沫消散、油位稳定。松开制动踏板。

（4）保持发动机运转,通过驾驶人信息中心或者故障诊断仪观察变速器油温度（TFT）。

告诫:当变速器油温度为 85～95℃时,必须检查变速器油位。如果变速器油温度不在此温度值,视情况操作车辆或使油液冷却。如果变速器油温度不在上述温度时设置油位,会导致变速器油加注不足或加注过量。变速器油温度为 95℃ 时可能加注不足,85℃ 时可能加注过量。变速器油加注不足会导致零件过早磨损或损坏;加注过量将导致油液溢出通风管、油液起泡或泵的气穴现象。

注意:如果变速器油温度读数不是所需温度,应使车辆冷却或运行车辆直至变速器油温度达到合适值。如果油液温度低于规定范围,执行以下程序以使油液温度达到规定值:在 2 挡下行驶车辆直到油液温度达到规定值。

（5）车辆必须置于水平位置,发动机运转且换挡杆挂在驻车挡(P)。

（6）拆下油尺,并用干净的抹布或纸巾将其擦干净。

（7）检查油液颜色。油液应为红色或深棕色。

如果油液颜色很深或发黑还有烧焦味,则检查油液中是否有过多的金属微粒或其他碎屑。少量"摩擦"生成的物质属"正常"情况。如果在油液中发现大片物质和/或金属微粒,则冲洗油液冷却器和冷却器管路,然后彻底检修变速器。如果没有发现变速器内部损坏的迹象,则更换油液、修理油液冷却器,并冲洗冷却器管路。

若油液呈现出絮状或乳液状,或看起来像是被水污染,则表示发动机冷却液或冷却水污染。

（8）安装油尺。等待 3s 然后再将其拆下。

注意:①务必检查油位至少两次。稳定的读数对于保持正确的油位是非常重要的。如果读数不稳定,则检查变速器通风口盖以确保其干净通畅。

②无须使油位一直处于"MAX"（最高）标记处。在阴影线区域内都是可接受的。

（9）检查油尺两侧,并记录最低油位。

（10）再次安装和拆下油尺以确认读数。

注意:如果没有再次检查油位,切勿一次添加多于 0.25 L 的油液。一旦油液处于油尺的锥形端,不需要多少油液便可将油位提高到阴影线区域,切勿加注过量。此外,如果油位过低,检查变速器是否泄漏。

（11）如果油位不在阴影线区域内,且变速器温度为 90℃ ,视情况可以添加或者排出油液,使油位处于阴影线区域。如果油位过低,仅添加足够的油液,使油位处于阴影线区域。

（12）如果油位在可接受的范围内,则安装油尺。

（13）如果油液已更换,则重置变速器油寿命监视器(若适用)。

2）无油尺检查程序

（1）起动发动机。

（2）踩下制动踏板并将换挡杆挂到每个挡位,且在每个挡位停顿 3s。然后将换挡杆挂回驻车挡(P)。

（3）使发动机以 500～800r/min 的速度怠速运行至少 3min,从而使油液泡沫消散、油位稳定。松开制动踏板。

注意:如果变速器油温度读数不是所需温度,使车辆冷却或运行车辆直至变速器油温度达到合适值。如果油液温度低于规定范围,执行以下程序以使油液温度达到规定值:在2挡下行驶车辆直到油液温度达到规定值。

(4)保持发动机运转,通过驾驶人信息中心或者故障诊断仪观察变速器油温度(TFT)。

告诫:当变速器油温度为85~95℃时,必须检查变速器油位。如果变速器油温度不是此温度值,视情况操作车辆或使油液冷却。如果变速器油温度不在上述温度时设置油位,会导致变速器油加注不足或加注过量。变速器油温度为95℃时可能加注不足,85℃时可能加注过量。变速器油加注不足会导致零件过早磨损或损坏;加注过量将导致油液溢出通风管、油液起泡或泵的气穴现象。

(5)用举升机举升车辆。车辆必须置于水平位置,发动机运转且换挡杆挂在驻车挡(P)。

(6)车辆怠速运行时,拆下油位检查螺塞,如图2-6-1所示,通常在变速器侧面,靠近传动轴位置。

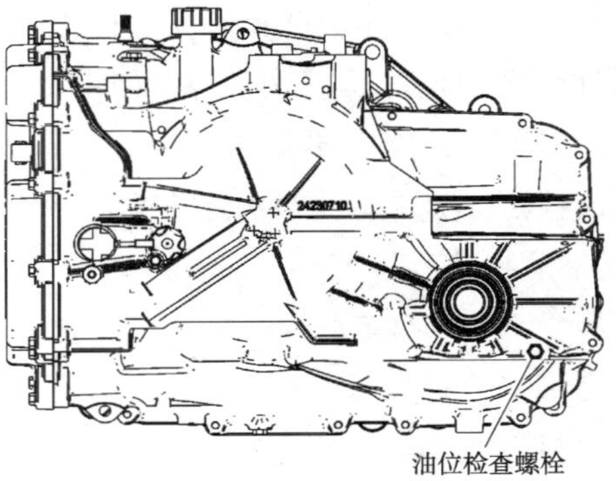

油位检查螺栓

图2-6-1　油位检查螺栓的位置

如果油液稳定地流出,则等待直到油液开始滴落。如果没有油液流出,则添加油液直到油液滴落。

(7)检查油液颜色。油液应为红色或深棕色。

如果油液颜色很深或发黑还有烧焦味,则检查油液中是否有过多的金属微粒或其他碎屑。少量"摩擦"生成的物质属"正常"情况。如果在油液中发现大片物质和/或金属微粒,则冲洗油液冷却器和冷却器管路,然后彻底检修变速器。如果没有发现变速器内部损坏的迹象,则更换油液、修理油液冷却器,并冲洗冷却器管路。

若油液呈现出絮状或乳液状,或看起来像是被水污染,则表示发动机冷却液或冷却水污染。

(8)检查是否存在外部泄漏。

(9)如果油液已更换,则重置变速器油寿命监视器(若适用)。

2. 油液状况检查

(1)检查油液颜色。油液应为红色。正常使用时变速器油颜色也许会变棕色,但这并不总表示其受到污染。

注意：如果油液颜色很深或发黑还有燃焦味，通常表示油液过热或者受到污染。

（2）如果油液颜色很深或发黑并有烧焦味，检查油液是否有过多的金属微粒或其他碎屑，这表示变速器可能损坏。

（3）若油液呈现出絮状或乳液状，或看起来像是被水污染，则表示发动机冷却液或冷却水污染。

（二）自动变速器油的更换

定期地更换 ATF 和滤清器可在一定程度上减少自动变速器的故障。ATF 的更换频率取决于变速器的工作状态，一般轿车自动变速器每正常行驶 10 万 ~ 20 万 km（换油间隔里程各汽车公司有不同的规定）必须换一次 ATF，即便不行驶，若放置一年以上，也必须将 ATF 全部更换。

换油时应采用车辆随车手册上推荐使用的变速器油。不适当的 ATF 会改变变速器的换挡性能。注意：切勿用齿轮油或机油代替 ATF，否则会造成自动变速器的严重损坏。

更换 ATF 时可参照如下方法进行（具体应参照维修手册）。

（1）车辆运行至自动变速器正常工作温度（油温 70 ~ 80℃）后熄火，升起车辆。

（2）拆下自动变速器油底壳上的放油螺塞，使 ATF 全部流入油盆。对于无放油螺塞的自动变速器，应拧松所有油底壳螺栓，除了 3 个保留外，其余全都卸掉，先放出部分 ATF（注意防止烫伤），最后再拆下整个油底壳，放出全部 ATF。

（3）去除垫片，并将油底壳清洗干净。有些自动变速器采用磁性放油螺塞或在油底壳内专门放置一块磁铁，以吸附铁屑。它们在洗干净后应放回原位。

（4）卸下滤清器。

（5）拆下 ATF 散热器油管接头，用压缩空气将散热器内的残余油吹出，再装好油管接头。

（6）装上新滤清器，放上新垫片，装好油底壳（注意拧紧力矩）。

（7）从加油管中加入规定牌号的 ATF。

（8）放下汽车，起动发动机，拉紧驻车制动器操纵杆并踩住制动踏板，手动换挡。

（9）检查并修正 ATF 液位高度。如果不慎加油过多，可以打开放油螺塞修正；如无放油螺塞，可从加油管处往外吸，使 ATF 液位至规定高度。

一般自动变速器的总油量为 10L（注意各车型差别较大）左右，按上述方法换油时，变矩器内的液压油是无法放出的。若液压油严重变质，必须全部更换时，可先按上述方法换油，然后让汽车行驶约 5min 后再次换油。

（三）换挡杆位置的检查和调整

换挡杆位置调整不当，会使换挡杆的位置与自动变速器阀体中手动阀的实际位置不符，造成换挡错乱或挂不进 P 位或前进低挡，或换挡杆的位置与仪表板上挡位指示灯的显示不符，甚至造成在 P 位或 N 位时无法起动发动机。因此必须对换挡杆和空挡起动开关进行检查。

换挡杆的调整方法如图 2-6-2 所示。

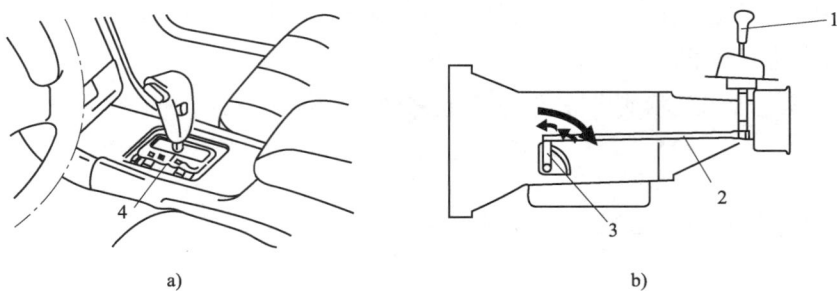

图 2-6-2 换挡杆的调整

1-换挡杆;2-连接杆;3-手动阀摇臂;4-空挡位置

(1)拆下换挡杆与自动变速器手动阀摇臂之间的连接杆。

(2)将换挡杆拨至 N 位。

(3)将手动阀摇臂向后拨至极限位置(P 位),然后再退回 2 格,使手动阀摇臂处于 N 位。

(4)稍稍用力将换挡杆靠向 R 位方向,然后连接并固定换挡杆与手动阀摇臂之间的连杆。

(四)挡位开关的检查和调整

将变速杆拨至各个挡位,检查挡位指示灯与换挡杆位置是否一致、P 位和 N 位时发动机能否起动、R 位时倒挡灯是否亮起。发动机应只能在 N 位和 P 位时起动,其他挡位不能被起动,若有异常,应调节空挡起动开关螺栓和开关电路。

(1)松开挡位开关的固定螺钉,将操纵手柄放到 N 位。

(2)将槽口对准空挡基准线。有些自动变速器的挡位开关外壳上刻有一条基准线,调整时应将基准线和手动阀摇臂轴上的槽口对齐,如图 2-6-3a)所示;也有一些自动变速器的挡位开关上有一个定位孔,调整时应使摇臂上的定位孔和挡位开关上的定位孔对准,如图 2-6-3b)所示。

图 2-6-3 挡位开关的调整

1-固定螺钉;2-基准线;3-槽口;4-摇臂;5-调整用定位销

四 电控自动变速器的性能测试

在对自动器变速器进行基本检查和故障自诊断之后,如果没有找出故障部位和故障原因,就需要做进一步的性能测试,以便根据测试结果进行诊断。

自动变速器在修理完毕后,也应进行全面的性能检查。修后检查是为了鉴定修理质量,检验自动变速器的各项性能指标是否达到标准要求。

自动变速器的性能测试项目包括:失速测试、油压测试、换挡延迟测试、道路测试和手动换挡测试等。

1. 失速测试

在前进挡或倒挡中踩住制动踏板并完全踩下加速踏板时,发动机处于最大转矩工况,而此时自动变速器的输出轴及输入轴均静止不动,变矩器的涡轮也是静止不动的,只有变矩器壳及泵轮随着发动机一起转动,这种工况称为失速工况,此时的发动机转速称为失速转速。

失速测试用于检查发动机、液力变矩器及自动变速器中有关的换挡执行元件的工作是否正常。操作步骤如图 2-6-4 所示。

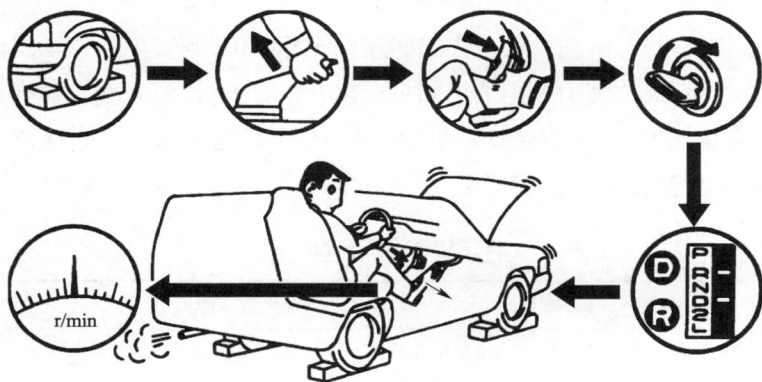

图 2-6-4 失速测试操作步骤

1)失速测试的准备

(1)起动汽车使发动机和自动变速器均达到正常工作温度。

(2)检查汽车的行车制动器和驻车制动器,确认其性能良好。

(3)检查自动变速器的润滑油液位高度应正常。

2)失速测试的步骤

(1)将汽车停放在宽阔的水平地面上,前后车轮用三角木块塞住。

(2)使用故障诊断仪读取发动机转速。

(3)拉紧驻车制动器操纵杆,左脚用力踩住制动踏板。

（4）起动发动机。

（5）将选挡手柄拨入 D 位。

（6）在左脚踩紧制动踏板的同时，用右脚将加速踏板踩到底，读取此时发动机的最高转速，然后立即松开加速踏板。

（7）将选挡手柄拨入 P 或 N 位，使发动机怠速运转 1min 以上，防止自动变速器油因温度过高而变质。

（8）将选挡手柄拨入 R 位，做同样的测试。

在失速工况下，发动机的动力全部消耗在变矩器内液压油的内部摩擦损失上，液压油的温度急剧上升。因此在失速测试中，从加速踏板踩下到松开的整个过程的时间不得超过 5s，否则会使液压油因温度过高而变质，甚至损坏密封圈零件。在一个挡位的试验完成之后，不要立即进行下一个挡位的测试，要等油温下降之后再进行。测试结束后不要立即熄火，应将选挡手柄拨入空挡或驻车挡，让发动机怠速运转几分钟，以便让液压油温度降至正常。如果在测试中发现驱动轮因制动力不足而转动，应立即松开加速踏板，停止测试。

3）测试结果分析

不同车型的自动变速器都有其失速转速标准。大部分自动变速器的失速转速标准为：前进挡 2100r/min 左右，倒挡 2500r/min 左右。若失速转速与标准值相符，说明自动变速器的油泵、主油路油压及各个换挡执行元件的工作基本正常；若失速转速高于标准值，说明主油路油压过低或换挡执行元件打滑；若失速转速低于标准值，则可能是发动机动力不足或液力变矩器有故障。例如，当液力变矩器中的单向离合器打滑时，液力变矩器在液力耦合器的工况下工作，其变矩比下降，从而使发动机的负荷增大，转速下降。不同挡位失速转速不正常的原因如表 2-6-1 所示。

失速转速不正常的原因   表 2-6-1

换挡杆位置	失速转速	故障原因
所有位置	过高	1. 主油路油压过低； 2. 前进挡和倒挡的换挡执行元件打滑； 3. 低挡及倒挡制动器打滑
	过低	1. 发动机动力不足； 2. 变矩器导轮的单向离合器打滑
仅在 D 位	过高	1. 前进挡油路油压过低； 2. 前进挡离合器打滑
仅在 R 位	过高	1. 倒挡油路油压过低； 2. 倒挡及高挡离合器打滑

2. 油压测试

油压测试是在自动变速器工作时，测量自动变速器控制系统各油路中的油压，为分析自动变速器的故障提供依据,以便有针对性地进行检修。控制系统的油压正常是自动变速器正常工作的先决条件。如果油压过低,会造成换挡执行元件打滑,加剧其摩擦片的磨损,甚至使换挡执行元件烧毁;如果油压过高,会使自动变速器出现严重的换挡冲击,甚至损坏控制系统。因此,在分解修理自动变速器之前和修复自动变速器之后,都要对自动变速器做油压测试,以保证自动变速器的修复质量。

进行油压测试时,为安全起见,测量油路压力时,一定要有两人配合,即一人进行测量,另一人站在车外观察车轮或车轮垫木的情况。

1)油压测试的测试方法及步骤

(1)先预热发动机和自动变速器,使其达到正常的工作温度,然后熄火。

(2)拆下压力测试孔塞,并安装油压表(量程2~3MPa),如图2-6-5所示为通用6T系列变速器的压力测试孔塞,在加注口的旁边。

(3)将全部车轮用三角木塞住、拉紧驻车制动器操纵杆,踩下制动踏板,然后起动发动机。

(4)将选挡手柄换入D位,先记住D位怠速时的主油压。然后用左脚踩紧制动踏板,同时用右脚迅速将加速踏板踩到底,记下D位失速时的主油压,在节气门全开位置上停留不要超过3s,以免该挡位的执行系统因过载而受损。

(5)将选挡手柄从D位换回N位怠速运转

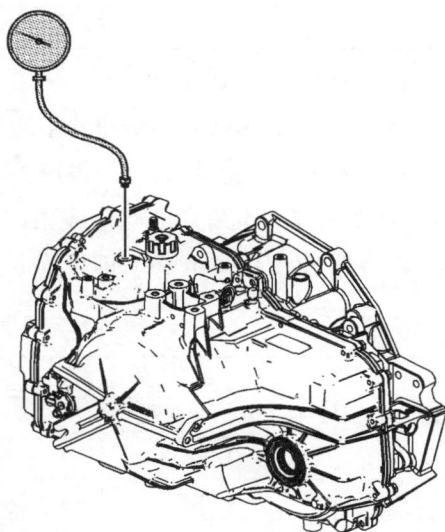

图2-6-5　通用6T系列变速器的压力测试孔塞的位置

2min,也可以1200r/min的转速运转1min,以便使ATF得到冷却。

(6)将选挡手柄再换至R位,记下R位的怠速油压和R位的失速油压。

2)测试结果分析

将测得的主油路油压与标准值进行比较(参考维修手册)。不同车型自动变速器的主油路油压不同。若主油路油压不正常,说明油泵或控制系统有故障。表2-6-2列出了引起主油路油压不正常的可能原因。

主油路油压不正常的原因　　　　　　　　　　　　表2-6-2

工况	测试结果	故障原因
怠速	所有挡位的主油路油压均太低	油泵故障;主油路调压阀卡死;主油路泄漏;主油路调压阀弹簧太软;节气门拉索或节气门位置传感器调整不当
	前进挡和前进低挡的主油路油压均太低	前进离合器活塞漏油;前进挡油路泄漏
	前进挡的主油路油压正常;前进低挡的主油路油压太低	1挡强制离合器或2挡强制离合器活塞漏油;前进低挡油路泄漏

续上表

工况	测试结果	故障原因
怠速	前进挡主油路油压正常;倒挡主油路油压太低	倒挡及高挡离合器活塞漏油;倒挡油路泄漏
	所有挡位的主油路油压均太高	节气门拉索或节气门位置传感器调整不当;主油路调压阀卡死;主油路调压阀弹簧太硬;油压电磁阀损坏或线路故障
失速	稍低于标准油压	节气门拉索或节气门位置传感器调整不当;油压电磁阀损坏或线路故障;主油路调压阀卡死或弹簧太软
	明显低于标准油压	油泵故障;主油路泄漏

3)典型车型主油压正常范围

大众公司的大多数自动变速器主油压测试方法与其他变速器有些不同。测试时车轮不用塞住,只需将驱动轮悬空,不做失速油压测试,只做怠速和2000r/min时的油压测试,测试前需先从变速器壳上断开电磁阀线束(目的是为了断开主油压电磁阀线束,否则数值不准确)。将ATF温度提高至60℃即可读取主油压,其正常值如表2-6-3所示。

大众公司自动变速器主油压正常值   表2-6-3

发动机转速	换挡杆的位置			
	D		R	
	(bar)	(kPa)	(bar)	(kPa)
怠速	3.4~3.8	338~379	12.4~13.2	1239~1319
2000r/min	5~6	499~599	23~24	2299~2399

3. 换挡延迟测试

在发动机怠速运转时将换挡杆从空挡拨至前进挡后,需要有一段短暂时间的迟滞或延时才能使自动变速器完成挡位的接合(此时汽车会产生一个轻微的振动),这一短暂的时间称为自动变速器的换挡迟滞时间。换挡延迟测试就是测出自动变速器换挡的迟滞时间,根据迟滞时间的长短来判断主油路油压及换挡执行元件的工作是否正常,如图2-6-6所示。

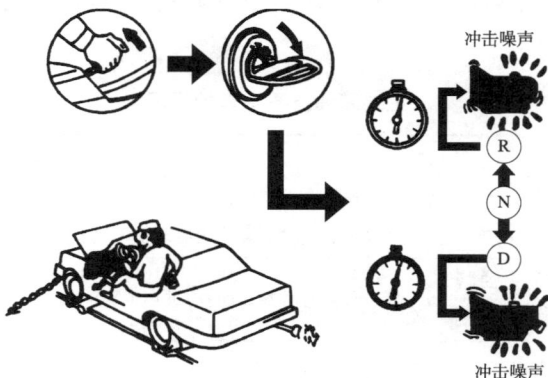

图2-6-6 自动变速器换挡延迟测试

1）测试方法及步骤

（1）让汽车行驶，使发动机和自动变速器达到正常工作温度。

（2）将汽车停放在水平地面上，拉紧驻车制动器操纵杆。

（3）检查发动机怠速。如不正常，应按标准予以调整。

（4）将自动变速器换挡杆从 N 位拨至 D 位，用秒表测量从拨动换挡杆开始到感觉汽车振动为止所需的时间，该时间称为 N—D 延迟时间。

（5）将换挡杆拨至 N 位，让发动机怠速运转 1min 后，再做一次同样的测试。

（6）上述测试进行 3 次，取其平均值。

（7）按上述方法，将换挡杆由 N 位拨至 R 位，测量 N—R 延时时间。

2）测试结果分析

大部分自动变速器 N—D 延时时间小于 1.0s，N—R 延时时间小于 1.2s。若 N－D 延时时间过长，说明主油路油压过低，前进离合器摩擦片磨损过甚或前进单向离合器工作不良；若 N—R 延时时间过长，说明倒挡主油路油压过低，倒挡离合器或倒挡制动器磨损过甚或工作不良。

4. 道路测试

自动变速器的道路测试是分析、诊断自动变速器故障及检验修复后的自动变速器工作性能和修理质量的最有效手段之一。道路测试是对汽车自动变速器性能的最终检验，检验内容侧重于换挡点、换挡冲击、振动、噪声和打滑等现象。

在道路测试之前，应确认汽车发动机以及底盘各个系统的技术状态应完好，并且已经进行了基本检查。使汽车以中低速行驶 5～10min，使发动机和自动变速器都达到正常的工作温度（70～80℃）。

1）升挡车速的检查

起动发动机，将换挡杆拨至 D 位，踩下加速踏板，并使节气门保持在某一固定开度，让汽车起步并加速。当感觉到自动变速器升挡时，记下升挡车速。一般 4 挡自动变速器在节气门开度保持在 1/2 时，由 1 挡升至 2 挡的升挡车速为 25～35km/h，由 2 挡升至 3 挡的升挡车速为 55～70km/h，由 3 挡升至 4 挡（超速挡）的升挡车速为 90～120km/h。不同节气门开度时升挡车速不同，不同车型自动变速器的升挡车速也不相同。因此，只要升挡车速基本保持在上述范围内，而且汽车行驶中加速良好，无明显的换挡冲击，都可以认为其升挡车速基本正常。

若汽车行驶中加速无力，升挡车速明显低于上述范围，说明升挡车速过低（即过早升挡），一般是控制系统的故障所致；若汽车行驶中有明显的换挡冲击，升挡车速明显高于上述范围，说明升挡车速过高（即过迟升挡），可能是控制系统的故障所致，也可能是换挡执行元件的故障所致。

一般汽车维修手册中都有自动变速器升挡（或降挡）车速标准表，但表中通常只列出了节气门全开或全关时的升挡(或降挡)车速。然而在道路测试中,想要汽车以节气门全开状态行驶,往往因道路条件的限制而无法实施,而且以节气门处于全开位置行驶也容易加剧自动变速器内摩擦元件的磨损,一般不宜采用。因此表中的数据只能作为参考。有些汽车维修手册中给出了该自动变速器的换挡图,从换挡图中可以得出不同节气门开度下自动变速器的升挡车速,这可作为判断换挡车速是否正确的标准。

由于降挡时刻在行驶中不易察觉,因此在道路试验中一般无法检查自动变速器降挡车速,只能通过检查升挡车速来判断自动变速器有无故障。如有必要,还可检查在其他模式下或换挡杆位于前进低挡位置时的换挡车速,并与标准值进行比较以作为判断故障的参考依据。

2)换挡质量的检查

换挡质量的检查内容主要是检查有无换挡冲击。正常的电控自动变速器的换挡冲击应十分微弱。若换挡冲击太大,说明自动变速器的控制系统或换挡执行元件有故障,其原因可能是油路油压高或换挡执行元件打滑,应做进一步的检查。

3)锁止离合器工作状况的检查

自动变速器变矩器中的锁止离合器工作是否正常也可以采用道路试验的方法进行检查。测试中,让汽车加速至超速挡,以高于80km/h的车速行驶,并让节气门开度保持在低于1/2的位置,使变矩器进入锁止状态。此时,快速将加速踏板踩下至节气门2/3开度,若发动机转速没有太大的变化,说明锁止离合器处于接合状态;反之,若发动机转速升高很多,则表明锁止离合器没有接合,其原因通常是锁止控制系统有故障。

4)发动机制动作用的检查

检查自动变速器有无发动机制动作用时,应将选挡手柄拨至前进低挡(S、L或2、1)位置,在汽车以2挡或1挡行驶时,突然松开加速踏板,若车速立即随之下降,说明有发动机制动作用,否则说明控制系统或相关的离合器、制动器有故障。

5)强制降挡功能的检查

检查自动变速器强制降挡功能时,应将选挡手柄拨至D位,保持节气门开度为1/3左右,在以2挡、3挡或超速挡行驶时突然将加速踏板完全踩到底,检查自动变速器是否被强制降低一个挡位。在强制降挡时,发动机转速会突然上升至4000r/min左右,并随着加速升挡,转速逐渐下降。若踩下加速踏板后没有出现强制降挡,说明强制降挡功能失效。若在强制降挡时发动机转速异常升高至5000～6000r/min,并在升挡时出现换挡冲击,则说明换挡执行元件打滑,应拆修自动变速器。

6)P位制动效果的检查

将汽车停在坡度大于9%的斜坡上,换挡杆拨入P位,松开驻车制动器操纵杆,检查机械闭锁爪的锁止效果。

5. 手动换挡测试

对于电控自动变速器而言,为了确定故障存在的部位,区分故障是由机械系统、液压系统引起,还是由电子控制系统引起的,可进行手动换挡测试。

所谓手动换挡测试就是将电控自动变速器所有换挡电磁阀的线束插头全部脱开,此时 ECU 不能通过换挡电磁阀来控制换挡,自动变速器的换挡取决于换挡杆的位置。不同车型 的电控自动变速器在脱开换挡电磁阀线束插头后的挡位和换挡杆的关系都不完全相同。

手动换挡测试的步骤如下:

(1)脱开电控自动变速器的所有换挡电磁阀线束插头。

(2)起动发动机,将换挡杆拨至不同位置,然后做道路测试(也可以将驱动轮悬空,进行 台架测试)。

(3)观察发动机转速和车速的对应关系,以判断自动变速器所处的挡位。不同挡位时发 动机转速与车速的关系可参考表2-6-4。由于变矩器的减速作用与传递的转矩有关,因此表 中车速只能作为参考,实际车速将随着行驶中节气门开度的不同而产生一定的变化。

不同挡位时发动机转速和车速的关系　　　　　　　　　　　表2-6-4

挡位	发动机转速(r/min)	车速(km/h)
1 挡	2000	18 ~ 22
2 挡	2000	34 ~ 38
3 挡	2000	50 ~ 55
超速挡	2000	70 ~ 75

(4)若换挡杆位于不同位置时,自动变速器所处的挡位与表2-6-4相同。说明电控自动 变速器的阀体及换挡执行元件基本上工作正常。否则说明自动变速器的阀体或换挡执行元 件有故障。

(5)测试结束后,接上电磁阀线束插头。

(6)清除 ECU 中的故障代码,防止因脱开电磁阀线束插头而产生的故障代码保存在 ECU 中,影响自动变速器的故障自诊断工作。

五　电控自动变速器综合故障诊断

汽车自动变速器在使用中,随着技术状况的下降会出现一系列故障,常见的故障会通过 一定的现象特征表现出来,不同车型由于结构上有所不同,其故障原因会有所差异,但故障 产生的常见原因和诊断排除方法是基本相同的。

(一)汽车不能行驶故障

1.故障现象

(1)无论换挡杆位于倒挡、前进挡或前进低挡,汽车都不能行驶。

(2)冷车起动后汽车能行驶小段里程,但热车状态下汽车不能行驶。

2.故障原因

(1)自动变速器油底壳渗漏,液压油全部漏光。

(2)换挡杆和手动阀摇臂之间的连杆或拉索松脱,手动阀保持在空挡或停车挡位置。

(3)油泵进油滤网堵塞。

(4)主油路严重泄漏。

(5)油泵损坏。

3.故障诊断与排除

(1)检查自动变速器内有无液压油。其方法是:拔出自动变速器的油尺,观察油尺上有无液压油。若油尺上没有液压油,说明自动变速器内的液压油已漏光。对此,应检查油底壳、液压油散热器、油管等处有无破损而导致漏油。如有严重漏油处,应修复后重新加油。

(2)检查自动变速器换挡杆与手动阀摇臂之间的连杆或拉索有无松脱。如果有松脱,应予以装复,并重新调整好换挡杆的位置。

(3)拆下主油路测压孔上的螺塞,起动发动机,将换挡杆拨至前进挡或倒挡位置,检查测压孔内有无液压油流出。

(4)若主油路测压孔内没有液压油流出,应打开油底壳,检查手动阀摇臂轴与摇臂间有无松脱,手动阀阀芯有无折断或脱钩。若手动阀工作正常,则说明油泵损坏。对此,应拆卸分解自动变速器,更换油泵。

(5)若主油路测压孔内只有少量液压油流出,油压很低或基本上没有油压,应打开油底壳,检查油泵进油滤网有无堵塞。如无堵塞,说明油泵损坏或主油路严重泄漏。对此应拆卸分解自动变速器,予以修理。

(6)若冷车起动时主油路有一定的油压,但热车后油压即明显下降,说明油泵磨损过甚。对此应更换油泵。

(7)若测压孔内有大量液压油喷出,说明主油路油压正常,故障出在自动变速器中的输入轴、行星排或输出轴。对此应拆检自动变速器。

注意:目前新出的电控自动变速器所用电磁阀较多,专门用于控制前进挡离合器的电磁阀损坏或与其相关的线路故障,都会造成无前进挡。有的车型所配用的自动变速器,连倒挡也有电磁阀参与,则其对应的电磁阀或线路损坏将产生"无倒挡"故障现象。

(二)自动变速器打滑故障

1.故障现象

(1)起步时踩下加速踏板,发动机转速很快升高但车速升高缓慢。

(2)行驶中踩下加速踏板加速时,发动机转速升高但车速没有很快提高。

（3）平路行驶基本正常,但上坡无力,且发动机转速很高。

2. 故障原因

（1）液压油液位太低。

（2）液压油液位太高,运转中被行星排剧烈搅动后产生大量气泡。

（3）离合器或制动器摩擦片、制动带磨损过甚或烧焦。

（4）油泵磨损过甚或主油路泄漏,造成油路油压过低。

（5）单向离合器打滑。

（6）离合器或制动器活塞密封圈损坏,导致漏油。

（7）蓄压器活塞密封圈损坏,导致漏油。

主油压过低时,应重点检查主高压阀弹簧的长度,阀与阀孔的间隙是否合适,有无发生卡滞,检查主油压电磁阀的密封性。然后,检查油泵的工作间隙,是否存在蓄压器过脏卡滞或密封圈密封不良。活塞上复位弹簧严重变形或折断、散落使离合器活塞复位速度明显减慢。活塞上止回球阀被黏住,排泄孔打不开,活塞腔内残存油液过多,使离合器处于半离合状态。活塞变形,造成活塞在热车状态下运动卡滞,离合器不能完全接合,也不能完全分离。活塞上止回球阀或是密封圈密封不严,造成离合器工作油压不足,离合器不能完全接合。摩擦片上 ATF 油槽磨平或其含油层磨损,使摩擦片润滑效果恶劣,造成烧蚀。离合器工作间隙大,使活塞压紧力矩不足,而无法进入完全结合状态。油道堵塞,造成油压不足。

散热器水温过高"烧片子"后离合器打滑,会导致 ATF 油温急剧上升,由于 ATF 冷却器和发动机冷却系统中的散热器设置在一起,发动机冷却温度也随之上升,进而"开锅"。

注意:在任何情况下,自动变速器维修中都不要使用润滑脂和底盘润滑油。这些油脂不能被 ATF 溶解,会堵塞小孔及通道,甚至会使止回球排油阀与其座圈隔开,使油压建立不起来,而造成离合器打滑。

在装配钢的或塑料的止推片或轴承时,为防止其位移可以用凡士林黏结。离合器"烧片子"后必须彻底清洗变速器、变矩器和 ATF 冷却器。清洗过程中禁止用汽油和棉纱。

油压低是造成离合器打滑的主要原因。如丰田凯美瑞车型油压低至 3.5bar 时,离合器就会打滑。所以出现离合器打滑故障时,除了检查离合器自身外,还需检查活塞的密封情况和蓄压器等的工作情况。

3. 故障诊断与排除

打滑是自动变速器最常见的故障之一。虽然自动变速器打滑往往都伴有离合器或制动器摩擦片严重磨损甚至烧焦等现象,但如果只是简单地更换磨损的摩擦片而没有找出打滑的真正原因,则会使修理后的自动变速器使用一段时间后又出现打滑现象。因此,对于出现打滑的自动变速器,不要急于拆卸分解,而是应先做各种检查测试,以找出造成打滑的真正原因。

（1）对于出现打滑现象的自动变速器,应先检查其液压油的液位高度和品质。若液位过低或过高,应先调整至正常后再做检查。若液位调整正常后自动变速器不再打滑,可不必拆修自动变速器。

(2)检查液压油的品质。若液压油呈棕黑色或有烧焦味,说明离合器或制动器的摩擦片或制动带有烧焦,应拆修自动变速器。

(3)进行道路测试,以确定自动变速器是否打滑,并检查出打滑的挡位和打滑和程度。将选挡手柄拨入不同的位置,让汽车行驶。若自动变速器升至某一挡位时发动机转速突然升高,但车速没有相应地提高,即说明该挡位有打滑。打滑时发动机的转速越容易升高,说明打滑越严重。

根据出现打滑的规律,还可以判断产生打滑的是哪一个换挡执行元件。

①若自动变速器在所有前进挡都出现打滑现象,则为前进离合器打滑。

②若自动变速器在换挡杆位于 D 位时的 1 挡有打滑,而在换挡杆位于 L 位或 1 位时的 1 挡不打滑,则为前进单向离合器打滑。若不论换挡杆位于 D 位或 L 位或 l 位时,1 挡都有打滑现象,则为低挡及倒挡制动器打滑。

③若自动变速器只在换挡杆位于 D 位时的 2 挡有打滑,而在换挡杆位于 S 位或 2 位时的 2 挡不打滑,则为 2 挡单向离合器打滑。若不论换挡杆位于 D 位或 S 位或 2 位时,2 挡都有打滑现象,则为 2 挡制动器打滑。

④若自动变速器只在 3 挡有打滑现象,则为倒挡及高挡离合器打滑。

⑤若自动变速器只在超速挡时有打滑现象,则为超速制动器打滑。

⑥若自动变速器在倒挡和高挡时都有打滑现象,则为倒挡及高挡离合器打滑。

⑦若自动变速器在倒挡和 1 挡时都有打滑现象,则为低挡及倒挡制动器打滑。

上述结论可结合丰田 A34 系列自动变速器的动力传动简图和对应的换挡执行元件表来分析推理,以进一步加深理解。

对于有打滑故障的自动变速器,在拆卸分解之前,应先检查自动变速器的主油路油压,以找出造成自动变速器打滑的原因。自动变速器不论前进挡或倒挡均打滑,其原因往往是主油路油压过低。若主油路油压正常,则只要更换磨损或烧焦的摩擦元件即可。若主油路油压不正常,则在拆修自动变速器的过程中,应根据主油路油压,相应地对油泵或阀进行检修,并更换自动变速器的所有密封圈和密封环。

注意:目前,电控自动变速器中较小面积的离合器较多,它们多易烧蚀,易造成高挡打滑。

(三) 换挡冲击过大故障

1. 故障现象

(1)在起步时,由停车挡或空挡挂入倒挡或前进挡时,汽车振动较严重。

(2)行驶中,在自动变速器升挡的瞬间汽车有较明显的闯动。

2. 故障原因

导致自动变速器换挡冲击大的故障原因很多,主要原因在于调整不当,机构元件性能下降或损坏,电控系统有故障,具体原因有:

(1)发动机怠速过高。

(2)节气门拉索或节气门位置传感器调整不当,使主油路油压过高。

(3)升挡过迟。

(4)油压电磁阀不工作。

(5)主油路调压阀有故障,使主油路油压过高。

(6)蓄压器活塞卡住,不能起减振作用。

(7)止回阀钢球漏装,换挡执行元件(离合器或制动器)接合过快。

(8)换挡执行元件打滑。

(9)ECU有故障。

3. 故障诊断与排除

由于引起换挡冲击的原因较多,因此在诊断故障的过程中,必须循序渐进,对自动变速器的各个部分做认真的检查。一定要在全面检测的基础上,有针对性地进行分解修理,切不可盲目地拆修。总体而言,若是由于调整不当所造成的,只要稍做调整即可排除;若是自动变速器内部控制阀、蓄压器或换挡执行元件有故障,应分解自动变速器,予以修理;若是电控系统有故障,应对电控系统进行检测,找出具体原因,加以排除。具体检查诊断与排除步骤如下:

(1)检查发动机怠速。装用自动变速器的汽车的发动机怠速一般为750r/min左右。若怠速过高,应按标准予以调整或检修发动机。

(2)检查节气门拉索或节气门位置传感器的调整情况。如不符合标准,应重新予以调整。

(3)做道路测试。如果有升挡过迟的现象,则说明换挡冲击大的故障是升挡过迟所致。如果在升挡之前发动机转速异常升高,导致在升挡的瞬间有较大的换挡冲击,则说明离合器或制动器打滑,应分解自动变速器,予以修理。

(4)检测主油路油压。如果怠速时的主油路油压高,则说明主油路调压阀或节气门阀有故障,可能是调压弹簧的预紧力过大或阀芯卡滞所致;如果怠速时主油路油压正常,但起步进挡时有较大的冲击,则说明前进离合器或倒挡及高挡离合器的进油止回阀阀球损坏或漏装。对此应拆卸阀体,予以修理。

(5)检测换挡时的主油路油压。在正常情况下,换挡时的主油路油压会有瞬时的下降。如果换挡时主油路油压没有下降,则说明蓄能器活塞卡滞。为此,应拆检阀体和蓄能器。

(6)电控自动变速器如果出现换挡冲击过大的故障,应检查油压电磁阀的线路以及油压电磁阀工作是否正常、ECU是否在换挡的瞬间向油压电磁阀发出控制信号。如果线路有故障,应予以修复;如果电磁阀损坏,应更换电磁阀;如果 ECU 在换挡的瞬间没有向油压电磁阀发出控制信号,说明 ECU 有故障,为此,应更换 ECU。

注意:蓄压器无背压控制油封或油脏、过热,主调压控制系统如节气门位置传感器、节气门拉索、真空调节阀等都会造成换挡冲击,且以上几种情况出现的概率较高。

(四)升挡过迟故障

1. 故障现象

(1)在汽车行驶中,升挡车速明显高于标准值,升挡前发动机转速偏高。

(2)必须采用松抬加速踏板提前升挡的操作方法,才能使自动变速器升入高挡或超速挡。

2. 故障原因

(1)节气门拉索或节气门位置传感器调整不当。

(2)节气门位置传感器损坏。

(3)主油路油压或节气门油压太高。

(4)强制降挡开关短路。

(5)ECU 或传感器有故障。

3. 故障诊断与排除

(1)对于电控自动变速器,应先进行故障自诊断。如有故障代码,则按所显示的故障代码查找故障原因。

(2)检查节气门拉索或节气门位置传感器的调整情况。如果不符合标准,应重新予以调整。

(3)测量节气门位置传感器的电阻。如果不符合标准,应予以更换。

(4)检查强制降挡开关。如有短路,应予以修复或更换。

(5)测量怠速时的主油路油压,并与标准值进行比较。若油压太高,应通过节气门拉索或节气门位置传感器予以调整。若调整无效,应拆检主油路调压阀。

(6)应拆检或更换阀体。

注意:电控自动变速器换挡过迟与发动机动力性下降有关,且空气流量传感器出现故障的概率较高。其他影响动力性的因素如点火和燃油方面故障较易发现。油压不正常,也会影响换挡点。

(五)不能升挡故障

1. 故障现象

(1)汽车行驶中自动变速器始终保持在 1 挡,不能升入 2 挡和高速挡。

(2)行驶中自动变速器可以升入 2 挡,但不能升入 3 挡和超速挡。

2. 故障原因

(1)节气门拉索或节气门位置传感器调整不当。

(2)车速传感器有故障。

(3)2 挡制动器或高挡离合器有故障。

(4)换挡阀卡滞。

(5)挡位开关有故障。

3. 故障诊断与排除

(1)对于电控自动变速器,应先进行故障自诊断,按所显示的故障代码查找故障原因。

(2)按标准重新调整节气门拉索或节气门位置传感器。

(3)检查车速传感器。如有损坏,应予以更换。

(4)检查挡位开关的信号。如有异常,应予以调整或更换。

(5)拆卸阀体,检查各个换挡阀。换挡阀如有卡滞,可将阀芯取出,用金相砂纸抛光,再清洗后装入。如不能修复,应更换阀体。

(6)若控制系统无故障,应分解自动变速器,检查各个换挡执行元件有无打滑现象,用压缩空气检查各个离合器、制动器油路或活塞有无泄漏。

(六)无超速挡故障

1. 故障现象

(1)在汽车行驶中,车速已升高至超速挡工作范围,但自动变速器不能从 3 挡换入超速挡。

(2)在车速已达到超速挡工作范围后,采用提前升挡(即松开加速踏板几秒后再踩下)的方法也不能使自动变速器升入超速挡。

2. 故障原因

(1)超速挡开关有故障。

(2)超速电磁阀故障。

(3)超速制动器打滑。

(4)超速行星排上的直接离合器或直接单向离合器卡死。

(5)挡位开关有故障。

(6)液压油温度传感器有故障。

(7)节气门位置传感器有故障。

(8)3—4 换挡阀卡滞。

3. 故障诊断与排除

(1)对于电控自动变速器,应先进行故障自诊断,检查有无故障代码。液压油温度传感器、节气门位置传感器、超速电磁阀等部件的故障都会影响超速挡的换挡控制。按显示的故障代码查找故障原因。

(2)检查液压油温度传感器在不同温度下的电阻值。并与标准值进行比较。如有异常,应更换液压油温度传感器。

(3)检查挡位开关和节气门传感器的信号。挡位开关的信号应和换挡杆的位置相符。节气门位置传感器的电阻或输出电压应能随节气门的开大而上升,并与标准相符。如有异常,应予以调整。若调整无效,应更换挡位开关或节气位置传感器。

(4)检查超速挡开关。在 ON 位置时,超速挡开关的触点应断开,超速指示灯(O/D OFF)不亮;在 OFF 位置时,超速挡开关触点应闭合,超速指示灯(O/D OFF)亮起。如有异常,应检查电路或更换超速挡开关。

(5)检查超速电磁阀的工作情况。打开点火开关,但不要起动发动机,在按下超速挡开关时,检查超速电磁阀有无工作的声音。如果超速电磁阀不工作,应检查控制线路或更换超速电磁阀。

(6)用举升器将汽车升起,让驱动轮悬空。运转发动机,让自动变速器以前进挡工作,检查在空载状态下自动变速器的升挡情况。如果在空载状态下自动变速器能升入超速挡,且升挡车速正常,说明控制系统工作正常,不能升挡的故障原因为超速制动器打滑,在有负荷的状态下不能实现超速挡。如果能升入超速挡,但升挡后车速不能提高,发动机转速下降,说明超速行星排中的直接离合器或直接单向离合器卡死,使超速行星排在超速挡状态下出现运动干涉,加大了发动机运转阻力。如果在无负荷状态下仍不能升入超速挡,说明控制系统有故障。对此,应拆卸阀体,检查3—4换挡阀。如有卡滞,可将阀芯拆下,予以清洗并抛光。如不能修复,应更换阀体总成。

(七)无前进挡故障

1. 故障现象

(1)汽车倒挡行驶正常,在前进挡时不能行驶。

(2)换挡杆在 D 位时不能起步,在 S 位、L 位(或 2 位、1 位)时可以起步。

2. 故障原因

(1)前进离合器严重打滑。

(2)前进单向离合器打滑或装反。

(3)前进离合器油路严重泄漏。

(4)换挡杆调整不当。

3.故障诊断与排除

（1）检查换挡杆的调整情况。如果异常，应按规定程序重新调整。

（2）测量前进挡主油路油压。若油压过低，说明主油路严重泄漏，应拆检自动变速器，更换前进挡油路上各处的密封圈和密封环。

（3）若前进挡的主油路油压正常，应拆检前进离合器。如摩擦片表面粉末冶金有烧焦或磨损过甚，就更换摩擦片。

（4）若主油路油压和前进离合器均正常，则应拆检前进单向离合器，按照维修手册所述方法检查前进单向离合器的安装方向是否正确以及有无打滑。如果装反，应重新安装；如有打滑，应更换新件。

（八）无倒挡故障

1.故障现象

汽车在前进挡能正常行驶，但在倒挡时不能行驶。

2.故障原因

（1）换挡杆调整不当。

（2）倒挡油路泄漏。

（3）倒挡及高挡离合器或低挡及倒挡制动器打滑。

3.故障诊断与排除

（1）检查换挡杆的位置。如有异常，应按规定程序重新调整。

（2）检查倒挡油路油压。若油压过低，则说明倒挡油路泄漏。为此，应拆检自动变速器，予以修复。

（3）若倒挡油路油压正常，应拆检自动变速器，更换损坏的离合器片或制动器片（制动带）。

（九）无锁止故障

1.故障现象

（1）汽车行驶中，车速、挡位已满足锁止离合器起作用的条件，但锁止离合器仍没有产生锁止作用。

（2）汽车油耗较大。

2.故障原因

（1）液压油温度传感器有故障。

（2）节气门位置传感器有故障。

（3）锁止电磁阀有故障或线路短路、断路。

（4）锁止控制阀有故障。

（5）变矩器中的锁止离合器损坏。

3. 故障诊断与排除

（1）对于电控自动变速器，应先进行故障自诊断，检查有无故障代码。如有故障代码，则可按显示的故障代码查找相应的故障原因。与锁止控制有关的部件包括液压油温度传感器、节气门位置传感器、锁止电磁阀等。

（2）检查节气门位置传感器。如果在一定节气门开度下的节气门位置传感器输出电压过高或电位计电阻过大，应予以调整。若调整无效，应更换节气门位置传感器。

（3）打开油底壳，拆下液压油温度传感器。检测液压油温度传感器。如不符合标准，应更换液压油温度传感器。

（4）测量锁止电磁阀。如有短路或断路，应检查电路。如电路正常，则应更换电磁阀。

（5）拆下锁止电磁阀，进行检查。如有异常，应予以更换。

（6）拆下阀体，分解并清洗锁止控制阀。如有卡滞，应抛光修复，如不能修复，应更换阀板。

（7）若控制系统无故障，则应更换变矩器。

（十）液压油易变质故障

1. 故障现象

（1）更换后的新液压油使用不久即变质。

（2）自动变速器温度太高，从加油口处向外冒烟。

2. 故障原因

（1）汽车使用不当，经常超负荷行驶，如经常用于拖车，或经常急速、超速行驶等。

（2）液压油散热器管路堵塞。

（3）通往液压油散热器的限压阀卡滞。

（4）离合器或制动器自由间隙太小。

（5）主油路油压太低，离合器或制动器在工作中打滑。

3. 故障诊断与排除

（1）让汽车以中低速行驶 5 ~ 10min，待自动变速器达到正常工作温度后，在发动机运转过程中检查自动变速器液压油散热器的温度。在正常情况下，液压油散热器的温度可达60℃左右。若液压油散热器的温度低，说明油管堵塞，或通往液压油散热器的限压阀卡滞。

这样,液压油得不到及时的冷却,油温过高,容易导致变质。

(2)若液压油散热器的温度太高,说明离合器或制动器自由间隙太小。为此,应拆卸自动变速器,予以调整。

(3)若液压油温度正常,应测量主油路油压。若油压太低,应检查节气门拉索或节气门位置传感器的调整情况。若节气门拉索或节气门位置传感器安装正常,应拆卸自动变速器,检查油泵是否磨损过甚、阀体内的主油路调压阀和节气门开度阀有无卡滞、主油路有无漏油处。

(4)若上述检查均正常,则故障可能是汽车经常超负荷行驶所致,或未按规定使用合适牌号的液压油所致。为此,可将液压油全部放出,加入规定牌号和数量的液压油。

(十一) 频繁跳挡故障

1. 故障现象

汽车以前进挡行驶时,即使加速踏板保持不动,自动变速器仍会经常出现突然降挡现象,降挡后发动机转速异常升高,并产生换挡冲击。

2. 故障原因

(1)节气门位置传感器有故障。

(2)车速传感器有故障。

(3)控制系统电路搭铁不良。

(4)换挡电磁阀接触不良。

(5)ECU 有故障。

3. 故障诊断与排除

(1)对于电子控制自动变速器,应先进行故障自诊断。如有故障代码出现,按所显示的故障代码查找故障原因。

(2)测量节气门位置传感器。如有异常,应更换。

(3)测量车速传感器。如有异常,应更换。

(4)检查控制系统电路各条搭铁线的搭铁状态。如有搭铁不良现象,应予以修复。

(5)拆下自动变速器油底壳,检查各个换挡电磁阀线束接头的连接情况。如有松动,应予以修复。

(6)检查控制系统 ECU 各接线脚的工作电压。如有异常,应予以修复或更换。

(7)换一个新的阀板或 ECU 试一下。如果故障消失,说明原阀板或 ECU 损坏,应更换。

(8)更换控制系统所有线束。

注意:电控变速器很多电磁阀以阀板搭铁,变速器与蓄电池连接损坏会造成频繁跳挡。

(十二)挂挡后发动机怠速易熄火故障

1.故障现象

(1)若发动机怠速运转,将换挡杆由 P 位或 N 位换入 R 位、D 位、2 位、L 位时,发动机熄火。

(2)在前进挡或倒挡行驶中,踩下制动踏板停车时发动机熄火。

2.故障原因

(1)发动机怠速过低。

(2)阀板中的锁止控制阀卡滞。

(3)挡位开关有故障。

(4)输入轴转速传感器有故障。

3.故障诊断与排除

(1)在空挡或停车挡时,检查发动机怠速。正常的发动机怠速应为 750 r/min 左右(具体以维修手册为准)。若怠速过低,应重新调整。

(2)对于电子控制自动变速器,应先进行故障自诊断,按所显示的故障代码查找故障原因。

(3)检查挡位开关的信号,应与操纵手柄的位置相一致。否则应予以调整或更换。

(4)检查输入轴转速传感器。如有损坏,应更换。

(5)拆卸阀板,检查锁止控制阀。如有卡滞,应清洗抛光后装复。如仍不能排除故障,应更换阀板。若油底壳内有大量摩擦粉末,应彻底分解自动变速器,予以检修。

(十三)发动机无制动故障

1.故障现象

(1)在行驶中,当换挡杆位于前进低挡(2 或 L 时)位置时松开加速踏板,发动机速降至怠速,汽车没有明显减速。

(2)下坡时,换挡杆位于前进低挡,但不能产生发动机制动作用。

2.故障原因

(1)挡位开关调整不当。

(2)换挡杆调整不当。

(3)2 挡强制制动器打滑或低挡及倒挡制动器打滑。

(4)控制发动机制动的电磁阀有故障。

(5)阀板有故障。

（6）自动变速器打滑。

（7）ECU 有故障。

3. 故障诊断与排除

（1）对于电子控制自动变速器,应先进行故障自诊断,按所显示的故障代码查找故障原因。

（2）做道路试验,检查加速时自动变速器有无打滑现象。如有打滑,应拆修自动变速器。

（3）如果换挡杆位于 2 位时没有发动机制动作用,但换挡杆位于 L 位时有发动机制动作用,则说明 2 挡强制制动器打滑,应拆修自动变速器。

（4）如果换挡杆位于 L 位时没有发动机制动作用,但换挡杆位于 S 位时有发动机制动作用,则说明低挡及倒挡制动器打滑,应拆修自动变速器。

（5）检查控制发动机制动的电磁阀线路有无短路或断路、电磁阀线圈电阻是否正常、通电后有无工作声音。如有异常,应修复或更换。

（6）拆卸阀板总成,清洗所有控制阀。阀芯如有卡滞可抛光后装复。如抛光后仍有卡滞,应更换阀板。

（7）检测 ECU 各接脚电压,要特别注意与节气门位置传感器、挡位开关连接的各接脚的电压。如有异常,应做进一步的检查。

（8）更换一个新的 ECU 试一下。如果故障消失,说明原 ECU 损坏,应更换。

（十四）不能强制降挡故障

1. 故障现象

当汽车以 3 挡或超速挡行驶时,突然将加速踏板踩到底,自动变速器不能立即降低一个挡位,致使汽车加速无力。

2. 故障原因

（1）节气门拉索或节气门位置传感器调整不当。

（2）强制降挡开关损坏或安装不当。

（3）强制降挡电磁阀损坏或线路短路、断路。

（4）阀板中的强制降挡控制阀卡滞。

3. 故障诊断与排除

（1）检查节气门拉索或节气门位置传感器的安装情况。如有异常,应按标准重新调整。

（2）检查强制降挡开关。在加速踏板踩到底时,强制降挡开关的触点应闭合;松开加速踏板时,强制降挡开关的触点应断开。如果加速踏板踩到底时强制降挡开关触点没有闭合,可用手直接按动强制降挡开关。如果按下开关后触点能闭合,说明开关安装不当,应重新调整;如果按下开关后仍不闭合,说明开关损坏,应予以更换。

(3)对照电路图,在自动变速器线束插头处测量强制降挡电磁阀。如有异常,则故障原因可能是线路短路、断路或电磁阀损坏。为此,应检查线路或更换电磁阀。

(4)打开自动变速器油底壳,拆下强制降挡电磁阀,检查电磁阀的工作情况,如有异常,应予以更换。

(5)拆卸阀板总成,分解并清洗强制降挡控制阀。阀芯如有卡滞,可进行抛光,若无法修复,则应更换阀板总成。

注意:电控自动变速器在车速太高时,急踩加速踏板到底仍无降挡为正常现象。

(十五)自动变速器异响故障

1. 故障现象

(1)在汽车运转过程中,自动变速器内始终有异常响声。

(2)汽车行驶中自动变速器有异响,停车挂空挡后异响消失。

2. 故障原因

(1)油泵因磨损过甚或液压油油位高度过低、过高而产生异响。

(2)变矩器因锁止离合器、导轮单向超越离合器等损坏而产生异响。

(3)行星齿轮机构异响。

(4)换挡执行元件异响。

3. 故障诊断与排除

(1)检查自动变速器液压油油位高度。若太高或太低,应调整至正确高度。

(2)用举升器将汽车升起,起动发动机,在空挡、前进挡、倒挡等状态下检查自动变速器产生异响的部位和时刻。

(3)若在任何挡位下自动变速器前部始终有一连续的异响,通常为油泵或变矩器异响。为此,应拆检自动变速器,检查油泵有无磨损、变矩器内有无大量摩擦粉末。如有异常,应更换油泵或变矩器。

(4)若自动变速器只有在行驶中才有异响,空挡时无异响,则为行星齿轮机构异响。为此,应分解自动变速器,检查行星排各个零件有无磨损痕迹,齿轮有无断裂,单向超越离合器有无磨损、卡滞,轴承或止推垫片有无损坏。如有异常,应予以更换。

❀ 任务实施

一 实施计划

经维修技师诊断,需要进行失速测试,进一步判断故障原因所在。因此,需要查阅自动变速器维修手册,准备好车辆,使用故障诊断仪读取发动机转速。

二　实施环境

(1)汽车整车实训室。

(2)自动挡汽车、工具车、举升机、工作台等。

(3)相应的车型维修手册

三　实施步骤(失速测试)

(1)失速测试的准备。

(2)失速测试的步骤。

(3)测试结果分析。

(4)完成下面的任务工单。

四　任务工单

项目二　检修电控自动变速器 任务六　检修电控自动变速器综合故障	班级			
	姓名		学号	
	日期		分数	
1.根据教师指定的自动挡汽车,回答以下问题。(10分) (1)汽车的型号:_____。 (2)汽车的VIN码:_____。 (3)自动变速器型号:_____。 2.根据问题车辆或问题自动变速器的故障现象,完成以下任务。(70分) (1)故障现象: (2)故障原因分析: 				

（3）自动变速器的基本检查与维护。

①ATF 的检查和更换。

a. ATF 液位高度的检查。检查 ATF 的液位高度是否正常。

　　检查结果：

　　原因分析：

　　维修或调方法：

b. ATF 油质的检查。从油质中了解自动变速器具体的情况。

　　ATF 的颜色：是否为鲜亮、透明的红色。

　　检查结果：

　　原因分析：

c. ATF 的气味：是否有焦煳味。

　　检查结果：

　　原因分析：

d. ATF 的杂质：是否 ATF 中有金属切屑或胶质。

　　检查结果：

　　原因分析：

②变速器漏油检查：检查自动变速器是否有漏油的地方。　　□是　□否

③换挡杆位置检查：将换挡杆自 N 位换到其他挡位，检查换挡杆是否能平稳而又精确地换到其他挡位。同时，检查挡位指示器是否正确地指示挡位。

　　检查结果：

　　维修建议：

④空挡起动开关检查：检查发动机是否仅能在换挡杆位于 N 位或 P 位时起动，而在其他挡位不能起动。

　　检查结果：

　　原因分析：

⑤发动机怠速检查：将换挡杆置于 N 位，关闭空调，检查发动机怠速转速。

　　检查结果：

　　标准怠速：

（4）诊断仪检测。

①故障码检测：

②相关数据流检测：

续上表

3. 根据失速测试结果,补充下面表格。(20分)

换挡杆位置	失速转速		
D 位			
R 位			

复习延伸

一 重点总结

(1)自动变速器结构复杂,一旦出现故障,检修的难度较大。因此,必须要确定故障部位,而确定故障部位的关键是故障诊断。

(2)自动变速器的故障诊断原则是坚持先简后难、逐步深入的原则。

(3)一般情况下,自动变速器的故障诊断过程按照由简单到复杂的程序,一步一步地进行,包括向用户询问、进行初步检查、故障自诊断测试、手动换挡测试;机械系统的测试、电控系统测试、按故障诊断表检测等步骤。

(4)通常自动变速器每行驶4万km应检查一次自动变速器油,据此可判断自动变速器工作是否正常。一般轿车自动变速器每正常行驶10万~20万km必须换一次油。具体规定应以汽车公司的维修手册为准。

(5)发动机怠速不正常会使自动变速器工作不正常。如果怠速过高,将出现换挡冲击、怠速爬行等故障;如果怠速过低,则容易出现入挡熄火现象。因此在对自动变速器进行进一步检查之前应先检查发动机的怠速是否正常。

(6)换挡杆调整不当,会使换挡杆的位置与自动变速器阀体中手动阀的实际位置不符,造成换挡错乱或挂不进P位或前进低挡,或换挡杆的位置与仪表板上挡位指示灯的显示不符,甚至造成在P或N位时无法起动发动机。因此,必须对换挡杆和空挡起动开关进行检查。

(7)电控自动变速器的故障自诊断现多用诊断仪器进行,具体操作应遵照仪器使用手册进行。注意在故障排除后,宜清除原有的故障码,以免对后面的故障分析造成不必要的干扰。

(8)在对自动变速器进行基本检查和故障自诊断之后,如果没有找出故障部位和故障原因,就需要做进一步的性能测试,以便根据测试结果进行诊断。自动变速器的性能测试项目包括:失速测试、油压测试、换挡延迟测试、道路测试和手动换挡测试等。

在进行各种性能测试时务必严格遵守操作规程进行,必须在充分消化了自动变速器动力传动路线与换挡执行元件组合规律的基础上,依据相关标准和测试数据进行严格细致的分析,充分利用多种性能测试结果相互验证,才能准确快捷地得到诊断结论。

二 课后练习

(一)简答题

1.如何读取、清除自动变速器的故障码?

2.简述自动变速器油质的检查方法。

3.简述失速试验的操作方法,并对试验结果进行分析。

4.分析说明自动变速器打滑的故障现象及原因。

5.前进挡和倒挡主油压均偏低的原因是什么?

(二)选择题

1.拆检确认故障是故障诊断的( )。

  A.最后程序   B.第一步

  C.开始、最后无所谓   D.中间程序

2.通常自动变速器油的颜色一般是( )。

  A.黑色   B.红色   C.黄色   D.白色

3.下面哪些不属于自动挡汽车不能行驶的原因?( )

  A.液位正常   B.严重漏油   C.油泵损坏   D.主油路内部泄漏

4.故障诊断坚持的原则有( )。(多选)

  A.先易后难   B.先难后易

  C.逐步深入   D.不用进行检验项目确认

5.自动变速器油的检查项目包括( )。(多选)

  A.含水量检查   B.油质检查

  C.油位高度检查   D.透明度检查

6.自动变速器失速实验时,失速转速过高的原因有( )。(多选)

  A.主油路油压过低   B.前进挡或倒挡的离合器打滑

  C.低挡或倒挡的制动器打滑   D.发动机动力不足

7.关于油压试验,下面说法正确的有( )。(多选)

  A.怠速时,倒挡油压比前进挡油压高

  B.怠速时,前进挡油压比倒挡油压高

  C.换挡杆置于前进挡,失速时的油压比怠速时的油压高

  D.换挡杆置于前进挡,怠速时的油压比失速时的油压高

8. 下面哪些属于道路实验的检查项目? (   )(多选)

    A. 升挡车速的检查　　　　　　　　B. 换挡质量的检查

    C. 发动机制动作用的检查　　　　　D. 锁止离合器工作状况的检查

(三)判断题

1. 自动变速器的油压测试,倒挡油压比前进挡油压低。　　　　　　　　　　(   )

2. 自动变速器维修时,询问客户后,不用验证就直接进行维修。　　　　　　(   )

3. 做失速试验时,踩下加速踏板到松开加速踏板的时间不要超过5s。　　　(   )

4. 换挡迟滞时间长,表明主油路压力过高。　　　　　　　　　　　　　　　(   )

5. 换挡质量的检查主要是检查有无换挡冲击。　　　　　　　　　　　　　(   )

6. 自动变速器的油位检查包括有油尺检查和无油尺检查两种。　　　　　　(   )

7. 若检查自动变速器油品质量时发现有黑色金属颗粒物,说明变速器内部片组可能存在烧蚀。　　　　　　　　　　　　　　　　　　　　　　　　　　　　　　(   )

8. 如果所有挡位的失速转速都偏高,可能是由于主油路油压过高引起的。　(   )

9. 如果所有挡位的失速转速都偏低,可能是发动机动力不足引起的。　　　(   )

10. 所有挡位的失速油压都比怠速油压要低。　　　　　　　　　　　　　　(   )

11. 自动变速器的道路测试是分析、诊断自动变速器故障及检验修复后的自动变速器工作性能和修理质量的最有效手段之一。　　　　　　　　　　　　　　　　(   )

12. 通过失速试验,可以检查液力变矩器中导轮单向离合器工作情况的好坏。(   )

13. 在进行油压试验测试时,怠速时的倒挡油压要比前进挡油压要低。　　　(   )

任务七　其他类型电控自动变速器简介

任务导入

一 任务描述

    一位准备购买双离合自动挡汽车的车主,与汽车4S店销售人员交流时,想知道双离合自动挡变速器与其他自动变速器的区别,结果4S店销售人员解释的不准确,最后丧失了这次销售的机会,受到了公司销售经理的批评。

二 任务分析

目前，自动变速器主要有电液自动变速器（EHAT）、无级变速器（CVT）、双离合器自动变速器（DCT）等类别，它们各自的特点鲜明。作为一名出色的汽车销售人员，务必要清楚各种不同款汽车使用的变速器类型，并且专业地解释各自的特点，尤其是优点，这样就能赢得客户的认可和赞赏。

三 技能目标

（1）能准确对比各种不同类型的自动变速器。
（2）能专业解释各种不同类型自动变速器的特点。

知识结构导图

其他类型电控自动变速器简介 —— CVT简介
—— DCT简介

相关知识

一 CVT 简介

CVT 是电控机械无级变速器的简称，英文全称是 Continuously Variable Transmission，它是传动比可以在一定范围内连续变化的变速器。无级变速器实现传动比的连续改变，从而得到传动系统与发动机工况的最佳匹配，最大限度地利用发动机的特性，提高汽车的动力性和燃油经济性，改善驾驶人的操纵轻便型和乘员的乘坐舒适性。目前 CVT 在汽车上的应用越来越多。

1. CVT 的组成部件

下面以丰田最先进的 K120 无级变速器为例进行介绍。

丰田 K120 无级变速器是一款模拟 10 挡的无级变速器，通过齿轮与钢带的混合驱动、智能液压控制及轻量化设计，平衡了燃油经济性、耐用性与驾驶平顺性。尽管存在低速顿挫的反馈，但其结构创新仍代表了 CVT 技术的重要发展方向。

如图 2-7-1 所示,K120 无级变速器主要由输入轴、液力变矩器(带锁止离合器)、行星齿轮机构、传动链轮装置(主动链轮、从动链轮、传动链条)、齿轮传动装置(主动齿轮 1、主动齿轮 2、从动齿轮 1、从动齿轮 2、同步器)、前进挡控制执行元件 C_1 和 C_2、倒挡控制执行元件 B_1、主减速器、差速器、输出轴等部件组成。它可允许传动比在最小和最大之间无级调节,能提供一个合适的传动比,这个传动比控制发动机总是工作在最佳经济转速范围内,进而使汽车动力性或燃油经济性实现最优化。

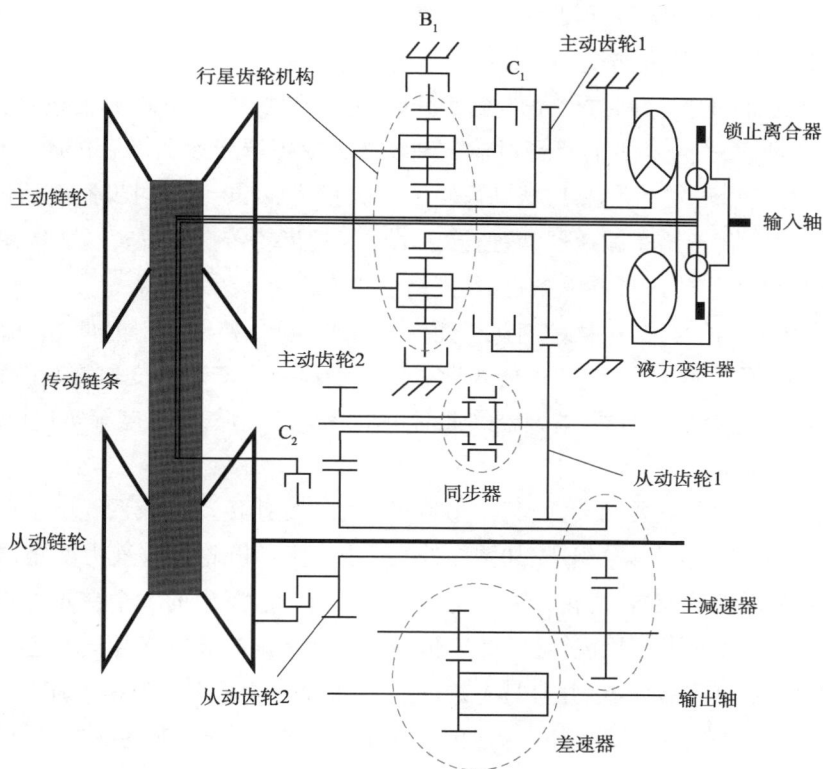

图 2-7-1 K120 无级变速器的组成部件示意图

2. CVT 主要部件的结构和原理

1)动力连接装置

动力连接装置包括行星齿轮机构、齿轮传动装置(主动齿轮 1、主动齿轮 2、从动齿轮 1、从动齿轮 2、同步器)、前进挡控制执行元件 C_1 和 C_2、倒挡控制执行元件 B_1,如图 2-7-1 所示。

前进挡控制执行元件和倒挡控制执行元件配合行星齿轮机构及齿轮传动装置实现前进挡和倒挡。

(1)P/N 挡的动力传递路线。

变速杆处于 P 或 N 位时,前进挡控制执行元件 C_1 和 C_2、倒挡控制执行元件 B_1 均不工作。发动机的转矩通过输入轴经液力变矩器变速变矩后的动力有两条路线:一条路线是传递给行星齿轮机构的行星架,车辆尚未行驶时,太阳轮通过齿轮传动装置与输出轴连接,阻力很大,处于静止状态,因此齿圈以发动机转速的速度怠速运转,旋转方向与发动机相同;另一条路线是通过传动链轮装置使从动链轮空转。

(2)倒挡的动力传递路线。

变速杆处于 R 位时,倒挡控制执行元件 B_1 工作,前进挡控制执行元件 C_1 和 C_2 不工作。由于倒挡制动器摩擦片与齿圈相连接,钢片与变速器壳体相连接,此时齿圈被固定,行星架(输入轴)主动,转矩传递到太阳轮,由于是双行星齿轮,所以太阳轮就会以与发动机旋转方向相反的方向运转,车辆向后行驶,传动比仍为1:1。

(3)前进挡的动力传递路线。

前进 1 挡时,前进挡控制执行元件 C_1 工作,倒挡控制执行元件 B_1 和前进挡控制执行元件 C_2 不工作。此时,发动机的转矩通过输入轴经液力变矩器变速变矩后传递给行星齿轮机构行星架,通过 C_1 后经主动齿轮 1、从动齿轮 1 一次减速后,再经过同步器主动齿轮 2、从动齿轮 2 二次减速后传递给主减速器、差速器。由于经过齿轮传动装置实现 2 次减速,可获得较大的传动比,避免起步时传动链条打滑,提高使用寿命。

前进 2 挡至 10 挡时,前进挡控制执行元件 C_2 工作,倒挡控制执行元件 B_1 和前进挡控制执行元件 C_1 不工作。此时,发动机的转矩通过输入轴经液力变矩器变速变矩后再通过传动链轮装置经 C_2 传递给主减速器、差速器。此时可根据车速、节气门开度等实现自动换挡。

2)传动链轮装置

传动链轮装置是最重要的装置,其功用是实现无级变速传动。该系统由主动链轮装置、从动链轮装置和传动链三部分组成,如图 2-7-2 所示。主动链轮接收液力变矩器的动力,由传动链传递到从动链轮装置,再传给主减速器。每组链轮装置中的一个链轮可沿轴向移动,来调整传动链的跨度尺寸,从而连续地改变传动比。两组链轮装置必须同步进行,这样才能保证传动链始终处于张紧状态,并且具有足够的传动链和链轮之间的接触压力。若主动链轮接触半径小,从动链轮接触半径大,则传动比大,为减速传动,如图 2-7-2a)所示;反之,若主动链轮接触半径大,从动链轮接触半径小,则传动比小,为增速传动,如图 2-7-2b)所示。

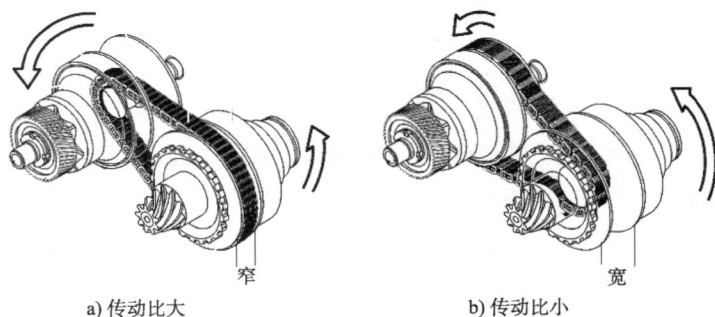

a) 传动比大   b) 传动比小

图 2-7-2　传动链轮装置

传动链轮装置的工作模式是基于双活塞工作原理,如图 2-7-3 所示。其特点是利用少量的压力油就可以很快地进行换挡,这可以保证在相对低压时,锥面链轮与传动链之间有足够的接触压力。在链轮装置 1 和链轮装置 2 上各有一个保证传动链轮和传动链之间正常接触压力的压力缸和用于调整传动比的分离缸。

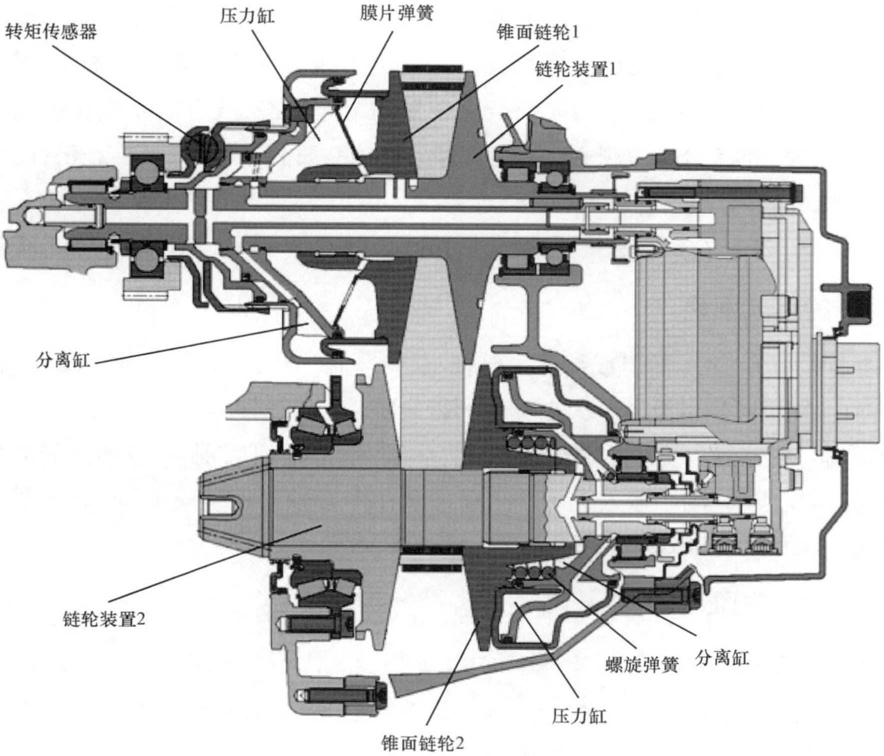

图 2-7-3　传动链轮装置的工作模式

当一个分离缸进油,另一个分离缸泄油时,即可调整传动比。为了有效地传递发动机转矩,锥面链轮和传动链之间需要很高的接触压力,接触压力通过调节压力缸内的油压产生。压力缸表面积很大,能够在低压时提供所需的接触压力。液压系统泄压时,主动链轮膜片弹簧和从动链轮的螺旋弹簧产生一个额定的传动链条基础张紧力(接触压力)。在卸压状态下,无级变换器起动的传动比由从动链轮的螺旋弹簧弹力调整。

二　DCT 简介

DCT 是电控双离合器式自动变速器的简称,英文全称是 Dual Clutch Transmission。它是汽车传动系统中换挡响应最快捷、最节油环保、也最能体现加速动感性的变速器。大众将之称为直接换挡变速器,英文全称是 Direct Shift Gearbox,简称 DSG。它综合了 AMT(自动手动变速器)的优势和 AT(自动变速器)动力换挡的优点,具有很好的换挡品质和车辆动力性、经济性。

2002 年 11 月,大众对外发布了其首款 6 速直接换挡变速器,型号为 DQ250(亦称 02E),

并于 2003 年装备于 Golf 车型。目前,不仅大众品牌的车型,而且奥迪、斯柯达,甚至布加迪等品牌也都在使用 DSG 变速器。在国内,2008 年一汽大众率先在迈腾轿车上使用双离合器自动变速器。它采用多片湿式双离合器作为发动机的动力传递部件,最大可承载 350N·m 的转矩,因而可与排量为 3.2L 的发动机进行匹配。

DCT 是基于手动变速器发展而来的,其工作原理是通过将变速器挡位按奇、偶数分开布置,分别与两个离合器连接,通过切换两个离合器的工作状态,就可以完成换挡动作。它的优点是效率高,换挡时没有动力中断,具有良好的换挡品质和车辆动力性、经济性;缺点是体积大,支撑力大。

下面以大众 02EDSG 6 速变速器为例进行介绍。

1. DCT 的组成部件

如图 2-7-4 所示,DCT 的组成部件主要有:双离合器、输入轴 1、输入轴 2、输出轴 1、输出轴 2、倒挡轴、油泵、同步器及若干大小不等的齿轮等。

尽管双离合变速器与传统手动变速器的基本排列相似,但区别有:双离合器的主轴是分开的,即一根是实心轴(图中输入轴 1)、一根是套在实心轴外面的空心轴(输入轴 2);在输入轴端的实心轴和空心轴处都装有离合器(即双离合器)。

2. DCT 的工作原理

DCT 的工作原理示意图如图 2-7-5 所示。1 挡、3 挡、5 挡、倒挡与离合器 K_1 连接在一起,2 挡、4 挡、6 挡与离合器 K_2 连接在一起。当车辆以某一挡位运行时,下一个即将进入运行的挡位可以始终处于啮合状态。当达到下一个挡位的换挡点时,只需将正处于接合状态的离合器分离,将处于分离状态的离合器接合,即切换两个离合器的工作状态,就可以完成换挡动作。由于在两个离合器的切换过程中只会使发动机动力传递出现一个减弱的过程,而不需要完全切断动力传递,因此 DCT 实现的是动力换挡。

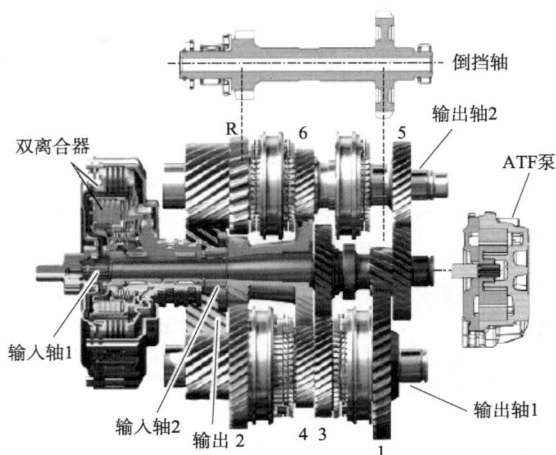

图 2-7-4　DCT 的组成部件

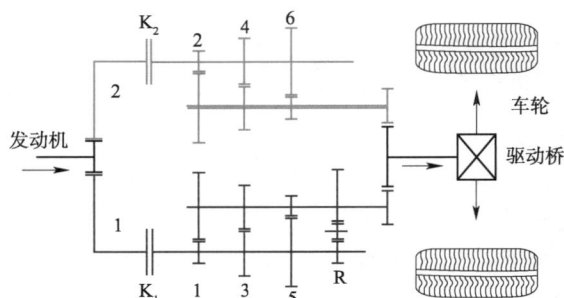

图 2-7-5　DCT 的工作原理示意图

3. DCT 的液压控制系统

DCT 的液压控制系统主要负责接收电控系统的控制指令,对离合器和变速器的换挡机构进行操纵。液压控制系统主要包括双离合器控制部分、换挡机构控制部分和冷却部分。

在 DCT 中,既可以采用干式离合器,也可以采用湿式离合器。双离合器控制部分是通过对离合器油缸充入和释放液压油来实现离合器的分离和接合的,如图 2-7-6 所示。离合器油缸通过直接使用电磁阀或采用电磁阀做先导阀进行动作控制,也可以使用线性电磁阀对离合器接合实现压力控制,这对实现动力传动系统的转矩控制有利。

为了保证换挡时拨叉到达指定位置,拨叉位置应受到精确控制。图 2-7-7 所示为大众 DSG 换挡拨叉位置精确度控制示意图。行程传感器把拨叉位置传给 ECU,确定拨叉是否到位。

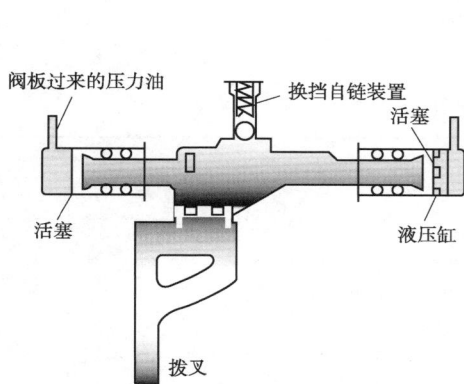

图 2-7-6 换挡拨叉控制

图 2-7-7 换挡拨叉位置精确度控制

任务实施

一 实施计划

任务导入中的销售顾问由于不够专业,不能解释清楚各种不同类型自动变速器的特点。因此,本次实训任务主要是要求同学们收集不同类型自动变速器的车型资料,通过分组讨论的方式解释各自的特点,熟悉自动变速器的优缺点。

二 实施环境

(1)汽车整车实训室。

(2)装备有自动变速器的轿车、举升机、工具车、工作台等。

(3)相应的车辆维修手册。

三 实施步骤

分小组完成如下操作要求:

(1)查找不同类型自动变速器的车型资料。

(2)分组讨论并进行展示(专业地解释各自的特点)。

(3)完成下面的任务工单。

四 任务工单

项目二　检修电控自动变速器 任务七　其他类型电控自动变速器简介	班级			
	姓名		学号	
	日期		分数	
1. 根据教师指定的自动挡车辆和自动变速器,回答以下问题。(20 分) (1)车型(1)的型号_____。 车型(2)的型号:_____。 (2)车型(1)的 VIN 码:_____。 车型(2)的 VIN 码:_____。 (3)车型(1)的自动变速器类型:_____。 车型(2)的自动变速器类型:_____。 2. 总结不同类型自动变速器的特点。(30 分) (1)EHAT:_____ _____ _____。 (2)CVT:_____ _____ _____。 (3)DCT:_____ _____ _____。 3. 简述 CVT 的工作原理。(25 分)				

4.简述 DCT 的工作原理。(25 分)

❀ 复习延伸

一　重点总结

(1)CVT 是电控机械无级变速器的简称,英文全称是 Continuously Variable Transmission,它是传动比可以在一定范围内连续变化的变速器。

(2)K120 CVT 动力连接装置包括行星齿轮机构、齿轮传动装置、前进挡控制执行元件、倒挡控制执行元件。

(3)DCT 是电控双离合器式自动变速器的简称,英文全称是 Dual Clutch Transmission。它是汽车传动系统中换挡响应最快捷、最节油环保、也最能体现加速动感性的变速器。

(4)DCT 的主轴是分开的,即一根是实心轴,为一根是套在实心轴外面的空心轴。

(5)DCT 的液压系统主要负责接收电控系统的控制指令,对离合器和变速器的换挡机构进行操纵。液压控制系统主要包括双离合器控制部分、换挡机构控制部分和冷却部分。

二　课后练习

(一)简答题

1.简述 CVT 的基本组成。

2.简述 CVT 的特点。

3.简述 DCT 的基本组成。

4.简述 DCT 的特点。

(二)选择题

1. (　　)是双离合自动变速器的英文简称。

　　A. CVT　　　　　　B. EHAT　　　　　C. DCT　　　　　　D. EMT

2. (　　)是电控无级自动变速器的英文简称。

　　A. CVT　　　　　　B. EHAT　　　　　C. DCT　　　　　　D. EMT

3. K120 CVT 中的前进挡离合器和倒挡制动器采用湿式多片式,(　　)传动比。

　　A. 改变　　　　　　B. 不改变　　　　C. 都有可能

4. 若主动链轮接触半径小,从动链轮接触半径大,则传动比(　　)。

　　A. 大于1　　　　　B. 小于1　　　　C. 等于1

5. DCT 中有(　　)个离合器。

　　A. 1　　　　　　　B. 2　　　　　　　C. 3　　　　　　　D. 4

(三)判断题

1. 传动链轮装置是 K120 CVT 最重要的装置,其功用是实现无级变速传动。　　(　　)

2. 对于 K120 CVT,变速杆处于 P 或 N 位时,前进挡控制执行元件 C_1 和 C_2、倒挡控制执行元件 B_1 均不工作。　　(　　)

3. 若主动链轮接触半径大,从动链轮接触半径小,则传动比小,为增速传动。　　(　　)

4. DCT 中的主轴是分开的,即一根是实心轴,另一根是套在实心轴外面的空心轴。

　　(　　)

5. DCT 中的偶数挡和奇数挡由不同的离合器控制。　　(　　)

检修电子控制制动系统

学习目标

知识目标

1. 熟悉 ABS／ASR／ESP 组成部件的结构。

2. 掌握 ABS／ASR／ESP 的工作过程。

3. 了解 HSA／DAC／EPB／AEB 的工作原理。

能力目标

1. 能分析 ABS／ASR／ESP 故障的原因。

2. 能制订故障诊断流程。

素质目标

1. 培养学生树立良好的安全意识。

2. 培养学生精益求精的工匠精神。

3. 培养学生追求卓越的质量意识。

知识结构导图

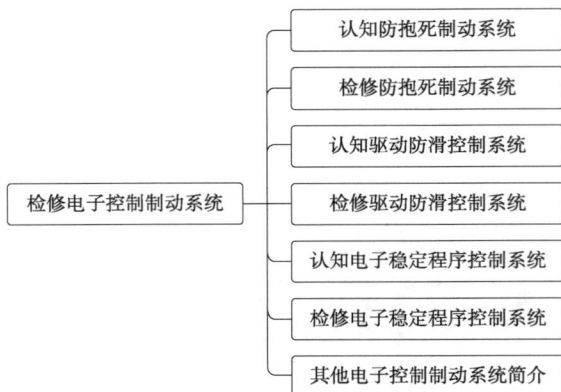

```
                          ┌─────────────────────┐
                          │   认知防抱死制动系统   │
                          ├─────────────────────┤
                          │   检修防抱死制动系统   │
                          ├─────────────────────┤
                          │  认知驱动防滑控制系统  │
┌─────────────────┐       ├─────────────────────┤
│ 检修电子控制制动系统 │──────│  检修驱动防滑控制系统  │
└─────────────────┘       ├─────────────────────┤
                          │ 认知电子稳定程序控制系统 │
                          ├─────────────────────┤
                          │ 检修电子稳定程序控制系统 │
                          ├─────────────────────┤
                          │ 其他电子控制制动系统简介 │
                          └─────────────────────┘
```

任务一　认知防抱死制动系统

任务导入

一　任务描述

一位装备防抱死制动系统(ABS)的轿车客户反映,只要是下雨天气紧急制动时,发动机舱内总能听到声响,而且制动踏板有弹脚的感觉。于是他向4S店询问,车辆制动系统是否出现了问题?

4S店技术人员确认了什么情况下出现上述现象,又详细了解了制动效果,然后告知客户这是汽车的ABS正常起作用的正常现象,让客户消除顾虑。

二　任务分析

ABS的工作过程包括保压工作阶段、减压工作阶段、增压工作阶段等。上述案例中之所以客户反映下雨天气紧急制动时,发动机舱内总能听到声响,是由于减压工作阶段ABS ECU向泵电机通电引起的。泵电机通电后,制动轮缸制动液被电机泵向制动主缸,制动主缸内的制动液压力迅速升高,从而使得驾驶人感觉到制动踏板有弹脚的感觉。

三 技能目标

(1)能实车查找 ABS 的部件位置。

(2)能检测轮速传感器。

(3)能检测 ABS 泵电机。

知识结构导图

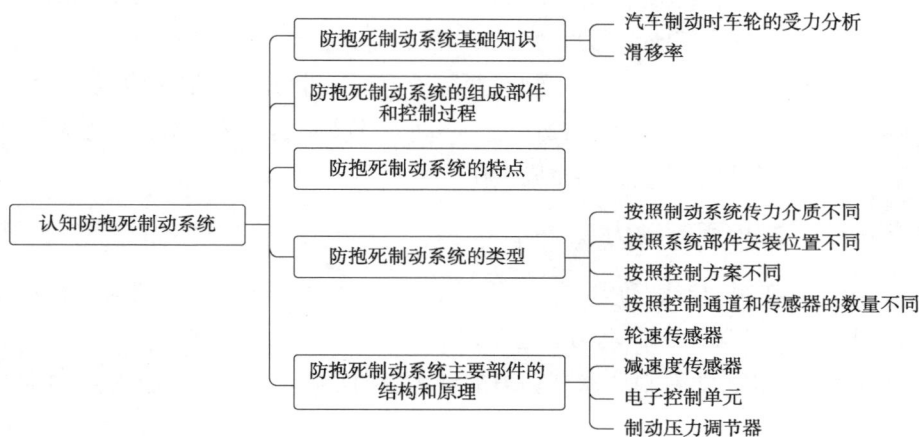

```
                        ┌─ 防抱死制动系统基础知识 ──┬─ 汽车制动时车轮的受力分析
                        │                          └─ 滑移率
                        ├─ 防抱死制动系统的组成部件
                        │   和控制过程
                        ├─ 防抱死制动系统的特点
认知防抱死制动系统 ──────┤                          ┌─ 按照制动系统传力介质不同
                        ├─ 防抱死制动系统的类型 ────┼─ 按照系统部件安装位置不同
                        │                          ├─ 按照控制方案不同
                        │                          └─ 按照控制通道和传感器的数量不同
                        │                          ┌─ 轮速传感器
                        └─ 防抱死制动系统主要部件的 ─┼─ 减速度传感器
                            结构和原理              ├─ 电子控制单元
                                                    └─ 制动压力调节器
```

相关知识

一 防抱死制动系统基础知识

防抱死制动系统的英文全称是:Anti-Lock Brake System,简称 ABS。它是一种主动安全控制制动系统,既有普通制动系统的制动功能,又能防止车轮制动抱死,提高了汽车制动时的方向稳定性,尽可能抑制制动侧滑和跑偏,目前已经成为轿车及客车的标准配置。

(一)汽车制动时车轮的受力分析

汽车制动时车轮的受力情况如图 3-1-1 所示,图中忽略了滚动阻力矩和减速时的惯性力矩。

汽车制动时,只有受到与行驶方向相反的外力时,才能从一定的车速变化到较小的车速,直至停车。这个外力由地面和空气提供。但由于空气阻力相对较小,所以实际上外力是

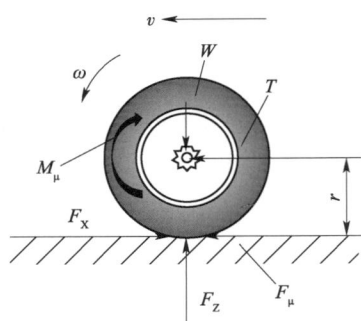

图 3-1-1 制动时车轮的受情况

v-车速;ω-车轮旋转角速度;W-车轮法向载荷;F_Z-地面法向反力;T-车轴对车轮的推力;M_μ-摩擦阻力矩;F_μ-制动器制动力;F_X-地面制动力;r-车轮半径

ABS 的概念制动
受力分析

主要是由地面提供的。下面对图中的几个重要的受力进行分析。

1. 制动器制动力

汽车制动时,车轮制动器产生与车轮旋转方向相反的摩擦阻力矩 M_μ,将制动器的摩擦阻力矩转化为车轮周缘的切向力,称其为制动器制动力。即:

$$F_\mu = \frac{M_\mu}{r} \quad (3\text{-}1\text{-}1)$$

制动器制动力相当于把汽车架离地面,并踩住制动踏板,在轮胎周缘沿切线方向推动车轮直至它能转动所需的力。它反映了汽车制动器制动效能的好坏。

制动器制动力的大小由制动器本身的结构参数所决定,即制动器的类型、结构尺寸、制动器摩擦副的摩擦系数等,也与车轮半径有关,并和制动踏板力大小成正比。

2. 地面制动力

在制动器制动力的作用下,路面反作用给车轮与制动器制动力方向相反的切向反作用力 F_X,称为地面制动力。它是迫使汽车减速或停车的外力。

当车轮未抱死之前,随着制动器制动力的增大,地面制动力与制动器制动力大小相等,方向相反。即:

$$F_X = -F_\mu \quad (3\text{-}1\text{-}2)$$

3. 附着力

附着力是地面对轮胎切向反作用力的极限值。附着力 F_φ 的大小取决于轮胎与路面之间的摩擦作用及路面的抗剪强度 φ。即:

$$F_\varphi = -F_Z \times \varphi \quad (3\text{-}1\text{-}3)$$

4. 地面制动力、制动器制动力和附着力的关系

如图 3-1-2 所示为不考虑制动过程中附着系数变化的地面制动力、制动器制动力和附着力的关系。横坐标 p 反映了制动时液压系统压力的大小。制动器的制动力是过圆心 O 的斜直线,它与踏板力大小成正比;附着力是平行于横坐标的直线,与路面附着系数有关;当驾驶人踩制动踏板的力较小,制动摩擦力矩较小时,车轮

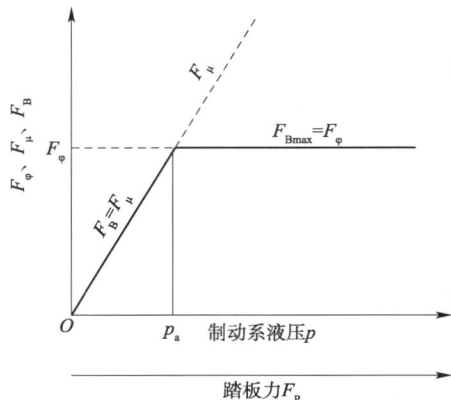

图 3-1-2 地面制动力、制动器制动力和附着力的关系

只作减速滚动,随着摩擦力矩的增加,制动器制动力和地面制动力也随之增长,且在车轮未抱死前地面制动力始终等于制动器的制动力,此时,制动器的制动力可全部转化为地面制动力。但制动器制动力达到附着极限时,随着制动器制动力的继续增长,地面制动力不再增加,即地面制动力不可能超过附着力。

由此可见,要想获得好的制动效果,必须同时具备两个条件,即汽车具有足够的制动器制动力,同时又要有附着系数较高的路面提供足够的地面制动力。

(二) 滑移率

1. 滑移率的概念

当汽车匀速直线行驶时,汽车的实际车速与车轮滚动的圆周速度(车轮轮速)是相同的,即:$v = r \times \omega$。当汽车制动时,车轮滚动的速度和实际车速虽然都降低了,但由于汽车自身的惯性,汽车的实际车速与车轮的轮速不再相等,使车速与轮速之间产生一个速度差。此时,轮胎与路面之间产生相对滑移现象,其滑移程度用滑移率表示。

滑移率是指车轮在制动过程中滑移成分在车轮纵向运动中所占的比例。其定义表达式为:

$$S_b = \frac{v - r \cdot \omega}{v} \times 100\% \tag{3-1-4}$$

式中:v——车身(或车轮中心)纵向的速度;

ω——车轮的旋转角速度;

r——车轮的滚动半径。

由上式可见滑移率有三种情况:

(1) 当 $v = r \times \omega$ 时,滑移率为零,即车轮为纯滚动;

(2) 当汽车制动时,逐渐踩下制动踏板,车轮边滚动边滑移时,滑移率在 0 ~ 100% 之间;

(3) 当制动踏板完全踩到底,车轮处于抱死状态,而车身又具有一定的速度时,车轮滚动圆周的速度为零,则滑移率为 100%。

2. 滑移率对附着系数的影响

大量的试验证明,在汽车的制动过程中,附着系数的大小随着滑移率的变化而变化。如图 3-1-3 所示为在干燥硬实路面时附着系数与滑移率的关系。图中横坐标是滑移率的大小,纵坐标是纵向附着系数(φ_x)和横向附着系数(φ_y)的大小。

1) 滑移率对纵向附着系数的影响

由图 3-1-3 可以看出,当滑移率为 0 时(即 $v = r \times \omega$),车轮为纯滚动,汽车的轮速完全转化为车速;随着滑移率的增加,纵向附着系数迅速增加,并在滑移率大约为 20% 左右时,纵向附着系数最大(图中为 $\varphi_{x\,max}$),此时的制动点也称为最佳制动点;然后随着滑移率的进一步增加,纵向附着系数有所下降,当滑移率大约为 100%(即车轮抱死),以干燥硬实路面为例,纵向附着系数大约为最大值的 70%。也就是说,当车轮完全抱死时,制动效能下降,制动距离增加。

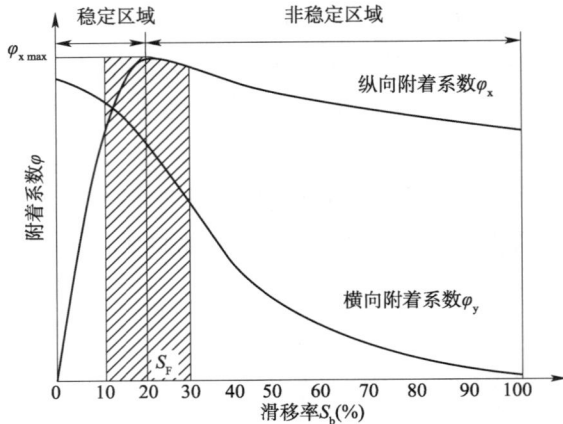

图 3-1-3　干燥硬实路面时附着系数与滑移率的关系

2)滑移率对横向附着系数的影响

由图 3-1-3 可以看出,当滑移率为 0 时,横向附着系数最大,即汽车抵抗侧滑能力最强;随着滑移率的不断增加,横向附着系数逐渐下降,并在滑移率为 100%,即车轮抱死时,横向附着系数下降为 0 左右,此时车轮将完全丧失抵抗外界侧向力作用的能力。也就是说,当车轮完全抱死时,如果有侧向力干扰(如路面不平产生的侧向力、汽车重力的侧向分力、侧向风力等),汽车就会产生侧滑而失去稳定性。

由以上分析可以看出,滑移率对附着系数有很大的影响,而且车轮完全抱死时,制动效能会有所下降,制动稳定性变差。如果制动时将车轮的滑移率控制在图 3-1-3 阴影区域,即 10% ~30% 之间,此时纵向附着系数较大,可得到较好的制动效能;同时横向附着系数也保持较大值,使汽车也具有较好的制动方向稳定性。

图 3-1-3 中滑移率在 0 ~20% 的区域汽车制动时的方向稳定性良好,被称为稳定区域。而滑移率大于 20% 的区域横向附着系数急剧变小使汽车制动时的方向稳定性变差被称为非稳定区域。

在汽车的制动过程中,若能将滑移率控制在最大附着系数所对应的滑移率范围,汽车将处于最佳制动状态。防抱死制动系统就是通过电子控制单元、车轮转速传感器和制动压力调节器,对作用于制动轮缸内的制动液压力进行瞬时的自动控制(约 20 次/s),从而控制制动车轮上的制动器压力,使制动车轮尽可能保持在最佳的滑移率范围内运动,从而使汽车的实际制动过程接近于最佳制动状态成为可能。

二　防抱死制动系统的组成部件和控制过程

1. 防抱死制动系统的组成部件

防抱死制动系统的组成如图 3-1-4 所示,在传统的制动系统的基础上增加了电子控制单元、制动压力调节器、轮速传感器、ABS 警示灯等部件。

图 3-1-4 ABS 的基本组成

轮速传感器安装在每个车轮的位置,它将各车轮的转速信号及时输入电子控制单元;电子控制单元是 ABS 的控制中心,它根据各个车轮轮速传感器输入的信号对各个车轮的运动状态进行监测和判定,并形成响应的控制指令,再适时发出控制指令给制动压力调节器;制动压力调节器是 ABS 中的执行器,它受电子控制单元的控制,对各制动轮缸的制动压力进行调节。

2. 防抱死制动系统的控制过程

下面以逻辑门限控制为例介绍防抱死制动系统的控制过程。其控制过程如图 3-1-5 所示。

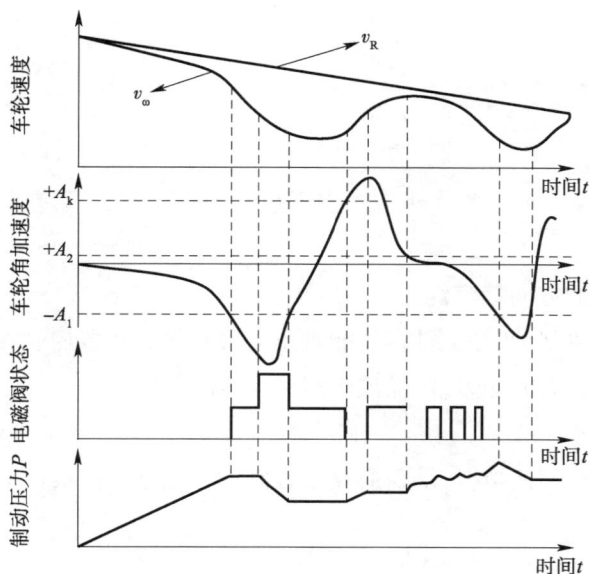

图 3-1-5 ABS 的工作过程

v_R-汽车的参考车速;v_ω-汽车的车轮轮速;P-汽车的制动压力

当行驶中的车辆紧急制动时,汽车制动轮缸内的制动压力会急速升高,车轮通过一定的延迟时间之后,汽车轮速会开始急速下降,此刻汽车车轮的角加速度为负值,且绝对值会随着制动压力的增加不断增大。当汽车车轮的角加速度小于 A_1 门限值时,系统开始进入 ABS 控制。制动控制系统中可以避免汽车在平稳区域时立即进入减压过程。此时还需要对比参考滑移率。

当参考滑移率低于设定的值,表明此时汽车车轮仍然处于稳定区域,则系统进入保压状态,车轮可以充分制动;否则说明汽车车轮进入峰值附着系数的不稳定区间,系统开始减压。由于系统泄压,汽车角加速度值就会回升,高于 A_1 时,系统进入保压。因为车轮的惯性及制动压力较小,此时汽车轮速继续回升,直至汽车车轮角加速度已经超过 A_2。在一定的保压时间内,如果汽车车轮角加速度不超过 A_2,表明此时路面附着系数比较小,则属于低附着路面的情况;如果大于 A_2 阈值,系统会继续保压,则会出现两种情况:一是汽车的轮角加速度会超过 A_K 值,系统就会进行增压阶段,直到车轮轮角加速度低于 A_2;二是车轮轮角加速度再次低于 A_2,此时汽车车轮的峰值附着系数就会进入稳定区域,还会稍有制动不足。上面的两种情况下,车轮的角加速度就不会高于 A_2,汽车就不会发生滑移。

为了让车轮停留在稳定区域的时间达到最久,所以系统运用了阶跃式的加压方法,等到汽车角加速度再次低于 A_1。完整的控制循环将会结束,后面的控制循环将会与首次的控制循环相同。

三 防抱死制动系统的特点

1. 防抱死制动系统的优点

1）能缩短制动距离

ABS 可以将滑移率控制在最大纵向附着系数范围附近,从而可获得最大的纵向制动力,缩短制动距离。

2）提高了制动时的方向稳定性

ABS 可防止车轮在制动时完全抱死,能将车轮横向附着系数控制在较大的范围内,使车轮具有较强的抵抗侧向力的能力,以保证汽车制动时的稳定性。

3）减轻轮胎的磨损

ABS 可以防止车轮抱死拖滑,从而避免了因制动车轮抱死造成的轮胎局部异常磨损,延长了轮胎的使用寿命。

4）减少驾驶人紧张情绪

安装 ABS 的汽车,在制动时,驾驶人可放心地将制动踏板踩到底,而不必担心车轮会抱死出现危险情况。

5）使用方便、工作可靠

ABS 的使用与常规制动系统几乎没有区别，制动时驾驶人踩下制动踏板，ABS 就根据车轮的实际转速自动进入工作状态，使车轮保持在最佳工作状态。

2. 防抱死制动系统的局限性

在松散的砾石路面、松土路面上制动时，车轮抱死将更有利于汽车制动，因为松散的砾石、松土等在汽车轮胎前形成楔形物，有助于汽车的制动，如图 3-1-6 所示，而 ABS 则会阻止这种楔形物的形成。

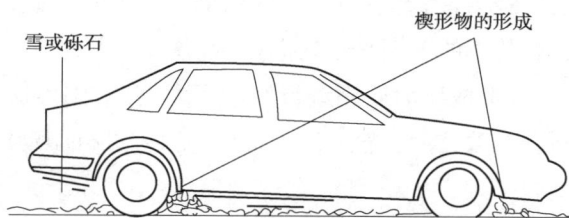

图 3-1-6　轮胎前楔形物的形成

四　防抱死制动系统的类型

（一）按照制动系统传力介质不同

按照制动系统传力介质不同，ABS 可分为气压式、液压式和气液组合式。气压式和气液组合式 ABS 主要用于大中型客车或货车。液压式 ABS 主要用于轿车、厢式汽车和轻型载重汽车。

（二）按照系统部件安装位置不同

按照系统部件安装位置不同，ABS 可分为整体式和分离式。制动主缸与液压控制单元制成一体的称为整体式 ABS，制动主缸与液压控制单元分离安装的则称为分离式 ABS。目前轿车普遍采用的是分离式 ABS。

（三）按照控制方案不同

按照控制方案不同，ABS 可分为轮控式、轴控式和混合式。轮控式 ABS 每个车轮的制动压力均根据各自的轮速传感器信号单独进行控制。轴控式 ABS 根据一个轮速传感器（或轴转速传感器）信号同时控制同一车轴上两个车轮的制动力。混合式 ABS 同时采用轮控式和轴控式两种控制方式。

(四)按照控制通道和传感器的数量不同

控制通道是指能够独立进行制动压力调节的制动管路。根据控制通道数量不同,ABS可分为:四通道、三通道、二通道和一通道四种。根据传感器数量不同可分为四传感器和三传感器等。

如果一个车轮独自占用一个控制通道,称该车轮的控制为独立控制或单轮控制。如果两个车轮的制动压力是同时进行调节的,即同时改变,则称为同时控制或一同控制。当两个车轮同时控制的汽车行驶在左右附着系数不同的路面上时,由于两边车轮与路面间的附着力不同,制动时路面附着系数小的一侧车轮先抱死,附着系数大的一侧车轮后抱死。如果以保证附着系数较小车轮不发生抱死为原则进行制动压力调节,则称这两个车轮按低选原则一同控制;如果以保证附着系数较大车轮不发生抱死为原则进行制动压力调节,则称这两个车轮按高选原则一同控制。

由于单通道和双通道 ABS 缺陷较多,在目前生产的车辆上应用较少,下面主要介绍三通道式和四通道式 ABS 的特点。

1. 三通道式 ABS

三通道式 ABS 有四传感器三通道式和三传感器三通道式两种,其中四传感器三通道式 ABS 又分前后布置和对角布置两种。

如图 3-1-7 所示,该系统用于制动管路前后布置形式的后轮驱动汽车。由于采用四个轮速传感器,前轮实现独立控制,后轮实现低选择控制方式,操纵性、稳定性较好,制动性能稍差。

如图 3-1-8 所示,该系统用于制动管路前后布置后轮驱动的汽车。前轮各有一个转速传感器,独立控制。而后轮轮速则由装于差速器上的一个测速传感器检测,按低选择的控制方式用一条制动管路对后轮进行制动控制。

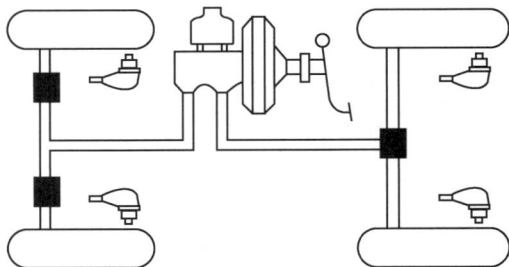

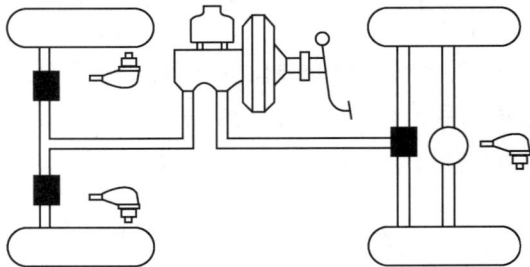

图 3-1-7　四传感器三通道式前后布置形式 ABS　　　　图 3-1-8　三传感器三通道式 ABS

如图 3-1-9 所示,该系统用于制动管路对角布置前轮驱动的汽车。前轮各有一个转速传感器,独立控制。后轮有两个轮速传感器,检测左右后驱动轮的轮速,实现低选择控制方式。

2. 四通道式 ABS

四通道式 ABS 一般有 4 个控制通道、4 个轮速传感器和 1 个控制单元。在 4 个控制通道中各设 1 个制动压力调节器进行独立控制。

如图 3-1-10 所示,该控制系统通过各轮速传感器的信号分别对各车轮制动压力进行单独控制。该控制系统的制动效能最好,但在附

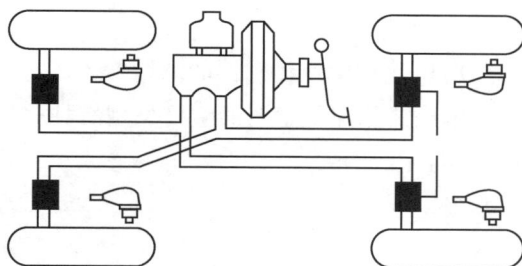

图 3-1-9　四传感器三通道对角布置形式 ABS

着系数不对称路面上制动时,方向稳定性较差,其原因是此时同一轴上左右车轮的制动力不同,使汽车产生较大偏转力矩而产生制动跑偏。

如图 3-1-11 所示,该系统前轮独立控制,而后轮选择方式控制,一般采用低选择控制,即以易抱死车轮为标准,给两后轮施加相等的制动压力控制车轮转动。此种控制方式用于 X 形制动管路汽车的 ABS 控制系统,因为左右后轮不是同一制动管路,因此需要采用四个通道。此种形式的 ABS 操纵性、稳定性较好,制动效能稍差。

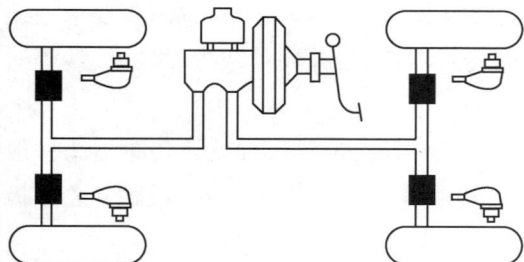

图 3-1-10　四通道前后管路布置形式 ABS

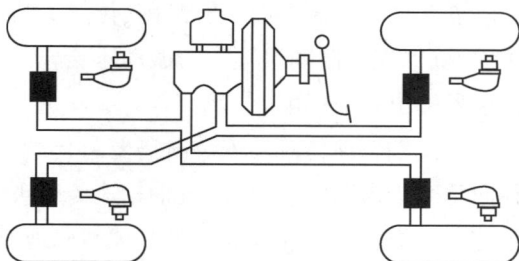

图 3-1-11　四通道对角管路布置形式 ABS

五　防抱死制动系统主要部件的结构和原理

(一) 轮速传感器

轮速传感器的作用是检测车轮的旋转速度,并将其转变为电信号后输入电子控制单元,用于计算、判断、决定是否开始进行防抱死控制。目前,常用的轮速传感器主要有电磁式和霍尔式两种。

轮速传感器减速度传感器的结构和工作原理

1. 电磁式轮速传感器

电磁式轮速传感器主要由传感器头和齿圈两部分组成,如图 3-1-12 所示。

电磁式轮速传感器与齿圈是共同作用的,当齿圈转动时,轮速传感器感应交流信号,输入 ABS 控制单元,提供轮速信号。轮速传感器通常安装在各车轮轮轴上、差速器、变速器输

出轴处。

1)电磁式轮速传感器的结构

电磁式轮速传感器的主要类型有柱式极轴传感头和凿式极轴传感头两种,其主要结构如图 3-1-13 所示。

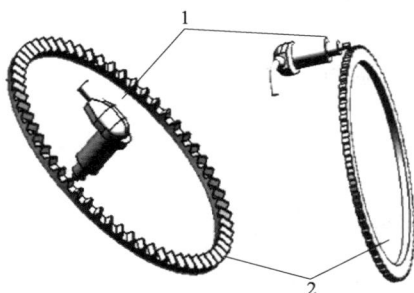

图 3-1-12 电磁式轮速传感器的组成

1-传感器头;2-齿圈

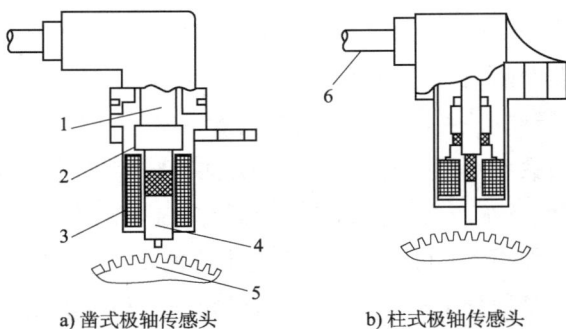

图 3-1-13 电磁式轮速传感器的结构

a)凿式极轴传感头   b)柱式极轴传感头

1-永久磁体;2-外壳;3-传感线圈;4-极轴;5-齿圈;6-电缆

安装轮速传感器时,要保证其传感头与齿圈间留有适当的空隙(为 1~2mm),要求安装牢固,确保汽车制动过程中的振动不会干扰或影响传感器信号,并避免灰尘、水、泥、沙等对传感器输出造成影响。

柱式轴轮速传感器安装时需要将传感头轴向垂直于齿圈;凿式极轴轮速传感器头一般径向垂直于齿圈安装;菱形极轴轮速传感头安装时,其轴向与齿圈相切。凿式极轴和菱形极轴这两种极轴形式在安装时都必须精确地对准齿圈。

2)电磁式轮速传感器的原理

传感器齿圈随车轮旋转的同时,即与传感器头极轴做相对运动。当传感器头的极轴与齿圈的齿隙相对时,极轴距齿圈之间的空气间隙最大,即磁阻最大,传感器头的磁极磁力线只有少量通过齿圈而构成回路,在电磁线圈周围的磁场较弱,如图 3-1-14 所示;当传感器头的极轴与齿圈的齿顶相对时,两者之间的空隙较小,即磁阻最小,传感器头的磁极磁力线通过齿圈的数量增多,在电磁线圈周围的磁场较强,如图 3-1-15 所示。

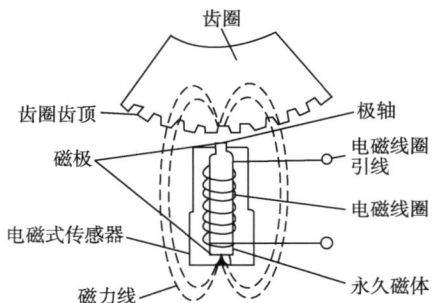

图 3-1-14 齿隙与极轴相对时的磁力线分布

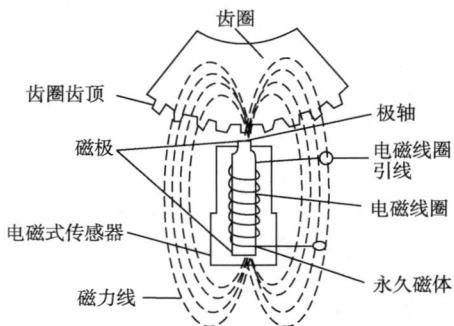

图 3-1-15 齿顶与极轴相对时的磁力线分布

齿圈随车轮不停地旋转，就使传感器头电磁线圈周围的磁场以强—弱—强—弱……周期性地变化，因此电磁线圈就感应出交变电压信号，即车轮转速信号，如图3-1-16所示。

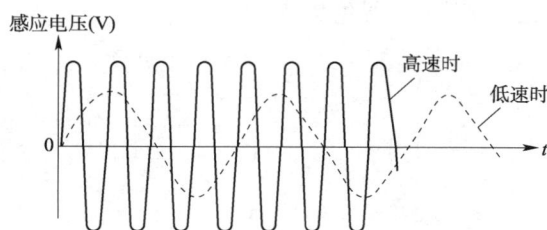

图 3-1-16　电磁式轮速传感器的输出电压信号

交变电压信号的频率与齿圈的齿数和转速成正比，因齿圈的齿数一定，因而车轮转速传感器输出的交流电压信号频率只与相应的车轮转速成正比。

轮速传感器由电磁线圈引出两根导线，将其速度变化产生的交变电压信号送至 ABS 的电子控制单元（ECU）。为防止外部电磁波对速度信号的干扰，传感器的引出线采用屏蔽线，以保证反映车轮速度变化的交变电压信号准确地送至 ABS 的电子控制单元（ECU）。

3）电磁式轮速传感器的特点

电磁式轮速传感器结构简单、成本低，但存在以下缺点：

（1）电磁式轮速传感器向 ECU 输送的电压信号强弱随转速的变化而变化，信号幅值一般在 1～15V 的范围内变化。当转速很低时，传感器输出的电压信号若低于 1V，则 ECU 无法检测到如此弱的信号，ABS 也就无法工作。

（2）电磁式轮速传感器响应频率较低。当车轮转速过高时，传感器的响应频率跟不上，容易产生错误信号。

（3）电磁式轮速传感器的抗电磁波干扰能力较差，尤其是在传感器输出的电压信号幅值较小时。

2. 霍尔式轮速传感器

霍尔式轮速传感器是利用霍尔效应原理产生与车轮转速相对应的电压脉冲信号来工作的。

1）霍尔式轮速传感器的结构

霍尔式轮速传感器也是由传感器头、齿圈组成。其齿圈的结构及安装方式与电磁式轮速传感器的齿圈相同，传感器头由永久磁铁、霍尔元件和电子电路等组成。

2）霍尔式轮速传感器的原理

传感器工作时，ABS ECU 给霍尔元件施加 12V 左右的蓄电池电压，永久磁铁的磁力线穿过霍尔元件通向齿圈。当齿圈位于图 3-1-17 所示位置时，穿过霍尔元件的磁力线分散，磁场相对较弱，产生的电压信号较小；而当齿圈位于图 3-1-18 所示位置时，穿过霍尔元件的磁力线集中，磁场相对较强，产生的电压信号较大。

齿圈转动时，使得穿过霍尔元件的磁力线密度发生变化，因而引起霍尔元件电压的变化，霍尔元件将输出一毫伏级的准正弦波电压。如图 3-1-19 所示，霍尔元件输出的毫伏级的

准正弦波电压 U_1 首先经放大器放大为伏级电压信号 U_2，然后送往施密特触发器转换成标准的方波信号 U_3，再送到输出级放大 U_4 后输送给 ECU。电子线路中的各级波形如图 3-1-20 所示，其工作频率为 20kHz，输出电压幅值为 7～14V。

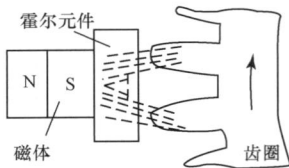

图 3-1-17　与齿隙相对时的磁力线分布图　　图 3-1-18　与齿顶相对时的磁力线分布图

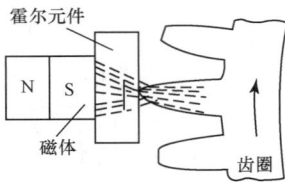

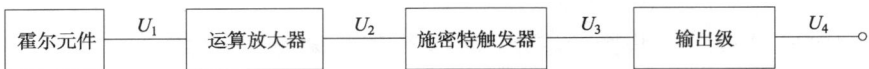

图 3-1-19　霍尔式轮速传感器电子线路框图

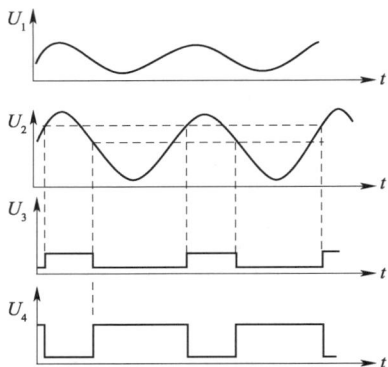

图 3-1-20　霍尔式轮速传感器线路中的各级波形图

3）霍尔式轮速传感器的特点

霍尔式轮速传感器输出电压的信号强弱不随转速的变化而变化。在汽车电源电压为 12V 的条件下，信号的幅值保持在 11.5～12V 不变，即使车速很低时也不变，因此抗电磁波干扰能力较强。

霍尔式轮速传感器响应频率高达 20kHz，用于 ABS 中相当于车速为 1000km/h 时所检测的信号频率，因此也不会出现高速时响应频率跟不上的问题。

因而，霍尔传感器在 ABS 中应用越来越广泛。

（二）减速度传感器

减速度传感器的作用是测出汽车制动时的减速度，识别是否是雪路、冰路等易滑路面。常见的减速度传感器有光电式、水银式、差动变压器式等。下面以光电式减速度传感器为例介绍其结构和原理。

光电式减速度传感器的结构如图 3-1-21a）所示。

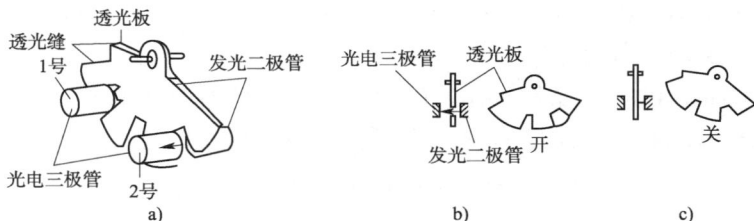

图 3-1-21　光电式减速度传感器结构和工作原理

如图 3-1-22 所示，当汽车匀速行驶时，透光板静止不动。当汽车减速行驶时，透光板则随着减速度的变化沿汽车的前进方向上摆。减速度越大,透光板的摆动位置越高。

透光板可遮挡发光二极管的光线,其位置的不同可使光电晶体管形成开和关两种状态,如图 3-1-21b)和 c)所示。两个光电晶体管开关可形成 4 种组合,可以对轮速传感器进行补偿,使制动控制更加精确。

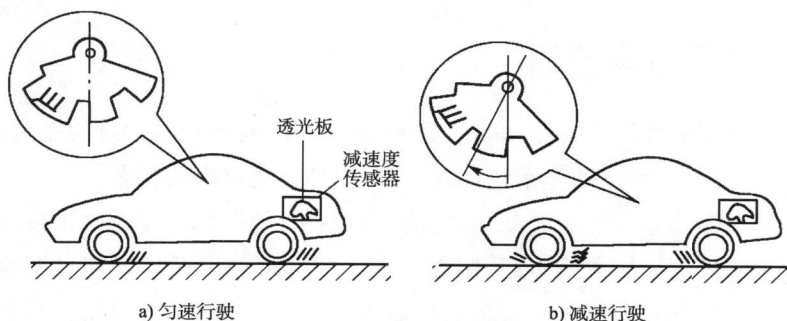

a) 匀速行驶　　　　　　　　　　　　b) 减速行驶

图 3-1-22　光电式减速度传感器匀速和减速行驶时的原理

(三)电子控制单元

电子控制单元是 ABS 的控制中心,它的主要作用是接收传感器的信号并进行处理,判断车轮是否抱死,然后向制动压力调节器发出制动压力控制指令。ECU 一般由传感器输入端电路、运算电路、输出控制电路和安全保护电路 4 个基本电路组成。

1. 传感器输入电路

传感器输入电路的功能是将轮速传感器、减速度传感器、开关等输入的信号进行预处理、A/D 模数转换等,然后送往运算电路。

2. 运算电路

运算电路的功用主要是进行车轮线速度、初始速度、滑移率、加速度和减速度的运算,调节电磁阀控制参数的运算和监控运算。经转换放大后的轮速传感器信号输入车轮线速度运算电路,由电路计算出车轮的瞬时速度。初始速度、滑移率及加减速度运算电路根据车轮瞬时线速度加以积分,计算出初始速度,再把初始速度和车轮瞬时线速度进行比较运算,最后得到滑移率和加速度、减速度。电磁阀控制参数运算电路根据计算出的滑移率、加减速度信号,计算出电磁阀控制参数输入输出级。电子控制单元中一般设有两套运算电路,同时进行运算和传递数据,利用各自的运算结果相互比较、相互监视,确保可靠性。

3. 输出控制电路

输出控制电路通过来自运算电路的控制信号,控制通往各电磁阀的开启或控制电磁阀的电流。

4. 安全保护电路

安全保护电路包括稳压电源、电源监控电路、故障反馈电路和继电器驱动电路等。安全保护电路主要作用是将汽车电源(蓄电池、发电机)提供的12V或14V的电压变为ECU内部所需的5V标准稳定电压,同时对电源电路的电压是否稳定在规定的范围进行监控;当ABS出现故障时,关闭各电磁阀,停止ABS工作,返回常规制动状态,同时点亮仪表板上的ABS警报灯,提醒驾驶人注意ABS的故障。

(四)制动压力调节器

制动压力调节器的作用是在制动时根据ABS电子控制单元(ECU)的控制指令,自动调节制动轮缸制动压力的大小,防止车轮抱死,并处于理想滑移率的状态。

制动压力调节器通常主要由电动油泵、液压控制单元(包括蓄能器和电磁阀)等构成。

根据压力调节器的调压方式不同,制动压力调节器可分为循环式和可变容积式。循环式制动压力调节器是通过电磁阀直接控制轮缸的制动压力,而可变容积式制动压力调节器是通过电磁阀间接改变轮缸的制动压力。

1. 电磁阀的结构和原理

电磁阀是制动压力调节器的重要部件,主要有两大类型:二位二通电磁阀和三位三通电磁阀。

1)二位二通电磁阀

二位是指电磁阀有通电和断电两个工作位置,二通是指电磁阀有进液口和出液口两个通路。

二位二通电磁阀有两种类型,即二位二通常开电磁阀和二位二通常闭电磁阀。如图3-1-23a)所示,在电磁阀的电磁线圈未通电时,球阀处于开启状态,即为二位二通常开电磁阀。如图3-1-23b)所示,在电磁阀的电磁线圈未通电时,球阀处于关闭状态,即为二位二通常闭电磁阀。

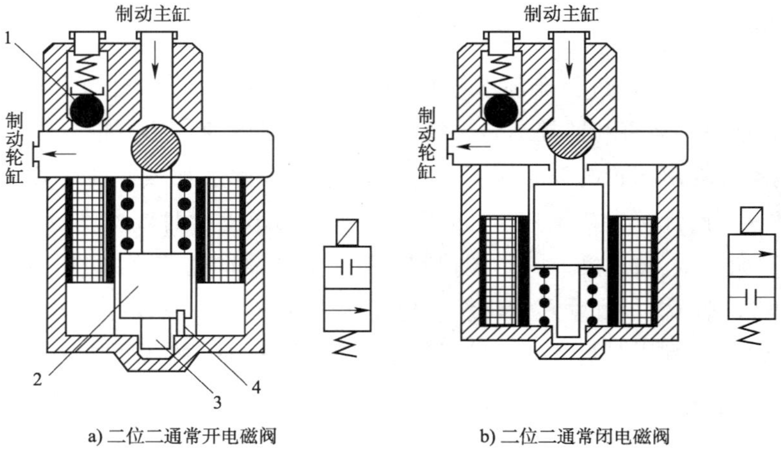

二位二通电磁阀的
结构和工作原理

a) 二位二通常开电磁阀　　　　b) 二位二通常闭电磁阀

图3-1-23　二位二通电磁阀的结构和符号

1-限压阀;2-活动铁芯;3-顶杆;4-限位杆

(1)二位二通电磁阀的结构。

如图3-1-23所示,两种电磁阀均由阀门、电磁线圈、衔铁、复位弹簧等组成。常态下,二位二通常开电磁阀阀门在弹簧张力的作用下处于打开状态,二位二通常闭电磁阀阀门在弹簧张力的作用下处于闭合状态。

如图3-1-23a)所示,在常开式电磁阀中设有一根顶杆,顶杆和限位杆与活动铁芯固定在一起,复位弹簧一端压在活动铁芯上,另一端压在与阀体相连的弹簧座上。

限压阀的功用是限制电磁阀的最高压力。当制动液压力过高时,限压阀打开泄压,以免压力过高损坏电磁阀。

(2)二位二通电磁阀的原理。

下面以二位二通常开电磁阀为例介绍其工作原理。

如图3-1-23a)所示,当电磁阀线圈未通电时,在复位弹簧弹力作用下,活动铁芯带动顶杆和限位杆下移复位,直到限位杆与缓冲垫圈相抵为止。顶杆下移时,球阀随之下移,使电磁阀阀门处于开启状态,制动液从进液口经球阀阀门和出液口流出。电磁线圈通电时,电流流过电磁线圈,活动铁芯产生电磁吸力,压缩复位弹簧并带动顶杆一起上移,顶杆将球阀压在阀座上,电磁阀阀门处于关闭状态,进液口与出液口之间的制动液通道关闭。

(3)二位二通电磁阀的应用。

在ABS中,二位二通常开电磁阀用于控制制动主缸到制动轮缸的制动液通路,又称二位二通常开进液电磁阀;二位二通常闭电磁阀用于控制制动分泵到储液器的制动液回路,又称二位二通常闭出液电磁阀。两个电磁阀配套使用,共同完成ABS对制动压力调节的任务。

2)三位三通电磁阀

三位是指电磁阀有不通电、通大电流电、通小电流电三个工作位置,三通是指电磁阀有进液口、出液口和回液口三个通路。

(1)三位三通电磁阀的结构。

如图3-1-24所示,三位三通电磁阀由固定铁芯、线圈、柱塞、可动铁芯等部件组成。三位三通电磁阀的符号如图3-1-25所示。

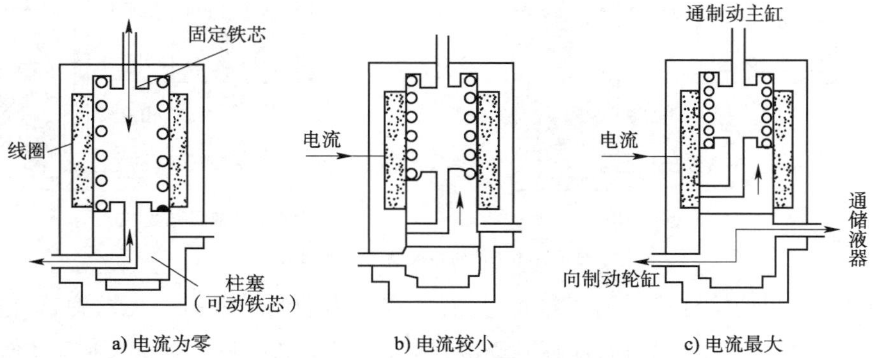

图3-1-24 三位三通电磁阀的结构和工作原理

(2)三位三通电磁阀的原理。

如图3-1-24a)所示,当电磁线圈中无电流通过时,柱塞在弹簧力的作用下处于最低位置,制动主缸与轮缸油路相通,电磁阀使制动压力调节器处于常规制动(增压)状态。

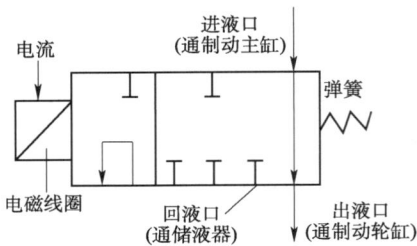

图 3-1-25　三位三通电磁阀的符号

如图 3-1-24b）所示，当向电磁线圈通入较小电流时（保持电流大约 2A），电磁力使柱塞向上移动一定距离。此时，电磁力不足以克服弹簧的弹力，柱塞便保持在中间位置，所有通道均被截断，轮缸压力保持一定值，电磁阀使制动压力调节器处于保压状态。

如图 3-1-24c）所示，当电子控制单元向电磁线圈通入较大工作电流时（保持电流大约 5A），电磁力足以克服弹簧的弹力使柱塞继续上移到最高位置，此时制动主缸和轮缸的通道被截断，而轮缸与储液器之间的通道接通，轮缸内的制动液流回储液器，制动压力降低，电磁阀使制动压力调节器处于减压状态。

2. 蓄能器与电动油泵

蓄能器有两种，根据其压力范围的不同，可分为低压蓄能器和高压蓄能器。它们分别配置在不同类型的压力调节器中。

1）低压蓄能器与电动油泵

低压蓄能器一般称为储液器，主要用来接纳 ABS 减压过程中从制动轮缸流回的制动液，同时还对回流制动液的压力波动具有一定的衰减作用。

（1）低压蓄能器的结构和原理。

低压蓄能器由活塞和弹簧组成，如图 3-1-26 所示。

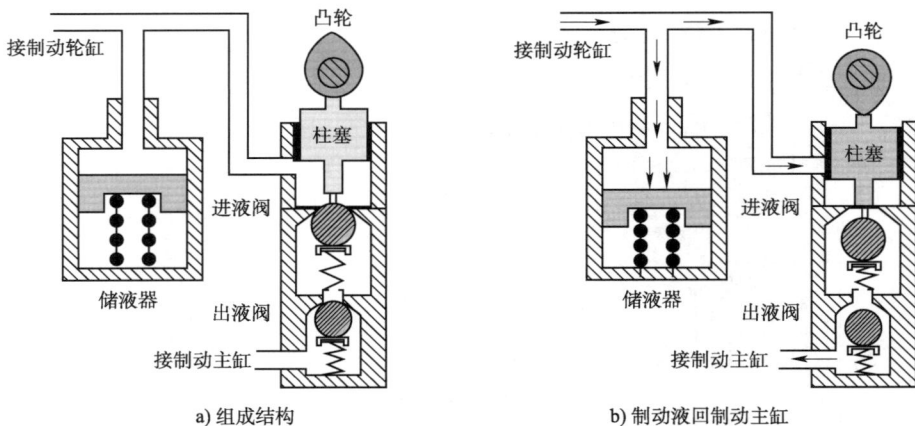

a) 组成结构　　　　　　　　　　b) 制动液回制动主缸

图 3-1-26　低压蓄能器与电动油泵

当制动液从制动轮缸流入储液器时，具有一定压力的制动液就会压缩弹簧并推动活塞下移，储液器容积变大，可以暂时储存制动液，然后由电动泵将制动液泵入制动主缸。

（2）柱塞泵的结构和原理。

如图 3-1-26 所示，电动泵多为柱塞泵，由电动机带动凸轮驱动，泵内有两个止回阀，上阀为进液阀，下阀为出液阀。柱塞上行时，轮缸及储液器的压力油推开进油阀进入泵体内。柱塞下行时，首先封闭进油孔，继而使泵腔内压力升高，推开出液阀，将制动液压回制动主缸。

由于该电动泵的主要作用是将制动液泵回制动主缸,所以也称为回油泵。

2)高压蓄能器与电动油泵

高压蓄能器一般常称为蓄能器(也称为蓄压器),用于储存制动中或 ABS 工作时所需的高压制动液。蓄能器是制动系统的能源,在常规制动和防抱死制动系统工作时,它均可提供较大压力的制动液。

(1)蓄能器的结构和原理。

蓄能器的结构和原理如图 3-1-27 所示。蓄能器内部由一个膜片将蓄能器分成上下两个腔室。上腔为气室,充满氮气并具有一定压力;下腔为油室,与电动泵油道相通,用来填充来自电动泵泵入的制动液。在电动泵工作时,向蓄能器下腔泵入制动液,使膜片向上移,进一步压缩氮气,此时氮气和制动液压力都会升高,直到蓄能器下腔室内制动液压力升高到规定值为止。

(2)增压泵的结构和原理。

与蓄能器相配合的电动油泵由直流电动机和回转球阀活塞式油泵组成,如图 3-1-28 所示。由于该电动油泵的主要作用是增压,所以有的称为增压泵。

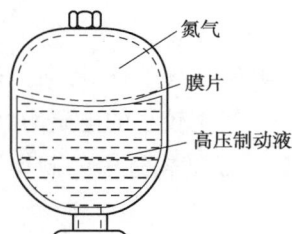

图 3-1-27 蓄能器的结构和原理

图 3-1-28 高压蓄能器与电动油泵

在靠近蓄能器的进液口处有止回阀,使制动液只能进不能出。在靠近出液口附近设有限压阀,当蓄能器内压力超过规定值时,限压阀打开,使蓄能器中制动液流回油泵的进液端,以降低蓄能器中制动液压力。

3)压力控制或警示开关的作用

压力控制或警示开关的作用是根据蓄能器的压力通过继电器控制电动液压泵的工作。有些压力开关还兼有另外一方面的作用,即在蓄能器压力低于一定标准时,向 ABS ECU 发出警示信号,ECU 使警示灯点亮并使 ABS 停止工作,这种压力开关又称为作用压力开关。压力控制或警示开关结构和原理如图 3-1-29 所示。

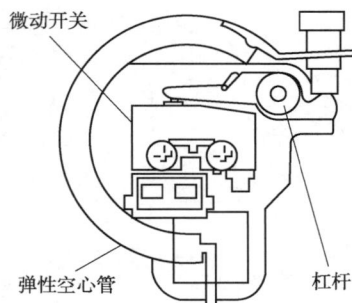

图 3-1-29 压力控制或警示开关的结构和原理

当蓄能器中压力升高到一定值时,弹性空心管变形,带动杠杆使微动开关断开,电动液压泵停止工作;反之,当蓄能器中压力低于一定值时,弹性空心管带动杠杆使微动开关闭合,电动液压泵开始工作。

3. 循环式制动压力调节器的原理

1) 循环式制动压力调节器的基本组成

如图 3-1-30 所示,循环式制动压力调节器主要由制动踏板机构、制动主缸、回油泵、储液器、电磁阀、制动轮缸组成,在制动主缸与制动轮缸之间串联一个三位三通电磁阀,直接控制制动轮缸的制动压力。

图 3-1-30　循环式制动压力调节器的基本组成

2) 循环式制动压力调节器的工作过程

(1) 常规制动阶段。

如图 3-1-31 所示,在常规制动阶段中,ABS 不工作,电磁线圈中无电流通过,电磁阀柱塞在复位弹簧的作用下处于"下端"位置。此时制动主缸与制动轮缸相通,由制动主缸来的制动液直接进入制动轮缸,制动轮缸压力随制动主缸压力的升高而升高。此时回油液压泵不工作。

(2) 保压制动阶段。

如图 3-1-32 所示,当 ECU 根据传感器信号发现车轮制动接近抱死时,将向电磁线圈输入一个较小的保持电流(约为最大工作电流的1/2),电磁线圈产生较小的电磁力,使柱塞处于"中间"位置。此时制动主缸、制动轮缸和回油孔相互隔离,制动轮缸中的制动压力保持一定。

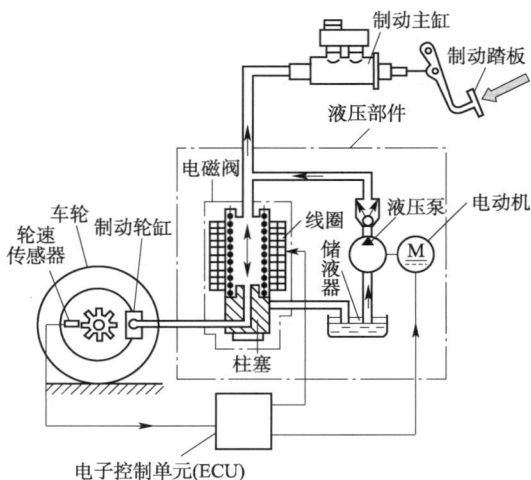

图 3-1-31　常规或增压制动过程

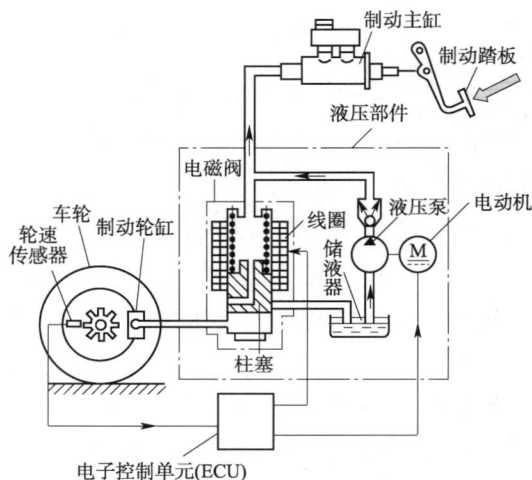

图 3-1-32　保压制动过程

（3）减压制动阶段。

如图 3-1-33 所示，在保持压力的作用下，ECU 发现车轮仍有抱死的倾向时，ECU 将向电磁线圈输入一个较大的工作电流，电磁线圈产生更大的电磁力，使柱塞处于"上端"位置。此时电磁阀柱塞将制动轮缸与回油通道或储液器接通，制动轮缸中的制动液经电磁阀流入储液器，制动轮缸压力下降。与此同时，电动机起动，带动油泵工作，将流回储液器的制动液输送回制动主缸，为下一个制动周期做好准备。

（4）增压制动阶段。

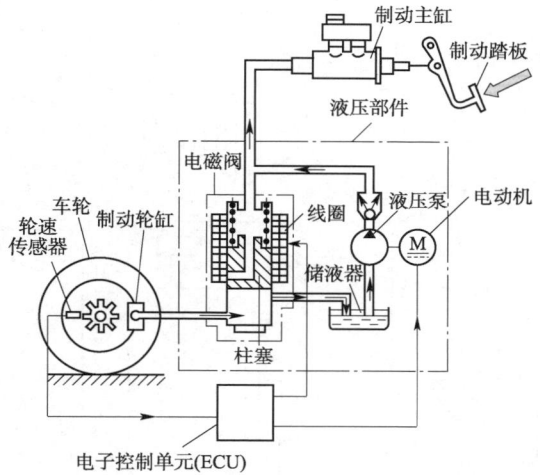

图 3-1-33　减压制动过程

如图 3-1-31 所示，当制动压力下降而车轮转速太快时，ECU 便切断通往电磁阀的电流，制动主缸和制动轮缸再次接通，制动主缸中的高压制动液再次进入制动轮缸，使制动压力增加。

4. 可变容积式制动压力调节器的原理

可变容积式制动压力调节器是在汽车原有制动管路上增加一套液压控制装置，用它控制制动管路中制动液容积的增减，从而控制制动压力的变化。

1）可变容积式制动压力调节器的基本组成

如图 3-1-34 所示，可变容积式制动压力调节器主要由电磁阀、控制活塞、油泵、蓄能器等部件组成。可变容积式制动压力调节器采用三位三通电磁阀来控制控制活塞的位置。

2）可变容积式制动压力调节器的工作过程

（1）常规制动阶段。

如图 3-1-35 所示，在常规制动阶段中，ABS 不工作，电磁阀中的电磁线圈无电流流过，电磁阀柱塞在复位弹簧作用下使柱塞处于"左端"位置，将控制活塞的工作腔与回油管路接通，控制活塞在弹簧的作用下使活塞位于最左端，活塞顶端推杆将止回阀打开，使制动主缸与制动轮缸的制动管路接通，制动主缸的制动液直接进入制动轮缸，制动轮缸的压力随制动主缸压力的变化而变化。此时，电动泵不工作。

（2）保压制动阶段。

如图 3-1-36 所示，当 ECU 根据传感器信号发现车轮制动接近抱死时，ECU 向电磁阀中的电磁线圈输入一较小电流，由于电磁线圈的电磁力减小，柱塞在弹簧力的作用下左移致使储能器、回油管和控制活塞工作腔管路相互关闭。此时控制活塞左侧的液压保持一定，控制活塞在控制压力和弹簧力的作用下保持在一定位置，轮缸侧的容积也不发生变化（止回阀仍处于关闭状态），制动压力保持一定。

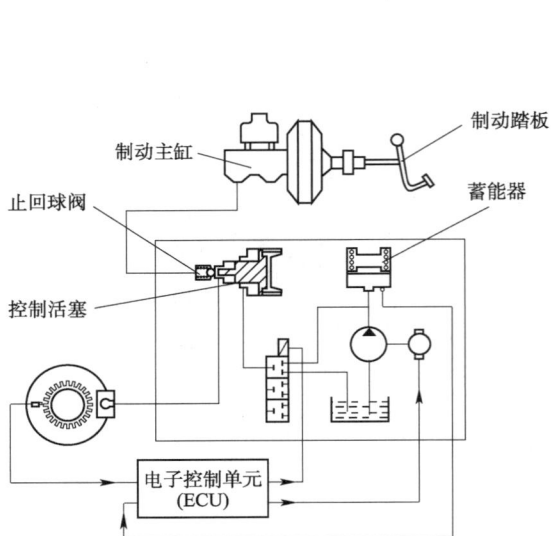

图 3-1-34　可变容积式制动压力调节器的基本组成

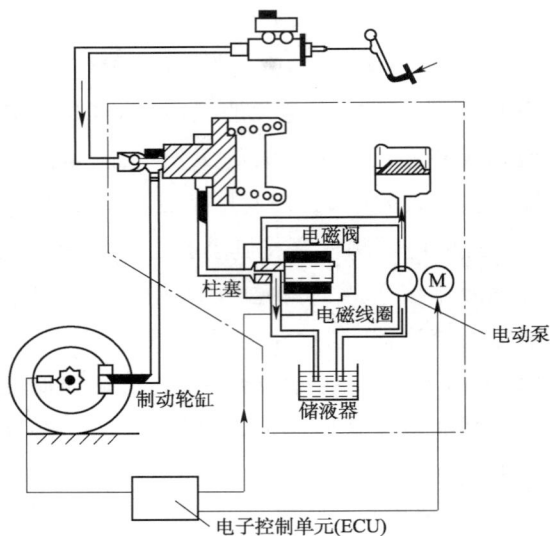

图 3-1-35　常规或增压制动过程

（3）减压制动阶段。

如图 3-1-37 所示，在保持压力的作用下，ECU 发现车轮仍有抱死的倾向时，ECU 将向电磁线圈输入一个较大的工作电流，电磁线圈产生更大的电磁力，电磁阀内的柱塞在电磁力的作用下克服弹簧的作用力向右移动，产生较大位移，将储能器与控制活塞的工作腔管路接通。储能器中的制动液进入控制活塞工作腔并推动活塞右移，止回阀关闭，制动主缸与制动轮缸之间的通路被切断。由于控制活塞的右移，使制动轮缸侧制动液容积增大，制动压力减小。

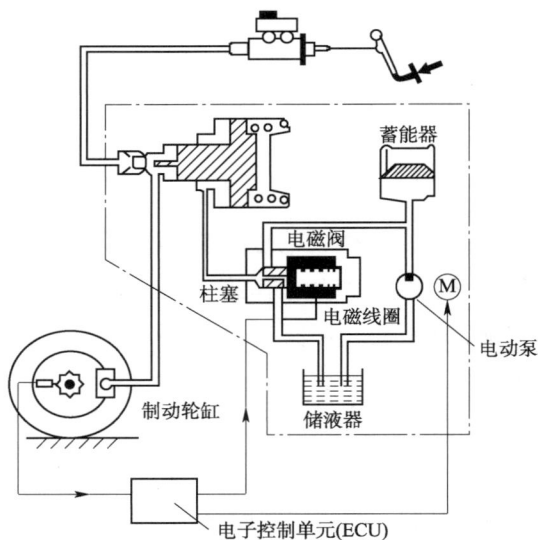

图 3-1-36　保压制动过程

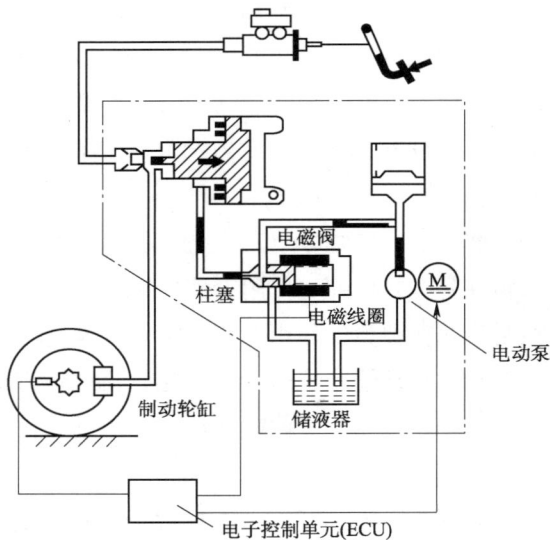

图 3-1-37　减压制动过程

（4）增压制动阶段。

如图 3-1-35 所示，当制动压力下降而车轮转速太快时，ECU 切断电磁阀中电磁线圈的电流，使电磁线圈中无电流流过，控制活塞在弹簧力的作用下将活塞推向最左端，活塞顶端推杆将止回阀打开,使制动主缸与制动轮缸的制动管路再次接通,制动主缸的制动液直接进入制动轮缸,使制动轮缸的压力增加。

🈂 任务实施

一 实施计划

任务导入中客户主要是不熟悉 ABS 的结构和原理,误认为 ABS 可能存在故障。因此本次实训任务是通过整车或台架,利用维修技术资料,查找 ABS 组成部件的位置,掌握其结构和原理。有条件的情况下,可实车模拟 ABS 的工作过程。

二 实施环境

(1)汽车底盘电控实训室或汽车整车实训室。
(2)装备有 ABS 的轿车或汽车 ABS 台架、举升机、工具车、工作台等。
(3)相应的车辆维修手册或 ABS 台架资料。

三 实施步骤

分小组完成如下操作要求:
(1)利用维修技术资料,查找 ABS 的组成部件,并讲解其结构和原理。
(2)分组操作领会 ABS 制动过程中车轮的运动状态。
(3)完成下面的任务工单。

四 任务工单

项目三 检修电子控制制动系统 任务一 认知防抱死制动系统	班级			
	姓名		学号	
	日期		分数	
1.根据教师指定的整车(装备 ABS)或 ABS 台架,回答以下问题。(20 分)				
(1)车辆的型号:_____。				

（2）车辆的 VIN 码：_____。

（3）ABS 型号：_____。

（4）ABS 的类型：_____。

（5）ABS 的组成部件有：_____

_____。

2. 指出图中部件的名称。（20 分）

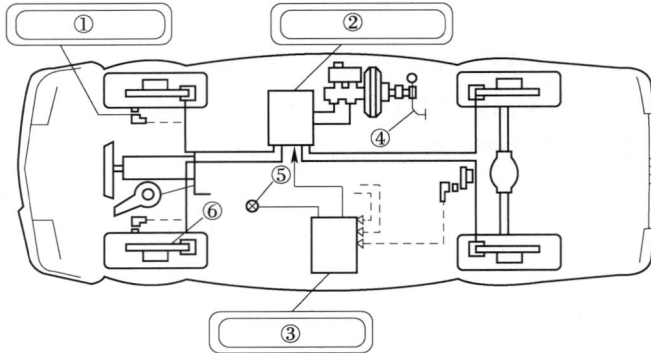

①：_____ ；②：_____ ；

③：_____ ；④：_____ ；

⑤：_____ ；⑥：_____ 。

3. 分析地面制动力、制动器制动力和附着力之间的关系。（20 分）

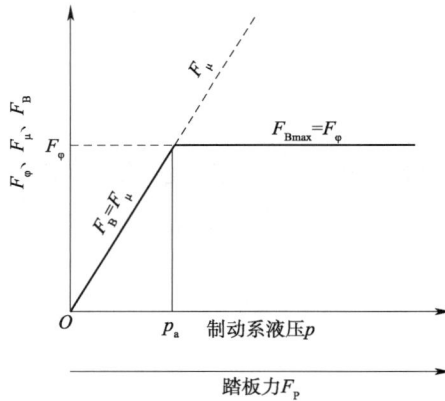

4.根据下图分析循环式制动压力调节器的工作过程。(40分)

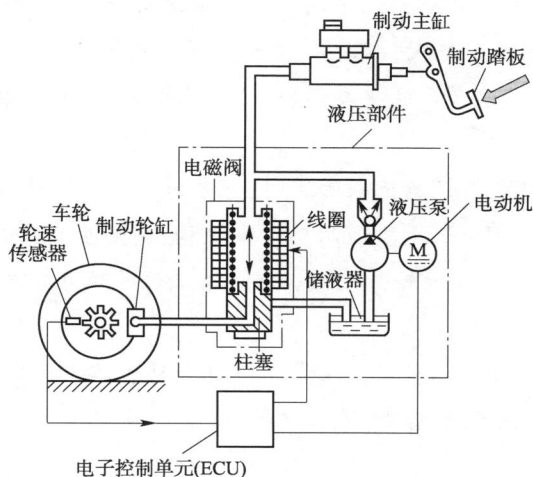

制动主缸

制动踏板

液压部件

电磁阀

车轮

轮速
传感器

制动轮缸

线圈

液压泵

电动机

储液器

M

柱塞

电子控制单元(ECU)

复习延伸

一 重点总结

(1)制动性能的评价指标有:制动效能、制动时的方向稳定性和制动效能的恒定性。

(2)防抱死制动系统是指 Anti – Lock Brake System,简称 ABS。

(3)滑移率是指车轮在制动过程中滑移成分在车轮纵向运动中所占的比例,用 S_b 表示。

(4)防抱死制动系统的组成包括:常规液压制动系统、电子控制单元、制动压力调节器、轮速传感器、ABS 报警灯等。

(5)控制通道是指能够独立进行制动压力调节的制动管路。根据控制通数目不同,ABS 可分为四通道、三通道、二通道和一通道四种。

(6)轮速传感器的功用是检测车轮的旋转速度,并将其转变为电信号后输入 ECU,用于计算、判断、决定是否开始进行防抱死控制。目前,常用的轮速传感器主要有电磁式和霍尔式两种。

(7)减速度传感器的作用是测出汽车制动时的减速度,识别是否是雪路、冰路等易滑路面。常见的减速度传感器有光电式、水银式、差动变压器式等。

(8)电磁阀是制动压力调节器的重要部件,主要有两大类型:二位二通电磁阀和三位三通电磁阀。

(9)蓄能器有两种,根据其压力范围的不同,可分为低压蓄能器和高压蓄能器。

(10)循环式制动压力调节器主要由制动踏板机构、制动主缸、回油泵、储液器、电磁阀、制动轮缸组成,在制动主缸与制动轮缸之间串联一个三位三通电磁阀,直接控制制动轮缸的制动压力。

(11)可变容积式制动压力调节器是在汽车原有制动管路上增加一套液压控制装置,用它控制制动管路中制动液容积的增减,从而控制制动压力的变化。

二 课后练习

(一)简答题

1. 汽车制动性能的评价指标有哪些?
2. 解释滑移率的概念,并分析滑移率对附着系数的影响。
3. 防抱死制动系统有哪些主要部件?各部件起什么作用?
4. 解释控制通道概念。
5. 轮速传感器的作用是什么?安装在哪些位置?
6. 分析二位二通电磁阀和三位三通电磁阀的工作原理。
7. 分析循环式制动压力调节器的基本原理。

(二)选择题

1. 制动性能的评价指标有( )。(多选)

    A. 制动效能   B. 制动效能的恒定性

    C. 制动时的方向稳定性   D. 制动时间

2. 关于滑移率说法错误的是( )。

    A. 滑移率是指车轮在制动过程中滑移成分在车轮纵向运动中所占的比例

    B. 滑移率为零,即车轮为纯滚动

    C. 当汽车制动时,逐渐踩下制动踏板,车轮处于边滚动边滑移状态

D. 滑移率对横向附着系数无影响

3. 关于 ABS 的制动压力调节器,下面说法错误的是(　　)。

　　A. 制动压力调节器安装在制动主缸与制动轮缸之间

　　B. 两位两通电磁阀两位是指通电和断电两个工作位置

　　C. 三位三通电磁阀三通是指大电流电、小电流电和断电三个工作位置

　　D. 三位三通电磁阀不通电时,制动主缸与制动轮缸油路不相通

4. 如果四轮防抱死制动系统中有一电磁阀不起作用,控制模块将(　　)。

　　A. 切断防抱死操作　　　　　　　　B. 关闭电磁阀

　　C. 施加制动并接通两个警报灯　　　D. 打开所有的电磁阀

5. 可以检测磁阻式轮速传感器信号的诊断工具是(　　)。

　　A. 示波器　　　　　　　　　　　　B. 交流电压表

　　C. 直流电压表　　　　　　　　　　D. 欧姆表

6. ABS 工作时,控制调节制动轮缸压力的过程包括(　　)。(多选)

　　A. 减压过程　　　　　　　　　　　B. 增压过程

　　C. 蓄压过程　　　　　　　　　　　D. 保压过程

7. 技师甲说:当车速在 6km/h(通用车型)以上时,ABS 才能工作。技师乙说:电子制动力分配系统(EBD)先于 ABS 工作,以调整前后车轮的制动力比例。说法正确的是(　　)。

　　A. 技师甲正确　　　　　　　　　　B. 技师乙正确

　　C. 两个都正确　　　　　　　　　　D. 两个都不正确

8. 不属于防抱死制动系统部件的是(　　)。

　　A. 电子制动控制模块(EBCM)　　　B. 液压控制单元

　　C. 制动警告灯　　　　　　　　　　D. 真空泵

9. ABS 介入工作的第一个工作阶段是(　　)。

　　A. 常规制动阶段　　　　　　　　　B. 保压制动阶段

　　C. 减压制动阶段　　　　　　　　　D. 增压制动阶段

10. 汽车制动过程中,如果只是前轮制动到抱死滑移而后轮还在滚动,则汽车可能(　　)。

　　A. 失去转向性能　　　　　　　　　B. 甩尾

　　C. 正常转向　　　　　　　　　　　D. 调头

11. 常开式两位两通电磁阀,当电磁阀处于打开状态时,(　　)。

　　A. 通大电流　　　B. 通小电流　　　C. 通电　　　　　　D. 断电

12. 当滑移率为 100% 时,横向附着系数降为(　　)。

　　A. 1　　　　　　　B. 0.5　　　　　　C. 0.2　　　　　　　D. 0

(三) 判断题

1. 随着踏板力的不断增加,地面制动力不断增加,但最大值不会超过附着力。　　(　　)

2. 当车轮抱死时,制动器制动力最大,所以制动效果最好,制动距离最短。 （　　）

3. 控制通道是指能够独立进行制动压力调节的制动管路。 （　　）

4. 四通道 ABS 比三通道 ABS 制动力要大,但制动稳定性可能稍差。 （　　）

5. 霍尔式轮速传感器工作时,ABS ECU 给霍尔元件施加一个 5V 或 8V 的电压。

（　　）

6. 电磁式轮速传感器比霍尔式轮速传感器抗电磁干扰强。 （　　）

7. 更换 ABS ECU 后应进行重新编码。 （　　）

8. EBD 优先于 ABS 工作,但 ABS 开始起作用时,EBD 会自动退出工作。 （　　）

9. 要想获得好的制动效果,必须同时具备两个条件,即汽车具有足够的制动器制动力,同时又要有附着系数较高的路面提供足够的地面制动力。 （　　）

10. 汽车制动的最佳状态是出现完全抱死的滑移现象。 （　　）

11. ABS 工作时需要驾驶人不断地踩下、放松制动踏板才能起作用。 （　　）

12. ABS 和 EBD 没有区别。 （　　）

任务二　检修防抱死制动系统

任务导入

一　任务描述

　　一辆装备 ABS 的别克君越轿车,当点火开关置于"ON"位,功能自检,3～5s 后,仪表板上的 ABS 指示灯(黄色)常亮。起动发动机,发动机能够起动,但仪表板上的 ABS 指示灯(黄色)仍然常亮。

　　经过维修技师的检查,是 ABS 泵电机电路故障。功能自检时,ABS ECU 给泵电机通电,由于电路故障,ECU 监测不到泵电机运转,因此点亮故障灯。

二　任务分析

　　别克君越轿车的 ABS 电路系统主要由 ABS ECU、轮速传感器、车速传感器、制动压力传感器、制动踏板位置传感器、加/减速度传感器、液压控制单元(电磁阀、泵电机等)等部件组成。当功能自检时,需要判断相关电路系统电路,同时给泵电机和电磁阀供电,并向组合仪表发送串行数据,组合仪表点亮 ABS 指示灯,若系统无故障,3～5s 后,ABS 指示灯熄灭。由于上述案例中 ABS 泵电机电路故障,因此功能自检后,ABS 指示灯常亮。

三 技能目标

(1)能看懂电路图并检测相关电路。

(2)能分析 ABS 故障的原因。

(3)能制订 ABS 故障诊断流程。

知识结构导图

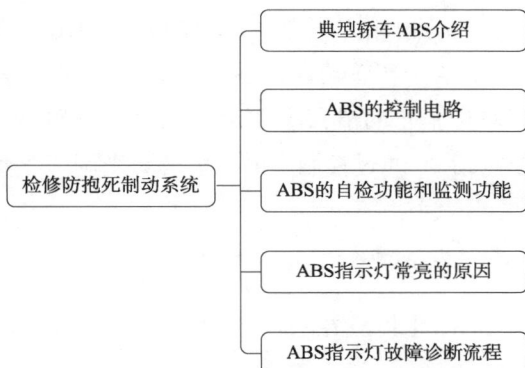

```
                      ┌─ 典型轿车ABS介绍
                      │
                      ├─ ABS的控制电路
                      │
检修防抱死制动系统 ─────┼─ ABS的自检功能和监测功能
                      │
                      ├─ ABS指示灯常亮的原因
                      │
                      └─ ABS指示灯故障诊断流程
```

相关知识

一 典型轿车 ABS 介绍

下面以上汽通用汽车二位二通电磁阀控制的 ABS 为例进行介绍。

典型轿车 ABS 的
结构工作过程

1. ABS 的组成部件

ABS 是在传统机械液压制动系统的基础上建立的电子控制装置,除了传统的液压制动系统部件外,还包括电子控制制动模块(EBCM)、液压控制单元、轮速传感器、ABS 故障指示灯等,如图 3-2-1 所示。图中的实线表示液压控制的油液流向,虚线表示电路的控制。

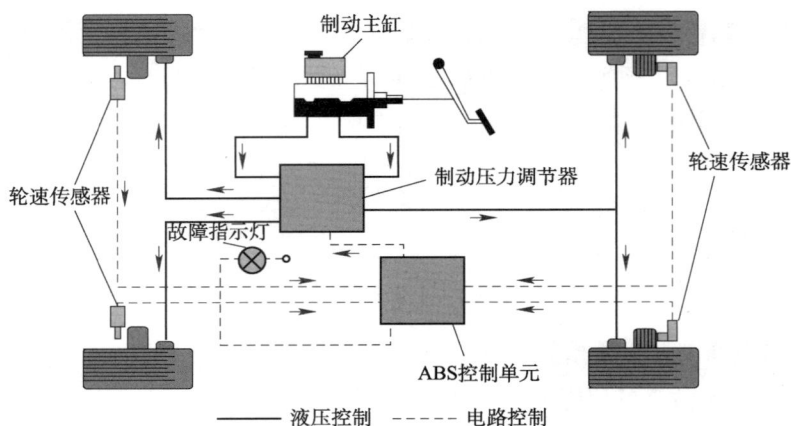

图 3-2-1 ABS 的组成部件

2. 电子制动控制模块

电子制动控制模块(EBCM)由输入电路、数字控制器、输出电路和警告电路组成,包含了 ABS ECU,主要功能是接收 4 个车轮轮速传感器的输入信号,并进行比较、分析和判别处理,计算出车轮的滑移率,一旦车轮的滑移率超出理想范围,EBCM 向液压控制单元内的电磁阀和电动液压泵发送控制指令,通过控制电磁阀的通断来调节车轮制动轮缸的制动压力,防止车轮抱死。

3. 液压控制单元

液压控制单元通常和 EBCM 集成在一起,如图 3-2-2 所示,串联在制动主缸和轮缸之间。

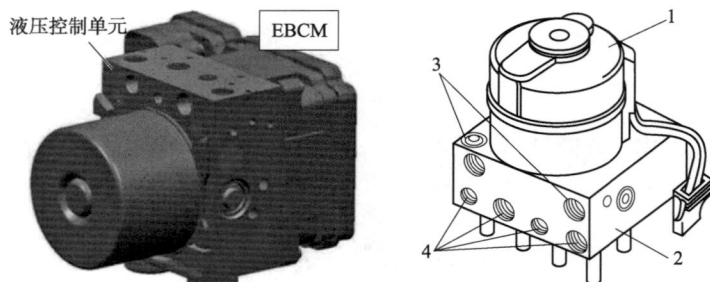

图 3-2-2 液压控制单元
1-电动液压泵;2-阀体;3-至制动主缸;4-至制动轮缸

液压控制单元包括电动液压泵、蓄压器和电磁阀等,如图 3-3-3 所示。电磁阀通常有进油阀和出油阀两种。

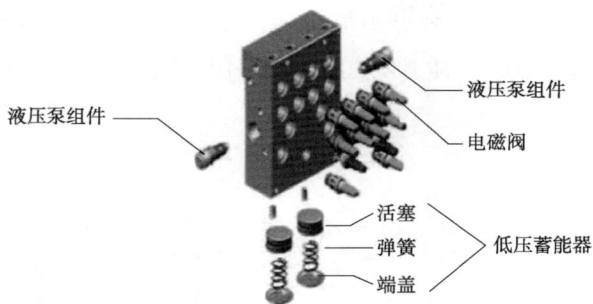

图 3-2-3　液压控制单元的组成部件

4. 二位二通电磁阀控制的 ABS 的工作过程

1）组成部件

二位二通电磁阀控制的 ABS 制动压力调节器主要由出油阀（常闭二位二通电磁阀）、进油阀（常开二位二通电磁阀）、储液器（低压）、电动液压泵、止回阀、节流阀、高压腔等部件组成，如图 3-2-4 所示。

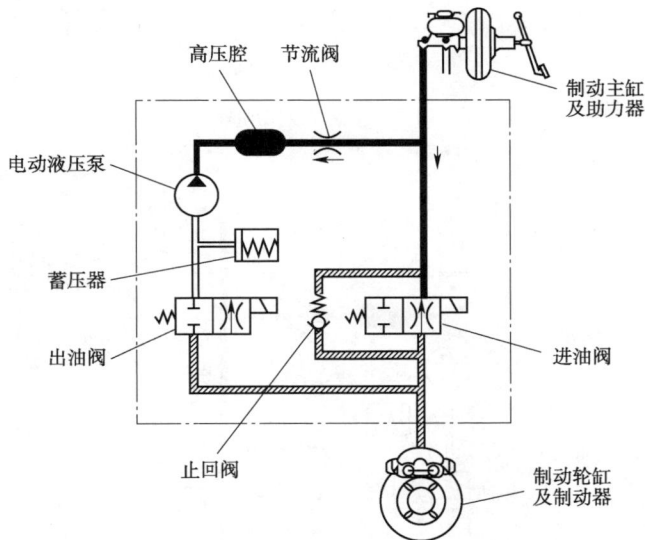

ABS 的工作过程

图 3-2-4　二位二通电磁阀控制的 ABS 制动压力调节器

2）工作过程

（1）常规制动阶段。

如图 3-2-5 所示，在常规制动阶段，ABS 不工作，两电磁阀均不通电，进油电磁阀处于开启状态，出油电磁阀处于关闭状态。制动主缸的制动液经进油阀进入制动轮缸，来自制动主缸的制动压力全部施加在制动轮缸上，如图中高压侧所示。

（2）保压制动阶段。

如图 3-2-6 所示，当 ABS 的 ECU 通过轮速传感器检测到滑移率达到设定值或通过减速度传感器检测到车轮的减速度达到设定值时,EBCM 使进油电磁阀通电,使其关闭进油通道;出油电磁阀仍处于断电状态,使其关闭轮缸通向电动液压泵的通道,轮缸制动压力保持不变,但仍然为高压。

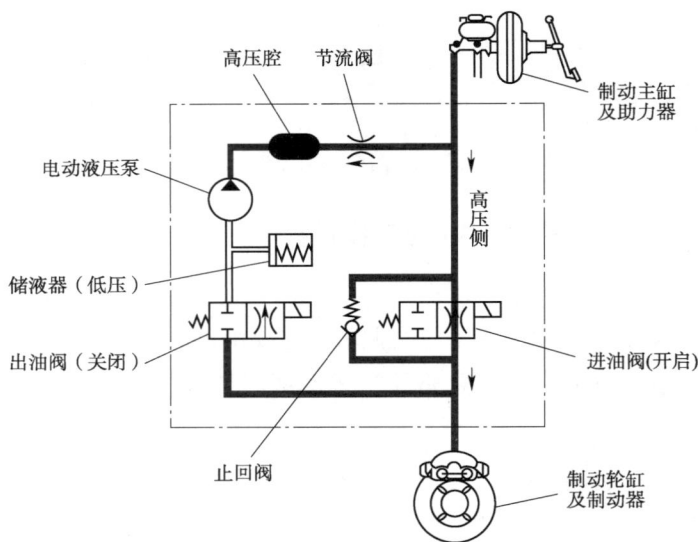

图 3-2-5　常规制动阶段

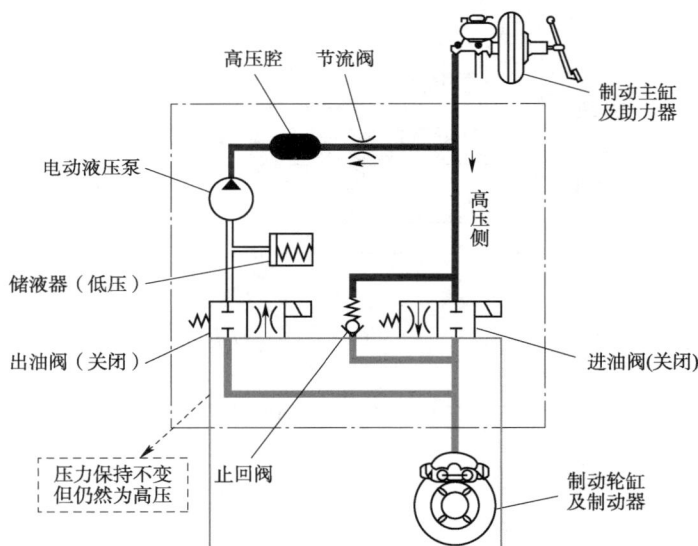

图 3-2-6　保压制动阶段

（3）减压制动阶段。

如图 3-2-7 所示,当 ABS 的 ECU 通过轮速传感器或减速度传感器检测到车轮趋于抱死时,EBCM 同时给进油阀、出油阀、电动液压泵通电。制动轮缸的进油通道关闭,出油阀开启且电动液压泵工作。制动轮缸里的制动液经过低压储液器流向电动液压泵,电动液压泵再将制动液泵回制动主缸,踏板有回弹感。

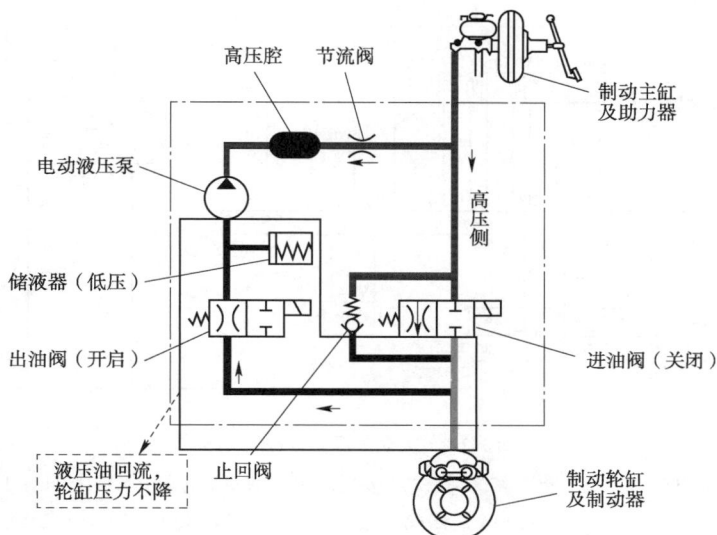

图 3-2-7　减压制动阶段

当制动压力减小到使车轮的滑移率在设定范围内时,进油阀通电,出油阀断电,压力保持。

(4)增压制动阶段。

当 ABS 的 ECU 通过轮速传感器检测到车轮的加速度达到设定值时,进、出油电磁阀均断电,制动轮缸进油通道开启,出油通道关闭,制动主缸和电动液压泵同时向制动轮缸补充制动液,使其制动压力增高。

ABS 制动压力调节器按上述"保压制动—减压制动—保压制动—增压制动—保压制动"的循环对制动压力进行调节,直到车速低于设定值(例如 8 km/h),ABS 自动退出工作。

二　ABS 的控制电路

1. 大众车系 ABS 控制电路

如图 3-2-8 所示为大众车系 ABS 控制电路。

图中 J104 是 ABS ECU,4 个轮速传感器(G44 为右后轮速传感器,G45 为右前轮速传感器,G46 为左后轮速传感器,G47 为左前轮速传感器)分别通过端子"1—17""3—18""2—10"和"4—11"将各车轮的转速信号输入 ABS ECU。

典型轿车 ABS 的
控制电路

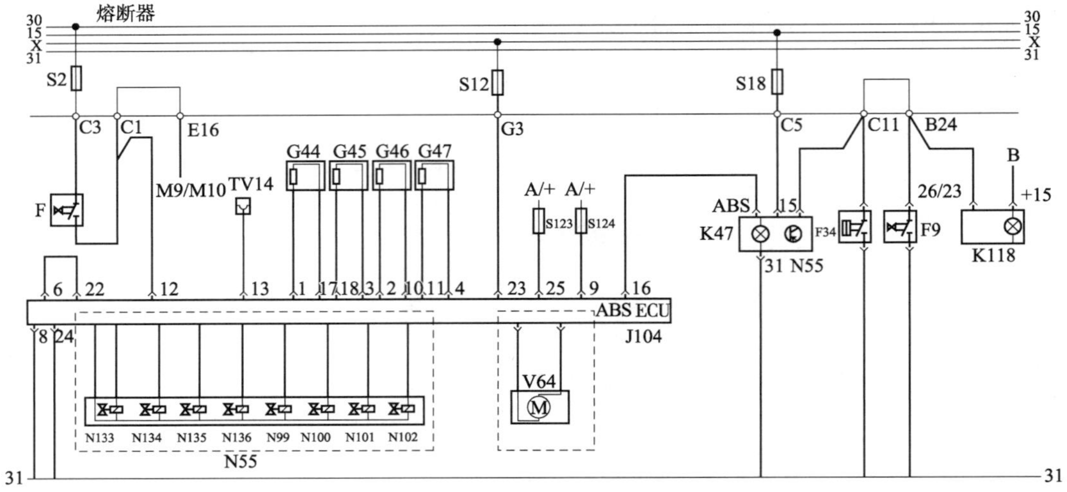

图 3-2-8　大众车系 ABS 控制电路

30-常用电源;15-控制电源;X-通过点火开关;31-搭铁;A-蓄电池;B-在仪表板内端子 +15;F-制动灯开关;F9-驻车制动灯开关;F34-制动液位报警信号开关;S2-10A 熔断丝;S12-15A 熔断丝;S18-10A 熔断丝;S123-液压泵 30A 熔断丝;S124-电磁阀 30A 熔断丝;TV14-诊断连接器;V64-电动液压泵

制动压力调节器 N55 中有 8 个二位二通电磁阀(N99 为右前轮常开进油阀,N100 为右前轮常闭出油阀,N101 为左前轮常开进油阀,N102 为左前轮常闭出油阀,N133 为右后轮常开进油阀,N134 为右后轮常闭出油阀,N135 为左后轮常开进油阀,N136 为左后轮常闭出油阀),分别由 ABS ECU 控制其工作。

制动灯开关 F、驻车制动灯开关 F9、制动液位报警信号开关 F34 为 ABS ECU 提供开关信号。

K47 为 ABS 警报灯,K118 为驻车制动及制动液位警报灯。

V64 为电动液压泵,由 ABS ECU 控制其工作。

2. 通用车系 ABS 控制电路

如图 3-2-9 所示为别克君越轿车 ABS 模块电源、搭铁和子系统参考图。图中 K17 为电子制动控制模块,F57UA50A 为 ABS_PUMP 熔断丝,F1DA30A/40A 为 ABS_VALVE 熔断丝。ABS 电动液压泵电机由 K17 电子制动控制模块控制继电器(此继电器与 ABS ECU 集成为一体,图中未显示)使其工作。G110 为 ABS ECU 和电动液压泵电机公共搭铁。ABS 报警指示灯由 K17 将信息传给组合仪表 P16,再经过 A90 逻辑电路控制其点亮或熄灭。

如图 3-2-10 所示为轮速传感器电路图。4 个轮速传感器均为霍尔式类型,K17 电子制动控制模块分别通过 3、11、27、36 端子给 4 个轮速传感器提供大约 12V(蓄电池电压)的电压,4、10、28、35 是信号端。

图 3-2-9 模块电源、搭铁和子系统参考图

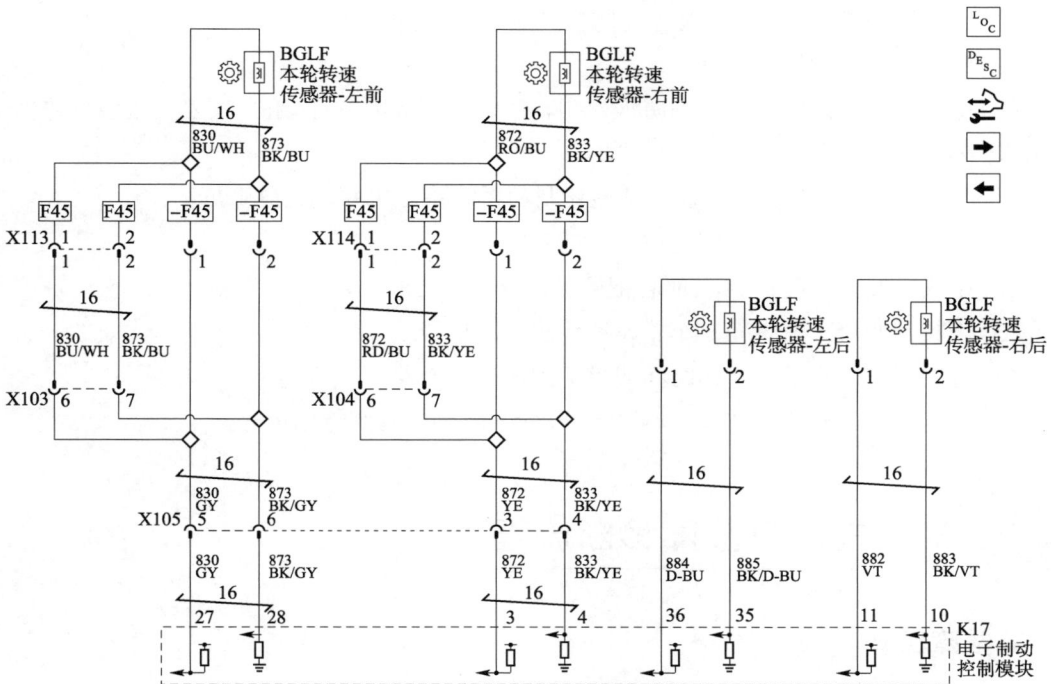

图 3-2-10 轮速传感器电路图

三　ABS 的自检功能和监测功能

1. 自检功能

以图 3-2-8 为例,接通点火开关,蓄电池通过 S12 熔断丝经 23 号端子向 ABS ECU 供电。经 S123 和 S124 使 ABS ECU 25 和 9 号端子得电,电动液压泵和制动压力调节器电磁阀处于待命状态。此时 ABS ECU 将运行自检程序。ABS ECU 控制使 16 号端子通电 3 ~ 5 s,从而使仪表板内的 ABS 指示灯亮 3 ~ 5 s,然后熄灭,表示系统电路正常。

2. 监测功能

以图 3-2-8 为例,在汽车行驶过程中,当车速超过 8 km/h(各车型可能略有不同)时,ABS ECU 就会对各轮速传感器、电动液压泵和制动压力调节器电磁阀的工作状态进行监测。当发现系统出现异常时,ABS ECU 将切断 9 号端子与搭铁之间的通路,使制动压力调节器电磁阀断电,从而关闭 ABS,转化为常规制动系统。同时 ABS ECU 16 号端子通电,点亮 ABS 指示灯,使其常亮以警示驾驶人。

四　ABS 指示灯常亮的原因

发生以下情况时,组合仪表会点亮防抱死制动系统指示灯:

(1)组合仪表执行灯泡检查。

(2)电子制动控制模块检测到防抱死制动系统停用故障时,向组合仪表发送串行数据信息请求点亮指示灯。

当有下列的异常现象被发现时,防抱死制动系统将停用并点亮故障灯:

(1)液压泵电机作用的时间超过一定的时间。

(2)车辆已经行驶超过 30 s,而忘记解除驻车制动。

(3)未收到四个车轮中任一车轮轮速传感器的信号。

(4)电磁阀作用超过一定的时间或检测到电磁阀断路。

(5)发动机已经开始动作或车辆已经开动,未收到电磁阀输出信号。

五　ABS 指示灯故障诊断流程

1. 故障现象

将点火开关置于"ON"(打开)位置后,或电子制动控制模块检测到故障并向组合仪表发送串行数据信息以指令点亮指示灯时,"组合仪表"点亮防抱死制动系统指示灯持续 5s 以上。

2. 诊断流程

以图 3-2-9 为例。

第一步:点火开关置于 ON(打开)位置。

第二步:确认未设置故障诊断码。

如果设置了任何故障诊断码,参见"故障诊断码（DTC）列表—车辆",按照故障码说明进行维修。如果未设置故障诊断码,执行第三步。

第三步:当用故障诊断仪指令"所有指示灯"点亮和熄灭时,确认"组合仪表"防抱死制动系统指示灯点亮和熄灭。

如果防抱死制动系统指示灯未点亮和熄灭,更换 P16 组合仪表。

如果防抱死制动系统指示灯点亮和熄灭,执行第四步。

第四步:将点火开关置于 ON(打开)位置 5s 后,确认防抱死制动系统指示灯熄灭。

如果防抱死制动系统指示灯未熄灭,更换 K17 电子制动控制模块。

如果防抱死制动系统指示灯熄灭,则 ABS 全部正常。

任务实施

一　实施计划

任务导入的别克君越轿车,无论是自检还是发动机起动,仪表板 ABS 黄色指示灯均常亮,初步判断 ABS 肯定存在故障。因此必须查阅车型维修技术资料,利用故障诊断仪等设备,按照指示灯亮标准流程来检修故障。

二　实施环境

(1)汽车整车实训室。

(2)装备有 ABS 的轿车、举升机、工具车、工作台等。

(3)相应的车辆维修手册。

三　实施步骤

分小组完成如下操作要求:

（1）查询车辆 ABS 相关电路图。

（2）分组检修 ABS 指示灯亮故障。

（3）完成下面的任务工单。

四 任务工单

项目三　检修电子控制制动系统 任务二　检修防抱死制动系统	班级			
	姓名		学号	
	日期		分数	

1. 根据教师指定的整车(装备 ABS)，回答以下问题。(20 分)

(1) 车辆的型号：_____。

(2) 车辆的 VIN 码：_____。

(3) ABS 的类型：_____。

(4) ABS 的组成部件有：_____

_____。

(5) ABS 的工作过程有：_____

_____。

2. 根据下图分析二位二通电磁阀控制的 ABS 工作过程。(20 分)

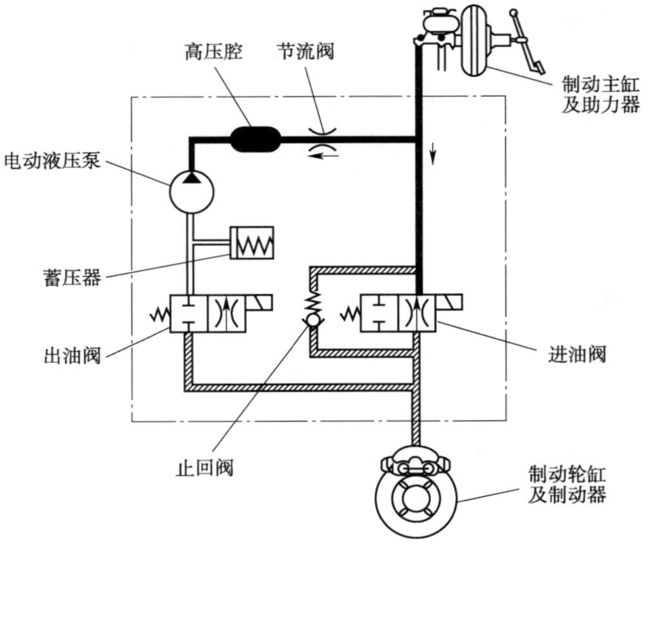

3. 总结 ABS 指示灯常亮的原因。(30 分)

4. 制定 ABS 指示灯故障诊断流程。(30 分)

❀ 复习延伸

一 重点总结

(1)电子制动控制模块,英文简称是 EBCM。

(2)液压控制单元包括电动液压泵、蓄压器和电磁阀等。

(3)两位两通电磁阀包括进油阀(常开)和出油阀(常闭)两种。

(4)两位两通电磁阀控制的 ABS 工作过程包括:常规制动阶段、保压制动阶段、减压制动阶段和增压制动阶段。

(5)功能自检时,ABS 指示灯亮 3～5s,然后熄灭,表示系统电路正常。

(6)电子制动控制模块检测到防抱死制动系统停用故障时,向组合仪表发送串行数据信息请求点亮指示灯。

二 课后练习

(一) 简答题

1. 简述二位二通电磁阀控制的 ABS 工作过程。

2. 简述 ABS 功能自检的过程。

3. 分析 ABS 指示灯亮的原因。

4. 制定 ABS 指示灯亮故障诊断流程。

(二) 选择题

1. 二位二通电磁阀控制的 ABS 在保压过程中,下面说法正确的是(　　)。

　　A. 进油阀和出油阀均不通电　　　　　　B. 进油阀通电,出油阀不通电

　　C. 进油阀不通电,出油阀通电　　　　　　D. 进油阀和出油阀均通电

2. 二位二通电磁阀控制的 ABS 在减压过程中,下面说法正确的是(　　)。

　　A. 进油阀和出油阀均不通电　　　　　　B. 进油阀通电,出油阀不通电

　　C. 进油阀不通电,出油阀通电　　　　　　D. 进油阀和出油阀均通电

3. 在正常的情况下,点火开关打开,ABS 报警灯(　　)s 后应当熄灭,否则说明 ABS 有问题。

　　A. 1　　　　　　　　B. 3 ~ 5　　　　　　　　C. 5　　　　　　　　D. 10

4. 进油阀的特点是(　　)。

　　A. 常开的　　　　　　　　　　　　　　B. 常闭的

　　C. 常开的、常闭的无所谓　　　　　　　　D. 肯定是三位三通的

5. ABS 故障灯常亮,可能的原因有(　　)。(多选)

　　A. 泵电机控制继电器故障　　　　　　　B. 电磁阀故障

　　C. 没有收到轮速传感器信号　　　　　　D. 蓄电池电压正常

6. ABS 目测检查的项目有(　　)。(多选)

　　A. 检查储液室液位是否过低、液压系统是否外部泄漏。

　　B. 检查驻车制动是否完全解除及驻车开关功能是否正常。

　　C. 检查 ABS 熔断丝是否熔断,如果熔断,找出熔断丝熔断的原因,并更换熔断丝。

　　D. 检查导线及连接器是否有破损或连接松动现象,如果有则更换导线和接好各连接器。

(三) 判断题

1. 二位二通电磁阀控制的 ABS 在增压过程时,进油阀和出油阀均通电。　　　　(　　)

2. 拆卸 ABS 控制器时可以不用断电。　　　　　　　　　　　　　　　　　　(　　)

3. 检修带有蓄压器的 ABS 液压系统,首先要卸除系统的高压。　　　　　（　　）

4. 在正常的情况下,点火开关打开,ABS 指示灯亮 3～5s 后应当熄灭,否则说明 ABS 有问题。　　　　　（　　）

5. ABS 故障灯若常亮,说明 ABS 存在故障,ABS 就不能起作用了。　　　　　（　　）

6. 出油阀在电磁阀不通电时是常闭的。　　　　　（　　）

7. 若任意一个轮速传感器出现故障时,ABS 指示灯就会被点亮,同时 ABS 将自动退出工作。

　　　　　（　　）

8. ABS 指示灯的颜色是黄色。　　　　　（　　）

9. 若任意一个轮速传感器故障,ABS 将控制其余三个车轮,确保这个车轮不发生抱死。

　　　　　（　　）

10. 如果泵电机不能运转,ABS 指示灯会常亮。　　　　　（　　）

任务三　认知驱动防滑控制系统

任务导入

一　任务描述

　　一位具备驱动防滑控制系统(ASR)的轿车客户反映,下雨天紧急加速时,仪表板棕黄色 ASR 指示灯不断闪烁,但降速后或者行驶在干路面时车辆正常。于是客户赶紧向 4S 店技师咨询,是否车辆出现故障?

二　任务描述

　　当汽车行驶在湿滑路面时,驱动车轮可能出现滑转,仪表板棕黄色 ASR 指示灯不断闪烁,表示主动安全装置 ASR 正在起作用,属于正常工作情况。

三　技能目标

　　(1)能区分滑转率和滑移率。

(2)能理解 ASR 的控制策略。

知识结构导图

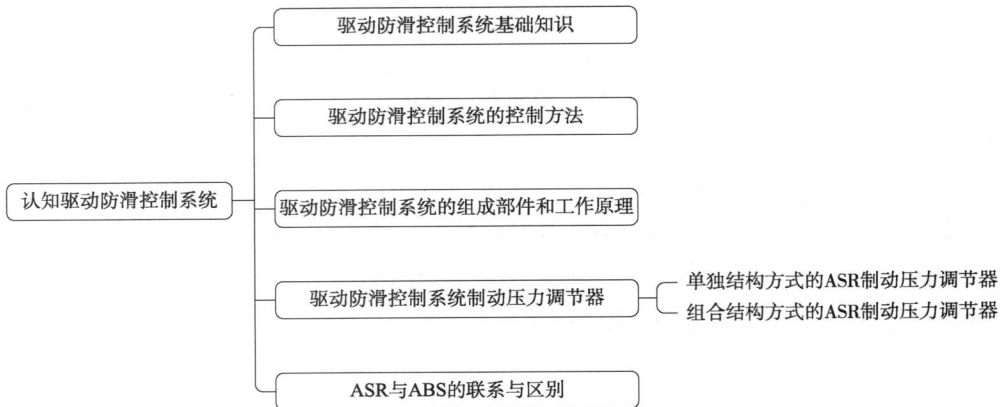

```
                        ┌─ 驱动防滑控制系统基础知识
                        │
                        ├─ 驱动防滑控制系统的控制方法
                        │
认知驱动防滑控制系统 ──────┤─ 驱动防滑控制系统的组成部件和工作原理
                        │
                        ├─ 驱动防滑控制系统制动压力调节器 ──┬─ 单独结构方式的ASR制动压力调节器
                        │                                  └─ 组合结构方式的ASR制动压力调节器
                        └─ ASR与ABS的联系与区别
```

相关知识

一 驱动防滑控制系统基础知识

1. 驱动防滑控制系统的概念

驱动防滑控制系统的英文全称是 Acceleration Slip Regulation,简称 ASR,也称为牵引力控制系统(Traction Control System),简称 TCS 或 TRC。

ASR 是汽车的一种主动安全装置,它是 ABS 功能的进一步扩展和重要补充。它能够在驱动过程中,特别是在起步、加速、转弯等过程中防止车轮发生过分滑转,提高汽车的行驶稳定性、转向操纵能力和加速性能。

2. 驱动防滑控制系统的作用

1)防止汽车驱动轮在加速时出现打滑

当汽车行驶在恶劣路面或复杂路面条件下,特别是下雨、下雪、结冰等摩擦力较小的特殊路面上,汽车加速时 ASR 能将车轮的滑转率控制在一定范围内,从而防止驱动轮在加速时出现打滑,减少类似制动时出现的危险状况。

2)提高汽车的行驶稳定性

行驶在附着系数非对称的路面上,没有 ASR 的汽车加速时,附着系数较小的车轮(右侧车轮)容易出现驱动轮打滑,如图 3-3-1 所示。如果是后轮驱动的车辆容易"甩尾",如果是前轮驱动的车辆容易发生方向失控。有 ASR 时,汽车在加速时就不会有或能够减轻这种现象。

在转弯时,如果发生驱动轮打滑会导致整个车辆向一侧偏移,当有 ASR 时就会使车辆沿着正确的路线转向。

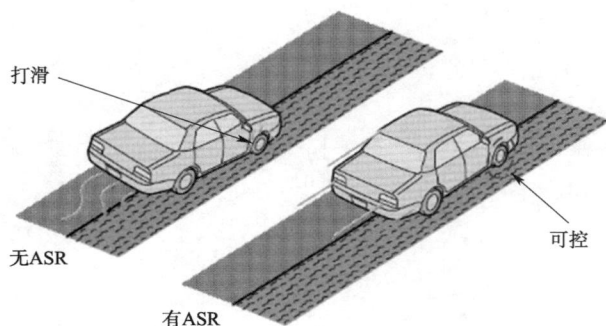

图 3-3-1　非对称路面汽车驱动比较

3. 滑转率

1)滑转率的概念

滑转是指当车轮转动而车身不动或汽车的速度低于转动车轮的轮缘速度时,轮胎与路面之间有相对的滑动。

汽车在驱动过程中,驱动车轮可能相对于路面发生滑转,滑转成分在车轮纵向运动中所占的比例称为驱动车轮的滑转率,通常用 S_d 表示。其定义表达式为:

$$S_d = \frac{r\omega - v}{r\omega} \times 100\% \tag{3-3-1}$$

式中:v——车身(或车轮中心)纵向的速度;

ω——车轮的旋转角速度;

r——车轮的滚动半径。

由定义表达式可知滑转率的大小有三种情况:

(1)当 $v = r \times \omega$ 时,滑转率为零,即车轮为纯滚动。

(2)当汽车驱动加速(如行驶在光滑路面)时,驱动车轮边滚动边滑转,$0 < S_d < 100\%$。

(3)当驱动车轮车轮处于完全滑转时(如驱动车轮陷进泥潭中,汽车原地不动,而驱动轮高速旋转),则滑转率为 100%。

2)滑转率对附着系数的影响

大量的试验证明,附着系数的大小随着滑转率的变化而变化。如图 3-3-2 所示为行驶在不同附着系数路面时滑转率对附着系数的影响。

由图 3-3-2 可以看出,滑转率对附着系数的影响和滑移率对附着系数的影响基本类似。当滑转率为零,即车轮处于纯滚动状态时,其横向附着系数也最大,此时汽车保持转向和防止侧滑的能力最强。随着滑转率的增加,侧向附着系数下降,当滑转率为 100%,侧向附着系数变得极小,轮胎与路面之间的侧向附着力接近于零,车轮将完全丧失抵抗外界侧向力作用的能力。

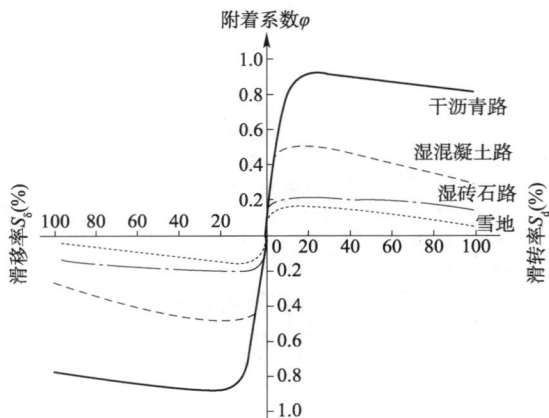

图 3-3-2　滑转率对附着系数的影响

行驶在干路面或湿路面上,当滑转率在 15% ~30% 范围内时,车轮具有最大的纵向附着系数,此时可产生的地面驱动力最大。在雪路或冰路面上行驶时,最佳滑移率在 20% ~50% 的范围内。

行驶在各种路面上,滑转率约为 20% 左右时,纵向附着系数达到峰值。ASR 就是利用控制系统控制车轮与路面的滑转率,防止汽车在加速、转向或在不同附着系数的路面上行驶时出现打滑,防止驱动轮的空转,以保持汽车行驶方向的稳定性、操纵性并保证汽车的最佳驱动性能。

4. 驱动打滑与制动打滑的区别

(1)驱动打滑是在汽车驱动过程中产生,制动打滑是在制动过程中产生。

(2)驱动打滑只发生在驱动车轮,制动打滑发生在所有车轮。

(3)驱动打滑是驱动车轮发生滑转,通过滑转率来进行控制;制动打滑是车轮发生滑移,通过滑移率来进行控制。

二　驱动防滑控制系统的控制方法

1. 驱动轮制动控制

ASR 的控制方法

当汽车在附着系数不均匀的路面上行驶时,处于低附着系数路面的驱动车轮可能会滑转,如图 3-3-3 所示。此时 ASR ECU 将直接对发生空转的驱动轮加以制动,反应时间最短。目前,汽车普遍采用 ASR 与 ABS 组合的液压控制系统,在 ABS 中增加电磁阀和调节器,从而增加了驱动控制功能。

驱动轮制动控制有两种情况:

(1)如果单侧车轮出现打滑,如图 3-3-3 所示,ASR ECU 将发出指令,通过制动系统压力调节器,对产生滑转的车轮施加制动。随着滑转车轮制动减速,其滑转率会逐渐下降,直到滑转率降到预定范围内之后,ASR ECU 向执行机构发出指令,减少或停止这种制动控制。与此同时,另一侧非滑转车轮仍然保持正常的驱动力。这种控制类似于驱动桥差速器中的差速锁。

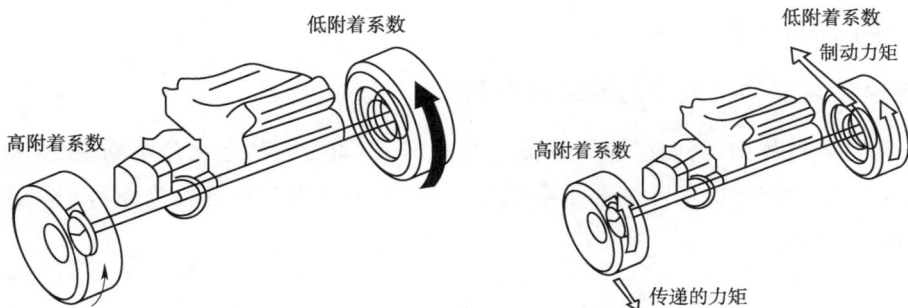

图 3-3-3　驱动轮制动控制的方法

（2）当两侧驱动车轮都出现滑转,但滑转率不同时,可以通过对两侧驱动车轮施加不同的制动力,分别抑制它们的滑转。这种方式是防止驱动车轮滑转最迅速有效的一种控制方法。但出于对舒适性的考虑,一般这种制动力不可太大,因此,常常作为上一种方法的补充,以保证控制效果和控制速度的统一。

2. 发动机输出功率控制

当汽车驱动轮发生滑转时,ASR ECU 根据各传感器信号输出控制信号来控制发动机的输出功率,以抑制驱动轮滑转。通常有以下几种方法。

（1）调整供油量:减少或切断喷油。

（2）调整点火时间:减小点火提前角或停止点火。

（3）调整进气量:减小节气门的开度。通过串联一个副节气门控制或电子控制系统直接控制电子节气门来实现对节气门开度的调节。

这种控制方式能够保证发动机输出转矩与地面提供的驱动转矩达到匹配,可以改善燃油经济性,减少轮胎的磨损。

3. 同时控制发动机输出功率和驱动车轮的制动力

此类型的 ASR 是采用差速制动控制和发动机输出功率控制相结合的综合控制系统。汽车在行驶过程中,控制器可根据发动机的状态和车辆滑转的实际情况采取相应的控制措施。

4. 变速器的传动比控制

对于电控自动变速器的汽车,在驱动车轮出现滑转时,由驱动防滑电子控制装置与变速器电子控制装置进行通信,修正换挡规律,保证发动机转矩不增大的情况下,使作用于驱动车轮的驱动力有所减小,从而控制车轮的滑转。

该控制方式反应较慢,变化突然,一般不作为单独的控制模式。

5. 防滑差速锁(Limited-Slip-Differential,LSD)控制

当驱动轮单边滑转时,控制器输出控制信号,使 LSD 和制动压力调节器动作,以控制车轮的滑移率。这时非滑转车轮还有正常的驱动力,从而提高了汽车在滑溜路面的起步、加速能力及行驶方向的稳定性。

6. 差速锁与发动机输出功率综合控制

汽车在行驶过程中,路面滑溜的情况千差万别,驱动力的状态也是不断变化,根据发动机的状况和车轮滑转率的实际情况采取相应的控制,可使汽车在各种路面行驶和起步时具有更高的稳定性和操纵性。

三 驱动防滑控制系统的组成部件和工作原理

1. 驱动防滑控制系统的组成部件

以同时控制发动机输出功率和驱动车轮制动力的驱动防滑控制系统为例,其主要由以下几部分组成:

(1)传感器或控制开关,主要包括轮速传感器、车速传感器、副节气门位置传感器、减速度传感器、制动压力传感器、ASR 控制开关等。

(2)ASR ECU,负责接收和处理传感器或控制开关的信号,通过计算、分析、比较确定驱动车轮的滑转率和汽车的参考速度,并控制其他组件进行调节。

(3)执行器,主要包括制动压力调节器、副节气门驱动装置等。

(4)通常轮速传感器、减速度传感器、制动压力调节器与 ABS 共用,而副节气门位置传感器、副节气门驱动装置是在发动机主节气门的结构上改进形成的。

2. 驱动防滑控制系统的工作原理

ASR 的工作原理如图 3-3-4 所示。汽车行驶过程中,轮速传感器将驱动车轮的转速及非驱动车轮的转速转变为电信号输送给 ASR ECU,ASR ECU 根据车轮转速计算驱动车轮的滑转率。

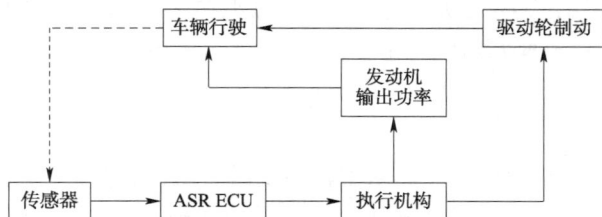

图 3-3-4 ASR 的工作原理示意图

如果滑转率超出了目标范围,ASR ECU 则综合各方面参数选择控制方式,首先通过控

制发动机的输出功率,使其输出转矩减小,驱动轮驱动力随之下降。若驱动车轮的滑转率仍未降到设定的控制范围内,ASR ECU 会控制制动压力调节装置,对驱动车轮施加一定的制动力,从而将驱动车轮的滑转率控制在目标范围之内。

四 驱动防滑控制系统制动压力调节器

ASR 制动压力调节器执行 ASR ECU 的指令,对滑转车轮施加制动力并控制制动力的大小,将滑转车轮的滑转率控制在目标范围内。它的制动压力源是蓄能器,通过电磁阀来调节驱动车轮制动压力的大小。目前,ASR 制动压力调节器的结构形式有单独结构方式和组合结构方式两种。

(一) 单独结构方式的 ASR 制动压力调节器

所谓单独结构方式是指 ASR 制动压力调节器和 ABS 制动压力调节器在结构上各自分开,其结构如图 3-3-5 所示。ASR 制动压力调节器主要由调压缸、蓄能器、三位三通电磁阀、储液器、增压泵及电机等部件组成。

ASR 制动压力调节器的
结构工作原理

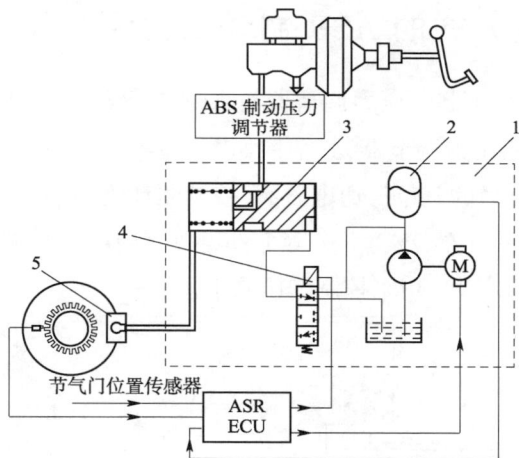

图 3-3-5 单独结构方式 ASR 制动压力调节器的结构和工作原理图

1-ASR 制动压力调节器;2-蓄能器;3-调压缸;4-三位三通电磁阀;5-驱动车轮制动器

1. ASR 不起作用

ASR 不起作用时,三位三通电磁阀 4 不通电,调压缸 3 的右腔与储液器相通,由于右腔压力低,调压缸的活塞被复位弹簧推到右边极限位置,ABS 制动压力调节器与驱动车轮的制动轮缸连通。因此,在 ASR 不起作用时,对 ABS 工作无影响。

2. ASR 增压过程

当驱动轮出现滑转时,ASR ECU 输出控制信号,使三位三通电磁阀 4 线圈通大电流,此时调压缸 3 右腔与储液器隔断而与蓄能器 2 连通,蓄能器 2 内的高压制动液推动调压缸 3 的活塞左移,切断 ABS 制动压力调节器与驱动车轮制动轮缸之间的液压通道。同时随调压缸 3 活塞左移压缩左腔内的制动液,使调压缸左腔和驱动车轮制动轮缸内的制动压力增大,从而使车轮制动。

3. ASR 保压过程

当需要保持驱动轮的制动压力时,ASR ECU 使三位三通电磁阀 4 通小电流,调压缸 3 右腔与蓄能器 2 隔断,与储液器也隔断。于是,调压缸 3 活塞保持原位不动,使驱动车轮制动轮缸的制动压力不变。

4. ASR 减压过程

当需要减小驱动车轮制动压力时,ASR ECU 使三位三通电磁阀 4 断电,调压缸 3 右腔与蓄能器 2 隔断而与储液器连通。于是,调压缸 3 右腔压力下降,活塞在复位弹簧力的作用下右移,使调压缸 3 左腔和驱动车轮制动轮缸之间的空间增大,从而使制动压力下降。

在驱动车轮出现滑转时,ASR ECU 就是通过对电磁阀的上述控制,实现对驱动车轮制动力的控制,将车轮的滑转率控制在目标范围内。

(二) 组合结构方式的 ASR 制动压力调节器

组合结构方式是指 ASR 制动压力调节器与 ABS 制动压力调节器在结构上组合为一个整体,称为 ABS/ASR 制动压力调节器,其结构如图 3-3-6 所示。ABS/ASR 制动压力调节器主要由控制从动轮制动压力的三位三通电磁阀,控制驱动轮制动压力的三位三通电磁阀 I、Ⅱ 及 Ⅲ,蓄能器,储液器,回油泵,压力开关等部件组成。当压力开关检测到蓄能器压力较低时,给 ABS/ASR ECU 提供信号,用来控制增压泵工作。

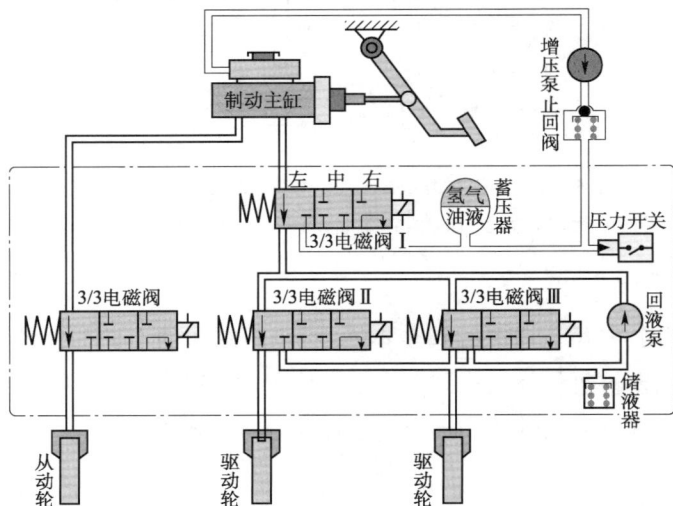

图 3-3-6　组合结构方式 ASR 制动压力调节器

1. ASR 不起作用

ASR 不起作用时,三位三通电磁阀Ⅰ不通电,电磁阀在左位。汽车在制动过程中如果车轮出现抱死,ABS 起作用,通过控制三位三通电磁阀Ⅱ和Ⅲ来调节制动压力。

2. ASR 增压过程

当驱动车轮出现滑转时,ASR ECU 使三位三通电磁阀Ⅰ通最大电流,电磁阀在右位;三位三通电磁阀Ⅱ和电磁阀Ⅲ不通电,电磁阀处于左位。于是,蓄能器的高压制动液进入驱动车轮制动轮缸,制动压力增大。制动压力的调节是靠三位三通电磁阀Ⅱ和Ⅲ的工作来完成的。

3. ASR 保压过程

当需要保持驱动车轮的制动压力时,ASR ECU 使三位三通电磁阀Ⅰ通小电流,电磁阀在中位,隔断了蓄能器及制动主缸的通路,驱动车轮制动轮缸的制动压力被控制保持不变。

4. ASR 减压过程

当需要减小驱动车轮的制动压力时,ASR ECU 使三位三通电磁阀Ⅱ和Ⅲ通大电流,电磁阀Ⅱ和Ⅲ移至右位,将驱动车轮制动轮缸与储液室接通,于是,制动压力下降。

五 ASR 与 ABS 的联系与区别

1. ASR 与 ABS 的联系

(1)ABS 和 ASR 都是通过控制作用于被控制车轮的力矩,而将车轮的滑动率控制在设定的理想范围之内,从而缩短汽车制动距离或提高汽车的加速性能。

(2)ABS 和 ASR 都要求系统具有快速的反应能力,以适应车轮附着力的变化;都要求控制偏差量尽可能达到最小;都要求尽量减少调节过程中的能量消耗。

2. ASR 与 ABS 的区别

(1)ABS 对驱动和非驱动车轮都可进行控制,而 ASR 只对驱动车轮进行控制。

(2)在 ABS 控制期间,离合器通常处于分离状态(手动变速器),发动机也处于怠速运转;而在 ASR 控制期间,离合器处于接合状态,发动机的惯性对 ASR 控制有较大影响。

(3)在 ABS 控制期间,汽车传动系统的振动较小;在 ASR 控制期间,很容易使传动系统产生较大的振动。

(4)在 ABS 控制期间,各车轮之间的相互影响不大;而在 ASR 控制期间,由于差速器的作用会使驱动车轮之间产生较大的互相影响。

(5)ABS 是在车轮制动出现抱死时起作用,车速很低(小于 8km/h)时不起作用;ASR 在汽车整个过程都工作,在车轮出现滑转时起作用,当车速很高(大于 80~120km/h)时不起作用。

任务实施

一 实施计划

任务导入中客户反映的问题实际上是 ASR 起作用时的正常现象,由于客户对 ASR 不是很了解,误认为是车辆出现了异常。因此本次实训任务主要是通过车辆或者台架,查阅车辆相关技术资料,熟悉 ASR 的组成部件和原理。

二 实施环境

(1)汽车底盘电控实训室或汽车整车实训室。
(2)具备 ASR 功能的轿车或台架、举升机、工具车、工作台等。
(3)相应的车辆维修手册或台架资料。

三 实施步骤

分小组完成如下操作要求:
(1)查找 ASR 相关部件,弄清其结构和工作原理。
(2)检测 ASR 相关传感器或用故障诊断仪进行动作测试。
(3)完成下面的任务工单。

四 任务工单

项目三　检修电子控制制动系统 任务三　认知驱动防滑控制系统	班级			
	姓名		学号	
	日期		分数	
1.根据教师指定的整车(装备 ASR),回答以下问题。(20 分) (1)车辆的型号:_____。				

（2）车辆的 VIN 码：_____。

（3）ASR 的类型：_____。

（4）ASR 的组成部件有：_____
_____。

2. 驱动打滑和制动打滑的区别。（20 分）

3. 解释滑转率，并列举 ASR 的控制方式。（30 分）

4. 写出利用故障诊断仪进行动作测试的步骤。（30 分）

复习延伸

一 重点总结

(1)驱动防滑控制系统的英文全称是 Acceleration Slip Regulation,简称 ASR。

(2)汽车在驱动过程中,滑转成分在车轮纵向运动中所占的比例称为驱动车轮的滑转率,通常用 S_d 表示。

(3)ASR 的控制方法有:驱动车轮制动控制、发动机输出功率控制、变速器的传动比控制、防滑差速锁控制、组合控制方式等。

(4)ASR 制动压力调节器的结构形式有单独结构方式和组合结构方式两种。

二 课后练习

(一)简答题

1.解释滑转率的概念。

2.制动打滑与驱动打滑有何区别?

3.ASR 的控制方法有哪些?

4.简述单独结构方式 ASR 制动压力调节器的工作过程。

5.简述组合结构方式 ASR 制动压力调节器的工作过程。

(二)选择题

1.在干路面或湿路面上,当滑转率在(　　　)范围内时,车轮具有最大的纵向附着系数,此时可产生的地面驱动力最大。

    A.0　　　　　　　　B.0.15~0.3　　　　C.0.2~0.5　　　　D.1

2.在汽车驱动轮发生滑转时,应(　　　)喷油。

    A.减少　　　　　　B.增加　　　　　　C.不变　　　　　　D.增加减少都以

3.ABS/ASR ECU 根据(　　　)信号确定驱动车轮的滑转率。(多选)

    A.轮速信号　　　B.车速信号　　　　C.曲轴信号　　　　D.凸轮轴信号

4.当驱动车轮出现滑转时,ASR 的控制方式有(　　　)。(多选)

    A.减小节气门开度

B. 减少供油

C. 通过对驱动车轮施加制动控制滑转率

D. 驾驶人踩制动踏板

（三）判断题

1. 驱动防滑控制系统的英文简称是 ABS。（　　）

2. ABS 和 ASR 可以共用轮速传感器和 ECU。（　　）

3. 驱动防滑控制系统对所有车轮都可以施加制动控制。（　　）

4. 当车轮出现滑转时，优先通过控制发动机的动力来进行控制。（　　）

5. 当滑转率大约为 20% 时，纵向附着系数处于最大值。（　　）

6. ASR 是一种被动安全装置。（　　）

7. ASR 制动压力源是高压蓄能器。（　　）

8. 滑转率和滑移率的计算公式是相同的。（　　）

任务四　检修驱动防滑控制系统

任务导入

一　任务描述

一位具备驱动防滑控制系统（ASR）功能的轿车客户反映，当点火钥匙打到"ON"位时，仪表板 ABS、ASR 指示灯均常亮。经维修技师诊断后，ABS/ASR 泵电机出现电路故障，处理好电路故障后故障现象消除。

二　任务描述

目前，汽车的 ABS 和 ASR 经常共用传感器、ECU 及泵电机等主要部件。因此当泵电机出现电路故障时，仪表板 ABS、ASR 指示灯均常亮。

三 技能目标

（1）能看懂电路图并检测相关电路。

（2）能分析 ASR 故障的原因。

（3）能制订 ASR 故障诊断流程。

知识结构导图

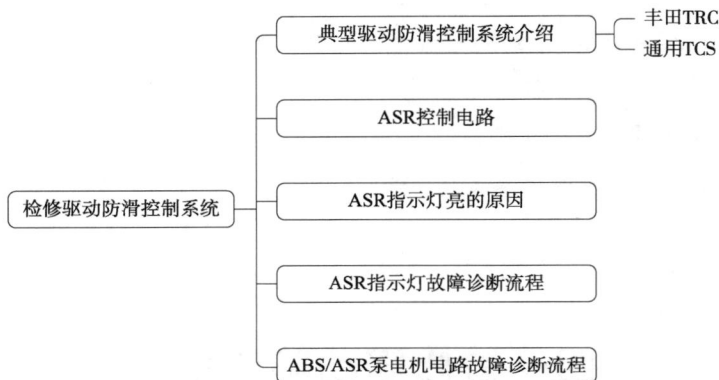

```
                        ┌─ 典型驱动防滑控制系统介绍 ──┬─ 丰田TRC
                        │                            └─ 通用TCS
                        │
                        ├─ ASR控制电路
                        │
检修驱动防滑控制系统 ──┼─ ASR指示灯亮的原因
                        │
                        ├─ ASR指示灯故障诊断流程
                        │
                        └─ ABS/ASR泵电机电路故障诊断流程
```

相关知识

典型轿车 TRC 系统的
控制电路分析

一 典型驱动防滑控制系统介绍

不同车型的驱动防滑控制系统的名称或简称略有不同，例如：宝马的动态牵引力控制系统（Dynamic Traction Control，DTC），丰田的牵引力控制系统（Traction Control System，TRC），奔驰的驱动防滑控制系统（ASR），凯迪拉克的牵引力控制系统（Traction Control System，TCS）等。

（一）丰田 TRC

1. 丰田 ABS/TRC 的组成部件

丰田 ABS/TRC 的结构组成如图 3-4-1 所示，主要由转速传感器、副节气门开度传感器、TRC 选择开关、ABS/TRC ECU、TRC 制动压力调节器、ABS 制动压力调节器、副节气门驱动步进电机、TRC 工作/关闭指示灯等部件组成。

2. 丰田 ABS/TRC 的工作原理

根据图 3-4-1,丰田 ABS/TRC 采用同时控制发动机输出功率和驱动车轮制动力的控制方法实现对驱动车轮滑转率的控制。

ABS/TRC ECU 根据车轮转速信号和汽车参考车速等确定驱动车轮的滑转率。当 ABS/TRC ECU 判定驱动车轮的滑转率超过设定的门限值时,首先控制副节气门的步进电动机转动,减小节气门的开度。主节气门的开度即使不变,发动机的进气量也会因副节气门开度的减小而减小,从而使发动机的输出转矩减小,驱动力随之下降。

若驱动车轮的滑转率仍未降到设定的控制范围内,ABS/TRC ECU 会控制TRC 制动压力调节装置,对驱动车轮施加一定的制动力,进一步降低驱动车轮的滑转率,以达到防止驱动车轮滑转的目的。

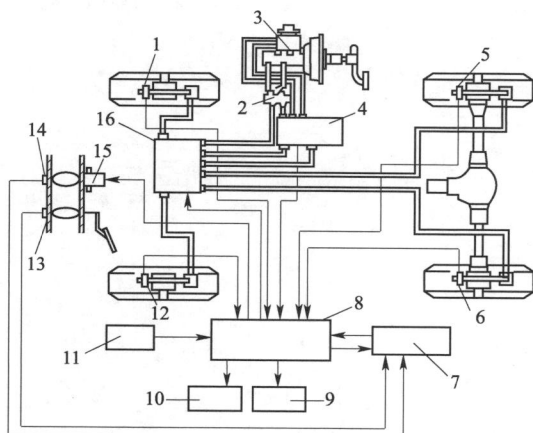

图 3-4-1 丰田 ABS/TRC 的结构

1-右前车轮转速传感器;2-比例阀和差压阀;3-制动主缸;4-TRC 制动压力调节器;5-左后车轮转速传感器;6-右后车轮转速传感器;7-发动机 ECU;8-ABS/TRC ECU;9-TRC 关闭指示灯;10-TRC 工作指示灯;11-TRC 选择开关;12-左前车轮转速传感器;13-主节气门开度传感器;14-副节气门开度传感器;15-副节气门驱动步进电动机;16-ABS 制动压力调节器

3. 丰田 ABS/TRC 的制动执行器

丰田 ABS/TRC 采用单独结构方式,TRC 制动压力调节器和 ABS 制动压力调节器在结构上各自分开,ABS 执行器采用四传感器四通道式 ABS 及循环式调压原理。TRC 制动压力调节器主要由 TRC 电磁阀总成和 TRC 供能装置组成,如图 3-4-2 所示。

1)ABS 制动压力调节器

如图 3-4-2 所示,ABS 制动压力调节器由 4 个三位三通电磁阀、回液泵、储液器等部件组成。

2)TRC 电磁阀总成

如图 3-4-2 所示,TRC 电磁阀总成通过管路与制动主缸、ABS 制动压力调节器和 TRC 供能装置相连,主要由制动主缸隔离电磁阀(Ⅲ)、蓄压器隔离电磁阀(Ⅱ)和储液器隔离电磁阀(Ⅰ)组成。

制动主缸隔离电磁阀是二位二通常开电磁阀,蓄压器隔离电磁阀和储液器隔离电磁阀是二位二通常闭电磁阀。

在 TRC 未介入制动时,3 个隔离电磁阀均不通电。制动主缸隔离电磁阀处于接通状态,将制动主缸至 ABS 制动压力调节器中调压电磁阀的制动液通路接通;蓄压器隔离电磁阀处于截止状态,将 TRC 供能装置至 ABS 制动压力调节器中调压电磁阀的制动液通路关闭;储液器隔离电磁阀处于截止状态,将 ABS 制动压力调节器中调压电磁阀至储液室的制动液路关闭。

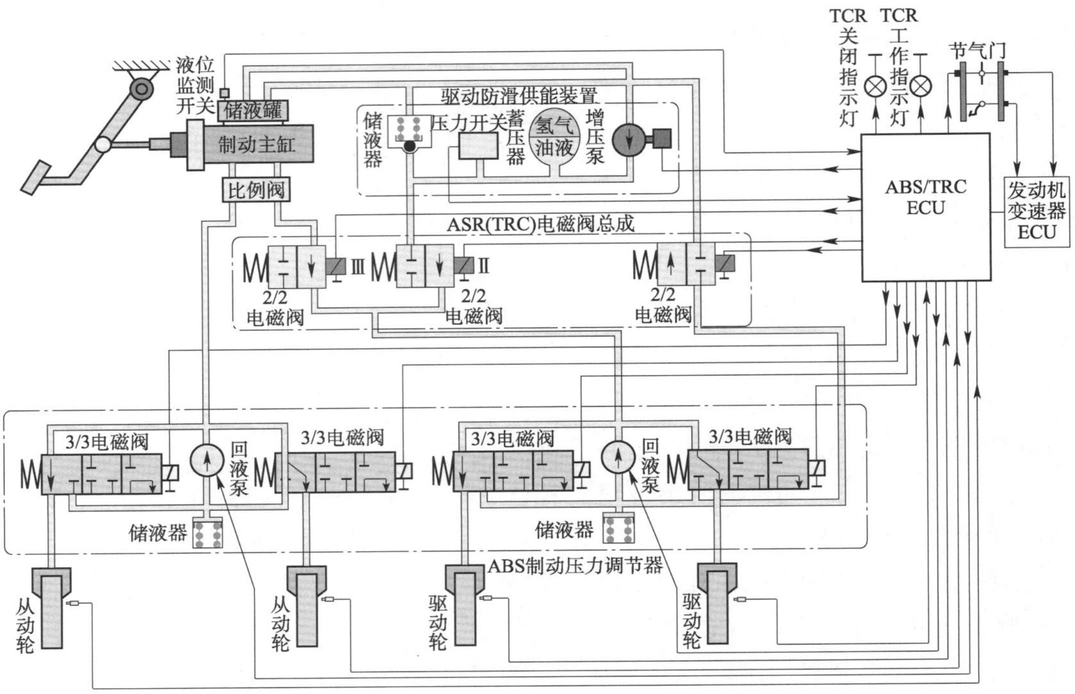

图 3-4-2　丰田 ABS/TRC 系统的制动执行器

在 TRC 工作过程中,3 个隔离电磁阀在 ABS/TRC ECU 的控制下同时通电。此时制动主缸隔离电磁阀处于关闭状态,以防止制动液流回制动主缸;蓄压器隔离电磁阀处于接通状态,将蓄压器的高压制动液通过电磁阀送到制动轮缸;储液器隔离电磁阀也处于接通状态,以便能将储液器及制动轮缸的制动液送回制动主缸。

3)TRC 供能装置

如图 3-4-2 所示,TRC 供能装置主要由蓄压器、增压泵及电机、压力开关等部件组成。压力开关(目前通常用制动压力传感器)主要检测蓄压器的压力,一旦压力下降至规定值,通过 ABS/TRC ECU 驱动电机使增压泵工作。

4. 副节气门执行器

1)副节气门的位置

如图 3-4-3 所示为节气门总成的结构,由图可以看出,在发动机主节气门体上主节气门的前方设置一个副节气门,通过副节气门位置传感器来检测副节气门的开度,此信号反馈给 ABS/TRC ECU,对副节气门执行器进行控制。

2)副节气门执行器

副节气门执行器是由永久磁铁、线圈、转子轴组成的一个步进电机,由来自 ABS/TRC

ECU 的信号使之驱动。

TRC 不起作用时,副节气门处于全开位置,如图 3-4-4 所示。进入发动机的空气量由驾驶人控制主节气门的开度决定。当前、后轮速传感器检测到车轮滑转需进行防滑控制时,ABS/TRC ECU 驱动步进电机通过使凸轮轴齿轮旋转,从而控制副节气门的开度。

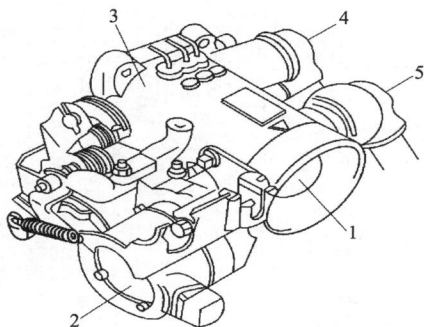

图 3-4-3 节气门总成的结构

1-副节气门;2-副节气门执行器(步进电机);3-主节气门;4-主节气门位置传感器;5-副节气门位置传感器

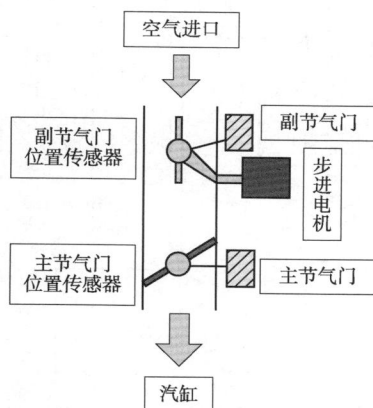

图 3-4-4 副节气门处于全开位置示意图

5. 丰田 ABS/TRC 制动执行器的工作过程

下面以一个驱动车轮控制为例进行介绍。

1)正常制动过程(TRC 未起作用)

如图 3-4-5 所示,正常制动时,TRC 制动压力调节器中的 3 个电磁阀都不通电。驾驶人踩下制动踏板时,制动主缸的压力油经过常开的制动主缸隔离电磁阀通过 ABS 执行器中的三位三通电磁阀(不通电)进入制动轮缸,ABS/TRC ECU 根据制动情况通过控制三位三通电磁阀和 ABS 泵实现常规制动和 ABS 的保压、减压、增压等控制。

2)汽车加速过程(TRC 起作用)

如果驱动车轮在加速过程中滑转,ABS/TRC ECU 会控制发动机输出功率以及对后轮进行制动,以避免发生滑转的情况。

TRC 制动压力调节器中的 3 个电磁阀全部通电。驱动车轮制动器中的液压控制主要有三种状态:压力升高模式、压力保持模式和压力降低模式。

(1)压力升高模式:如图 3-4-6 所示,ABS 执行器的三位三通电磁阀不通电。此时蓄压器隔离电磁阀打开,蓄压器中的高压制动液通过蓄压器隔离电磁阀和 ABS 执行器的 3 位电磁阀,对车轮制动轮缸产生作用。

当压力开关检测到蓄压器中压力下降时,不管 TRC 运转与否,ABS/TRC ECU 即控制并打开 TRC 泵来升高蓄压器的压力。

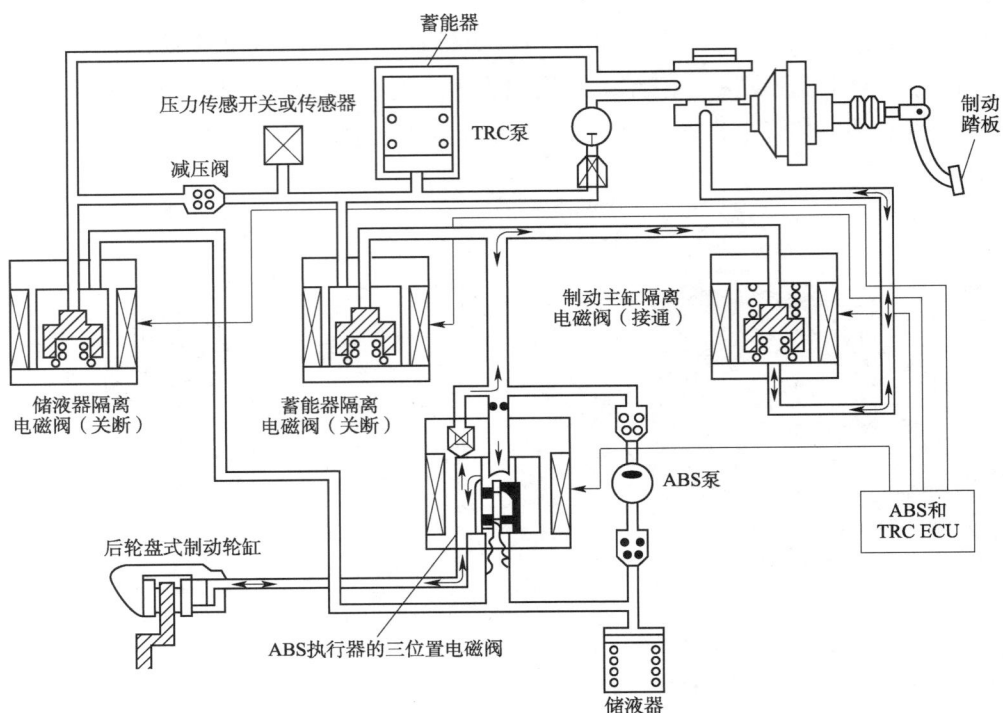

图 3-4-5　TRC 未起作用示意图

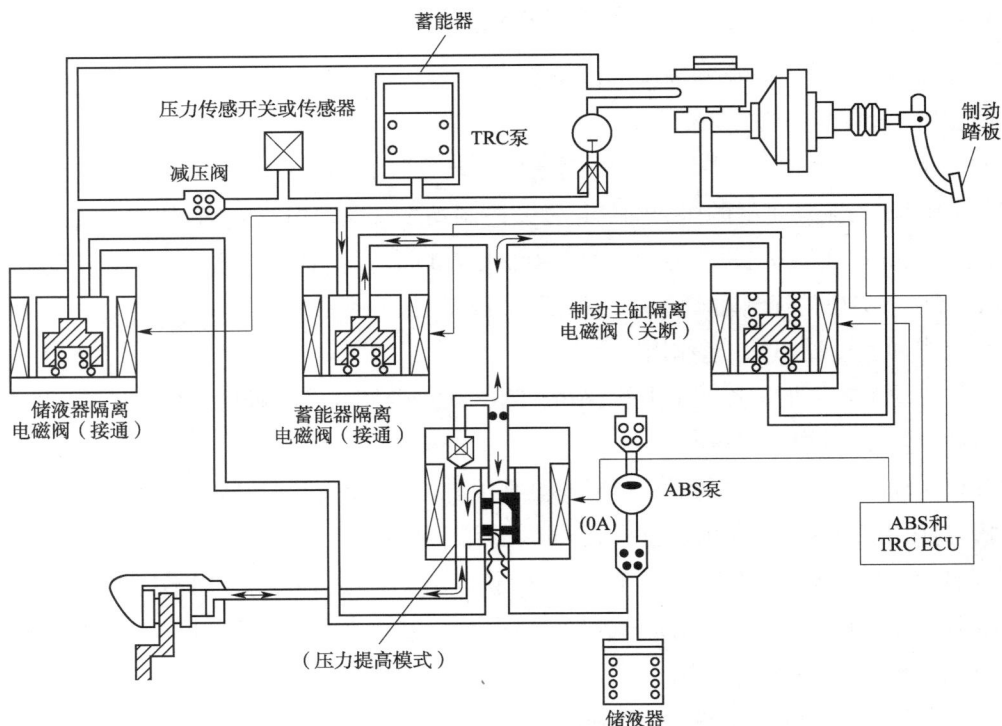

图 3-4-6　压力升高模式

（2）压力保持模式：如图 3-4-7 所示，当检测到制动轮缸中的液压升高或降低到规定值时，ABS/TRC ECU 将 ABS 执行器的三位三通电磁阀通小电流，使其进油、出油、回油通道相互隔绝，车轮制动轮缸中的液压油压力保持不变。

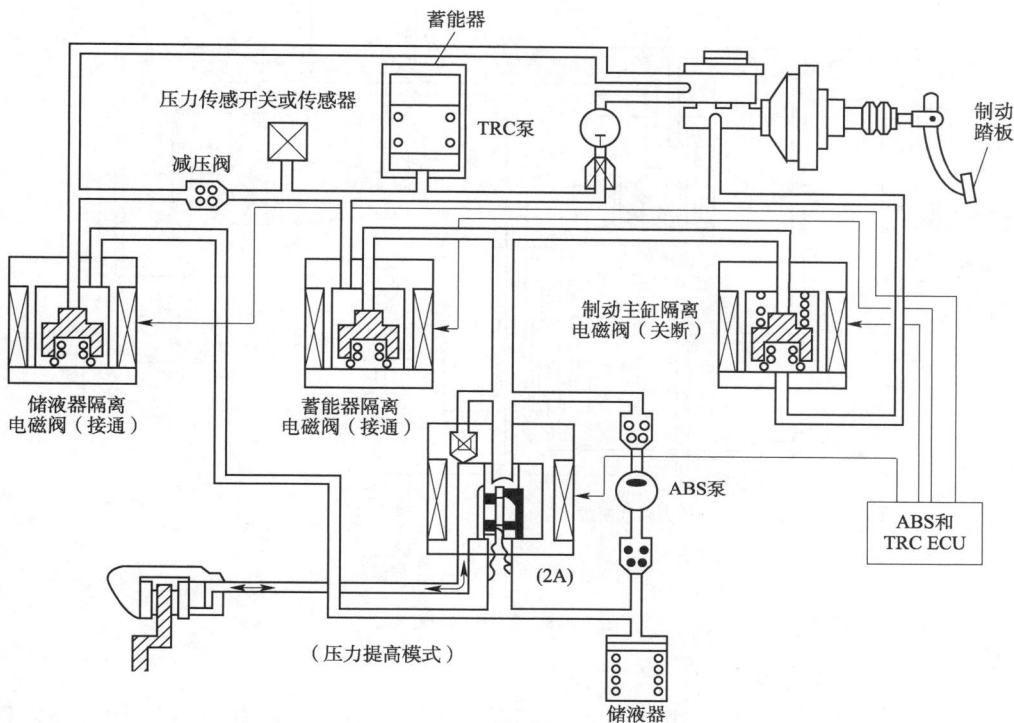

图 3-4-7　压力保持模式

（3）压力降低模式：如图 3-4-8 所示，当需要降低后制动轮缸中的液压时，ABS/TRC ECU 将 ABS 执行器的 3 位电磁阀通最大电流。使车轮制动轮缸中液压通过 ABS 执行器的 3 位电磁阀和储液罐电磁阀流回到制动主缸的储液罐中，制动压力降低。

（二）通用 TCS

1. 作用

能够在车辆起步、加速或湿滑路面行驶时控制驱动轮滑转率，以维持车辆行驶的稳定性和最适当的驱动力。

2. 通用 TCS 的主要部件

通用车型 TCS 与 ABS 整合在一起，共享电子组件和系统部件，并通过车载网络与其他系统共享信息，以提高控制精度和灵敏度。TCS 部件包括电子控制单元、传感器、液压控制单元、开关及故障指示灯等。

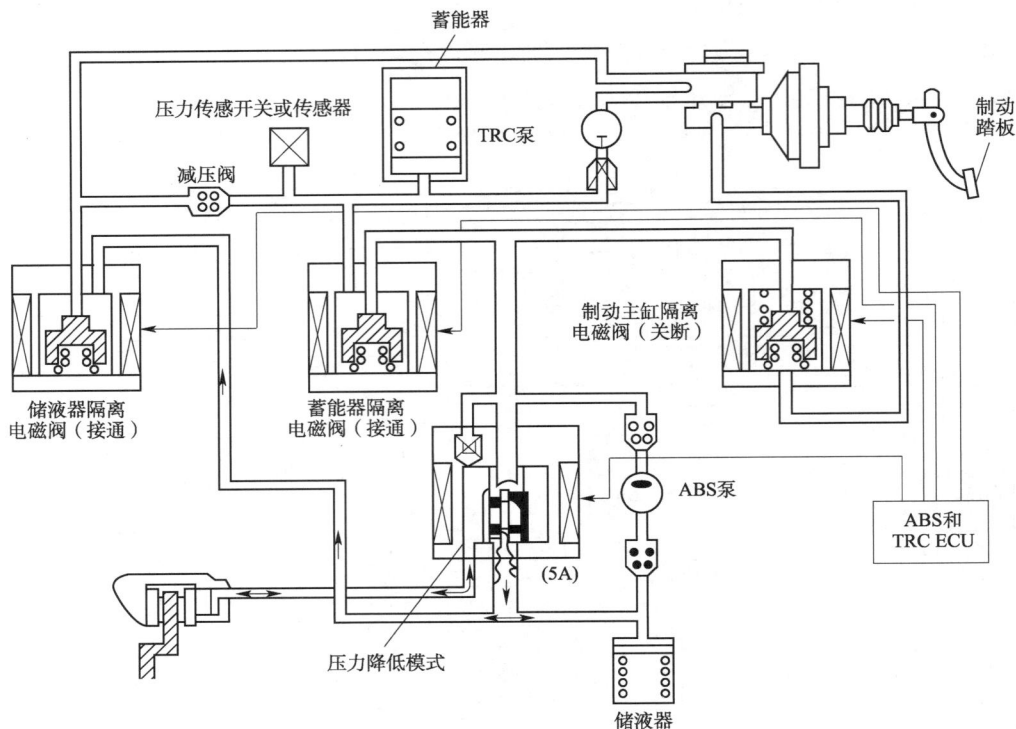

图 3-4-8　压力降低模式

1）TCS 电子控制单元

TCS 电子控制单元与 EBCM（电子制动控制模块）集成在一起，共享 ABS 所有输入信号和液压控制单元（HCU）。此外，TCS 还采集一些附加信号，主要包括发动机转矩信息、TCS 开关信号和节气门开度信号等，这些信息可通过专线或 GMLAN 进行传输。TCS 对驱动轮进行防滑控制时，通过 GMLAN 向发动机控制模块、仪表控制模块及车辆诊断接口等输出相关请求信号或故障信息。系统信号传输如图 3-4-9 所示。

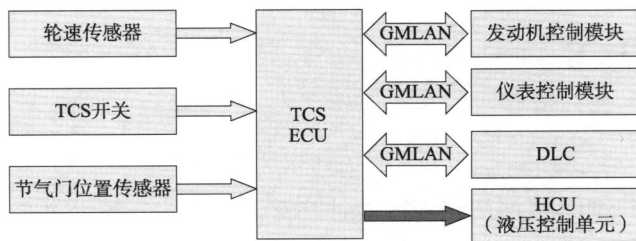

图 3-4-9　TCS 信号传输示意图

2）传感器及 TCS 开关

TCS 传感器主要是轮速传感器和节气门位置传感器。轮速传感器信号用于计算车轮滑移率，节气门位置传感器提供当前节气门开度信息。TCS 参考这两个信号来改善驱动车轮的加速性能。

TCS 开关是一个瞬时接触开关,如图 3-4-10 所示,用于关闭牵引力控制功能。即使驾驶人通过该开关禁用了牵引力控制功能,系统也会在下一个点火循环重新启用该功能。

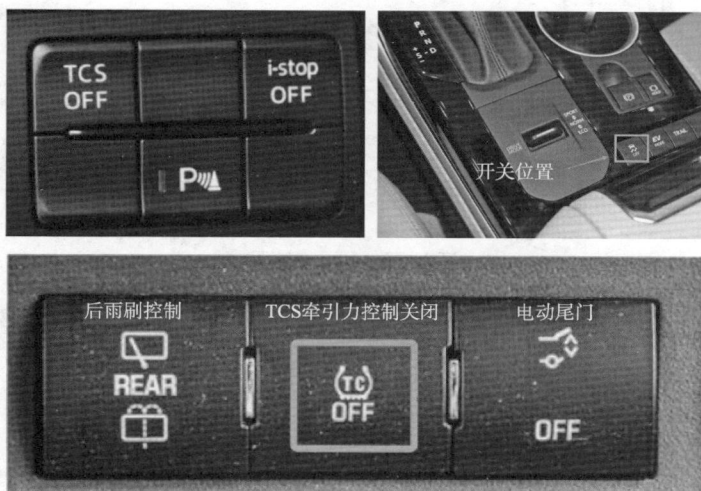

图 3-4-10 TCS 开关

3)故障指示灯

TCS 故障指示灯为棕黄色,位于仪表板上,如图 3-4-11 所示。当打开点火开关时,TCS 进行自检,该指示灯将点亮 3～4s。如果系统发生故障或 TCS 被禁用,TCS 指示灯将持续点亮。在牵引力控制的过程中,该指示灯会不断地闪烁。

图 3-4-11 TCS 故障指示灯

3. TCS 的液压控制单元

如图 3-4-12 所示,TCS 液压控制单元在原 ABS 液压控制单元的基础上增加了隔离阀和启动阀。隔离阀为常开式电磁阀,启动阀为常闭式电磁阀。

当 TCS 不工作时,隔离阀和启动阀处于断电状态,隔离阀打开,启动阀关闭,制动主缸的油液经过隔离阀和进油阀进入驱动轮轮缸。此时制动系统可以通过此油路进行常规制动和防抱死制动(如图 3-4-12 中常规的制动液压力油路,左上车轮未画出)。

当制动的车轮(图 3-4-12 中左上车轮)滑转时,TCS 给隔离阀和启动阀通电,同时驱动电动液压泵向驱动轮轮缸施加制动压力。启动阀打开,制动主缸的油液可以通过启动阀补充给电动液压泵;隔离阀关闭,可以阻止电动液压泵的泵油流回到制动主缸。与 ABS 一样,TCS 也有增压、保压和减压三个过程。TCS 在工作过程中,电磁阀的控制如表 3-4-1 所示。

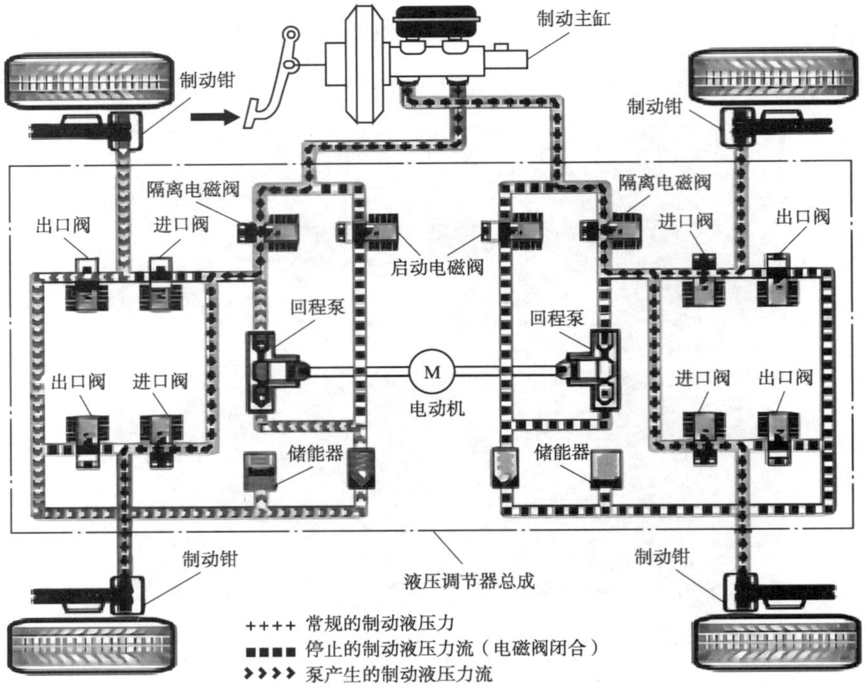

图 3-4-12 TCS 液压控制单元

TCS 系统液压控制单元在工作过程中的电磁阀状态　　　　　　表 3-4-1

电磁阀	隔离阀	启动阀	进口阀	出口阀
增压过程	通电	通电	断电	断电
保压过程	通电	通电	通电	断电
减压过程	通电	通电	通电	通电

4. 通用 TCS 的控制原理

TCS 在车辆行驶过程中不断检测轮速传感器等输入信号。在车辆加速过程中,如果检测到驱动车轮正向滑转,EBCM 将通过 GMLAN 向 ECM 发出降低转矩请求信号。ECM 采取断缸、延迟点火、改变空燃比或升高变速器挡位(由 TCM 完成)等措施来降低输出转矩。如果车辆配置电子节气门,ECM 还可以通过减小节气门开度来降低发动机输出转矩。

如果 ECM 无法完全解决驱动车轮滑转现象,TCS 就会主动给滑转的驱动轮施加制动力,以阻止驱动轮滑转。此时动力将通过差速器传递给具有更大附着力的其他驱动轮。

TCS 工作过程中,所有非驱动车轮的进油电磁阀都关闭,以确保非驱动车轮处于自由滚动状态。

TCS 工作需要具备一定的前提条件,这些条件主要包括以下内容:

(1)发动机转速必须大于 450r/min。

(2)变速器必须在 D 挡、2 挡或 3 挡。

(3)制动踏板处于释放状态。

(4)车轮正向滑动超出限值。

二 ASR 控制电路

1. 丰田 ABS/TRC 控制电路

丰田 ABS/TRC 控制电路如图 3-4-13 所示。

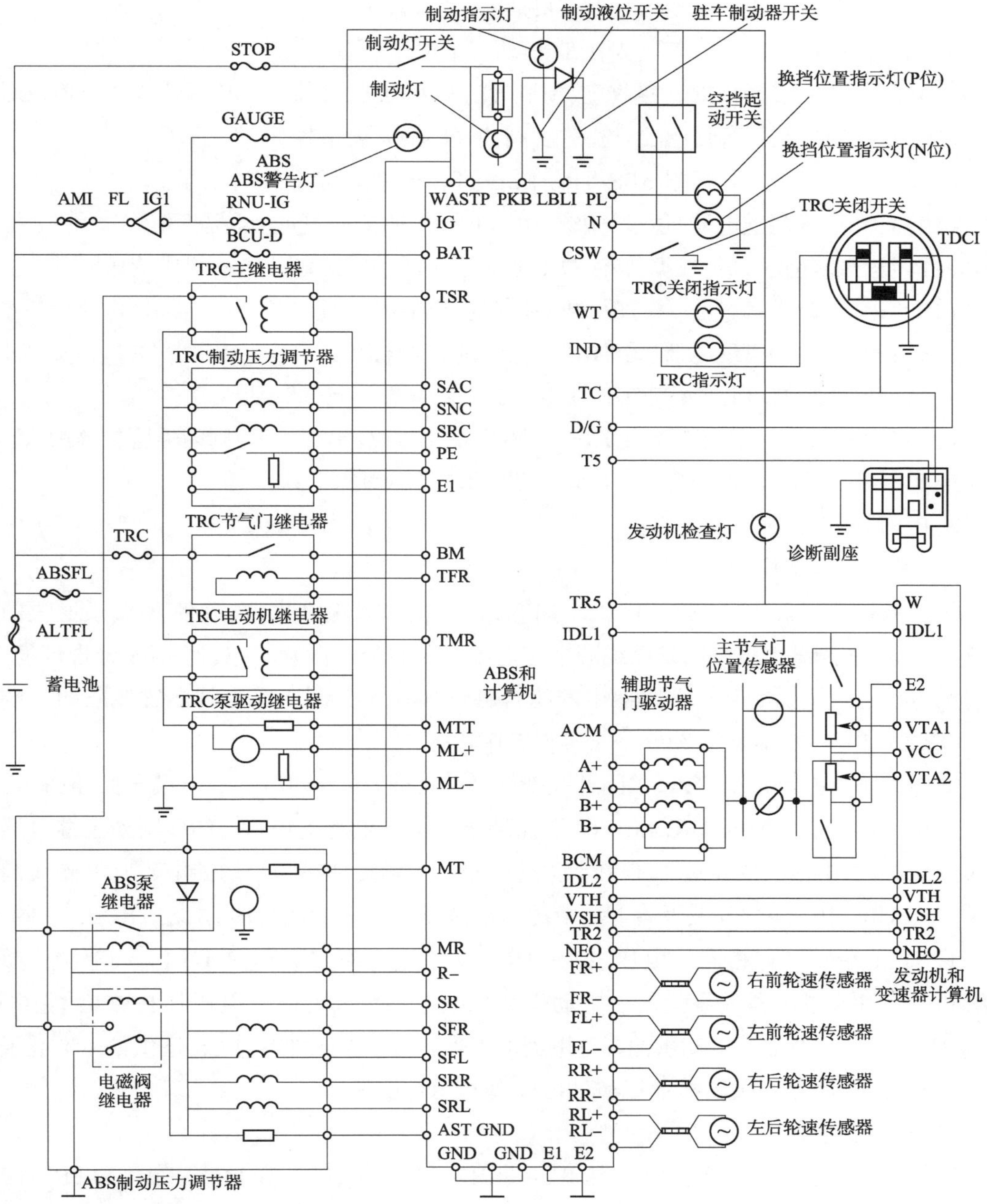

图 3-4-13 丰田 ABS/TRC 控制电路

1）主要装置的功能

（1）ABS/TRC ECU：接收并处理信号,控制副节气门执行器和 TRC 制动执行器;TRC 系统出现故障,将打开 TRC 故障警告灯,并存储故障代码。

（2）轮速传感器：检测车轮的转速信息。

（3）空挡启动开关：向 ABS/TRC ECU 输入变速杆位置信号（P 或 N 位）。

（4）制动液面指示灯：检测制动主缸储液罐中的制动液液位高度。

（5）制动灯开关：检测制动信号（制动踏板是否被踩下）。

（6）TRC 切断开关：允许驾驶人让 TRC 处于不工作状态。

（7）发动机和变速器 ECU：接收主、副节气门开度信号,并将信号传送给 ABS/TRC ECU。

（8）主、副节气门位置传感器：检测主、副节气门的开度信号。

（9）副节气门执行器：根据 ABS/TRC ECU 的信号,控制副节气门的开度。

（10）TRC 节气门继电器：通过 ABS/TRC ECU 向副节气门执行器提供电流。

（11）TRC 制动执行器：根据 ABS/TRC ECU 的信号,为 ABS 执行器提供液压。

（12）TRC 制动主继电器：为 TRC 制动执行器和 TRC 泵电动机继电器提供电流。

（13）TRC 泵电动机继电器：为 TRC 泵电动机提供电流。

（14）ABS 执行器：根据 ABS/TRC ECU 的信号,调整车轮的制动压力。

（15）TRC 警告灯：通知驾驶人 TRC 正常工作,若 TRC 出现故障,则闪烁警告驾驶人。

（16）TRC 关闭指示灯：TRC 不工作或切断开关已经断开。

2）电路分析

（1）系统进入工作状态。

①防抱死制动系统：ABS/TRC ECU 向 SR 端子提供蓄电池电压,并使 R-端子通过内部搭铁,调压电磁阀继电器将因励磁线圈中有电流通过而处于激励状态,使 ABS 警告灯熄灭,蓄电池电压通过调压电磁阀继电器中的闭合触点加在 4 个调压电磁阀电磁线圈的一端和 ABS/TRC ECU AST 端子上,ABS 处于等待工作状态。

②驱动防滑控制系统：TRC 关闭开关断开,使 ABS/TRC ECU 的 CSW 端子断路,TRC 也处于等待工作状态。ABS/TRC ECU 向 TSR 端子供给蓄电池电压,使 TRC 制动主继电器处于激励状态,蓄电池电压通过 TRC 制动主继电器中的触点加在 3 个切断电磁阀电磁线圈的一端。当 TRC 中的压力开关因蓄电池中的制动液压力不足而闭合时,ABS/TRC ECU 的 PE 端子将与 E1 端子具有相同的电压,ABS/TRC ECU 由此判定需要向 TMR 端子供电,激励 TRC 电动供油泵继电器使泵运转。电动供油泵继电器激励期间有电压加在 MTT 端子上,ABS/TRC ECU 由此监测电动供油泵继电器的工作状态。ABS/TRC ECU 还供给 WT 端子和 IND 端子电压,使 TRC 关闭指示灯和 TRC 工作指示灯熄灭。

（2）轮速传感器。

4 个轮速传感器分别通过 RL - 和 RL +、RR - 和 RR +、FL - 和 FL +、FR - 和 FR + 四对端子向 ABS/TRC ECU 输入各个车轮的转速信号。

（3）节气门位置传感器及发动机故障灯。

主、副节气门位置传感器通过发动机/自动变速器 ECU 的 VTA1、VCC 和 VTA2 端子，再经过 VSH、VTH、IDL2 和 IDL1 等端子向 ABS/TRC ECU 输入主、副节气门开度及怠速状态等信号。

发动机控制系统出现故障时，点亮发动机故障警报灯，ABS/TRC ECU TR5 端子搭铁，停止驱动防滑控制。

（4）驻车开关、液位开关和变速器挡位。

ABS/TRC ECU 通过监测 PKB 和 LBL1 的输入电压对驻车制动开关和液位开关的状态进行判定。

ABS/TRC ECU 通过监测 PL 和 N 端子的输入电压对变速器所处挡位进行判定。

（5）ABS 控制过程。

正常制动时（TRC 不起作用），制动灯开关闭合，蓄电池电压通过制动灯开关从 STP 端子输入 ABS/TRC ECU，并由此判定汽车进入制动过程。TRC 制动执行器的所有电磁阀均断开。ABS/TRC ECU 根据车轮轮速传感器输入的信号对各车轮状态进行监测，并通过分别控制 ABS 执行器中的三位三通电磁阀 SRL、SRR、SFL、SFR 四个端子的搭铁电阻值，控制 ABS 执行器中各调压电磁阀通过电流，使各相应制动轮缸的制动压力增大、保持或减小。同时，ABS/TRC ECU 向 MR 端子提供电压，驱动电动回油泵运转，ABS/TRC ECU 根据其 MT 端子的电压值判定电动回油泵的工作状态。当放松制动踏板时，制动液从车轮制动轮缸中流回制动主缸。

（6）TRC 工作过程。

如果汽车驱动轮在加速过程中滑转，ABS/TRC ECU 就会向 TTR 端子提供电压，使副节气门步进电机处于激励状态，将蓄电池电压通过 BM 端子经过 ABS/TRC ECU 内部提供给 ACM 端子和 BCM 端子，ABS/TRC ECU 通过控制副节气门步进电机 A＋、A－、B＋、B－端子减小发动机输出功率。若需制动系统介入时，使 TRC 执行器中所有电磁阀都在 ECU 传来的控制信号作用下全部接通。同时，ABS 执行器中的三位三通电磁阀处于“压力升高”状态。制动主缸切断电磁阀通电（关闭状态），蓄能器切断电磁阀通电（打开状态）。蓄能器中被加压的制动液通过蓄能器切断电磁阀和 ABS 三位三通电磁阀，对车轮制动轮缸产生作用。当压力开关检测到蓄压器中压力下降（不管 TRC 工作与否）时，ECU 驱动 TRC 泵电机工作，提高蓄压器压力。车轮制动轮缸中制动压力的高低通过 ABS 执行器中的三位三通电磁阀来控制。

闭合 TRC 开关，ABS/TRC ECU 判定其 CSW 端子搭铁，就不再向端子 TSR、TFR 和 TMR 供给电压，使 TRC 制动主继电器、副节气门控制步进电动机继电器和 TRC 电动供油泵继电器都处于非激励状态，系统退出防滑控制。TRC 关闭指示灯因 ABS/TRC ECU WT 端子通过内部搭铁而点亮。

2. 通用 ABS/TCS 控制电路

如图 3-4-14 所示为上汽通用别克君越 ABS/TCS 的模块电源、搭铁、信号及指示灯等电路。

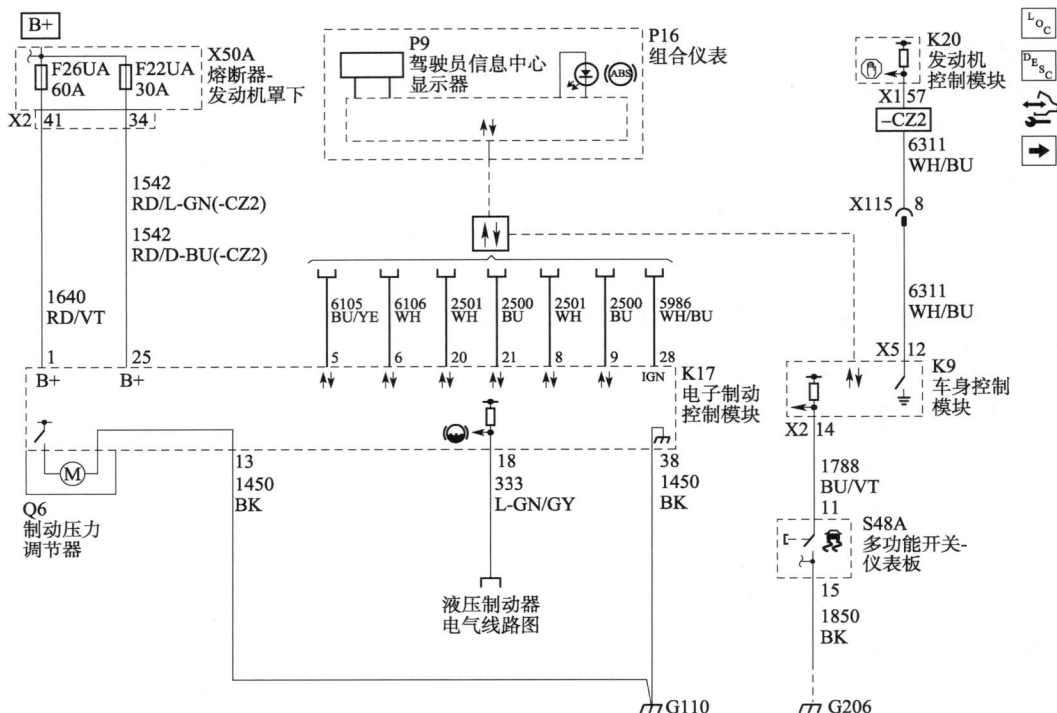

图 3-4-14　上汽通用别克君越 ABS/TCS 的部分控制电路

三　ASR 指示灯亮的原因

以上汽通用牵引力控制系统（TCS）为例进行介绍。

1. 关闭指示灯

当发生以下情况时,组合仪表会点亮牵引力控制系统关闭指示灯:

(1)组合仪表执行灯泡检查。

(2)驾驶人按下牵引力控制开关,手动停用牵引力控制系统,电子控制模块向组合仪表发送串行数据信息请求点亮指示灯。

2. 主动控制指示灯

当发生以下情况时,组合仪表会点亮牵引力控制系统主动控制指示灯:

(1)组合仪表执行灯泡检查。

(2)防抱死制动系统处于牵引力控制系统模式。

(3)电子控制模块检测到牵引力控制出现时,向组合仪表发送串行数据信息请求点亮指示灯。

3. 故障灯(指示灯)

当发生以下情况时,组合仪表会点亮牵引力控制系统指示灯:

(1)组合仪表执行灯泡检查。

(2)防抱死制动系统处于牵引力控制系统模式。

(3)电子控制模块检测到防抱死制动系统(ABS)/牵引力控制系统(TCS)出现停用故障时,向组合仪表发送串行数据信息请求点亮指示灯。

(4)仪表板组合仪表检测到与电子制动控制模块通信的串行数据丢失。

(5)在先前的点火循环过程中设置了 DTC。

四 ASR 指示灯故障诊断流程

以上汽通用牵引力控制系统(TCS)为例进行介绍。

1. 故障现象

将点火开关置于"ON"(打开)位置后,功能自检,"组合仪表"点亮 TCS 故障指示灯 5s 后未熄灭。或电子制动控制模块检测到故障时,组合仪表发送串行数据信息以指令点亮 TCS 指示灯。

2. 故障诊断流程

参考图 3-4-10,具体操作步骤如下。

第一步:打开点火开关,确认 TCS 指示灯是否常亮。

第二步:若 TCS 指示灯常亮,连接故障诊断仪,用故障诊断仪指令"All Indicators – 所有指示灯"点亮和熄灭时,确认牵引力控制系统关闭指示灯、牵引力故障指示灯。点亮和熄灭。

如果任一指示灯未点亮或熄灭,更换 P16 组合仪表。

如果所有指示灯未点亮或熄灭。执行第三步。

第三步:当按下并松开 S48C 多功能开关时,确认故障诊断仪"Body Control Module(车身控制模块)""Traction Control Switch(牵引力控制开关)"参数在"Active(激活)"和"Inactive

（未激活）"之间转换。

如果参数未变化,按照维修手册"电路/系统测试"进行电路维修。

如果参数改变,执行第四步。

第四步:按下和松开仪表板 S48C 多功能开关的同时,观察故障诊断仪上的"Electronic Brake Control Module Traction Control System(电子制动控制模块牵引力控制系统)"参数。确认读数在启动和未启动间变化。

如果参数未改变,更换 K9 车身控制模块。

如果参数按指令变化,则一切正常。

五 ABS/ASR 泵电机电路故障诊断流程

参考图 3-4-14(上汽通用别克君越 ABS/TCS 的部分控制电路)。

（1）将点火开关置于 OFF(关闭)位置,并关闭所有车辆系统,断开 K17 电子制动控制模块的线束连接器。所有车辆系统断电可能需要 2min。

（2）测试搭铁电路端子 13、18 和搭铁之间的电阻是否小于 10Ω。

①如果等于或大于 10Ω。

点火开关置于"OFF(关闭)"位置。测试搭铁电路端对端的电阻是否小于 2Ω。

如果为 2Ω 或更大,则修理电路中的开路/电阻过大。

如果小于 2Ω,则修理搭铁连接中的开路/电阻过大。

②如果小于 10Ω,进行下一步。

（3）点火开关置于 ON(打开)位置。

（4）确认 B + 电路端子 1 和搭铁之间的测试灯点亮。

①如果测试灯未点亮且电路熔断丝完好。

点火开关置于 OFF(关闭)位置。测试 B + 电路端对端的电阻是否小于 2Ω。

如果为 2Ω 或更大,则修理电路中的开路/电阻过大。

如果小于 2Ω,则确认熔断丝未熔断且熔断丝处有电压。

②如果测试灯未点亮且电路熔断丝熔断。

点火开关置于 OFF(关闭)位置。测试 B + 电路和搭铁之间的电阻是否为无穷大。

如果电阻不为无穷大,则修理电路上对搭铁短路。

如果电阻为无穷大,则更换 K17 带制动压力调节器的电子制动控制模块。

③如果测试灯点亮,进行下一步。

（5）更换 K17 电子制动控制模块。

任务实施

一　实施计划

　　任务导入中车辆由于 ABS/ASR 泵电机出现电路故障,导致点火钥匙打到"ON"位时,仪表板 ABS/ASR 指示灯均常亮。因此本次实训任务主要是依据车型电路图,分析 ABS/ASR 泵电机出现电路故障的原因,拟定故障诊断流程,排除故障现象。

二　实施环境

　　(1)汽车整车实训室。
　　(2)装备有 ASR 的轿车、举升机、工具车、工作台等。
　　(3)相应的车辆维修手册。

三　实施步骤

　　分小组完成如下操作要求:
　　(1)对照车型及维修资料掌握 ASR 控制电路。
　　(2)分析 ABS/ASR 故障指示灯亮的原因。
　　(3)拟定故障诊断流程,并排除故障。
　　(4)完成下面的任务工单。

四　任务工单

项目三　检修电子控制制动系统 任务四　检修驱动防滑控制系统	班级			
	姓名		学号	
	日期		分数	
1.根据教师指定的整车(装备 ASR),回答以下问题。(10 分) (1)车辆的型号:＿＿＿＿＿＿＿＿＿＿＿。 (2)车辆的 VIN 码:＿＿＿＿＿＿＿＿＿＿＿。 (3)ASR 的类型:＿＿＿＿＿＿＿＿＿＿＿。				

（4）ASR 的组成部件有：_____

_____。

2. 写出图中部件的名称。（20 分）

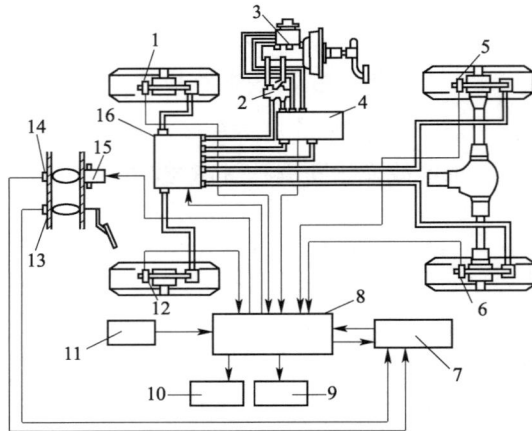

1：_____右前车轮转速传感器_____；　2：_____比例阀和差压阀_____；

3：_____；　4：_____；

5：_____；　6：_____；

7：_____发动机 ECU_____；　8：_____；

9：_____；　10：_____TRC 工作指示灯_____；

11：_____；　12：_____；

13：_____主节气门开度传感器_____；　14：_____；

15：_____；　16：_____。

3. 依据 TCS 控制过程，填写下面表格中空缺的部分。（20 分）

电磁阀	隔离阀	启动阀	进口阀	出口阀
增压过程		通电		断电
保压过程	通电		通电	
减压过程		通电		通电

4. 分析 ABS/ASR 指示灯亮的原因。（20 分）

5. 拟定 ABS/ASR 指示灯故障诊断流程。(30 分)

复习延伸

一　重点总结

(1) 不同车型的驱动防滑控制系统的名称或简称略有不同,例如:宝马(DTC)、丰田(TRC)、奔驰(ASR)、凯迪拉克(TCS)等。

(2) 丰田 TRC 电磁阀总成主要由制动主缸隔离电磁阀、蓄压器隔离电磁阀和储液器隔离电磁阀组成。

(3) 丰田 TRC 不起作用时,副节气门处于全开位置。

(4) 丰田 TRC 驱动车轮制动器中的液压控制主要有三种状态:压力升高模式、压力保持模式和压力降低模式。

(5) 通用 TCS 开关是一个瞬时接触开关,用于关闭牵引力控制功能。

(6) 通用 TCS 故障指示灯为棕黄色,位于仪表板上。当打开点火开关时,TCS 进行自检,该指示灯将点亮 3~4s。如果系统发生故障或 TCS 被禁用,TCS 指示灯将持续点亮。在牵引力控制的过程中,该指示灯会不断地闪烁。

二　课后练习

(一) 简答题

1. 简述丰田 TRC 的组成部件。

2. 简述丰田 TRC 隔离电磁阀的特点。

3. 简述丰田 ABS/TRC 制动执行器的工作过程。

4. 简述通用 TCS 的组成部件。

5. 简述通用 TCS 的工作条件。

(二) 选择题

1. TRC 隔离电磁阀包括(　)。(多选)

　　A. 制动主缸隔离电磁阀　　　　　　B. 蓄压器隔离电磁阀

　　C. 储液器隔离电磁阀　　　　　　　D. 制动轮缸隔离电磁阀

2. TRC 系统制动主缸隔离电磁阀是(　)电磁阀。

　　A. 常开式　　　　　B. 常闭式　　　　　C. 常压式　　　　　D. 常流式

3. TCS 工作的前提条件包括(　)。(多选)

　　A. 发动机转速必须大于 800r/min(通用车型)

　　B. 变速器必须在 D 挡、2 挡或 3 挡

　　C. 制动踏板处于释放状态

　　D. 车轮正向滑动超出限值

4. TRC 副节气门的控制方式是(　)。

　　A. 副节气门位置传感器控制的　　　B. 驾驶人通过踩加速踏板控制的

　　C. 副节气门控制执行器控制的　　　D. 节气门拉线控制的

5. 当发动机控制系统出现故障时,驱动防滑控制系统(　)。

　　A. 正常工作　　　　　　　　　　　B. 两者没关系,互不影响

　　C. 停止工作　　　　　　　　　　　D. 点亮故障报警灯

6. 闭合 TRC 开关,则 TRC 关闭指示灯(　)。

　　A. 常亮　　　　　　B. 不亮　　　　　C. 亮 3s 后熄灭　　D. 两者无关系

7. 通用 TCS 收集的信号有(　)。(多选)

　　A. 轮速传感器　　　　　　　　　　B. TCS 开关

　　C. 节气门位置传感器　　　　　　　D. HCU

8. 通用 TCS 在 ABS 的基础上增加了哪两个电磁阀?(　)(多选)

　　A. 隔离阀　　　　B. 进口阀　　　　　C. 出口阀　　　　　D. 启动阀

(三) 判断题

1. 上汽通用 TCS 是指牵引力控制系统。(　　　)

2. TRC 不起作用时,制动主缸隔离电磁阀不通电。(　　　)

3. 发动机 ECU 与 ABS/TRC ECU 之间的传输线路断路,发动机怠速运转时,ABS/TRC 故障指示灯不亮。(　　　)

4. 主节气门和副节气门是并联安装的。(　　　)

5. 如果 TRC 泵电机继电器出现问题,TRC 故障警告灯将会被点亮。　　　　　　　（　　　）

6. ABS 和 TRC 是同时工作的。　　　　　　　　　　　　　　　　　　　　　　（　　　）

7. 通用 TCS 在 ABS 的基础上增加了隔离阀和出口阀。　　　　　　　　　　　　（　　　）

8. 组合仪表执行灯泡检查时,会点亮 TCS 故障指示灯。　　　　　　　　　　　　（　　　）

任务五　认知电子稳定程序控制系统

🔅 任务导入

一　任务描述

　　一位具备 ESP 功能的轿车客户反映,无意中按下 ASR/ESP OFF 开关后,仪表板 ASR/ESP 指示灯常亮,高速转弯时明显感觉车辆方向不稳,异常危险。于是打电话向 4S 店询问,什么情况下需要关闭此开关? 什么情况下需要打开此开关?

二　任务分析

　　4S 店技术人员了解到客户的需求后,详细介绍了 ASR/ESP OFF 开关的重要性,如果按下 ASR/ESP OFF 开关,汽车将失去 ESP 功能,因此建议客户平时驾车不要按下此开关。但若是碰到以下几种情况可以按下此开关:一是年检时;二是驱动车轮完全陷在泥潭或雪地中;三是装备雪地胎或防滑链时;四是车辆需要漂移时。

三　技能目标

　　(1)能对比各电子控制制动系统。

　　(2)能适时关闭 ASR/ESP。

知识结构导图

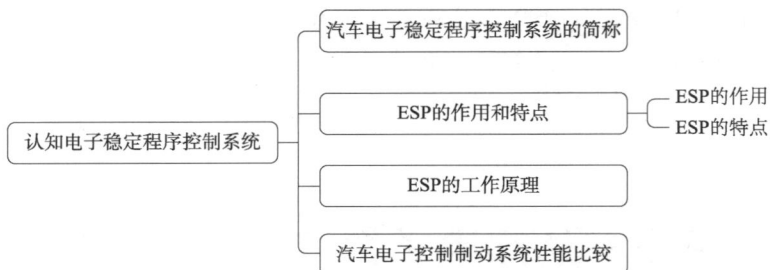

```
                        ┌─ 汽车电子稳定程序控制系统的简称
                        │
                        │                          ┌─ ESP的作用
认知电子稳定程序控制系统 ─┤─ ESP的作用和特点 ──────┤
                        │                          └─ ESP的特点
                        │
                        ├─ ESP的工作原理
                        │
                        └─ 汽车电子控制制动系统性能比较
```

相关知识

一 汽车电子稳定程序控制系统的简称

汽车电子稳定程序控制系统的英文全称是 Electronic Stability Program,简称 ESP。它是改善汽车行驶性能的一种控制系统,是 ABS 和 ASR 两种系统在功能上的延伸。

ESP 在不同的车型中有不同的名称,如:奔驰、奥迪称为 ESP;宝马称其为动态稳定性控制(Dynamic Stability Control,DSC);丰田、雷克萨斯称其为汽车稳定性控制系统(Vehicle Stability Control,VSC);三菱称为主动稳定控制/主动横摆控制系统(Active Stability Control/Active Yaw Control,ASC/AYC);本田称为车身稳定性辅助系统(Vehicle Stability Assist,VSA);而 VOLVO 汽车称其为动态循迹防滑控制系统(Dynamic Stability And Traction Control,DSTC)。后面文中出现的汽车电子稳定程序控制系统用 ESP 来简称。

二 ESP 的作用和特点

(一) ESP 的作用

ESP 的作用是使车辆在各种情况下保持行驶稳定性,防止车辆由于行驶在不同的道路中因不同的附着力而产生车轮打滑。

ESP 系统的
基础知识

(二) ESP 的特点

ESP 突破了 ABS/ASR 的限制,通过直接监测汽车的实时运行姿态进行控制,直接保证汽车的稳定性。ESP 可以通过有选择性地控制各车轮上的制动力,防止车辆打滑。它有以

下4大特点：

1. 实时监控

ESP能以25次/s的高频率实时监控驾驶人的操控动作、路面反应、车辆运行工况，并可及时向发动机管理系统和制动系统发出指令。一个完备的ESP包括车距控制、防驾驶人困倦、限速识别、并线警告、停车入位、夜视仪、周围环境识别、综合稳定控制和制动助力（BAS）九项功能。

2. 事先提醒

当驾驶人操作不当或路面异常时，ESP会用警告灯或电子显示屏警示驾驶人。ESP是既能控制驱动轮又能控制从动轮的牵引力控制系统。当ESP识别出汽车行驶在低附着系数的路面时，它会禁止驾驶人挂抵挡。在这类路面上起步时，ESP会告知传动系统ECU应事先挂入2挡，不仅确保了安全，也显著改善大功率轿车起步的舒适性。

3. 通过CAN完善控制功能

ESP的ECU与动力系统的ECU通过CAN（控制器局域网）互联，使其能更高速有效地发挥控制功能。自动变速器将即时的机械传动比、液力变矩器变矩比、挡位等信息等传递给ESP，以估算驱动轮上的驱动力。如对于后轮驱动的车辆常易出现转向过度，致使后轮失控而甩尾，ESP便会预先缓慢制动外侧前轮来稳定车辆。

4. 主动干预

ABS等安全技术主要是对驾驶人的动作起干预作用，但不能调控发动机；ESP则可以通过主动调控发动机的转速，并调整每个车轮的驱动力和制动力，来修正汽车的过度转向和转向不足。

三　ESP的工作原理

ESP电子控制单元（ECU）通过转向盘转角传感器、轮速传感器确定驾驶人策划的行驶方向；通过纵向加速度传感器、横向加速度传感器及横摆角速度传感器的信息来计算车辆实际行驶方向。

当ESP检测到车辆行驶轨迹与驾驶人要求不符时，ESP就会利用牵引力控制系统向发动机控制模块（ECM）发送通信信号，请求减小发动机输出转矩。若ESP依然检测到车轮侧向滑移，则ESP根据"从外部作用于车辆上的各种力（如制动力、推动力或任意侧向力）皆会使车辆环绕其重心转动"的原理，通过对前后桥一个以上的车轮实施制动干预，及时克服转向不足或转向过度的风险，确保车辆恢复到稳定的行驶状态和遵循正确的行驶轨迹，安全行车。ESP是一种智能的主动安全系统，利用智能化控制制动力和驱动力实现安全平稳高效的行驶,有效防止车辆在高速行驶时转弯或制动过程中因失控而酿成灾祸,为车辆提供最佳的车辆稳定性和方向控制。

四 汽车电子控制制动系统性能比较

汽车电子控制制动系统主要有 ABS、EBD、EDL、ASR、BAS、EBC、ESP 等,它们的性能比较如表 3-5-1 所示。

汽车电子控制制动系统性能比较 表 3-5-1

汽车电子制动系统	主要特点
ABS(汽车防抱死制动系统)	防止制动时车轮抱死,提高制动时的方向稳定性,缩短制动距离
EBD(电子制动力分配系统)	自动检测各车轮的附着力状况,将制动系统所产生的制动力适当地分配至四个车轮,制动距离明显缩短,并在制动的同时保持车辆的平稳,提高行车安全
EDL(电子差速锁)	防止两驱动车轮在附着系数不同的路面上出现单侧打滑
ASR(驱动防滑控制系统)	防止驱动过程车轮滑转,提高汽车行驶稳定性
BAS(制动力辅助系统)	防止紧急制动时制动踏板力不足,缩短制动距离
EBC(发动机制动控制)	防止发动机制动时出现车轮抱死
ESP(电子稳定程序控制系统)	通过有选择性地制动某一车轮及发动机管理系统干预,防止车辆滑移

任务实施

一 实施计划

任务导入中的轿车客户由于无意中按下 ASR/ESP OFF 开关后,高速转弯时明显感觉车辆方向不稳。因此本次实训任务是通过查阅车型维修技术资料,了解车辆配备哪些电子控制制动系统功能,并讨论何时应该关闭 ASR/ESP OFF 开关。

二 实施环境

(1)汽车整车实训室。

(2)装备有 ESP 功能的轿车、举升机、工具车、工作台等。

(3)相应的车辆维修手册。

三 实施步骤

分小组完成如下操作要求：

（1）对照本组指配的整车，了解其具备哪些电子控制制动系统功能。

（2）分析讨论何时应该关闭 ASR/ESP OFF 开关。

（3）完成下面的任务工单。

四 任务工单

项目三　检修电子控制制动系统 任务五　认知电子稳定程序控制系统	班级			
	姓名		学号	
	日期		分数	

1. 根据教师指定的整车（具备 ESP 功能），回答以下问题。（20 分）

（1）车辆的型号：_____。

（2）车辆的 VIN 码：_____。

（3）具备的电控制动功能有：_____。

（4）ESP 的传感器有：_____
_____。

2. 不同车型的电子稳定程序控制系统的简称有哪些？（20 分）

（1）_____；

（2）_____；

（3）_____；

（4）_____；

（5）_____；

（6）_____。

3. 驾驶人的转向方向和实际车辆的运行方向区别在哪里？（30 分）

续上表

4.哪些情况下需要关闭 ASR/ESP?(30分)

复习延伸

一 重点总结

(1)汽车电子稳定程序控制系统的英文简称是 ESP。

(2)ESP 的作用是提高汽车的行驶稳定性。

(3)ESP 的特点有:实时监控、主动干预、事先提醒等。

(4)判断驾驶人策划的行驶方向的传感器有:转向盘转角传感器、轮速传感器。

(5)判断车辆实际行驶方向的传感器有:纵向加速度传感器、横向加速度传感器及横摆角速度传感器。

二 课后练习

(一)简答题

1.ESP 的作用是什么?

2.ESP 有哪些特点?

3.ESP 的传感器有哪些?

4.判断驾驶人策划的行驶方向的传感器有哪些?

5.判断车辆实际行驶方向的传感器有哪些?

(二)选择题

1.电子稳定程序控制系统的英文简称是( )。

    A. EPS   B. ABS   C. ASR   D. ESP

2.关于汽车电子稳定程序控制系统有哪些不同的名称,下面说法错误的是( )。

    A.奔驰、奥迪称其为 ESP   B.宝马称其为 DSC

    C.丰田、雷克萨斯称其为 VSA   D. VOLVO 汽车称其为 DSTC

3.不属于汽车电子控制制动系统的有( )。

    A. ABS   B. ASR   C. ESP   D. EPS

4.ESP 中用来检测车辆转向角度的是( )。

    A.纵向加速度传感器   B.横向加速度传感器

    C.转向盘转角传感器   D.偏航率传感器

5.下面哪些传感器用于 ESP?( )(多选题)

    A.节气门位置传感器   B.转向盘转角传感器

    C.横/纵向加速度传感器   D.制动压力传感器

6.电子稳定程序控制系统的作用有( )。(多选题)

    A.实时监控   B.主动干预   C.被动干预   D.事先提醒

7.用于判断实际车辆行驶方向的传感器有( )。(多选题)

    A.轮速传感器   B.横摆转角传感器

    C.横向加速度传感器   D.转向盘转角传感器

(三)判断题

1.ESP 不包括 ABS 的功能。   ( )

2.电子稳定程序控制系统通过有选择地制动某一车轮,防止车辆打滑。   ( )

3.宝马汽车的动态稳定性控制的英文简称为 DSC。   ( )

4.ESP 具有主动干预的功能。   ( )

5.汽车电子稳定程序控制系统不具有 ABS 与 TCS 的功能。   ( )

6.ESP 是被动安全装置,需要驾驶人强制参与才会起作用。   ( )

7.ESP 是主动安全装置,无须驾驶人参与,它会有选择性地控制车轮制动力,确保汽车行驶安全。   ( )

任务六　检修电子稳定程序控制系统

任务导入

一　任务描述

一位具备 ESP 功能的轿车客户反映,在紧急躲避障碍物而急转转向盘时,仪表板 ASR/ESP 指示灯一直闪烁。于是打电话向 4S 店询问,车辆是否出现问题,请求技术人员帮助解决。

二　任务分析

4S 店技术人员详细询问了客户,了解紧急躲避障碍物而急转转向盘后车辆的稳定性状态如何。得知车辆未遇到危险,顺利躲避了障碍物,避免了交通事故。技术人员告知客户仪表板 ASR/ESP 指示灯一直闪烁是该电控系统在起作用,同时也是警示或提醒驾驶人。技术人员同时也提醒客户虽然这次避免了交通事故,但以后驾车还是要谨慎驾驶,保持好安全车距。

三　技能目标

(1)能使用故障诊断仪控制 ASR/ESP 指示灯。
(2)能分析 ASR/ESP 指示灯亮的原因。

知识结构导图

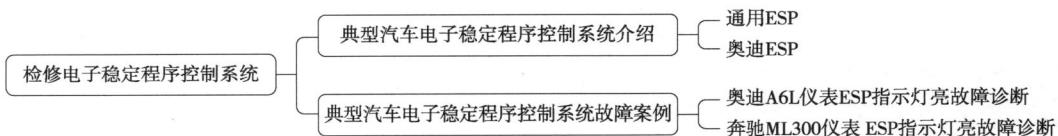

检修电子稳定程序控制系统
- 典型汽车电子稳定程序控制系统介绍
  - 通用ESP
  - 奥迪ESP
- 典型汽车电子稳定程序控制系统故障案例
  - 奥迪A6L仪表ESP指示灯亮故障诊断
  - 奔驰ML300仪表 ESP指示灯亮故障诊断

相关知识

一　典型汽车电子稳定程序控制系统介绍

（一）通用 ESP

1. 通用 ESP 的组成部件

如图 3-6-1 所示是一款通用别克车系 ESP 零件位置及其组成图，主要包括轮速传感器、横向偏摆率传感器、转向盘转角传感器、电子控制单元、液压调节器总成及警示装置等部件。字母 A、B、C、D、E 表示部件的安装位置。

典型轿车 ESP 系统的
组成部件

2. 通用 ESP 主要部件

1）轮速传感器

通用 ESP 采用电磁式轮速传感器，装在每个车轮的相应位置上，用于检测车轮旋转的角速度。

前轮速度传感器是前轮轮毂总成的一部分，如图 3-6-2 所示，左前和右前轮轮毂各装有一个车轮速度传感器和一个 48 齿的磁脉冲信号环。如图 3-6-3 所示，后轮速度传感器位于主减速器后盖的支架上，左、右各有一个。

2）横向偏摆率传感器

横向偏摆率传感器位于仪表板中央控制台的下部，用于检测汽车横向偏摆率（即汽车绕垂直轴旋转的速度）。

横向偏摆率传感器总成包括横向偏摆率传感器和横向加速度传感器。横向偏摆率传感器根据车辆绕其纵轴的旋转角度产生对应的输出电压信号；横向加速度传感器用于检测汽车的横向加速度，根据车轮侧向滑移量产生对应的输出电压信号。

ESP 电子控制单元利用横向偏摆率传感器和横向加速度传感器，计算出实际的运行姿态。

3）转向盘转角传感器

转向盘转角传感器装于转向盘后侧，用于检测转向盘的转向角度，可根据转向盘的转动情况输出表示转向盘旋转角度的输出信号。

转向盘转角传感器的结构如图 3-6-4 所示。由于两只测量齿轮的齿数不同，故产生不同相位的两个转角信号，即能产生一个可表示 ±760° 转向盘旋转角度的输出信号。ESP 电子控制单元通过转向盘转向角度传感器和横向偏摆率传感器信号进行比较，确定车辆实际行驶轨迹与驾驶要求是否一致。

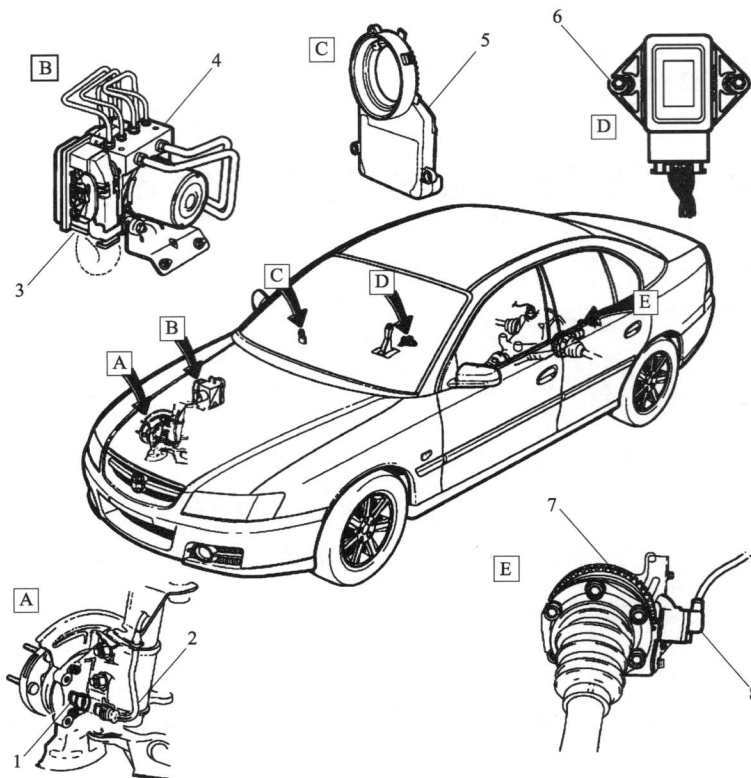

图 3-6-1　别克车系电子稳定程序控制系统的零件位置

1-前轮速度传感器;2-前轮速度传感器接线;3-电子控制单元(ECU);4-液压调节器总成;5-转向盘转角传感器;6-横向偏摆率传感器;7-后轮速度传感器信号环;8-后轮速度传感器

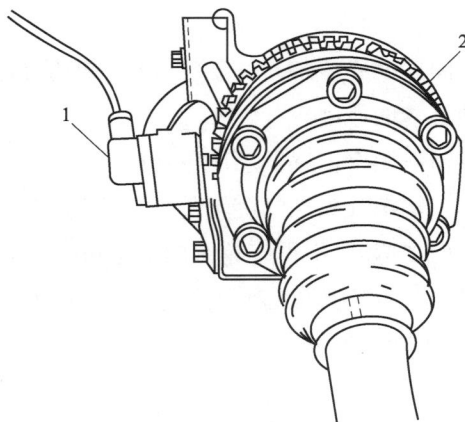

图 3-6-2　前轮速度传感器

1-前轮速传感器;2-前轮毂总成

图 3-6-3　后轮速度传感器

1-后轮速传感器;2-传感器脉冲

4)液压控制装置

液压控制装置正常情况下执行制动助力功能;当车轮在加速或减速过程中出现滑转或滑移时,执行 TRC 或 ABS 功能;当汽车出现侧滑时,把受到控制的制动液压加到每个车轮上。

别克电子稳定程序控制系统的液压控制装置采用前、后分离的四通道回路结构,每个车轮的液压制动回路都是隔离的,这样当某个制动回路出现泄漏时仍能继续制动。

5)电子控制单元

电子控制单元将传感器采集到的数据进行计算,算出车身状态然后与存储器中预先设定的数据进行对比。当电子控制单元计算数据超出存储器预存的数值,即车身临近失控或者已经失控的时候则命令执行器工作,以保证车身行驶状态能够尽量满足驾驶人的意图。

电子控制单元与液压控制装置集成在一起组成一个总成,如图 3-6-5 所示。电子控制单元持续监测并判断的输入信号有:蓄电池电压、车轮速度、转向盘转角、横向偏摆率、点火开关接通、停车灯开关、串行数据通信电路等信号。根据所接收的输入信号,电子控制单元将向液压控制装置、发动机控制模块、组合仪表和串行数据通信电路等发送控制信号。

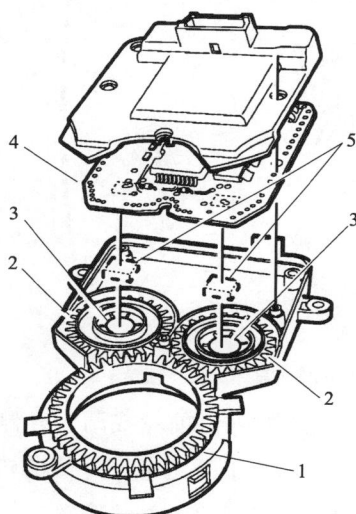

图 3-6-4 转向盘转角传感器的结构

1-齿轮;2-测量齿轮;3-磁铁;4-判断电路;5-各向
异性磁阻(AMR)集成电路

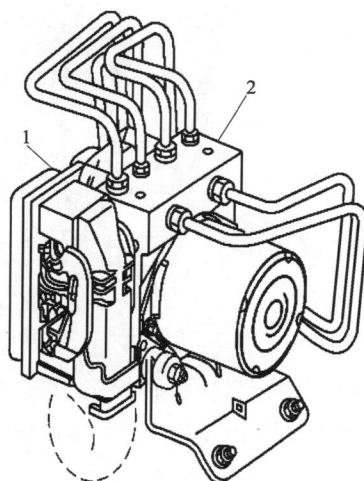

图 3-6-5 ECU、液压控制装置

1-电子控制单元(ECU);2-液压控制装置

电子控制单元是 ABS/TCS/ESP 的控制中心。当点火开关接通时,电子控制单元会进行自检,以检测并查明 ABS/TCS/ESP 的故障。此外,电子控制单元在每个点火循环都执行自检初始化程序。当车速达到约 15km/h 时,初始化程序即启动。在执行初始化程序时,可能会听到或感觉到程序正在运行的声音,这属于系统正常工作的声音。

6)ESP 关闭开关和指示灯

ESP 开关位于中控控制台上,该开关是一个瞬间接触开关,按下 ESP 开关,电子稳定程序控制系统功能将关闭,同时仪表板 ESP 指示灯亮。

典型轿车 ESP 系统的
控制机理

3. ESP 工作过程

汽车在转弯过程中会出现打滑现象,当后轮出现打滑时产生转向过度,当前轮出现打滑时产生转向不足。当以上两种情况出现时,汽车电子稳定程序控制系统就开始工作。

电子控制单元通过转向盘转角传感器确定驾驶人想要的行驶方向;通过车轮速度传感器和横向偏摆率传感器来计算车辆的实际行驶方向。当 ESP 检测到车辆行驶轨迹与驾驶人要求不符时,ESP 将首先利用牵引力控制系统中的发动机转矩减小功能并向发动机控制模块发送一个串行数据通信信号,请求减小发动机转矩。如果 ESP 仍然检测到车轮侧向滑移,则 ESP 将实行主动制动干预。

1)转向过度的控制过程

如图 3-6-6 所示为转向过度及克服转向过度示意图,转向盘转角传感器向电子控制单元发送一个驾驶人想要朝方向"A"转向的信号,横向偏摆率传感器检测到车辆开始转向方向"B",同时车辆前端开始向方向"C"滑移,说明车辆出现转向过度,ESP 将实行主动制动干预。

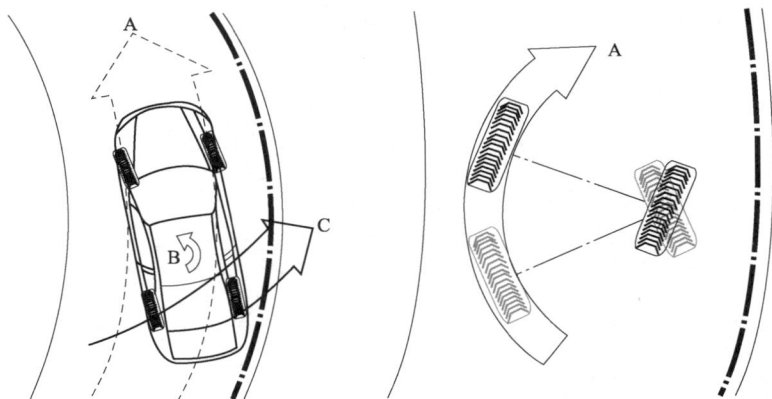

图 3-6-6 转向过度及克服转向过度示意图

ESP 利用 ABS/TCS 已有的主动制动控制功能向车辆的外侧前轮或两个外侧车轮施加计算得到的制动力,由于汽车重心的惯性作用继续向前运动,于是汽车以外侧前轮或两个外侧车轮为支点,使内侧车轮绕其旋转,以稳定车辆并向驾驶人想要的方向偏转。

如图 3-6-7 所示为 ESP 转向过度的控制油路图。当 ESP 电子控制单元测到车辆转向过度时,向液压调节器总成发出指令信号,关闭前、后隔离阀,将制动液回路与制动主缸隔离开来,防止制动液返回制动主缸;打开前、后启动阀,使制动液从制动主缸进入液压泵中;关闭左前、左后进液阀,以隔离左轮液压油路,从而使液压控制装置只向右轮提供制动液压力;运行液压调节器泵,将合适的制动液施加到右轮上,以使车辆朝驾驶人想要的方向转向。

2)转向不足的控制过程

如图 3-6-8 所示为转向不足及克服转向不足示意图,转向盘转角传感器向电子控制单元发送一个驾驶人想要朝方向"A"转向的信号,横向偏摆率传感器检测到车辆开始转向方向"B",同时车辆前端开始向方向"C"滑移,说明车辆出现转向不足,ESP 将实行主动制动干预。

ESP 利用 ABS/TCS 已有的主动制动控制功能向车辆的内侧后轮或两个内侧车轮(图 3-6-8 中 1 指向的车轮)施加计算得到的制动力,由于汽车重心的惯性作用继续向前运动,于是汽车以内侧后轮或两个内侧车轮为支点,使外侧车轮绕其旋转,以稳定车辆并向驾驶人想要的方向偏转。

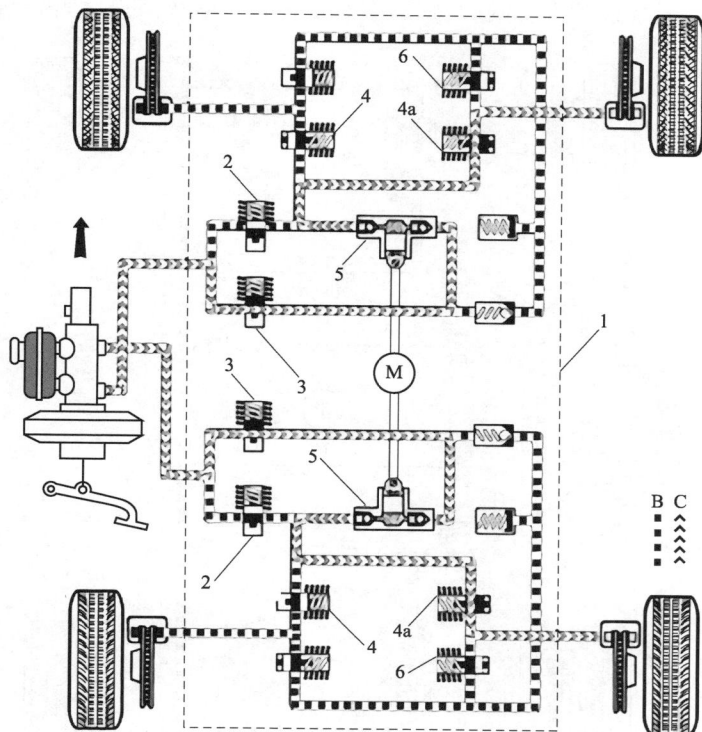

图 3-6-7　ESP 转向过度的控制油路图

1-液压调节器总成；2-隔离阀；3-启动阀；4-左前、左后进口阀；5-液压泵；6-左前、左后出口阀；B-停止的制动液压力流；
C-液压调节器泵产生的制动液液压流；M-泵电机

图 3-6-8　转向不足及克服转向不足示意图

　　如图 3-6-9 所示为 ESP 转向不足的控制油路图。当电子控制单元检测到车辆出现转向不足时，向液压调节器总成发出指令信号，关闭前、后隔离阀，使后轮制动液回路与制动主缸隔离开来，防止制动液返回制动主缸；打开前、后启动阀，使制动液从制动主缸进入液压泵中；关闭右前、右后进口阀，以隔离右轮液压油路，从而使液压控制装置只向左轮提供制动液压力；运行液压调节器泵，将合适的制动液施加到左轮上，以使车辆朝驾驶人想要的方向转向。如果在 ESP 模式下进行人工制动,则退出 ESP 制动干预模式并允许常规制动。

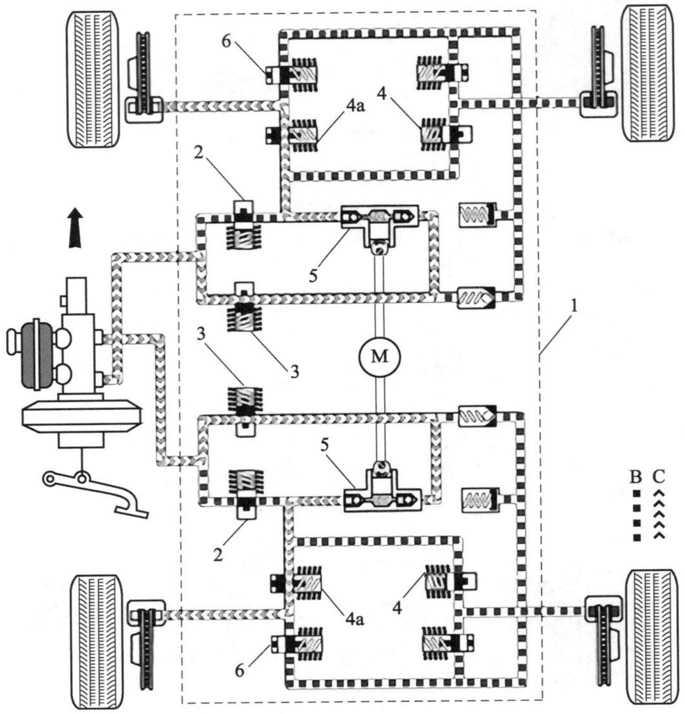

图 3-6-9　ESP 转向不足的控制油路图

1-液压调节器总成;2-隔离阀;3-启动阀;4-右前、右后进口阀;5-液压泵;6-左前、左后出口阀;B-停止的制动液压力流;C-液压控制控制装置产生的制动液液压流;M-泵电机

(二) 奥迪 ESP

1. 奥迪 ESP 的组成部件

奥迪车型 ESP 的组成部件如图 3-6-10 所示,由传感器、电子控制单元、执行器三部分组成。

1)传感器及控制开关

奥迪车型 ESP 的主要传感器有:转向盘转角传感器 G85、横向偏摆率传感器 G202、横向加速度传感器 G200、制动油压传感器 G200/G214、ESP/ASR 关闭开关等。

(1)转向盘转角传感器 G85。

安装位置:转向柱上,转向开关和转向盘之间,与安全气囊时钟弹簧集成为一体。

作用:向 ESP 电子控制单元提供转向盘转角信号。

测量范围:±720°,4 圈,测量精度为 1.5°,分辨速度为 1°/s ~ 2000°/s。

失效影响:ESP 电子控制单元不能识别车辆的预期方向(驾驶人意图),导致 ESP 不起作用。

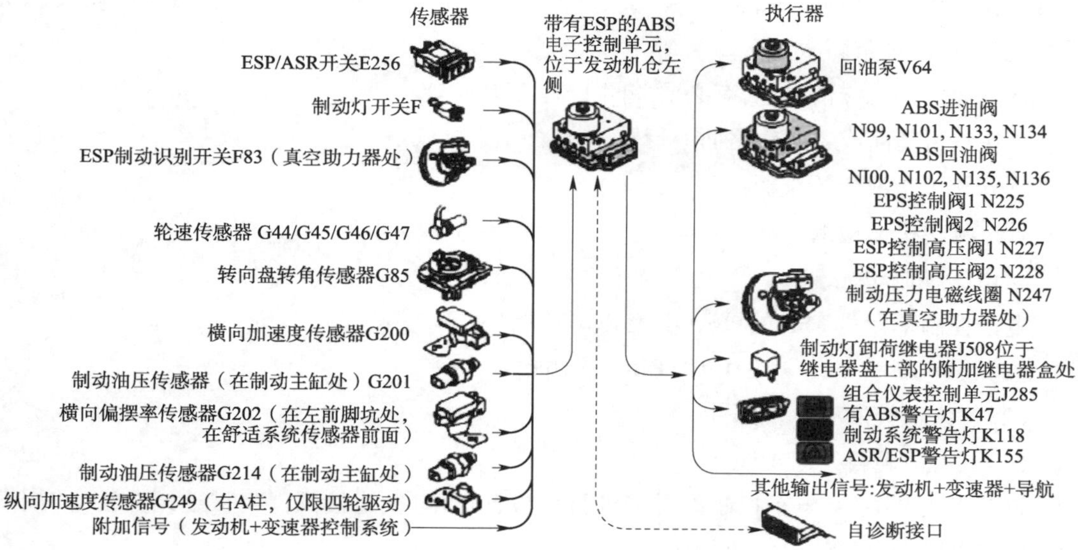

图 3-6-10　奥迪车型 ESP 的组成部件

自诊断：更换控制单元或传感器后，需要重新标定零点。

电路连接：G85 是 ESP 中唯一一个由 CAN – BUS 向电子控制单元传递信号的传感器。打开点火开关后，转向盘被转动 4.5°，传感器进行初始化。

（2）横向加速度传感器 G200。

安装位置：转向柱上下方偏右侧，与横摆角速度传感器安装为一体。

作用：向 ESP 电子控制单元提供侧向力信号。

测量范围：±1.7g，测量精度为 1.2V/g。

失效影响：ESP 电子控制单元不能识别车辆实际运动状态，导致 ESP 功能失效。

（3）横向偏摆率传感器 G202。

安装位置：转向柱上下方偏右侧，与横向加速度传感器安装为一体。

作用：向 ESP 电子控制单元提供车辆绕垂直轴线方向的旋转运动信号。

失效影响：ESP 电子控制单元不能识别车辆实际是否发生转向，导致 ESP 功能失效。

（4）制动油压传感器。

安装位置：制动主缸上，为最大限度保证安全，该车型安装两个制动油压传感器（双重保障）。

作用：向 ESP 电子控制单元提供制动压力信号，并控制系统预压力。

测量范围：最大测量值 17MPa，最大能量消耗 10mA、5V。

失效影响：ESP 功能不起作用。

（5）ESP/ASR 关闭开关。

安装位置：仪表板上。

作用：按下此开关可关闭 ESP/ASR 功能，并由仪表上的警告灯指示出来，再次按压此开关可重新激活 ESP/ASR 功能。如果驾驶人忘记重新激活 ESP/ASR 功能,再次起动发动机后,系统也可以被重新激活。

在下面一些特殊情况下,有必要关闭 ESP/ASR 功能:

a. 在积雪路面或者松软路面上行驶;

b. 安装了防滑链的车辆;

c. 在测功机上检测车辆。

2)电子控制单元

电子控制单元是 ESP 的核心,具有以下功能:

(1)具有 ESP、ASR、ABS、EBD、EBC 等功能。

(2)连续监控所有电气部件。

(3)具有故障自诊断功能。

打开点火开关后,电子控制单元将进行自检,所有电气连接部件将被连续监控,并周期性地检查电磁阀及回油泵等执行元件。

2. 奥迪车型 ESP 的警告灯

奥迪车型 ESP 的警告灯共有三个,分别是制动系统警报灯 K118、ABS 警报灯 K47、ASR/ESP 警报灯 K155。当系统处于不同的状态时,3 种警报灯就会有不同的显示,所以在实际应用过程中,可以根据 3 种警报灯的显示情况来判断整个 ESP 的工作是否正常,3 种警报灯的显示情况见表3-6-1。

奥迪车型 ESP 警报灯　　　　　　　　　表3-6-1

状态	制动系统警告灯 K118	ABS 警告灯 K47	ASB/ESP 警告灯 K155
点火开关打开	(!)	(ABS)	(⚠)
系统正常	(!)	(ABS)	(⚠)
ASR/ESP 正在工作	(!)	(ABS)	(⚠)
ASR/ESP 按钮关闭,ABS 有效,在加速和正常行驶中 ESP 关闭,但是在 ABS 工作时 ESP 激活	(!)	(ABS)	(⚠)
ASR/ESP 失效,ABS 失效(EBD 正常)	(!)	(ABS)	(⚠)
ABS 失效,所有系统都关闭	(!)	(ABS)	(⚠)

另外,当制动液储液罐中的油位过低或液面传感器损坏时,警报灯 K118 也会点亮,但此时 ESP 中不会有故障存储。由于其他原因导致 3 种警报灯点亮时,系统中会有故障存储。

1)ABS 警告灯 K47

在打开点火开关及结束检测过程后,如果 ABS 警告灯 K47 不熄灭,则可能存在下面的故障:

(1)供电电压低于 10V。

(2)ABS 有故障。如有故障时,ABS 功能被切断,但制动功能正常。

(3)最后一次起动车辆后,轮速传感器有偶然故障。在此情况下,起动车辆后且车速超过 20km/h 时,K47 自动熄灭。

2)制动系统警告灯 K118

如果制动系统警告灯 K118 常亮,其他两个不亮,故障可能的原因如下:

(1)驻车制动器操纵杆被拉紧。

(2)制动系统警告灯 K118 控制有故障。

(3)制动液液位过低。

3)ASR/ESP 警报灯 K155

(1)ASR/ESP 按钮 E256 对正极短路。

(2)ASR/ESP 警报灯 K155 控制有故障。

(3)ASR/ESP 已由 E256 切断,此故障只影响 ASR/ESP 功能,ABS/EBD 等功能正常。车辆行驶过程中,如果 ASR/ESP 警报灯 K155 闪烁,说明 ASR/ESP 正在工作。

二　典型汽车电子稳定程序控制系统故障案例

(一)奥迪 A6L 仪表 ESP 指示灯亮故障诊断

1. 故障现象

一辆奥迪 A6L 轿车,行驶里程 3758km,仪表 ESP 指示灯常亮。

2. 诊断流程

(1)连接故障诊断仪,读取故障码,检测到“00493—ESP 传感器单元无信号/通信”故障码。故障码为静态,无法清除。

(2)故障原因分析。

由于该车行驶里程很短,初步分析可能原因有:

①ESP 传感器单元插接器虚接。

②传感器控制单元到 ESP 电子控制单元 J104 线路存在断路或是虚接现象。

③ESP 传感器控制单元内部故障。

④ESP 电子控制单元故障。

（3）实测情况。

经检查发现，J104 的 24 号针脚至 G419 的 4 号针脚 CAN 数据线存在断路现象。由于这根线中间有 T17f/10 插接器，检查后发现该线已经松脱，修复后故障排除。

3. 故障总结

奥迪车型线路和插接器出现故障的几率较小。该车应该是在线束生产时没有压装到位导致线从端子中脱出所致。本案例再一次说明：无论是低端车型还是高端车型，排除故障按正常的逻辑分析，由简入繁进行检查，故障就会"水落石出"。

（二）奔驰 ML300 仪表 ESP 指示灯亮故障诊断

1. 故障现象

一辆 2012 款的奔驰 ML300 SUV，里程数为 149462km，行驶过程中仪表板 ESP 故障灯突然间点亮，客户尝试熄火再重新起动车辆，故障灯依然存在。

2. 故障原因分析

ESP 灯常亮表示 ESP 有故障，ESP 功能不起作用。根据奔驰 ESP 的组成，导致 ESP 故障灯亮主要有以下几种原因：

（1）N47—5 电控车辆稳定行驶系统（ESP）控制单元故障，控制单元本身的故障导致不能记录或处理各传感器传输过来的数据。

（2）牵引力控制系统液压单元故障，导致不能有效执行制动转矩控制回路的闭环操作。

（3）线路故障，ESP 某处插头松动或氧化导致 ESP 故障灯亮起。

（4）转角传感器故障，它位于转向柱模块内，是用于转向盘角度值的计算，故障导致测量的转向角不准确，传输给 ESP 控制单元的数据发生错误，ESP 控制单元无法识别车辆的转向情况。

（5）B24/15 横向偏摆率传感器故障，导致横向偏摆率和横向加速度检测不到或不准确，影响横向力的实际值检测。

（6）轮速传感器故障，轮速传感器为电控车辆稳定行驶系统（ESP）控制单元（N47—5）提供当前车轮速度、ESP 评估与转动方向、车轮速度和故障检测相对应的信号。轮速传感器用于检测车轮的速度，半轴或轴承上有一个脉冲环，轮速传感器正对着脉冲环，脉冲环旋转时，轮速传感器产生信号给 ESP 控制单元计算四个轮速，如果其中一条或多条的轮速信号不对，便会产生故障码，故障产生后会点亮仪表上的故障指示灯。

（7）轮速传感器间隙不当。

3. 诊断流程

由于 ESP 涉及的元件比较多，导致故障现象的原因比较多，为缩小故障查找范围，快速确定故障点，利用奔驰诊断仪 STAR-D 进行检测。

（1）连接诊断仪，读取故障码，显示右前轮速传感器有故障。

（2）轮速传感器故障通常是自身故障或线路故障。

（3）实测情况：由于采用两线式磁阻式类型，测得传感器一根线供电电压 12V，正常。测得电阻不在正常范围内（$0.7 \sim 1.7\mathrm{k}\Omega$）。因此判断是传感器自身故障，更换后故障排除。

4. 故障总结

尽管高端品牌车辆的系统比较复杂，但若在故障诊断过程懂得运用诊断仪和相应的电路图，加上自己的经验，就可以解决问题。故障码只是一个参考，一个故障码有可能是很多原因造成的。

轮速传感器是与 ABS、EBD 和 ESP 等都有关的重要部件，由于它的工作环境恶劣，故障率较高。目前维修店遇到的关于 ABS、ESP 的报修，绝大多数是由于轮速传感器及其相关线路故障引起的，所以掌握轮速传感器故障的诊断方法，在汽车维修的实际工作中将会很有用处。

任务实施

一 实施计划

任务导入中的客户反映的问题实际上是 ESP 起作用时的一种表现。因此本次实训任务主要是利用故障诊断仪控制 ESP 指示灯；有条件的情况下也可以进行道路试验，体验 ESP 工作时车辆的良好表现。

二 实施环境

（1）汽车底盘电控实训室或汽车整车实训室。

（2）装备有 ASR/ESP 的轿车、举升机、工具车、工作台等。

（3）相应的车辆维修手册。

三 实施步骤

分小组完成如下操作要求:

(1)使用故障诊断仪控制 ASR/ESP 指示灯。

(2)分组讨论 ASR/ESP 指示灯亮的原因。

(3)完成下面的任务工单。

四 任务工单

项目三 检修电子控制制动系统 任务六 检修电子稳定程序控制系统	班级			
	姓名		学号	
	日期		分数	

1. 根据教师指定的整车(装备 ASR/ESP),回答以下问题。(20分)

(1)车辆的型号:_____

(2)车辆的 VIN 码:_____。

(3)ESP 的组成部件有:_____

_____。

2. 写出用故障诊断仪控制 ASR/ESP 指示灯的步骤。(20分)

3. 分析 ASR/ESP 指示灯亮的原因。(30分)

4.制动系统警报灯 K118、ABS 警报灯 K47、ASR/ESP 警报灯 K155 有何区别?

复习延伸

一　重点总结

（1）汽车电子稳定程序控制系统一般主要由传感器（轮速传感器、减速度传感器、横向偏摆率传感器、转向角度传感器、制动液压传感器、节气门位置传感器）、电子控制单元、执行器及警示装置组成。

（2）汽车在转弯过程中会出现打滑现象，当后轮出现打滑时产生转向过度，当前轮出现打滑时产生转向不足。当以上两种情况出现时，汽车电子稳定程序控制系统就开始工作。

（3）ESP 在调整右转弯转向过度时，应该增加制动力的车轮是左前轮；ESP 在调整右转弯转向不足时，应该增加制动力的车轮是右后轮。

（4）奥迪 A4 的 ESP 共有 3 种警报灯，分别为制动系统警报灯 K118、ABS 警报灯 K47、ASR/ESP 警报灯 K155。

二　练习与思考

（一）简答题

1.轮速传感器的作用是什么？安装在哪些位置？

2.横向偏摆率传感器的作用是什么？安装在哪些位置？

3.分析电子稳定程序控制系统转向不足的控制过程。

4.电子稳定程序控制系统有哪些故障灯？各起什么作用？

(二)选择题

1.ESP 在调整右转弯转向过度时,应该增加制动力的车轮是(　　)。

　　A.左前轮　　　　　B.右前轮　　　　　C.左后轮　　　　　D.右后轮

2.ESP 中用来检测车辆转向角度的是(　　)。

　　A.转向盘转角传感器　　　　　　　　B.横向加速度传感器

　　C.横向偏摆率传感器　　　　　　　　D.纵向加速度传感器

3.可以检测磁阻式轮速传感器信号的诊断工具是(　　)。

　　A.示波器　　　　　B.交流电压表　　　　C.直流电压表　　　D.欧姆表

4.技师甲说:"普通排气方法只能排出制动系统管路中的空气"。技师乙说:"使用专用诊断仪对电子制动系统排气,可以排出液压控制单元内部的空气"。下列说法正确的是(　　)。

　　A.仅技师甲正确　　　　　　　　　　B.仅技师乙正确

　　C.两个都正确　　　　　　　　　　　D.两个都不正确

5.下面部件用于 ESP 的有(　　)。(多选题)

　　A.轮速传感器　　　　　　　　　　　B.横向偏摆率传感器

　　C.转向盘转角传感器　　　　　　　　D.节气门位置传感器

6.若 ABS 出现故障,则下面故障灯常亮的有(　　)。(多选题)

　　A.制动系统警告灯　　　　　　　　　B.ABS 警告灯

　　C.ASR/ESP 警告灯　　　　　　　　　D.驻车警告灯

7.当出现右转弯转向不足时,应制动(　　)。

　　A.左前轮　　　　　B.右前轮　　　　　C.左后轮　　　　　D.右后轮

(三)判断题

1.横向偏摆率传感器一般装在汽车行李舱前部,与汽车垂直轴线平行,用于检测汽车汽车绕垂直轴旋转的速度。　　　　　　　　　　　　　　　　　　　　　　(　　)

2.转向盘转角传感器用于检测转向盘的转向角度,不能检测输入转矩的大小,也不能判断转动的方向。　　　　　　　　　　　　　　　　　　　　　　　　　　　(　　)

3.通过 ESP 开关操作可使 ESP 处于不工作状态。　　　　　　　　　　　　　(　　)

4.ESP 在调整左转弯转向不足时,应该增加制动力的车轮是左后轮。　　　　(　　)

5.ESP 需要排气时,必须用专用设备才可以。　　　　　　　　　　　　　　　(　　)

6.车速过高时,如车速超过 120km/h 时,ESP 将不起作用。　　　　　　　　　(　　)

7.奥迪轿车 ASR/ESP 报警灯是黄色的。　　　　　　　　　　　　　　　　　(　　)

8.ESP 不具备 TCS 的功能。　　　　　　　　　　　　　　　　　　　　　　(　　)

任务七 其他电子控制制动系统简介

🏵 任务导入

一 任务描述

　　一辆具备上坡辅助系统的轿车,在上陡坡起步时出现车辆后滑,造成交通事故。经过4S店技术人员检查时,发现该车辆丧失了上坡辅助功能。

二 任务分析

　　上坡辅助系统是汽车 ESP 的一种功能,能够延迟制动几秒,防止溜车而造成事故。作为4S 店的专业技术人员,应该告知客户上坡辅助系统激活的条件,以及如何正确操作来确保上坡辅助功能。

三 技能目标

　　(1)能正确激活上坡辅助功能。
　　(2)能在仪表确认上坡辅助指示灯。

🏵 知识结构导图

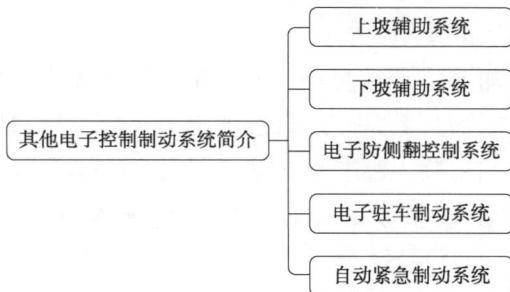

```
                              ┌─ 上坡辅助系统
                              │
                              ├─ 下坡辅助系统
                              │
其他电子控制制动系统简介 ──────┼─ 电子防侧翻控制系统
                              │
                              ├─ 电子驻车制动系统
                              │
                              └─ 自动紧急制动系统
```

一 上坡辅助系统

上坡辅助系统的英文全称是 Hill-start Assist Control,简称 HSA 或 HAC,它是在 ESP 基础上衍生开发出来的一种功能。它可以让车辆在不使用驻车制动情况下坡道起步时,右脚离开制动踏板车辆仍能继续保持制动几秒,以防止溜车而造成事故。

当车辆在陡峭或光滑坡面上起步时,驾驶人从制动踏板切换至加速踏板车辆将向后下滑,从而导致起步困难。为防止此情况发生,上坡辅助系统暂时对四个车轮施加制动以阻止车辆下滑。

未配备上坡辅助系统时,驾驶人必须快速且准确地从制动踏板切换至加速踏板。然而,配备上坡辅助系统时,因为上坡辅助系统可以防止车辆向后下滑,所以驾驶人可以轻松驾车起步并从容操作踏板。

1. 上坡辅助系统的工作条件

(1)变速杆位于 P 外的任何位置(自动挡车型)。

(2)加速踏板未踩下。

(3)车辆处于静止状态。

(4)驻车制动器操纵杆未拉起。

在满足以上基本条件的前提下,在车辆停止时驾驶人进一步踩下制动踏板的情况下,启动上坡辅助系统。

2. 上坡辅助系统的工作原理

当车辆在坡道上停住时,驾驶人用力踩下制动踏板。此时制动系统中的制动压力传感器检测到制动压力,并将此数据传递给 HSA 控制器。驾驶人想要上坡起步时,右脚离开制动踏板。当 HSA 控制器检测到驾驶人未踩下制动踏板和加速踏板时,将持续输出此前检测到的制动压力,保持制动 2~3s。接下来驾驶人踩下加速踏板,HSA 控制器也会检测到节气门开度的变化,然后逐渐释放制动压力。

另外,HSA 利用纵向加速度传感器,获取道路倾角信息,同时检测变速器挡位信息。只有当变速杆位于前进挡,而且道路倾角超过预定值(例如 3°)时,HSA 就会激活并保持正确的制动压力。这时,当驾驶人踩下加速踏板时,HSA 不会突然释放制动压力,而是根据坡度按比例逐渐释放制动力,从而实现自然的驾驶感受。整个控制过程如图 3-7-1 所示。

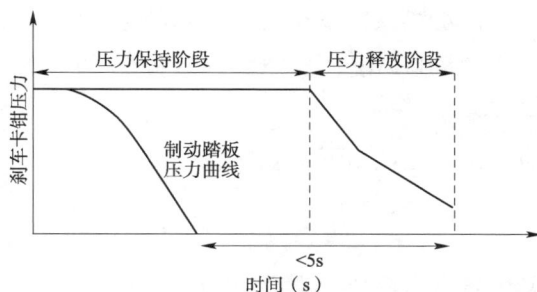

图 3-7-1　HSA 的控制过程

二　下坡辅助系统

下坡辅助系统的英文全称是 Down-hill Assist Control,简称 DAC 或 HDC(也称为陡坡缓降系统)。它是一个辅助系统,用于在陡峭的下坡路段上帮助驾驶人控制车速,并提供额外的稳定性。通过自动调整发动机制动和制动系统,DAC 能够协助驾驶人保持设定的车速,减少踩制动踏板的需求,从而提高驾驶的便利性和安全性。

1. 下坡辅助系统的工作条件

(1)变速杆位于前进挡或前进低挡。

(2)DAC 操作按钮被按下(图 3-7-2),仪表指示灯亮。

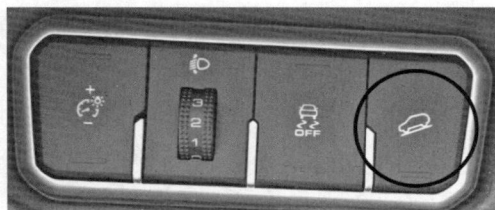

图 3-7-2　下坡辅助系统操纵按钮

(3)驾驶人未踩下制动踏板。

(4)坡度达到一定的条件。

(5)目标车速在一定的范围内(例如 5 ~ 35km/h,由驾驶人设定)

2. 下坡辅助系统的工作原理

当车辆进入下坡路段且驾驶人释放制动踏板时,该系统会自动激活。

(1)若坡度不大(例如坡度在9%以内),利用发动机制动力来控制车速。当车辆带挡滑行时,发动机成为一个阻力源,对驱动轮施加阻力,帮助控制车速。适合在较高速度和正常行驶时的下坡。

(2)若坡度很大(例如坡度达到50%),通过 ESP 调节四个车轮的制动力,使车辆保持一个极低的速度缓慢下陡坡。它主要依靠电子稳定程序(ESP)来提供额外的制动力,确保车辆在复杂路况下稳定行驶。适合陡峭的坡道和复杂路况。

三　电子防侧翻控制系统

电子防侧翻控制系统的英文全称是 Electronic Rollover Prevention System。它是一种用于防止车辆在行驶过程中发生侧翻事故的安全装置。侧翻是车辆在高速转弯、紧急避让或在不平路面上行驶时可能发生的危险情况,尤其对于重心较高的车辆(如SUV、轻型货车和重型货车)来说,侧翻的风险更高。

电子防侧翻控制系统的工作原理如下。

1. 传感器监测

车辆防侧翻系统通常配备有多个传感器,如横向/纵向加速度传感器、陀螺仪和轮速传感器,用于实时监测车辆的动态行为,包括横向加速度、纵向加速度、车辆倾斜角度和轮速等。

2. 电子控制单元(ECU)分析

电子控制单元(ECU)会分析传感器收集的数据,判断车辆是否接近侧翻的临界状态。如果检测到侧翻风险,ECU将立即采取措施。

3. 主动干预

在检测到侧翻风险时,防侧翻系统会通过以下几种方式主动干预。

(1)制动干预:系统会自动对车辆的某些车轮施加制动力,以减少车辆的横向加速度,帮助车辆保持稳定。

(2)发动机输出调整:系统可能会减少发动机的输出功率,降低车辆的行驶速度。

(2)主动悬架调整:部分高级系统可能配备有主动悬架系统,能够调整悬架的刚度和高度,以改善车辆的侧倾稳定性。

4. 驾驶人警告

在某些情况下,系统可能会通过仪表板上的警告灯或声音提示驾驶人,提醒他们注意车辆的行驶状态,以便采取相应的驾驶措施。

四 电子驻车制动系统

电子驻车制动(EPB)系统是一种机电一体化产品,它取消了驻车制动手柄,简化了装配和调整过程,比传统的驻车制动操作更简便,制动更安全。EPB系统使得汽车车内空间得到扩展,同时也提高了驾乘的舒适性。下面以通用车型为例介绍。

1. EPB系统的组成与控制

EPB系统主要包括:电子驻车制动控制模块(EPBCM)总成、EPB控制开关、制动拉线、驻车制动器、驻车制动警告灯及EPB系统维修提醒指示灯等部件,如图3-7-3所示。

图 3-7-3 EPB 系统的组成部件

EPBCM 总成位于后桥上,内部安装有 EPB 控制模块、EPB 电机、接合与释放执行器、电机位置传感器、拉力传感器及拉线释放螺钉等。EPB 电机由 EPB 控制模块控制,运转时将动力通过传动齿轮组传递给接合与释放执行器。接合与释放执行器是一个电磁离合器,其内部的螺杆末端连接拉线。当电磁离合器接合时,螺杆随传动齿轮一起转动,带动拉线伸缩,从而控制驻车制动器的接合或释放;当电磁离合器分离时,螺杆与传动齿轮分离,螺杆保持不动,拉线处于静止状态。EPBCM 总成内部有一个霍尔式电机位置传感器,其信号输送给 EPB 控制模块,EPB 控制模块以此来计算拉线伸缩距离。拉力传感器用来检测拉线拉力的大小,EPB 控制模块根据此信号来调整车辆在斜坡路面停放时的驻车力大小。

EPB 控制模块是系统的核心,它接收 EPB 开关指令,并且从车载网络获取相关的传感器信号判断车辆的运行状态,然后控制其内部 EPB 电机运转,接合与释放执行器动作,从而拉紧或释放拉线,控制驻车制动器接合或释放,如图 3-7-4 所示。EPB 控制模块的输入信号除了驾驶人操作的 EPB 开关外,还包括来自电子制动控制模块(EBCM)的转向盘转角、多轴加速度、车速等信号,以及来自发动机控制模块(ECM)的发动机转速、负荷等信号。EPB 控制模块通过这些信号来决定驻车制动的启用与解除。

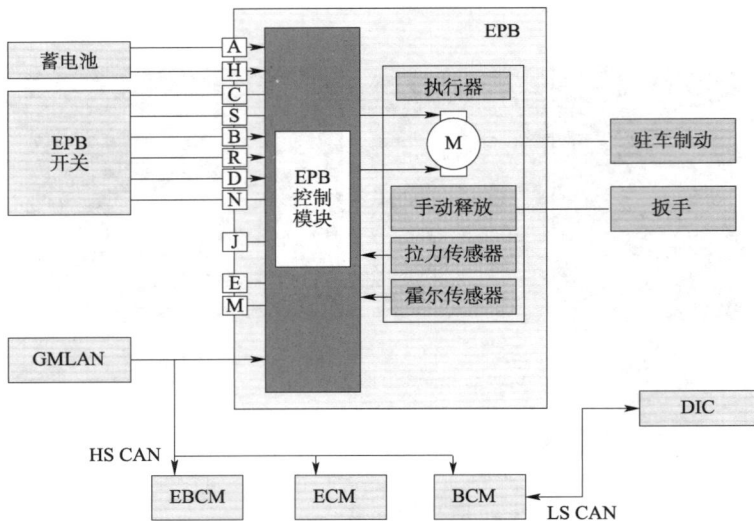

图 3-7-4　EPB 系统控制框图

2. EPB 系统的工作模式

1）手动操作模式

手动操作模式下,驾驶人使用 EPB 开关来控制 EPB 系统工作,其工作模式分为静态接合、静态释放、动态制动。

（1）静态接合。

在车辆静止状态下,驾驶人按压 EPB 开关时,EPB 系统控制 EPB 电机转动,拉紧拉线,使制动器产生足够的制动力,将车辆牢牢固定在原地或坡度达到 30% 的斜坡上。与此同时,驻车制动警告灯也会点亮。

（2）静态释放。

在车辆静止状态下,驾驶人释放 EPB 时,驾驶人打开点火开关,踩住制动踏板,并按一下 EPB 开关。此时,EPB 系统控制 EPB 电机释放拉线。当驻车制动器分离后,驻车制动警告灯会熄灭,驾驶人信息中心还会显示"Park Brake Released(驻车制动器分离)"的信息。

（3）动态制动。

在车辆行驶过程中,如果驾驶人按下 EPB 开关,EPB 系统将根据车速作出不同的反应:当车速超过 6km/h 时,车辆制动由 EBCM 控制行车制动系统执行;当车速小于 6km/h 时,车辆制动由 EPB 系统执行,EBCM 不参与制动。

2）自动操作模式

自动操作模式是指驾驶人不用控制 EPB 开关释放驻车制动,EPBCM 可通过离合器踏板位置传感器或节气门位置传感器检测到驾驶人操纵车辆起步时,将自动释放电子驻车制动器。

3）维修模式

EPB 系统维修模式适用于系统的故障监测与调整。它包含以下几项内容。

（1）组件调整:EPB 控制模块发出控制指令给执行器进行自检,并执行 5 个接合和释放循环以检测系统工作是否正常。

(2)间隙调整:EPB电机能够适时对拉线的磨损进行精确调整。

(3)维护模式:更换驻车制动拉线时,需要执行此模式,以便将制动拉线释放。

(4)驻车制动检测模式:用于驻车制动效率的检测。

4)故障模式

在EPB系统某些部件出现故障的情况下,EPB将尽量维持驻车制动系统的工作。

五　自动紧急制动系统

自动紧急制动(Automatic Emergency Braking,AEB)系统是一种汽车主动安全技术,能在检测到潜在碰撞风险时自主触发制动,以提升行车安全。

AEB系统主要由控制模块(ECU)、测距模块和制动模块三大模块构成。其中,测距模块利用雷达、摄像头等传感器实时监测前方道路情况,获取前方车辆或障碍物的距离和相对速度等信息。当系统检测到车辆与前车或障碍物的距离小于安全距离时,即使驾驶人没有来得及踩制动踏板,AEB系统也会启动,自动进行制动,以避免或减轻碰撞事故。

此外,AEB系统通常还具备预警功能,在检测到潜在碰撞风险时,会通过声音或仪表板界面向驾驶人发出警告,提醒驾驶人注意并采取相应措施。而评价一个AEB系统的好坏,主要看其障碍物识别丰富度、识别准确率、探测距离、最大避免碰撞速度、人机交互有效性以及有效工作范围等方面。

值得注意的是,尽管AEB系统能够有效提升行车安全,但它并不能完全替代驾驶人的职责。驾驶人在驾驶过程中仍需保持警觉,对车辆的控制和安全负责。同时,由于技术限制和场景复杂性,AEB系统在某些情况下可能无法有效工作,因此驾驶人仍需谨慎驾驶,避免依赖过度。

❀ 任务实施

一　实施计划

任务导入中的车辆由于丧失了上坡辅助功能从而酿成交通事故。因此本次实训任务主要是通过操作实现上坡起步功能;有条件的情况下也可以进行爬陡坡道路测试,体验上坡辅助功能的优势。

二　实施环境

(1)汽车整车实训室。

（2）具备上坡辅助功能的轿车、举升机、工具车、工作台等。

（3）相应的车辆维修手册。

三 实施步骤

分小组完成如下操作要求：

（1）分组讨论上坡辅助系统激活的条件。

（2）实车操作实现上坡辅助功能。

（3）爬陡坡试验上坡辅助功能。

（4）完成下面的任务工单。

四 任务工单

项目三　检修电子控制制动系统 任务七　其他电子控制制动系统简介	班级			
	姓名		学号	
	日期		分数	
1. 根据教师指定的整车（具备上坡辅助功能），回答以下问题。（20分） （1）车辆的型号：＿＿＿＿＿＿＿＿＿＿＿＿＿＿＿＿＿＿。 （2）车辆的 VIN 码：＿＿＿＿＿＿＿＿＿＿＿＿＿＿＿＿。 （3）车辆具备的电子控制制动功能有：＿＿＿。				
2. 分组讨论上坡辅助系统工作的条件。（30分）				
3. 分析上坡辅助系统的工作原理。（20分）				
4. EPB 系统有哪些工作模式？（30分）				

复习延伸

一 重点总结

（1）上坡辅助系统的英文全称是 Hill-start Assist Control，简称 HSA 或 HAC。

（2）下坡辅助系统的英文全称是 Down-hill Assist Control，简称 DAC 或 HDC（也称为陡坡缓降系统）。

（3）电子防侧翻控制系统的英文全称是 Electronic Rollover Prevention System，它是一种用于防止车辆在行驶过程中发生侧翻事故的安全装置。

（4）EPB 系统主要包括电子驻车制动控制模块（EPBCM）总成、EPB 控制开关、制动拉线、驻车制动器、驻车制动警告灯及 EPB 系统维修提醒指示灯等部件。

（5）EPB 系统的工作模式有手动操作模式、自动操作模式、维修模式和故障模式。

（6）自动紧急制动（Automatic Emergency Braking，AEB）系统是一种汽车主动安全技术，能在检测到潜在碰撞风险时自主触发制动，以提升行车安全。

二 课后练习

（一）简答题

1. 上坡辅助系统和下坡辅助系统有何区别？
2. 简述上坡辅助系统的工作原理。
3. 简述电子防侧翻控制系统的工作原理。
4. 简述 EPB 系统的组成部件。
5. EPB 系统有哪几种工作模式？

（二）选择题

1. 上坡辅助系统的英文简称是（　　　）。

    A. HSA　　　　　　　B. HHA　　　　　　　C. DAC　　　　　　　D. HDC

2. 上坡辅助系统的工作条件有（　　　）。（多选）

    A. 变速杆位于 P 外的任何位置（自动挡车型）

    B. 加速踏板未踩下

C. 车辆处于静止状态

D. 驻车制动器操纵杆未拉起

3. 电子防侧翻控制系统的主动干预有(　　)。(多选)

　　A. 制动干预　　　　　　　　　B. 发动机动力调整

　　C. 主动悬架调整　　　　　　　D. 驾驶人踩制动踏板

4. EPB 系统的手动操作模式包括(　　)。(多选)

　　A. 静态接合　　　　B. 静态释放　　　　C. 动态制动　　　　D. 维修模式

(三)判断题

1. 上坡辅助系统和下坡辅助系统的原理一样。　　　　　　　　　　　　　(　　)

2. HSA 系统需要获取道路倾角信息。　　　　　　　　　　　　　　　　(　　)

3. 若坡度不大(例如坡度在9%以内),下坡辅助系统通过自动制动来保持车速。(　　)

4. 电子防侧翻控制系统的英文全称是 Electronic Rollover Prevention System。(　　)

5. 下坡辅助系统的简称是 HSA。　　　　　　　　　　　　　　　　　　(　　)

6. 当车速小于6km/h 时,车辆制动由 EPB 系统执行,EBCM 不参与制动。　　(　　)

7. 在 EPB 系统某些部件出现故障的情况下,EPB 将尽量维持驻车制动系统的工作。(　　)

检修电子控制悬架系统

学习目标

知识目标

1. 了解电子控制悬架系统的主要优点和类型。

2. 熟悉电子控制悬架系统主要部件的结构和工作原理。

3. 熟悉电子控制悬架系统的控制功能。

4. 掌握电子控制悬架系统车身高度、悬架刚度和减振器阻尼系数调节的基本原理。

能力目标

1. 能识别电子控制悬架系统的类型。

2. 会检修车身高度传感器、转向盘转角传感器、模式选择开关等部件。

3. 能识读电子控制悬架系统的电路图。

4. 能分析电子控制悬架系统常见故障的原因,并制订维修方案。

素质目标

1. 培养良好的爱国情怀。

2. 具备良好的职业素养。

3. 培养良好的团队合作精神。

知识结构导图

检修电子控制悬架系统 ┬ 认知电子控制悬架系统
                     └ 检修电控悬架车身高度调整失灵故障

任务一　认知电子控制悬架系统

任务导入

一　任务描述

国庆放假期间,李先生准备购买一款装备电子控制悬架的轿车,他仔细询问销售顾问电子控制悬架有哪些优势,有哪些操作开关,在汽车行驶过程中如何正确操作。

二　任务分析

此案例属于电子控制悬架的使用问题。目前,电子控制悬架的操作开关较多,通常包括模式选择开关、车身高度控制开关、高度 ON/OFF 开关等。作为销售顾问,应该带着客户在驾乘体验过程中,介绍操作开关的使用方法,让客户体验电子控制悬架带来的好处,赢得一次销售的机会。

三　技能目标

(1)能准确描述电子控制悬架的优势。
(2)能正确操作电子控制悬架控制开关。

知识结构导图

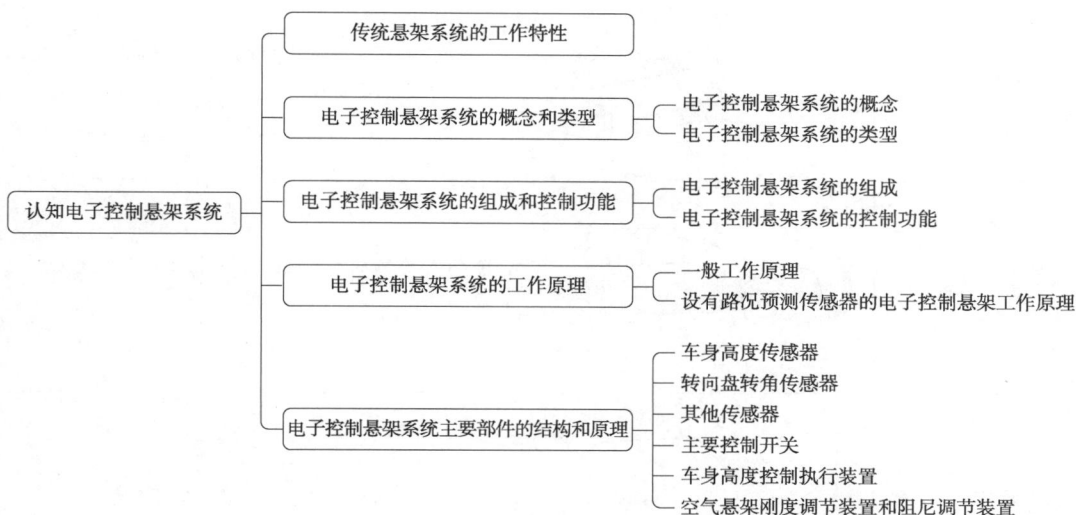

```
                    ┌─ 传统悬架系统的工作特性
                    │
                    │                              ┌─ 电子控制悬架系统的概念
                    ├─ 电子控制悬架系统的概念和类型 ─┤
                    │                              └─ 电子控制悬架系统的类型
                    │
                    │                                ┌─ 电子控制悬架系统的组成
认知电子控制悬架系统 ─┼─ 电子控制悬架系统的组成和控制功能 ─┤
                    │                                └─ 电子控制悬架系统的控制功能
                    │
                    │                            ┌─ 一般工作原理
                    ├─ 电子控制悬架系统的工作原理 ─┤
                    │                            └─ 设有路况预测传感器的电子控制悬架工作原理
                    │
                    │                                  ┌─ 车身高度传感器
                    │                                  ├─ 转向盘转角传感器
                    │                                  ├─ 其他传感器
                    └─ 电子控制悬架系统主要部件的结构和原理 ─┤
                                                       ├─ 主要控制开关
                                                       ├─ 车身高度控制执行装置
                                                       └─ 空气悬架刚度调节装置和阻尼调节装置
```

相关知识

一 传统悬架系统的工作特性

1. 传统悬架系统的不足

传统悬架系统由弹性元件、减振器、导向装置和横向稳定器等部件组成,一般具有固定的弹簧刚度和减振器阻尼系数,不能同时满足汽车行驶平顺性和操纵稳定性的要求。

降低弹簧刚度,平顺性会变好,使乘坐舒适,但悬架偏软会使操纵稳定性变差。而增加弹簧刚度会提高操纵稳定性,但较硬的弹簧又使车辆对路面的不平度很敏感,使行驶平顺性降低。

显然,既要满足行驶平顺性的要求又能满足操纵稳定性的要求,固定的弹簧刚度和减振器阻尼系数是不能实现的。在不同的使用条件下具有不同弹簧刚度和减振器阻尼系数的悬架系统才能同时满足汽车行驶平顺性和操纵稳定性的要求。

2. 传统悬架车身姿态的变化

传统悬架车身姿态的变化如表 4-1-1 所示。

传统悬架车身姿态的变化 表 4-1-1

名称	车身姿态	工作举例
横向摆动		转弯或在高低不平路面行驶时，车身产生绕 X 轴的摆动
前后摆动		在高低不平路面行驶时，车身产生绕 Y 轴的摆动
后部下沉		急加速行驶时，产生汽车后部下沉
车身前倾		紧急制动时，产生汽车前部下沉
颠簸		在高低不平路面行驶时，车身产生沿 Z 方向的小幅度跳动
上下跳动		在高低不平路面行驶时，车身产生沿 Z 方向的大幅度跳动
纵向摆动		转弯或在高低不平路面行驶时，车身产生绕 Z 轴的摆动

二　电子控制悬架系统的概念和类型

（一）电子控制悬架系统的概念

电子控制悬架系统的英文全称为 Electronic Controlled Suspension System，简称 ECSS。与普通悬架相比，它能够根据道路情况和载荷状况的变化，对减振器的阻尼作出相应的调整，极大提高车辆行驶的稳定性、操纵性和舒适性。

（二）电子控制悬架系统的类型

1. 根据传力介质分类

（1）电控空气式悬架系统（Electronic Controlled Air Suspension System）。

（2）电控油气式悬架系统：以油为介质压缩气室中的空气，实现刚度特性的变化，采用管路中的小孔节流实现阻尼特性。

2. 根据悬架的刚度系数和阻尼系数是否可调分类

（1）半主动悬架：不改变悬架的刚度，只改变悬架的阻尼。

（2）全主动悬架：根据汽车的运动状态和路面状况，适时地调节悬架的刚度和阻尼。按照弹簧的类型可分为空气弹簧主动悬架和油气弹簧主动悬架。

三　电子控制悬架系统的组成和控制功能

（一）电子控制悬架系统的组成

虽然电子控制悬架系统的结构形式多种多样，但它们的组成基本相同，一般由传感器及开关、电子控制单元和执行机构等组成。

（1）传感器主要有车身高度传感器、车速传感器、加速度传感器、转向盘转角传感器、节气门位置传感器等。

（2）开关主要有模式选择开关、车身高度控制开关、高度 ON/OFF 开关、制动灯开关、停车开关、车门开关等。

（3）执行机构主要有悬架刚度调节装置、减振器阻尼力调节装置、车身高度控制执行器等。

(二)电子控制悬架系统的控制功能

电子控制悬架系统利用液压减振器和空气弹簧中存在的压缩空气进行减振器阻尼系数、悬架刚度和车身高度的自动调节,可实现减振器阻尼力和悬架刚度"软—中—硬"的有级控制或无级控制。

1. 车身高度自动调节功能

不管车辆负载在规定范围内如何变化,都可以保证车高固定。当车辆在凹凸不平的道路上行驶时可提高车身高度;当车辆高速行驶时又可使车身高度降低。

1)高速感应控制

当汽车在良好路面上高速行驶,车速超过规定值(例如 90km/h,注意各车型略有不同)时,若汽车高度控制开关选择在"HIGH"位置上,汽车高度将自动转换为"NORM"状态,降低车身高度,以减少空气阻力,提高汽车行驶的稳定性和操纵稳定性。

2)连续不良路面行驶控制

当汽车在连续不良路面上行驶时,车速在设定值范围(例如 40~90km/h),提高车身高度,以提高汽车的通过性;车速超过设定值(例如 90km/h 以上),降低车身高度,以满足汽车行驶的稳定性。

3)点火开关控制

驻车时,当点火开关关闭后,乘客和行李重量的变化使汽车高度高于目标高度时,能使汽车高度降低到目标高度,改善汽车驻车时的姿势(汽车高度降低),且便于乘客的乘降。

4)自动高度控制

不管乘客和行李质量如何变化,操作自动高度控制开关能使汽车的目标高度变为"正常"或"高"的状态,保持车身高度恒定。

2. 减振器的衰减力(阻尼系数)自动调节功能

减振器的衰减力(阻尼系数)自动调节的功用是提高车辆的操纵稳定性,在急转弯、急加速和紧急制动时可以抑制车辆姿态的变化(减少俯仰角、后仰角、侧倾角等)。

3. 弹性元件的弹性或刚性系数自动调节功能

利用弹性元件的弹性或刚性系数变化控制车辆起步、急加速、紧急制动等工况时车身的姿态。电子控制悬架系统的具体控制功能见表4-1-2。

电子控制悬架系统的具体控制功能   表 4-1-2

序号	控制项目	电子控制悬架系统控制功能
1	防侧倾控制	使悬架刚度和减振力变成"硬"状态,抑制侧倾,使汽车的姿态变化减至最小,改善操纵性能

序号	控制项目	电子控制悬架系统控制功能
2	防点头控制	使悬架刚度和减振力变成"硬"状态,抑制汽车制动前部"点头",使汽车的姿态变化减至最小
3	防下坐控制	使悬架刚度和减振力变成"硬"状态,抑制汽车急加速时后部后坐,使汽车的姿态变化减至最小
4	高车速控制	使悬架刚度变成"硬"状态或使减振力变成"中"状态,改善行驶稳定性和操纵性能
5	不平路面控制	使悬架刚度和减振力视需要变成"硬"或"中"状态,抑制汽车车身沿悬架上下摆动,改善乘坐舒适性
6	颤动控制	使悬架刚度和减振力视需要变成"硬"或"中"状态,抑制汽车在不平路面行驶时的颤动
7	跳振控制	使悬架刚度和减振力视需要变成"硬"或"中"状态,抑制汽车在不平路面行驶时的上下跳振
8	车身高度控制	不管乘客和行李质量如何发生变化,使车身高度保持某一恒定的高度位置;操作车身高度控制开关,使车身目标高度变为"高"或"正常"状态
9	点火开关 ON/OFF 控制	点火开关关闭后,因乘客和行李质量发生变化使车身高度高于目标高度时,能使汽车车身高度降低至目标高度,改善汽车驻车时的姿态

四　电子控制悬架系统的工作原理

(一) 一般工作原理

电子控制悬架系统的一般工作原理是:利用传感器(包括开关)对汽车行驶时路面的状况和车身的状态进行检测,将检测信号输入计算机进行处理,计算机通过驱动电路控制悬架系统的执行器动作,完成悬架特性参数的调整。

(二) 设有路况预测传感器的电子控制悬架工作原理

设有路况预测传感器的电子控制悬架的基本结构如图 4-1-1 所示。储压器内充有气体,这些可压缩的气体可以产生一种类似弹簧的效果。主节流孔限制储压器和油压腔之间的油流,从而形成减振作用。当选择阀打开时,油流通过选择阀的副节流孔,在储压器和油压腔

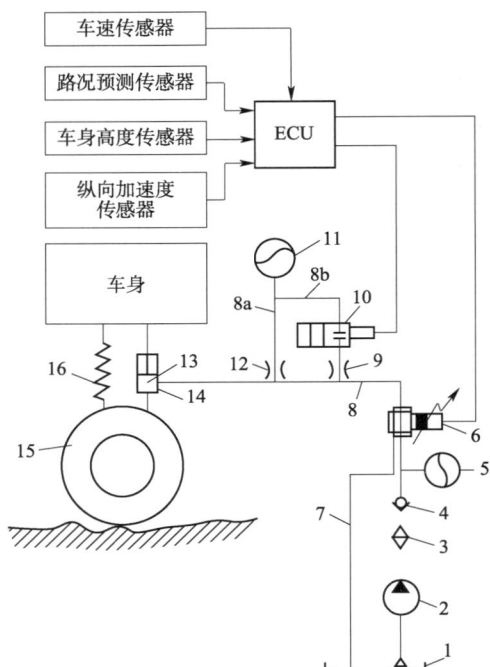

图 4-1-1　设有路况预测传感器的电子控制悬架的基本结构

1-油箱；2-油泵；3-滤清器；4-止回阀；5、11-储压器；6-控制阀；7-回油管；8-油管；9、12-节流孔；10-选择阀；13-油压腔；14-单向液压执行器；15-车轮；16-悬架弹簧

之间流动，从而减小振动阻尼。

电子控制单元根据车身纵向加速度的传感器信号、路况预测传感器检测信号、车身高度、车速传感信号对设置在各车轮上的控制阀和选择阀进行控制。路况预测传感器的位置如图 4-1-2 所示。路况预测传感器通常为超声波传感器，频率为 40kHz 左右，它安装在车身的前面，以便对其下方的路面状况进行检测。

在车辆正常行驶时，选择阀关闭，单向液压执行器的油压腔通过主节流孔与储压器相通，它可以吸收并降低因路面不平而引起的微小振动。

当车辆上的路况预测传感器发现路面上有将引起振动的凸起物时，电子控制单元便控制选择阀打开，并将悬架系统的阻尼系数减小到一个特定的值上。

电子控制单元在检测路况预测传感器输出信号（图 4-1-3）的同时，也不断地检测车速。根据车速可以估算出测得的凸起物和实际车轮通过凸起物之间的滞后时间。选择阀应恰好在车轮通过凸起物时打开，这样，在车轮通过凸起物时，悬架的阻尼系数只是作短暂变化，车轮通过了凸起物后，选择阀便再次关闭。

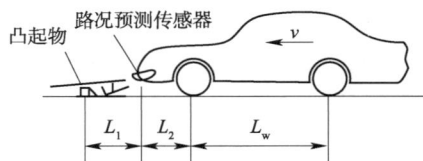

图 4-1-2　路况预测传感器的位置

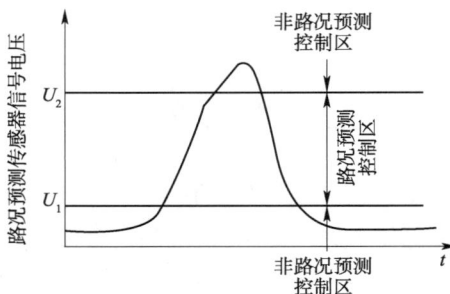

图 4-1-3　路况预测传感器的输出信号电压

带路况预测传感器(声呐系统)的主动式悬架系统可以在汽车到达凸起物之前对路面情况进行预测处理，因而大大改善了悬架的工作性能，装有这种系统的车辆在不平的路面上行驶时，甚至可以不转动转向盘。

五 电子控制悬架系统主要部件的结构和原理

（一）车身高度传感器

1. 车身高度传感器的作用

车身高度传感器的作用是将车身与车桥之间的相对高度变化(悬架变形量的变化)转换为电信号并送给电子控制单元。有的车型有 3 个车身高度传感器,而有的车型有 4 个,在每个悬架上都装有一个车身高度传感器。

车身高度传感器通过监测车身与悬架下臂之间的距离变化,来检测汽车高度变化和因道路不平而引起的悬架位移量。

2. 车身高度传感器的类型

根据工作原理不同,车身高度传感器常用的有线性霍尔式、电容式、光电式、磁阻式、电磁感应式、超声波传感器等。以上类型均为非接触式,其性能因类型和应用场景而异,不能断定哪种最好。线性霍尔式、磁阻式传感器测量精度较高;电容式传感器响应速度快,适用于各种恶劣环境;光电式传感器具有高精度和强抗干扰能力,但成本较高;超声波式传感器具有测量范围广和精度高的优点,但受环境因素影响较大,需要校准和调整;电磁感应式传感器具有较高的灵敏度和可靠性,适用于多种车辆悬架系统的监测。

3. 车身高度传感器的结构和工作原理

下面以光电式车身高度传感器为例进行介绍。

1)车身高度传感器的安装位置

车身高度传感器一般安装在车身与车桥之间,如图 4-1-4 所示。

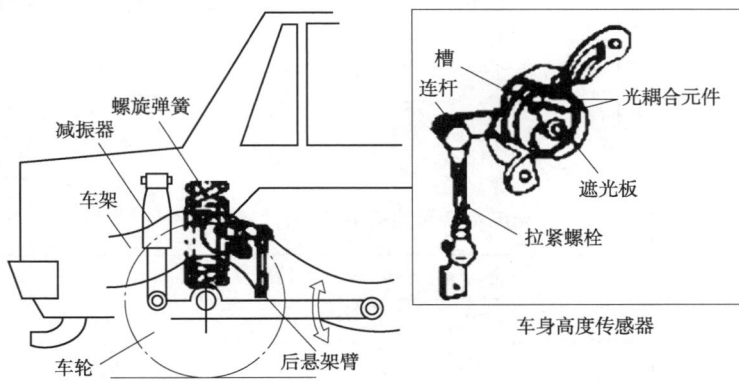

图 4-1-4　车身高度传感器的安装位置

空气压缩机车身高度
传感器和车身高度
控制阀电路分析

2)光电式车身高度传感器的结构

光电式车身高度传感器主要由传感器轴、遮光盘、光电耦合元件、连接杆等部件组成,如图 4-1-5 所示。光电式车身高度传感器内有一根靠连接杆(下连接在车桥上)带动转动的传感器轴,传感器轴上固定一个开有许多窄槽的遮光盘,遮光盘两边是由发光二极管和光敏三极管组成的光电耦合元件。每个光电耦合元件由四组发光二极管和光敏三极管组成。

3)光电式车身高度传感器的工作原理

当车身高度变化时(如不平路面或汽车载荷发生变化),车身与车轮的相对运动使车身高度传感器的连接杆转动,通过传感器轴带动圆盘转动,使光电耦合元件相对应的发光二极管和光敏三极管上的光线发生 ON/OFF 的转换,如图 4-1-6 所示。

车身高度传感器转向盘
转角传感器电路检修

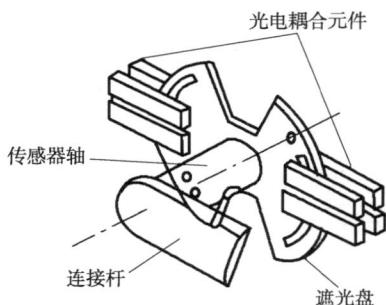

图 4-1-5　光电式车身高度传感器的结构

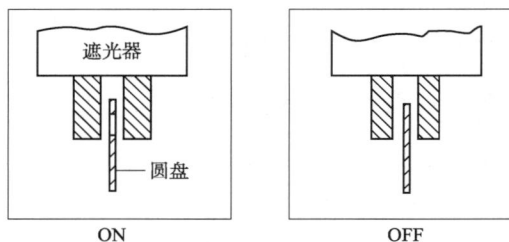

图 4-1-6　光电式车身高度传感器的 ON/OFF 转换图

光敏三极管把接收到的光线 ON/OFF 转换成电信号,并通过导线输送给悬架电子控制单元(ECU)。ECU 根据光电耦合元件 ON/OFF 转换的不同组合变化(共 16 种组合变化,如图 4-1-7 和表 4-1-3 所示),检测出不同的车身高度。

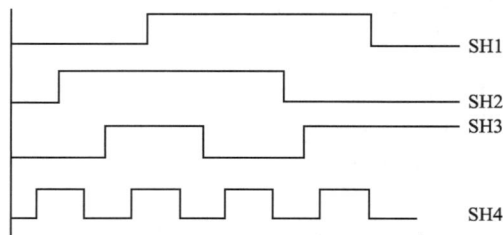

图 4-1-7　光电耦合器输出信号

光电耦合元件的 16 种组合变化　　　　　　　表 4-1-3

高度等级	光电耦合元件 ON/OFF 情况				车身高度
	SH1	SH2	SH3	SH4	
1	OFF	OFF	OFF	OFF	最低
2	OFF	OFF	OFF	ON	

高度等级	光电耦合元件 ON/OFF 情况				车身高度
	SH1	SH2	SH3	SH4	
3	OFF	ON	OFF	ON	低
4	OFF	ON	OFF	OFF	
5	OFF	ON	ON	OFF	
6	OFF	ON	ON	ON	
7	ON	ON	ON	ON	标准
8	ON	ON	ON	OFF	
9	ON	ON	OFF	OFF	
10	ON	ON	OFF	ON	
11	ON	OFF	OFF	ON	高
12	ON	OFF	OFF	OFF	
13	ON	OFF	OFF	OFF	
14	ON	OFF	ON	ON	
15	OFF	OFF	ON	ON	最高
16	OFF	OFF	ON	OFF	

（二）转向盘转角传感器

1. 转向盘转角传感器的作用

转向盘转角传感器用于检测转向盘的中间位置、转动方向、转动角度和转动速度。在电子控制悬架中，电子控制单元根据车速传感器信号和转角传感器信号，判断汽车转向时侧向力的大小和方向，提高操纵稳定性，防止侧倾。

2. 转向盘转角传感器的类型

根据工作原理不同，转向盘转角传感器可以分为霍尔式转角传感器、磁阻式转角传感器、光电式转角传感器和电阻分压式转角传感器等。目前，又出现了一些新型转角传感器，如 GMR（巨磁阻）转角传感器、AMR（各向异性磁阻）转角传感器，应用较为广泛。

根据原始信号编/解码方式的不同，转向盘转角传感器可以分为绝对值转角传感器和相对值转角传感器。

霍尔式转角传感器适用于需要高精度和高可靠性的应用场景；磁阻式转角传感器适用于需要测量大范围转角的场景；光电式转角传感器适用于需要非接触式测量的场景；电阻分压式转角传感器适用于对成本敏感且对精度要求不特别高的应用场景；GMR 转角传感器适用于需要高灵敏度和高精度的应用场景；AMR 转角传感器适用于需要高灵敏度和快速响应的应用场

景。这些不同类型的传感器各有优缺点,选择合适的传感器取决于具体的应用需求和成本考虑。

3.转向盘转角传感器的结构和工作原理

下面以光电式转向盘转角传感器为例进行介绍。

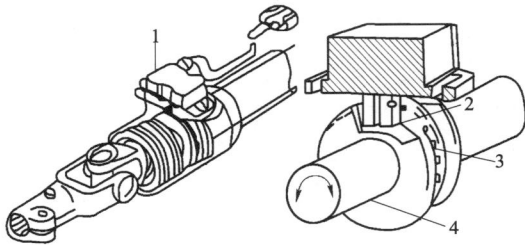

图4-1-8 光电式转向盘转角传感器的安装位置和结构
1-转向盘转角传感器;2-光电耦合元件;3-遮光盘;4-转向轴

1)转向盘转角传感器的安装位置

转向盘转角传感器安装在转向轴上,如图4-1-8所示。

2)光电式转向盘转角传感器的结构

如图4-1-8所示,在转向盘的转向轴上装有一个带窄缝的圆盘,形成遮光器,传感器的光电元件(即发光二极管)和光敏接收元件(光敏三极管)相对地装在盘两侧。

由于圆盘上的窄缝呈等距均匀分布,当转向盘的转轴带动圆盘偏转时,窄缝圆盘将扫过遮光器中间的空穴,从而在遮光器的输出端即可进行 ON/OFF 转换,形成脉冲信号。

3)光电式转向盘转角传感器的工作原理

如图4-1-9所示,遮光盘上的窄缝呈等距均匀分布,当转动转向盘时,带窄缝的遮光盘使光束产生 ON/OFF 的变化,这种反复 ON/OFF 变化产生与转向盘转角成一定比例的一系列数字信号,电子控制悬架系统可根据此信号的变化来判断转向盘的转角与转速。同时,由于传感器上两个光电耦合器 ON/OFF 信号变换的相位错开约90°,如图4-1-10所示,可根据检测到的脉冲信号相位差来判断转向盘的偏转方向。即通过判断哪个遮光器现转变为"ON"状态,转向轴就偏转哪个方向。当左转时,左侧光敏接收元件总是先于右侧光敏接收元件达到"ON"状态,当右转时,右侧光敏接收元件总是先于左侧光敏接收元件达到"ON"状态。

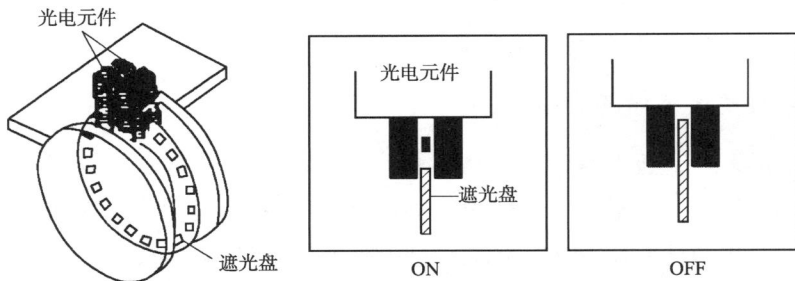

图4-1-9 转向盘转角传感器的工作原理图

(三)其他传感器

1.车速传感器

车速传感器安装在变速器输出轴上,与变速器车速传感器共用。ECU 利用车速传感器信号与转向盘转角信号,可计算出车身侧倾程度;同时也可以通过对车速的检测,来调节电子控制悬架的阻尼力,从而改善汽车行驶的安全性。

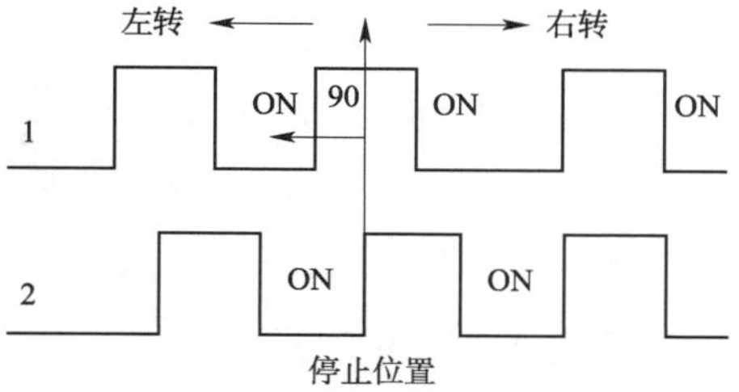

图4-1-10　光电式转向盘转角传感器的信号相位图

2. 节气门位置传感器

节气门位置传感器与发动机节气门位置传感器共用。节气门位置传感器先将信号输入发动机 ECU,然后发动机 ECU 再将此信号传输给悬架 ECU。节气门位置传感器可以间接检测汽车加速信号,判断汽车是否在进行急加速,悬架 ECU 利用此信号作为"防下坐"控制的一个工作状态参数。

3. 制动压力传感器

制动力传感器安装于制动管路中,制动时它向悬架 ECU 传送信号,使 ECU 产生并输出抑制"点头"的信号。

4. 加速度传感器

车轮打滑时,不能以转向角和汽车车速正确判断车身侧向力大小。为了直接测出车身横向加速度和纵向加速度,可以利用加速度传感器。

横向加速度传感器主要用于检测汽车转向时,汽车因离心力的作用而产生的横向加速度,并将产生的电信号输送给电子控制单元,使电子控制单元能判断悬架系统阻尼力改变的大小及空气弹簧中空气压力的调节情况,以维持车身的最佳姿势。

(四)主要控制开关

1. 模式选择开关

1)模式选择开关的位置和作用

驾驶人根据汽车的行驶状况和路面情况选择悬架的运行模式,即悬架的"软""中"或"硬"状态,从而决定减振器的阻尼力大小。例如丰田电子控制空气悬架系统具备四种工作模式,分别是正常(软状态)自动控制、高速行驶(硬状态)自动控制、车身高度正常(标准状态)自动控制以及高位自动控制。这些模式通过系统自动调整空气弹簧的刚度和阻尼力,以适应不同驾驶环境和需求。

模式选择开关一般位于仪表板或变速器操纵手柄旁。

2)4 种运行模式

驾驶人通过控制模式选择开关,可使悬架系统工作在 4 种运行模式:自动标准(Auto Normal),自动运动(Auto Sport),手动标准(Manual Normal),手动运动(Manual Sport)。

当选择自动模式时,悬架系统可以根据汽车的行驶状态自动调节减振器的阻尼力,以保证汽车的乘坐舒适性和操纵稳定性。当选择手动模式时,悬架系统的阻尼力只有标准(中等)和运动(硬)两种状态的转换。

当开关置于"运动"位置时,系统进入高速行驶自动控制模式,适用于急转弯等需要提高稳定性的场景。而设置为"标准"时,则侧重于乘坐舒适性,系统会根据车速等信号自动调整空气弹簧的刚度和阻尼力。

2. 高度 ON/OFF 开关

高度 ON/OFF 开关安装在行李舱内,举升汽车时关闭。目前,有些电子控制悬架可以用故障诊断仪进行操纵。高度 ON/OFF 开关的作用是强制停止悬架 ECU 对车身高度的自动控制,防止车辆在维修时空气弹簧中的空气排出,导致发生车辆"趴下"现象发生。

3. 高度控制开关

高度控制开关用来选择汽车高度,ECU 检测高度控制开关的状态并相应地使汽车高度上升和下降。当高度控制开关处于"HIGH"(高)位置时,系统对车身高度进行"高值自动控制";当高度控制开关处于"NORM"时,车身高度则进入"常规值自动控制"状态。

也有的车型提供 3 种模式,例如保时捷 Cayenne E2 带 PASM(保时捷主动悬架管理系统)的有"Comfort(舒适)""Normal(标准)"和"Sport(运动)"三大模式,每个模式都具有定制化的高度调节范围,使驾驶者可以根据需求进行个性化设置。手动操作则通过中控台上的摇杆开关,进一步增强了车辆的越野适应性,如调整涉水深度和接近离去角。

4. 制动灯开关

当踩下制动踏板时,制动灯开关接通,ECU 接收这个信号作为防"点头"控制的一个起始状态。

(五)车身高度控制执行装置

车身高度控制是指可根据车内乘员人数或汽车装载情况自动调节车身高度,以使车身保持稳定的行驶姿态。

1. 车身高度控制的类型

1)停车水平控制

停车后,当车上载荷减少而车身上抬时,控制系统能自动地降低车身高度,以减少悬架系统的负荷,改善汽车外观形象。

2)特殊行驶工况高度控制

当汽车高速行驶时,主动降低车身高度,以改善行车的操纵稳定性和气动特性。

当汽车行驶于起伏不平度较大的路面时,主动升高车身,避免地面与悬架的磕碰。

3)自动水平控制

当乘员人数和装载质量增加或减少时,车身高度不受载荷影响,汽车高度自动保持一定,使乘坐更加平稳,汽车行驶平稳,前照灯光束方向保持不变,提高行车安全性。

2. 车身高度控制执行机构

车身高度控制执行机构主要由空气阀、空气压缩机和设置在悬架之上的主气室组成。车身高度控制原理如图 4-1-11 所示。

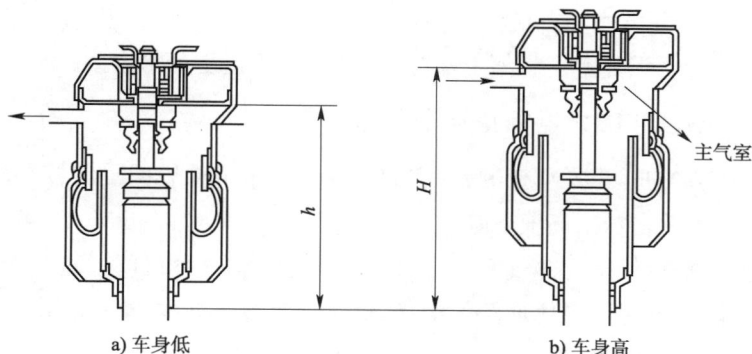

图 4-1-11 车身高度控制原理图

车身高度主要是利用空气弹簧中主气室空气量的多少来进行调节。当 ECU 接收到车身高度传感器、车速传感器、车门开关等信号，经过处理判断，若是增加车高，则控制执行机构向空气弹簧主气室充气，增加空气量使汽车高度增加；若是降低车高，则控制执行机构打开排气装置向外排气，使空气弹簧主气室的空气量减少而降低汽车高度。

3. 车身高度控制的方式

如图 4-1-12 所示，在该控制系统中，车身高度传感器的信号用于控制空气压缩机向空气弹簧输送压缩空气，抬高车身。同时该信号（车身高度传感器）也被用来控制空气弹簧上的排气电磁阀，释放空气弹簧中已有的气体，从而达到维持弹簧内的压力和降低车身高度的目的。干燥器内的干燥剂（硅的化合物）吸收进气过程中压缩空气的水分，这些水分可以通过干燥器排出的气体带走，以使干燥剂能得以重复使用。

如图 4-1-13 所示，在空气压缩机与空气弹簧之间设置了高压的储气筒，空气压缩机输出的高压气体储存在该储气筒中，压力开关感受储气筒内的压力，最终通过 ECU 控制空气压缩机的运转。

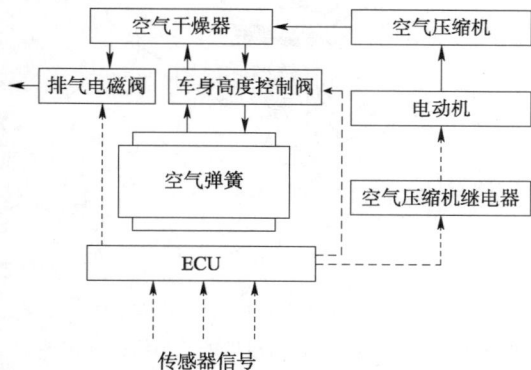

图 4-1-12 车身高度控制的方式（一）

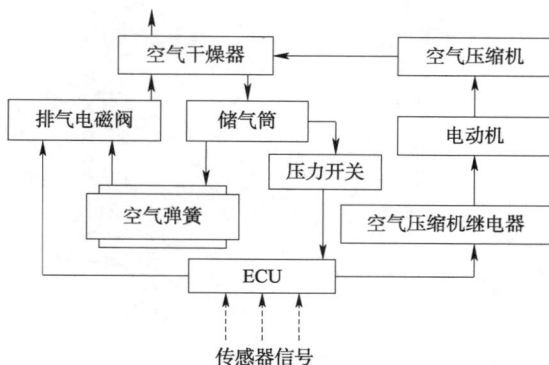

图 4-1-13 车身高度控制的方式（二）

(六)空气悬架刚度调节装置和阻尼调节装置

1. 空气弹簧的结构

空气弹簧主要由主气室、副气室、弹性刚度执行机构、阻尼转换执行机构和液压减振器等组成,如图 4-1-14 所示。空气悬架上端与车身连接,下端与车轮连接。

2. 空气悬架刚度和减振器阻尼调节的原理

空气悬架主气室的容积是可变的,在它的下部有一个可伸展的隔膜,压缩空气进入主气室可升高悬架高度,反之悬架高度下降。

空气悬架刚度执行机构在主气室与副气室之间,主、副气室之间通过一个通路有气体相互流动,改变主、副气室之间气体通路的大小,使主气室被压缩的空气量发生变化,增大容积使刚度变小,减小容积使刚度增加。

可调阻尼液压减振器的活塞通过中心杆和悬架控制执行器连接,执行器带动阻尼调节杆转动可改变活塞上阻尼孔的大小,从而改变减振器的阻尼系数。

由此可见,弹簧刚度是通过主气室与副气室进行调节的,阻尼系数是通过减振器进行调节的。

空气悬架刚度的控制多数情况下是和汽车车身高度、减振器阻尼系数的调节相结合使用,以便于从总体上改善行驶平顺性和操纵稳定性。

3. 空气悬架控制执行器

如图 4-1-15 所示,空气悬架控制执行器由步进电机、小齿轮、扇形齿轮、电磁线圈、制动杆、刚度调节杆、阻尼调节杆等部件组成。

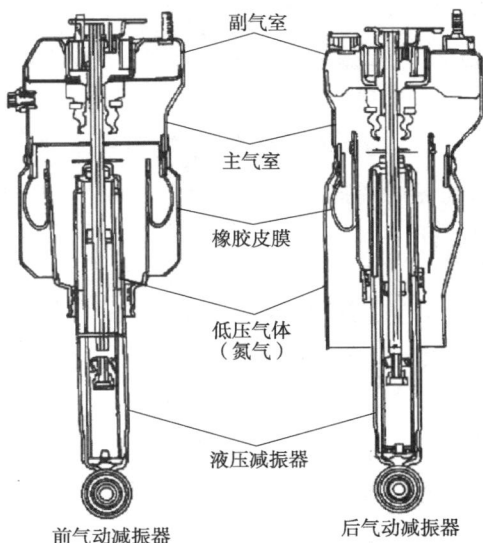

图 4-1-14　空气弹簧的结构

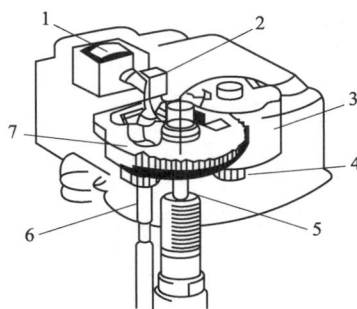

图 4-1-15　空气弹簧控制执行器的结构图

1-电磁线圈;2-制动杆;3-步进电机;4-小齿轮;5-阻尼调节杆;6-刚度调节杆;7-扇形齿轮

步进电机带动小齿轮驱动扇形齿轮转动,与扇形齿轮同轴的阻尼调节杆带动回转阀转动,使阻尼孔开闭的数量变化,从而调节减振器的阻尼。在调节阻尼的同时,齿轮系带动与气室阀芯相连接的刚度调节杆转动,随着气室阀芯角度的改变,悬架的刚度也得以调节。电磁线圈控制的电磁制动开关松开时,制动杆处于扇形齿轮的滑槽内,扇形齿轮可以转动;电磁制动开关吸合时,制动杆往回拉,齿轮处于锁止状态,各转阀均不能转动,使悬架的参数保持在相对稳定的状态下。

❋ 任务实施

一　实施计划

任务导入中的案例是要正确操作电子控制悬架开关,在汽车行驶过程中合理选择模式,以适应行驶工况的需求。因此,准备好电子控制悬架车辆,选择合适的路面(上下坡、弯道等)通过起步、加速、制动、转向等行驶模式,让汽车在不同的电子控制悬架模式下工作,体验电子控制悬架的功能。

二　实施环境

(1)汽车整车实训室。
(2)装备有电子控制悬架的轿车、举升机、工具车、工作台等。
(3)相应的车辆维修手册。

三　实施步骤

分小组完成如下操作要求:
(1)找出电子控制悬架所有部件的位置,弄清其结构和工作原理。
(2)操作领会电子控制悬架的正确操作方法。
(3)完成下面的任务工单。

四 任务工单

项目四　检修电子控制悬架系统 任务一　认知电子控制悬架系统	班级			
	姓名		学号	
	日期		分数	

1. 根据教师指定的电子控制悬架车辆或台架,回答以下问题。(20 分)

(1)车辆的型号:＿＿＿＿＿＿＿＿＿＿＿＿＿。

(2)车辆的 VIN 码:＿＿＿＿＿＿＿＿＿＿＿＿。

(3)电子控制悬架的类型:＿＿＿＿＿＿＿＿＿＿＿＿。

(4)电子控制悬架的组成部件有:＿＿＿＿＿＿＿＿＿＿＿＿＿＿＿＿＿＿

＿＿＿＿＿＿＿＿＿＿＿＿＿＿＿＿＿＿＿＿＿＿＿＿＿＿＿＿＿＿＿＿＿＿＿＿＿。

2. 实车查找电控悬架部件。(40 分)

(1)车身高度传感器。

位置:＿＿＿＿＿＿＿＿＿＿＿＿＿＿。数量:＿＿＿＿＿＿＿＿＿＿＿＿＿。

作用:＿＿＿＿＿＿＿＿＿＿＿＿＿＿＿＿＿＿＿＿＿＿＿＿＿＿＿＿＿＿＿＿＿。

(2)空气压缩机。

位置:＿＿＿＿＿＿＿＿＿＿＿＿＿＿。数量:＿＿＿＿＿＿＿＿＿＿＿＿＿。

作用:＿＿＿＿＿＿＿＿＿＿＿＿＿＿＿＿＿＿＿＿＿＿＿＿＿＿＿＿＿＿＿＿＿。

(3)可变刚度空气悬架。

位置:＿＿＿＿＿＿＿＿＿＿＿＿＿＿。数量:＿＿＿＿＿＿＿＿＿＿＿＿＿。

作用:＿＿＿＿＿＿＿＿＿＿＿＿＿＿＿＿＿＿＿＿＿＿＿＿＿＿＿＿＿＿＿＿＿。

(4)可变阻尼减振器。

位置:＿＿＿＿＿＿＿＿＿＿＿＿＿＿。数量:＿＿＿＿＿＿＿＿＿＿＿＿＿。

作用:＿＿＿＿＿＿＿＿＿＿＿＿＿＿＿＿＿＿＿＿＿＿＿＿＿＿＿＿＿＿＿＿＿。

3. 正确操作电控悬架。(40 分)

(1)电控悬架的操作开关。

(2)电控悬架操作开关的使用方法。

✿ 复习延伸

一 重点总结

（1）传统悬架系统一般具有固定的弹簧刚度和减振器阻尼系数，不能同时满足汽车行驶平顺性和操纵稳定性的要求。

（2）电子控制悬架系统通过电子控制单元自动检测不同的路面和行驶状况，计算出理想的弹簧刚度值和避振的阻尼系数大小，控制悬架的执行器，使弹簧的刚度、悬架的高度和减振器的阻尼系数达到理想值。

（3）电子控制悬架系统的英文全称为 Electronic Controlled Suspension System，简称 EC-SS。根据悬架的刚度系数和阻尼系数是否可调可分为半主动悬架和全主动悬架。

（4）电子控制悬架系统的控制功能有：车身高度自动调节功能、减振器的衰减力（阻尼系数）自动调节功能、弹性元件的弹性或刚性系数自动调节功能。

（5）电子控制悬架系统主要传感器有：光电式车身高度传感器、光电式转向盘转角传感器等；电子控制悬架系统主要控制开关有：模式选择开关、高度 ON/OFF 开关、高度控制开关等。

（6）车身高度控制是指可根据车内乘员人数或汽车装载情况自动调节车身高度，以使车身保持稳定的行驶姿态。包括：停车水平控制、特殊行驶工况高度控制、自动水平控制。

（7）悬架刚度调节是通过悬架刚度执行机构开闭主气室与副气室的隔板，改变气室的容积而实现的，即增大容积使刚度变小，减小容积使刚度增加。

（8）空气弹簧采用可调阻尼式减振器，通过空气弹簧控制执行器控制阻尼控制杆的位置，改变减振器上下腔室之间液体流通的阻尼孔的大小，从而改变减振器的阻尼系数。

二 课后练习

（一）简答题

1. 传统悬架有哪些不足之处？

2. 电子控制悬架系统有哪些优势？

3. 简述电子控制悬架的控制功能。

4. 简述电子控制悬架主要传感器的结构、原理。

5. 简述电子控制悬架悬架刚度调节的原理。

(二)选择题

1. 关于电子控制悬架,下面说法正确的是(　　　)。

A. 电子控制悬架的刚度有"软""中""硬"三级调节,当车速高时,悬架刚度处于"硬"的状态。

B. 当连续在不平路面行驶时,不管车速高低,车身高度都应升高,以提高通过性。

C. 当可调阻尼式减振器上活塞的阻尼孔最大时,减振器阻尼系数最大。

D. 车身高度控制阀有两个,可为四个车轮空气弹簧提供气体通路。排气时,只需排气阀打开,车身高度控制阀不通电。

2. 电子控制悬架的控制功能有(　　　)。(多选)

A. 车身高度自动调节功能

B. 减振器的衰减力(阻尼系数)自动调节功能

C. 弹性元件的弹性或刚性系数自动调节功能

D. 以上说法都正确

3. 技师A说电子悬架系统通常使用单独的电子悬架控制模块。技师B说电子悬架模块功能由发动机控制模块来完成。说法正确的是(　　　)。

A. 技师A正确　　B. 技师B正确　　C. 两个都正确　　D. 两个都不正确

4. 车身高度传感器的功用是将(　　　)与(　　　)之间的相对高度变化(悬架变形量的变化)转换为电信号并送给电控单元。正确的是(　　　)。

A. 车身,车桥　　B. 车身,车轮　　C. 车轮,车桥　　D. 车架,车身

5. 电子控制悬架的英文简称是(　　　)。

A. ECSS　　　　B. SSCE　　　　C. CSSE　　　　D. ESCC

6. 半主动悬架(　　　)悬架的刚度,(　　　)悬架的阻尼。正确的是(　　　)。

A. 不改变,不改变　　B. 改变,改变　　C. 不改变,改变　　D. 改变,不改变

7. 空气悬架的主气室是(　　　)的,副气室是(　　　)的。正确的是(　　　)。

A. 可变,可变　　　　　　　B. 不可变,不可变

C. 不可变,可变　　　　　　D. 可变,不可变

8. 车身高度传感器光电耦合元件由(　　　)组发光二极管和光敏晶体管组成。

A. 1　　　　　　B. 2　　　　　　C. 3　　　　　　D. 4

9. 4组光电耦合器可以形成(　　　)种组合变化。

A. 4　　　　　　B. 8　　　　　　C. 16　　　　　　D. 32

10. 电子控制悬架系统的传感器主要有(　　　)、节气门位置传感器等。(多选题)

A. 车身高度传感器　　　　　B. 车速传感器

C. 加速度传感器　　　　　　D. 转向盘转角传感器

11. 电子控制悬架的主要开关有(　　　)。(多选题)

A. 模式选择开关　　　　　　　B. 高度 ON/OFF 开关

C. 高度控制开关　　　　　　　D. 制动灯开关

（三）判断题

1. 半主动悬架一般只改变悬架的阻尼,而不改变悬架的刚度。　　　　　（　　　）

2. 电子控制悬架中,悬架刚度的调节是通过改变主、副气室之间气体通路的大小来实现的,主、副气室的通路面积最大时,悬架的刚度也最大。　　　　　　　　　（　　　）

3. 全主动电子控制悬架可以自动控制车身的高度。　　　　　　　　　　（　　　）

4. 电子控制悬架可以大大改善汽车的乘坐舒适性。　　　　　　　　　　（　　　）

5. 电子控制悬架可以很好地抑制制动“点头”、加速俯仰等车身的不良姿态。　（　　　）

6. 在举升带有电子控制悬架的汽车时,应首先把高度控制开关打到“ON”位置。（　　　）

7. 电子控制悬架中,当高度控制开关选择在“HIGH”位置时,汽车在良好路面高速行驶时,车速超过90km/h,车身高度将降低。　　　　　　　　　　　　　　　（　　　）

8. 车身高度传感器通过监测车身与悬架下臂之间的距离变化,来检测汽车高度和因道路不平而引起的悬架位移量。　　　　　　　　　　　　　　　　　　　　　（　　　）

9. 光电式车身高度传感器主要由传感器轴、圆盘、遮光器、光电耦合器等部件组成。

（　　　）

10. 电子控制悬架系统的英文简称是 ECSS。　　　　　　　　　　　　（　　　）

11. 转向盘转角传感器不是电子控制悬架的传感器。　　　　　　　　　（　　　）

12. 车速传感器是电子控制悬架的传感器之一。　　　　　　　　　　　（　　　）

13. Auto Sport 是手动运动模式。　　　　　　　　　　　　　　　　（　　　）

14. 车身高度降低时,排气电磁阀打开,车身高度控制阀关闭。　　　　　（　　　）

任务二　检修电控悬架车身高度调整失灵故障

任务导入

一　任务描述

　　一辆装备电控空气悬架的轿车客户反映,在过年期间,由于乘坐人数及行李舱装载物品增加,发现前照灯的高度比以往向上偏离了不少。将高度控制开关置于“HIGH”,仪表板高度控制指示灯亮,但车身高度未发生变化。于是客户将此情况向4S店的专业人员反馈,希望解决此问题。

二 任务分析

根据故障现象描述,初步可以判断车身高度自动调节功能失效,可对车身高度传感器、高度控制继电器、空气压缩机电路、高度控制阀等故障概率高的部件进行检测。

三 技能目标

(1)能正确使用故障诊断仪。
(2)能熟练查阅维修手册、查找电路图。
(3)能检测车身高度传感器电路。

知识结构导图

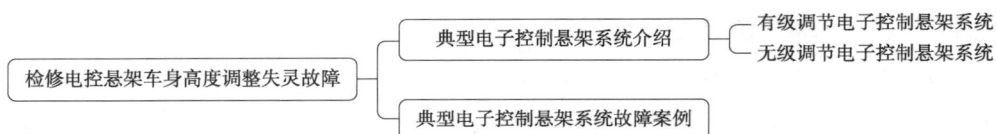

```
                                               ┌── 有级调节电子控制悬架系统
                         ┌── 典型电子控制悬架系统介绍 ──┤
检修电控悬架车身高度调整失灵故障 ──┤                  └── 无级调节电子控制悬架系统
                         └── 典型电子控制悬架系统故障案例
```

相关知识

一 典型电子控制悬架系统介绍

(一)有级调节电子控制悬架系统

下面以丰田电子控制悬架系统为例进行介绍。

丰田电子控制悬架系统为主动式空气弹簧悬架。它可以对车身高度、弹簧刚度及减振器阻尼力进行综合控制,可以抑制车辆侧倾、制动时前部"点头"和高速行驶时后部下沉等汽车行驶状态变化,因此具有良好的乘坐舒适性和操纵稳定性。

1.丰田电子控制悬架系统的组成部件

丰田电子控制悬架系统主要由传感器或控制开关[包括前/后车身高度传感器、转向传感器、主节气门位置传感器、门控灯开关、高度 ON/OFF 控制开关、LRC（水平调节控制）开关、高度控制开关、停车灯开关等]，悬架 ECU，执行机构（包括空气压缩机、空气干燥器、排气阀、1 号和 2 号高度控制阀、1 号和 2 号高度控制继电器、前/后悬架控制执行器等）等部件组成，如图 4-2-1 所示。

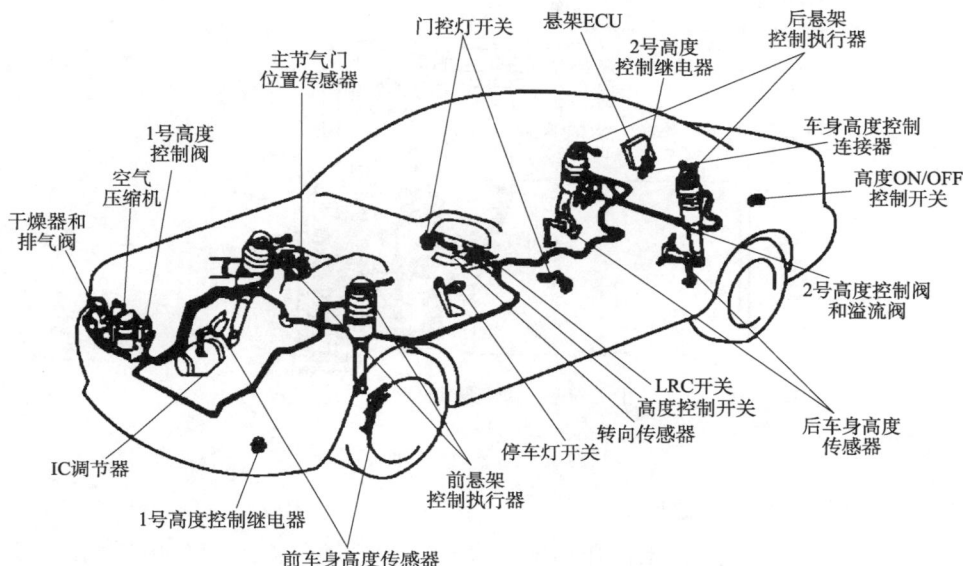

图 4-2-1　丰田电子控制悬架系统的组成部件

2. 系统操作开关

丰田电子控制悬架系统有 3 个操作选择开关：平顺性开关、高度控制开关和高度 ON/OFF 控制开关。

1）高度 ON/OFF 控制开关

高度 ON/OFF 控制开关安装在汽车尾部行李舱的左边。

当高度 ON/OFF 控制开关处于"ON"位置时，系统可按选择方式进行车身高度自动控制；该开关处于"OFF"位置时，系统不执行车身高度控制。

2）高度控制开关

高度控制开关安装在驾驶室内变速杆的旁边。高度控制开关用于选择控制车身高度。当高度控制开关处于"HIGH"（高）位置时，系统对车身高度进行"高值自动控制"；当高度控制开关处于"NORM"时，车身高度则进入"常规值自动控制"状态。

3）平顺性开关

平顺性开关用于选择控制悬架的刚度、阻尼力参数。当平顺性开关处于"SPORT"位置时，系统进入"高速行驶自动控制"；当平顺性开关处于"NORM"位置时，系统对悬架刚度、阻尼力进行"常规值自动控制"。此时，悬架 ECU 根据车速传感器等信号，使悬架的刚度、阻尼力自动地处于平顺性"软"、平顺性"中"或平顺性"硬"3 个位置。

3. 丰田电子控制悬架系统主要部件的结构

1)空气压缩机

空气压缩机用来产生供车身高度调节所需的压缩空气。空气压缩机采用单缸活塞连杆式结构,由直流电动机驱动,如图4-2-2所示。

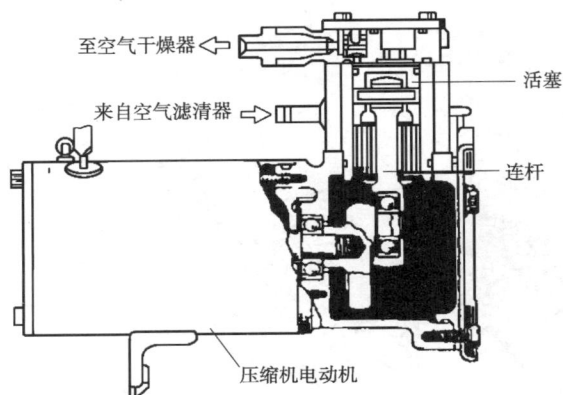

图4-2-2 空气压缩机

2)空气干燥器和排气电磁阀

如图4-2-3所示,空气干燥器的作用是去除压缩空气中的水分,排气电磁阀的作用是将空气弹簧内的压缩空气排出到大气中,同时还将空气干燥器中的水分带走。

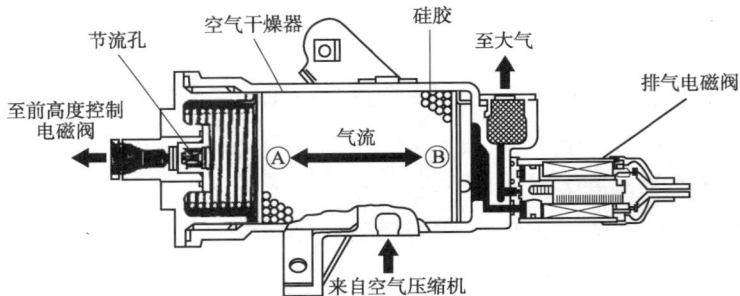

图4-2-3 空气干燥器和排气电磁阀

A-从压缩机至高度控制电磁阀(增加车身高度);B-从高度控制电磁阀至大气(降低车身高度)

3)空气弹簧

丰田电子控制悬架系统空气弹簧主要由气室、三级可调减振器、执行器等部件组成。悬架系统弹簧刚度和减振器阻尼力控制执行器安装在空气弹簧的上部。

4)高度控制电磁阀

高度控制电磁阀安装于空气干燥器和气动减振器之间,用于控制汽车悬架的高度调节,其结构图如图4-2-4所示。

丰田电子控制悬架系统高度控制电磁阀由1号高度控制阀和2号高度控制阀组成,由四个常闭二位二通电磁阀来进行控制。1号高度控制阀控制左前、右前两个空气弹簧,2号高度控制阀控制左后、右后两个空气弹簧。为了防止空气管路中产生不正常的压力,2号高度控制阀中采用了一个止回阀。

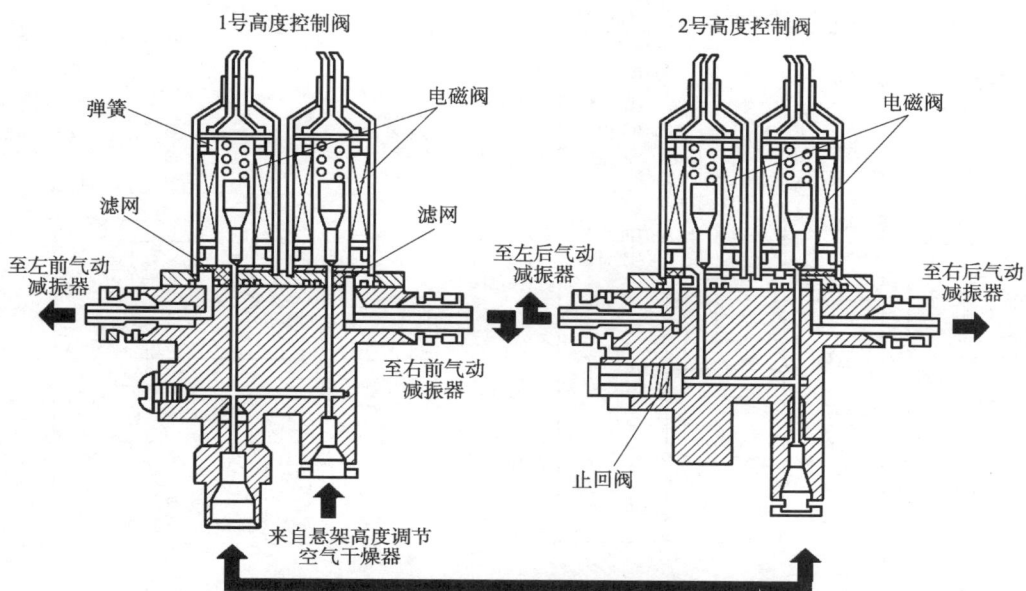

图4-2-4　高度控制电磁阀

4.丰田电子控制悬架系统的控制电路

1)空气压缩机控制电路

空气压缩机控制电路如图4-2-5所示,悬架ECU通过测量RM＋和RM－端子的电压来判断电机的运行状况,并在检测到异常情况时中止高度控制。当车身高度需要上升时,从ECU的RCMP端子送出一个信号,使1号高度控制继电器接通,1号高度控制继电器触点闭合,压缩机控制电路接通产生压缩空气。

2)车身高度传感器控制电路

车身高度传感器控制电路如图4-2-6所示,当点火开关接通时,ECU使2号高度控制继电器线圈通电,2号高度控制继电器触点闭合,使前、后、左、右4个高度传感器接通蓄电池电源。

3)高度控制阀控制电路

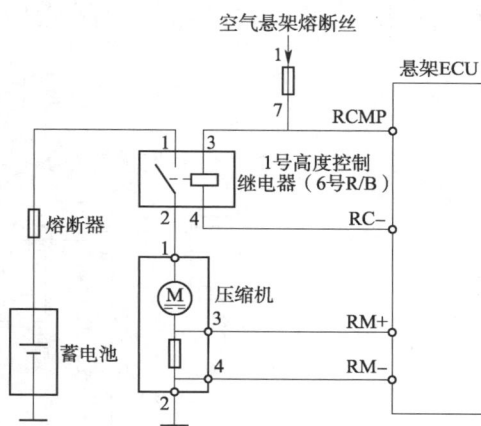

图4-2-5　空气压缩机控制电路

1号高度控制阀和2号高度控制阀控制电路如图4-2-7所示。悬架ECU通过SLFR、SLFL向1号高度控制阀电磁线圈供电,通过SLRL、SLRR向2号高度控制阀电磁线圈供电。当ECU使高度控制电磁阀通电后,电磁线圈将高度控制阀打开,并将压缩空气引向汽缸,从而使车身高度上升。当检测到车身高度需要下降时,ECU 不仅使高度控制阀电磁线圈通电,而且还使排气阀电磁线圈通电,排气阀电磁线圈使排气阀打开,将汽缸中的压缩空气排到大气中。

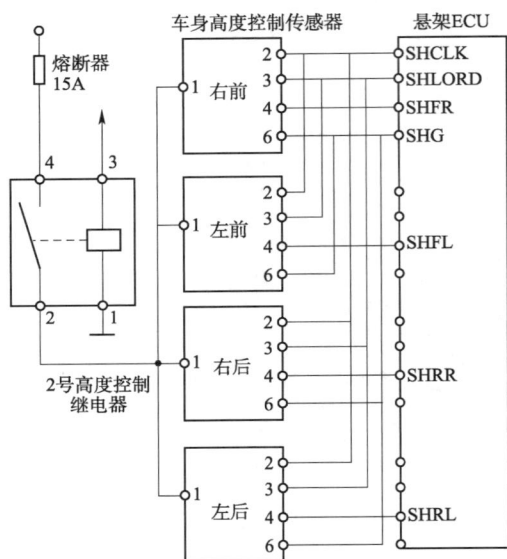

图 4-2-6　车身高度传感器控制电路

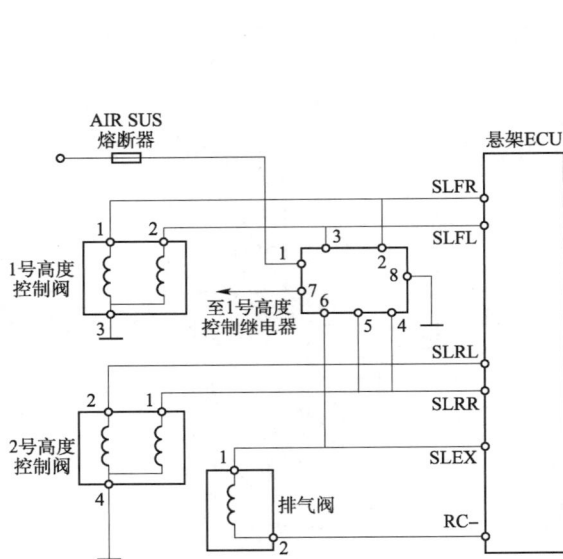

图 4-2-7　高度控制阀控制电路

5. 丰田电子控制悬架系统的控制功能

1)车身高度控制

如图 4-2-8 所示为车身高度控制系统示意图,车身高度控制系统由空气压缩机、空气干燥器、排气阀、1 号高度控制继电器、2 号高度控制继电器、1 号高度控制阀、2 号高度控制阀、前后左右 4 个空气弹簧、4 个车身高度传感器及悬架 ECU 等组成。

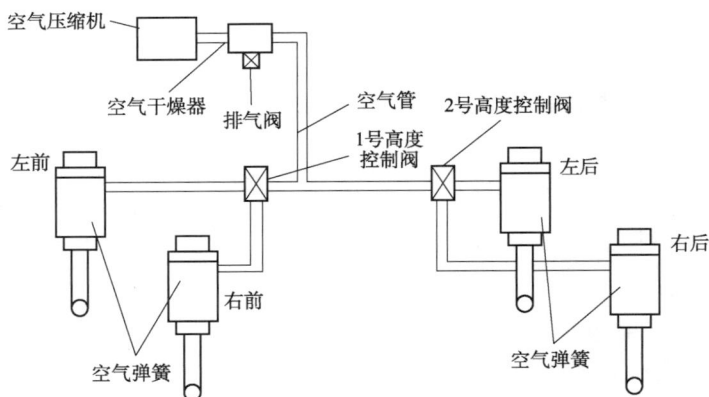

图 4-2-8　高度控制阀控制电路

2)悬架刚度和减振器阻尼控制

丰田电子控制悬架系统悬架刚度和减振器阻尼控制执行机构组装在一起,位于减振器的顶部。

（1）悬架刚度控制。

悬架刚度控制阀装在空气弹簧副气室的中部，由空气阀、阀体和空气阀控制杆组成，空气阀在截面上有一个空气孔，外部的阀体在截面上有不同大小的空气孔。如图4-2-9所示为丰田电子控制悬架系统刚度调节的结构和原理。主、副气室之间的气阀体上有大、小两个通路。悬架控制执行器带动气阀体控制杆转动，使阀芯转过一个角度，改变通路的大小，就可以改变主、辅气室之间的气体流量，使悬架刚度发生变化。其工作原理具体如下。

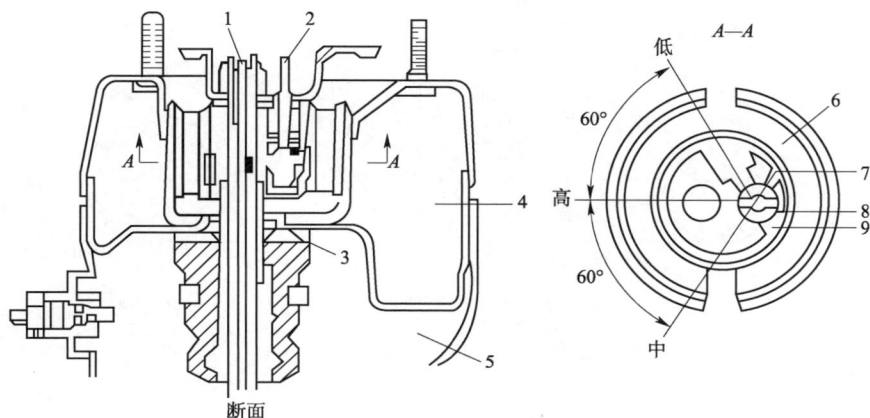

图4-2-9　悬架刚度调节的结构和原理

1-阻尼调节杆;2-空气阀控制杆;3-主、副气室通道;4-副气室;5-主气室;6-气阀体;7-小气体通路;8-阀芯;9-大气体通路

①刚度"软"控制：当阀芯的开口由电机驱动的控制杆带动旋转到"低"的位置时，空气弹簧主气室的气体经过大气体通路与副气室相通，此时参与工作的气体容积最大，悬架刚度处于最小状态。

②刚度"中"控制：当阀芯的开口由电机驱动的控制杆带动旋转到"中"的位置时，空气弹簧主气室的气体经过小气体通路与副气室相通，主、副气室之间的气体流量较小，悬架刚度处于中等状态。

③刚度"硬"控制：当阀芯的开口由电机驱动的控制杆带动旋转到"高"的位置时，空气弹簧主、副气室之间的气体通路全部被封住，两气室间气体不能流动，此时仅仅靠主气室中的气体承担缓冲任务，悬架刚度处于最大状态。

（2）减振器阻尼力控制。

丰田电子控制悬架系统采用三级可调减振器，其结构如图4-2-10所示。可调阻尼式减振器主要由缸筒、活塞及活塞控制杆、回转阀等组成。活塞杆是一空心杆，在其中心装有控制杆，控制杆的上端与执

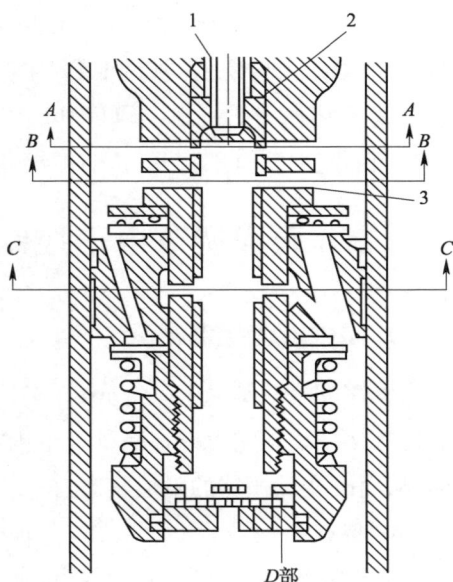

图4-2-10　三级可调减振器的结构

1-阻尼调节杆;2-回转阀;3-活塞杆

行器相连。控制杆的下端装有回转阀,回转阀上有三个油孔,活塞杆上有两个通孔。

缸筒中的油液一部分经活塞上的阻尼孔在缸筒的上下两腔流动,另一部分经回转阀与活塞杆上连通的孔在缸筒的上下两腔流动。

当 ECU 促使执行器工作时,通过控制杆带动回转阀相对活塞杆转动,回转阀与活塞杆上的油孔连通或切断,从而增加或减少油液的流通面积,使油液的流动阻力改变,达到调节减振器阻尼力的目的,如图 4-2-11 所示。

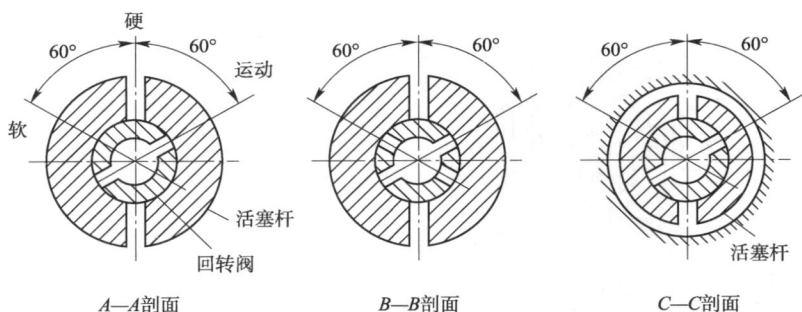

图 4-2-11　三级可调减振器的阻尼调节原理

其工作原理具体如下。

①阻尼力"硬"控制:如图 4-2-11 所示,$A—A$、$B—B$、$C—C$ 三个截面的阻尼孔全部被回转阀封住,此时只有减振器下面的主阻尼孔仍在工作,所以这时阻尼为最大,减振器被调节到"硬"状态。

②阻尼力"中"控制:当回转阀从"硬"状态位置顺时针转动 60°时,$B—B$ 截面的阻尼孔打开,$A—A$、$C—C$ 两截面的阻尼孔仍关闭,因为多了一个阻尼孔参加工作,所以减振器处于"运动"状态,即减振器被调节到"中"状态。

③阻尼力"软"控制:当回转阀从"硬"状态位置逆时针转动 60°时,$A—A$、$B—B$、$C—C$ 三个截面的阻尼孔全部打开,这时减振器的阻尼最小,减振器被调节"软"状态。

(二)无级调节电子控制悬架系统

1. 磁性液流控制悬架

磁性液流控制悬架(Magnetic Ride Control,MRC)也称电磁阻尼式悬架控制,属于半主动电控悬架系统。它可以在毫秒级范围内调节减振器内液压油液的黏性,改变油液的流动速度,从而改变减振器的阻尼状态,提高车辆操控稳定性和乘坐舒适性。

1)特点

磁性液流控制悬架的主要特点有:

(1)简洁的单管设计,没有电磁阀和小型的活动部件。

(2)改善了车辆高/低速行驶时的稳定性和舒适性。

（3）急转弯和避让行驶时,具有出色的防滚翻控制。

（4）低能耗（每个减振器最大20W）。

2）主要部件的结构和原理

磁性液流控制悬架主要由悬架位置传感器、磁性液流减振器和悬架控制模块（ESC）组成。

（1）悬架位置传感器。

悬架位置传感器安装在控制臂和车身之间,作用是向ESC提供车身与车轮之间的位移信号（信号电压在0～5V之间变化）。如果系统监测到车身相对车轮发生位移,ESC将改变各个减振器的柔软度或刚度,以提供最佳的乘坐舒适性。

（2）磁性液流减振器。

如图4-2-12所示,磁性液流减振器由MR油液、电磁线圈、推杆等部件组成。MR油液是指在碳氢化合物合成油中悬浮有微小铁颗粒的液体。活塞中均安装有电磁线圈,它可以改变活塞周围的磁场,磁场强度由占空比控制,占空比越大,磁场强度越大。

如图4-2-13所示,在无磁场的情况下,MR油液不会得到磁化,微小铁颗粒的排列呈无规则状,阻尼系数较小；施加磁场后,在磁场力作用下,微小铁颗粒快速集结,排列成纤维状结构,油液在1ms的时间内就可以改变为果冻状,增大阻尼系数。

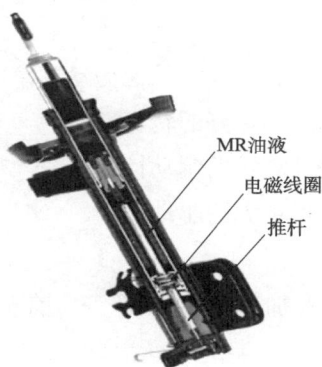

图4-2-12 磁性液流减振器

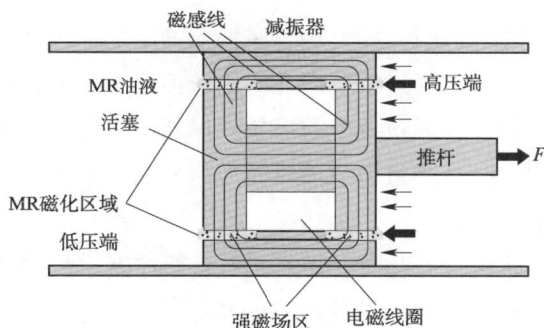

图4-2-13 工作原理图

（3）悬架控制模块（ESC）。

电子悬架控制模块通过悬架位置传感器和其他系统的串行数据（如车速、偏航率、制动压力等）来确定当前的路况和行驶条件,同时利用这些信息分别控制四个减振器的阻尼变化,以提高行驶的稳定性。ESC以占空比控制电磁线圈的磁场强度,从而改变油液的流动特性。

如图4-2-14所示,ESC通过GMLAN与EBCM和ECM进行通信,可以获取制动压力信息、车身偏航角度、转向盘转向角度以及当前车辆行驶速度等输入信息,并根据当前车身高度（由悬架位置传感器提供信息）来计算调整悬架系统阻尼力的大小。

ESC向减振器电磁线圈发出1000次/s的电子指令,用以改变油液的流动特性,使减振器获得低阻力与高阻力之间的任何状态,实现悬架系统持续可变的实时减振。

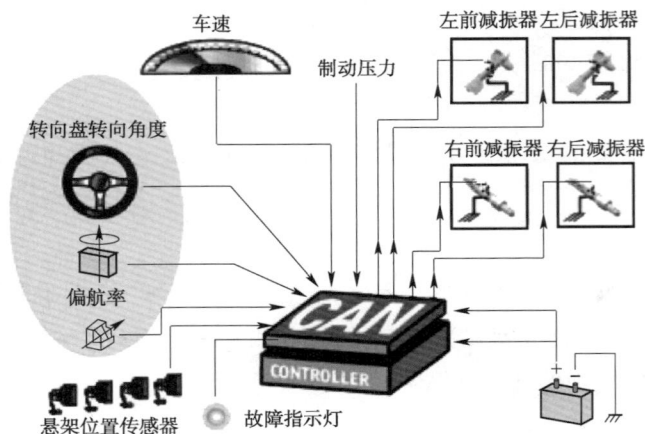

图 4-2-14　磁性液流减振器的控制原理图

2. 半主动式阻尼系统

半主动式阻尼系统（SADS）也称为电液阻尼式悬架系统，它是一种电子控制的可变阻尼悬架系统，通过调节每个车轮减振器内电磁阀的占空比，从而调整减振器的阻尼状态，以提高车辆的稳定性和舒适性。

1）特点

半主动式阻尼系统的主要特点有：

（1）车辆高速行驶时，调整减振器的阻尼状态，以适应车身的动力传递振动频率的变化。

（2）转向时，通过调节内外两侧减振器的阻尼状态，以达到更好的转弯性能。

（3）制动时，通过调节前后轮减振器的阻尼状态，以保证更短的制动性能。

（4）加速时，通过调节前后轮减振器的阻尼状态，以获得更大的驱动力。

2）组成部件

半主动式阻尼系统主要由 1 个悬架控制模块、3 个车身加速度传感器、2 个前轮加速度传感器、4 个带阻尼调节执行器的减振器总成等部件组成，如图 4-2-15 所示。

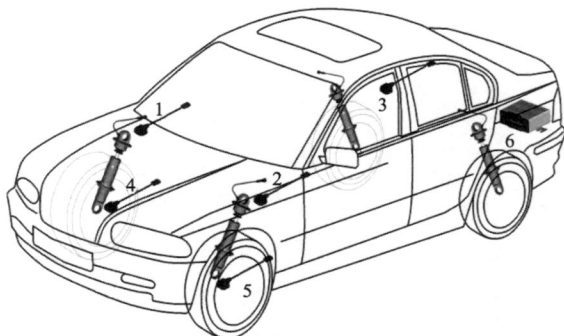

图 4-2-15　半主动式阻尼系统的组成部件

1-右前车身加速度传感器；2-左前车身加速度传感器；3-后部车身加速度传感器；4-右前轮加速度传感器；5-左前轮加速度传感器；6-悬架控制模块（ESC）

3）主要部件的结构和原理

（1）悬架控制模块（ESC）。

悬架控制模块（ESC）安装于车辆的后部，且连接在高速 GMLAN 网络上。ESC 与各加速度传感器通过导线连接，接收加速度传感器传递的车身和车轮的加速度信息，同时与其他模块通过底盘拓展 CAN 获取车速、转向盘位置、偏航率、制动压力等信号。悬架控制模块通过这些信号综合计算出所需的阻尼力的大小，从而快速控制每个减振器内执行器的电流，如图 4-2-16 所示。

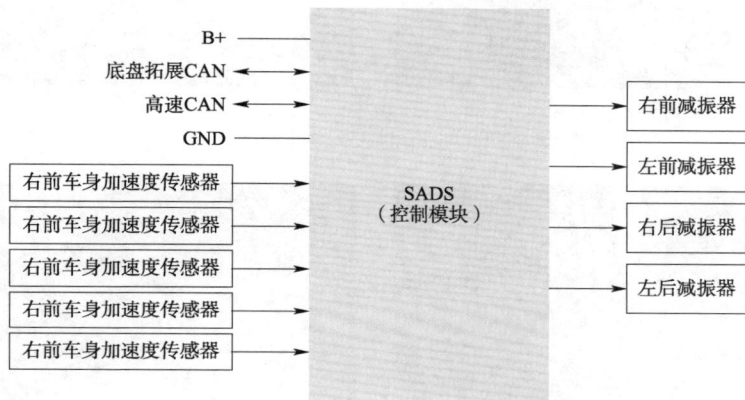

图 4-2-16　悬架控制模块（ESC）的控制原理图

（2）车身加速度传感器。

3 个车身加速度传感器属于垂直加速度传感器，分别安装在右前减振器支座处、左前减振器支座处和行李舱内，如图 4-2-17 所示。

3 个车身加速度传感器的作用是监测车身各部位的垂直加速度。由电控悬架控制模块（ESC）提供 5V 电压，信号输出电压为 $0.5 \sim 4.5V$。

（3）电液阻尼式减振器。

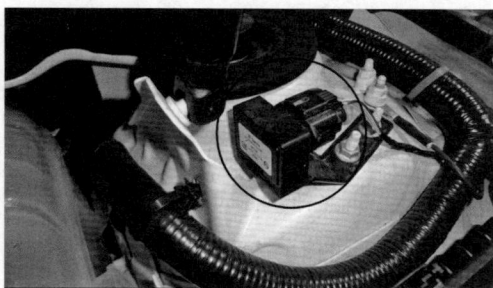

图 4-2-17　车身加速度传感器

和传统减振器不同的是，电液阻尼式减振器的根部增加了一个凸起的执行器，如图 4-2-18a）所示。该执行器控制减振器上下两个油腔油液通孔的大小，从而改变减振器的阻尼。

该执行器实际上是一个电磁阀，由电控悬架控制模块（ESC）通过占空比形式的电流信号（$0 \sim 1.6A$）进行控制，如图 4-2-18b）所示。

当电控悬架控制模块（ESC）增大减振器控制电磁阀的占空比时，减振器上下两腔间的通孔截面积减小，如图 4-2-19a）所示，油液在两腔间的流动受到较大节流，减振器的阻尼较大。

当电控悬架控制模块（ESC）减小减振器控制电磁阀的占空比时，减振器上下两腔间的通孔截面积增大,如图4-2-19b)所示,油液在两腔间的流动受到较小节流,减振器的阻尼较小。

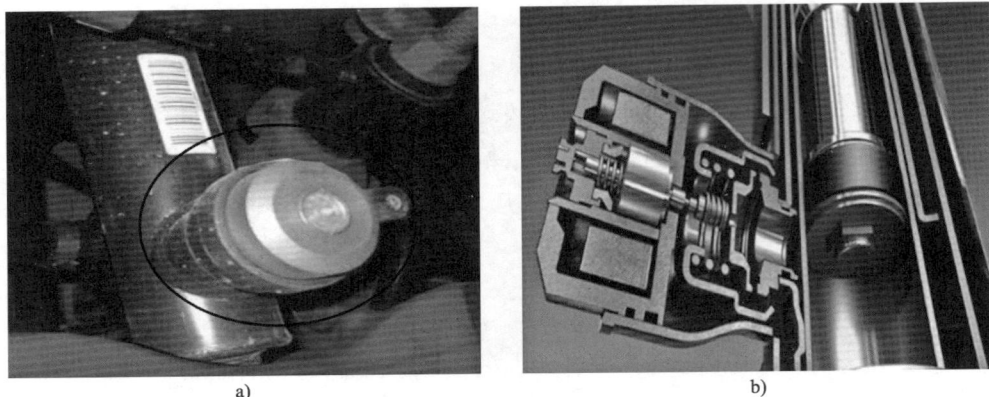

a)

b)

图4-2-18　电液阻尼式减振器的执行器

a) 硬态　　　　　　　　　　　图4-2-19　减振器的阻尼控制　　　　　　　　　　　b) 软态

（4）控制原理。

SADS控制模块（ESC）根据车速、转向盘转角、发动机转矩、制动压力、车身加速度及前轮加速度等输入信息控制减振器电磁阀的开度。通过开环控制模式,向电磁阀控制回路提供0～1.6A的恒定控制电流,并且10ms刷新一次,因此电磁阀是一个高速运行的电磁阀。驾驶员通过模式开关可以选择4种不同的工作模式：

（1）Tour旅行模式：所有调节模块都工作,全自由状态。

（2）Normal普通模式：提高车身稳定性和良好的舒适性。

（3）Sport运动模式：减少车身振幅,增加车身加速性能。

（4）Demo演示模式：提供最大阻尼控制。

二 典型电子控制悬架系统故障案例

1. 丰田电子控制悬架系统典型故障

检修故障时可参考丰田电子控制悬架系统电路图（图4-2-20）。

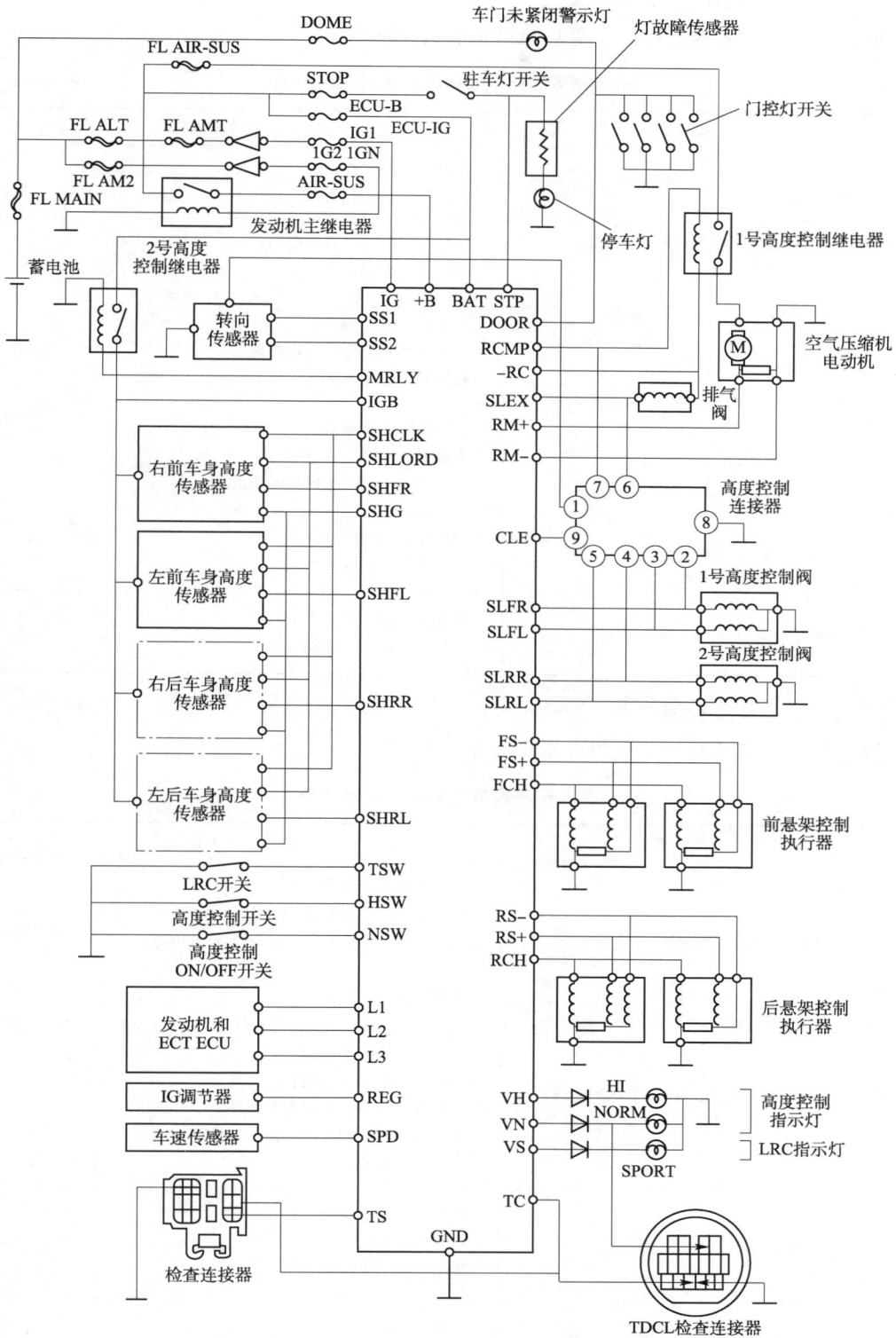

图 4-2-20 丰田电子控制悬架系统电路图

1)悬架刚度和阻尼系数控制失灵

悬架刚度和阻尼系数控制失灵故障分析见表4-2-1。

悬架刚度和阻尼系数控制失灵故障分析　　　　　　　　表4-2-1

序号	故障现象	可能的故障部件
1	操作 LRC 开关时,LRC 指示灯的状态不变	①LRC 开关电路; ②悬架控制系统 ECU
2	悬架的刚度和阻尼控制不起作用	①悬架控制执行器及电路; ②TC 端子电路; ③TS 端子电路; ④LRC 开关电路; ⑤悬架控制执行器电源电路; ⑥悬架控制系统 ECU
3	只有防俯仰控制不起作用	①气压缸或减振器; ②悬架控制系统 ECU; ③节气门位置传感器及其电路
4	只有防侧倾控制不起作用	①悬架控制系统 ECU; ②转角传感器及其电路
5	只有在高速行驶时不起作用	①悬架控制系统 ECU; ②车速传感器及电路

2)汽车车身高度控制失灵

汽车车身高度控制失灵故障分析见表4-2-2。

汽车车身高度控制失灵故障分析　　　　　　　　表4-2-2

序号	故障现象	可能的故障部件
1	汽车高度控制不起作用	①汽车高度控制电源电路; ②汽车高度控制开关及其电路; ③汽车高度控制 ON/OFF 开关及其电路; ④发电机调节器电路; ⑤悬架控制系统 ECU
2	车身高度控制指示灯不随高度控制开关的动作变化	①车身高度传感器; ②发电机调节器电路; ③车身高度控制开关及其电路; ④汽车高度控制电源电路; ⑤悬架控制系统 ECU
3	汽车车身高度出现不规则变化	①车身高度传感器; ②有空气泄漏; ③悬架控制系统 ECU
4	只有高速行驶时不起作用	①车身高度传感器; ②悬架控制系统 ECU

序号	故障现象	可能的故障部件
5	汽车高度控制功能起作用,但汽车高度变化不均匀	①车速传感器及其电路; ②车身高度传感器调节杆; ③高度控制阀、排气阀及其电路; ④悬架控制系统 ECU
6	汽车高度控制 ON/OFF 开关在"OFF"位置时,汽车高度控制仍起作用	①高度控制 ON/OFF 开关及其电路; ②悬架控制系统 ECU
7	点火开关关断控制不起作用	①门控开关及其电路; ②汽车高度控制电源电路; ③悬架控制单元 ECU
8	车门打开时,点火开关关断控制仍起作用	门控开关及其电路
9	汽车停车时车身高度很低	①有空气泄漏; ②气压缸或减振器

2. 奔驰 AMG GLC43 典型空气悬架故障

1)故障现象

2019 款奔驰 AMG GLC43 车主反映,该车起动后仪表显示"悬架故障"的图标,随后后车轴车身降低,无法正常行驶,被拖车送至维修中心。

2)故障诊断流程

(1)连接故障诊断仪。

连接故障诊断仪,空气悬架系统控制单元显示故障码"C1 57200—充气时的修正时间过长",故障码状态为"A + S"(当前和已储存)。清码后,重新起动车辆,空气压缩机运转,后轴车身可上升,但随后仪表再次显示"悬架故障"的图标,左后悬架开始快速下降,约 10min 后右后悬架也开始下降。

(2)故障原因分析。

依据上述检查,可能的故障原因有:

a.空气悬架压缩机功率不足。

b.左后空气悬架气袋泄漏。

c.空气分配阀连接至左后的控制故障或存在内部泄漏。

d.分配阀系统连接至左后空气悬架的管路存在泄漏。

(3)故障排除思路及经验总结。

由于左后悬架下降较快,因此故障点初步锁定在空气分配阀至左后空气悬架的管路上(实车检查时,分配阀至左后空气悬架管路距离接头约 30cm 处存在明显泄漏)。

本案例中,因为管路泄漏导致空气悬架系统工作异常,系统存储故障码"C1 57200—充气时的修正时间过长"。因为该车空气悬架系统并没有直接监测泄漏的功能,车身水平高度检测是通过左前、右前、左后、右后四个水平高度传感器来完成。起动发动机后,当左后车身水平高度无法达到控制单元记录的标定高度,控制单元就会继续让空气压缩机工作。但出于过热保护的目的,空气压缩机又不能无限制地持续工作。当空气压缩机工作时长超出最大限度,空气悬架系统控制单元就会产生并存储故障码"C1 57200—充气时的修正时间过长"。导致这类故障的原因大体可分为两类:系统存在泄漏、空气压缩机功率不足。

任务实施

一 实施计划

任务导入中的案例,电控悬架故障指示灯亮,车身高度自动调节功能失效。因此需要准备好故障诊断仪、维修手册等,按照故障码或者故障现象诊断流程解决故障。

二 实施环境

(1)汽车整车实训室。
(2)装备有电控悬架的轿车、举升机、工具车、工作台。
(3)相应的车辆维修手册。

三 实施步骤(车身高度自动调节功能失效故障诊断)

分小组完成如下操作要求:
(1)实车验证故障现象。
(2)分析故障可能的原因。
(3)拟定故障诊断流程。
(4)完成下面的任务工单。

四　任务工单

项目四　电子控制悬架系统	班级			
任务二　检修电控悬架车身高度调整	姓名		学号	
失灵故障	日期		分数	

1. 根据指定的电控悬架车辆,回答以下问题。(20分)

(1)车辆的型号：_____。

(2)车辆的 VIN 码：_____。

(3)电子控制悬架的类型：_____。

(4)电子控制悬架的组成部件有：_____

_____。

2. 分析车身高度自动调节功能失效故障可能的原因。(40分)

3. 拟定车身高度自动调节功能失效故障诊断流程。(40分)

复习延伸

一　重点总结

(1)丰田电子控制悬架系统有 3 个操作开关：平顺性开关、高度控制开关和高度控制 ON/OFF 开关。

(2)丰田电子控制悬架系统主要传感器或控制开关包括前/后车身高度传感器、转向传感器、主节气门位置传感器、门控灯开关、高度 ON/OFF 控制开关、LRC 开关、高度控制开关、停车灯开关等。

(3)丰田电子控制悬架系统的控制电路有:空气压缩机控制电路、高度控制阀控制电路和车身高度传感器控制电路。

(4)丰田电子控制悬架系统控制功能有:车身高度控制、减振器阻尼和悬架刚度的"软""中""硬"控制。

(5)磁性液流控制悬架(Magnetic Ride Control,MRC)也称电磁阻尼式悬架控制,属于半主动电控悬架系统。它可以在毫秒级范围内调节减振器内液压油液的黏性,改变油液的流动速度,从而改变减振器的阻尼状态。

(6)半主动式阻尼系统(SADS)也称电液阻尼式悬架系统,它通过调节每个车轮减振器内电磁阀的占空比,从而调整减振器的阻尼状态。

二 课后练习

(一) 简答题

1.丰田电子控制悬架系统有哪些操作开关?如何使用?

2.分析丰田电子控制悬架系统空气压缩机控制电路原理。

3.简述丰田电子控制悬架系统减振器阻尼调节的原理。

4.简述丰田电子控制悬架系统悬架刚度调节的原理。

5.简述磁性液流控制悬架(MRC)阻尼调节的原理。

6.简述半主动式阻尼系统(SADS)阻尼调节的原理。

(二) 选择题

1.半主动式阻尼系统(SADS)的车身加速度传感器信号电压范围是(　　　)。

   A.小于0.5V　　　B.0.5~4.5V　　　C.大于4.5V

2.丰田电控悬架的操作开关有(　　　)个。

   A. 1　　　　　　B. 2　　　　　　C. 3　　　　　　D. 4

3.丰田电子控制悬架排气电磁阀安装在(　　　)。

   A.空气压缩机　　B.空气干燥器　　C.高度控制阀　　D.空气弹簧

4.三级阻尼可调减振器的控制包括(　　　)。(多选题)

   A.阻尼力"硬"控制　　　　　　　　B.阻尼力"软"控制

   C.阻尼力"中"控制　　　　　　　　D.其他说法都错误

5. 电控空气悬架的刚度控制包括(　　)。(多选题)

 A. 刚度"硬"控制   B. 刚度"软"控制

 C. 刚度"中"控制   D. 其他说法都错误

6. 磁性液流控制悬架 MRC 控制模块向减振器电磁线圈发出(　　)次/s 的电子指令。

 A. 200   B. 500   C. 1000   D. 2000

7. 半主动式阻尼系统(SADS)的 3 个车身加速度传感器分别是(　　)。(多选题)

 A. 左前车身加速度传感器   B. 右前车身加速度传感器

 C. 前部车身加速度传感器   D. 后部车身加速度传感器

(三) 判断题

1. 高度控制 ON/OFF 开关安装在行李舱内,举升汽车时关闭。   (　　)

2. 空气压缩机用来产生车身高度调节所需的压缩空气。   (　　)

3. 高度控制电磁阀是三位三通常闭电磁阀。   (　　)

4. 通过改变主、副气室之间通路的大小,来改变悬架的刚度。   (　　)

5. 通过改变回转阀和活塞杆上油液流通的面积,来改变减振器的阻尼力。 (　　)

6. 点火开关处于 ON 时,可以检修悬架电子控制器件。   (　　)

7. MR 油液是指在碳氢化合物合成油中悬浮有微小铁颗粒的液体。 (　　)

8. 电控悬架的阻尼调节既可以是"软—中—硬"有级调节,也可以是无级调节。(　　)

9. 半主动式阻尼系统(SADS)电磁阀占空比信号越大,阻尼力越小。 (　　)

检修电子控制动力转向系统

学习目标

知识目标

1. 了解普通动力转向系统的特性和不足。

2. 熟悉电子控制动力转向系统的概念、作用和类型。

3. 掌握流量控制式 EPS 的组成、结构和工作原理。

4. 了解反力控制式 EPS 的组成、结构和工作原理。

5. 熟悉阀灵敏度控制式 EPS 的组成、结构和工作原理。

6. 熟悉电动式 EPS 的组成、结构和工作原理。

能力目标

1. 能对电子控制动力转向系统主要传感器进行检测。

2. 能通过故障诊断仪进行电子控制动力转向系统的故障代码读取、清除。

3. 能对液压式 EPS 常见故障进行诊断和排除。

4. 能对电动式 EPS 常见故障进行诊断和排除。

素质目标

1. 树立正确的职业方向。

2. 树立正确的理想信念。

3. 培养良好的工匠精神。

知识结构导图

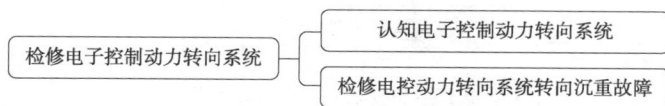

检修电子控制动力转向系统 ─┬─ 认知电子控制动力转向系统
　　　　　　　　　　　　　└─ 检修电控动力转向系统转向沉重故障

任务一　认知电子控制动力转向系统

任务导入

一　任务描述

小王刚刚去一家4S店进行维修实习不久,由于带教老师比较忙,让他自己检查一款轿车的电动式动力转向系统部件是否有问题。结果他在车上查找了大半天,没有找到电动式动力转向系统的主要部件,受到了老师的严厉批评。

二　任务分析

电动式动力转向系统是目前轿车应用最广泛的电子控制动力转向系统,主要由转矩传感器、车速传感器、电子控制单元、电磁离合器、减速机构、直流电动机等部件组成。应该利用好车型维修手册等资料技术标准检查相关部件,确保汽车的转向助力系统工作正常。

三　技能目标

(1)能查询汽车相关维修资料。

(2)能查找电子控制动力转向系统的部件位置。

(3)能判断电子控制动力转向系统的部件技术状况。

❀ 知识结构导图

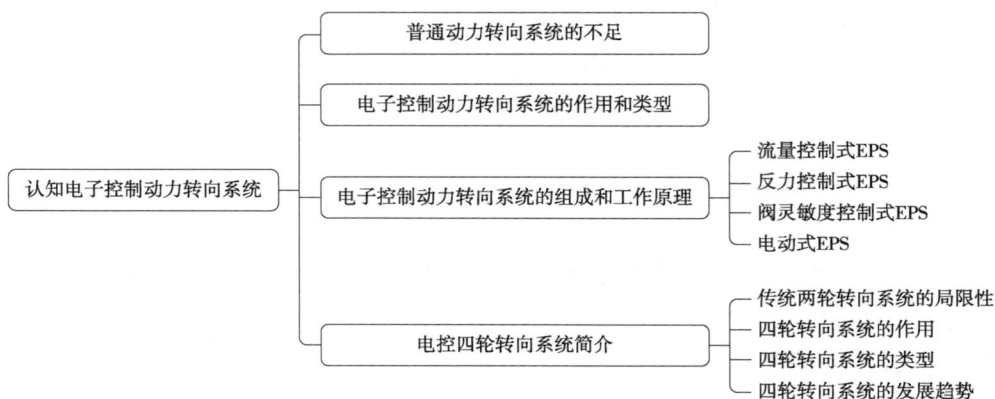

```
                                ┌──────────────────────────┐
                                │     普通动力转向系统的不足        │
                                └──────────────────────────┘
                                ┌──────────────────────────┐
                                │   电子控制动力转向系统的作用和类型    │
                                └──────────────────────────┘
                                                              ┌─ 流量控制式EPS
┌──────────────┐            ┌──────────────────────────┐  ├─ 反力控制式EPS
│ 认知电子控制动力转向系统 │────┤  电子控制动力转向系统的组成和工作原理  │──┤─ 阀灵敏度控制式EPS
└──────────────┘            └──────────────────────────┘  └─ 电动式EPS
                                                              ┌─ 传统两轮转向系统的局限性
                                ┌──────────────────────────┐  ├─ 四轮转向系统的作用
                                │      电控四轮转向系统简介        │──┤─ 四轮转向系统的类型
                                └──────────────────────────┘  └─ 四轮转向系统的发展趋势
```

❀ 相关知识

一 普通动力转向系统的不足

　　汽车转向时要求转向操纵轻便,即以较小的转向盘操纵力获得较大的转向力矩;同时也要求转向灵敏,即以较小的转向盘转角获得较大的转向角。但普通动力转向系统无法同时满足这两方面的要求。

　　如果设计的固定放大倍率的动力转向系统是为提高停驶及低速时的轻便性,则会使高速时转向盘操纵力过小,路感下降,易出现转向过度,不利于高速行驶方向控制。反之,如果设计的固定放大倍率的动力转向系统是为增加高速行驶方向的控制,则会使停驶及低速时操纵力过大,转向沉重,效率下降。

　　由此可见,普通动力转向系统的助力特性是不变的,且与车速无关,这会导致停驶及低速时,转向盘操纵沉重,中速时较轻快,当车速增高时更加轻快。

　　为了实现在各种行驶条件下转向盘上所需要的力都是最佳值,必须采用更先进的电子控制动力转向系统。

二 电子控制动力转向系统的作用和类型

1. 电子控制动力转向系统的作用

电子控制动力转向系统(Electronic Control Power Steering,EPS 或 ECPS)的作用是根据

车速、转向情况等对转向助力实施控制,使动力转向系统在不同的行驶条件下都有最佳的放大倍率。在低速时有较大的放大倍率,可以减轻转向操纵力,使转向轻便、灵活。在高速时则适当减小放大倍率,以稳定转向手感,提高高速行驶的操纵稳定性。它解决了转向轻便与转向灵活的矛盾,提高了行驶安全性和舒适性。

2. 电子控制动力转向系统的类型

根据动力源不同,电子控制动力转向系统可分为液压式电控动力转向系统(液压式EPS)和电动式电控动力转向系统(电动式 EPS)。

液压式 EPS 增设了控制液体流量的电磁阀、车速传感器和电子控制单元等,电子控制单元根据检测到的车速信号,控制电磁阀,使转向动力放大倍率实现连续可调,从而满足高、低速时的转向助力要求。

电动式 EPS 利用直流电动机作为动力源,电子控制单元根据转向参数和车速等信号,控制电动机转矩的大小和转动方向。电动机的转矩由电磁离合器通过减速机构减速增矩后,加在汽车的转向机构上,使之得到一个与工况相适应的转向作用力。

液压式 EPS 根据控制方式的不同,可分为流量控制式、反力控制式和阀灵敏控制式三种形式。电动式 EPS 根据电动机安装位置不同,又可分为转向轴助力式、转向齿轮助力式和转向齿条助力式三种类型。

三　电子控制动力转向系统的组成和工作原理

(一) 流量控制式 EPS

流量控制式 EPS 是根据车速传感器信号,调节液压动力转向装置中油液的输入、输出流量和压力,来控制液压动力大小的。如图 5-1-1 所示,流量控制式 EPS 是由在液压动力转向系统上增加流量控制电磁阀、车速传感器、电子控制单元和控制开关等元件构成的。

1. 流量控制式 EPS 的组成部件

下面以日产轿车的流量控制式 EPS 为例进行介绍。

如图 5-1-2 所示,日产轿车采用旁通流量控制阀式 EPS,它是在普通液压动力转向系统的基础上增加旁通流量控制阀、车速传感器、转向角速度传感器、电子控制单元和控制开关等装置。在转向液压泵与转向机体之间设有旁通管路,由油量控制阀控制。

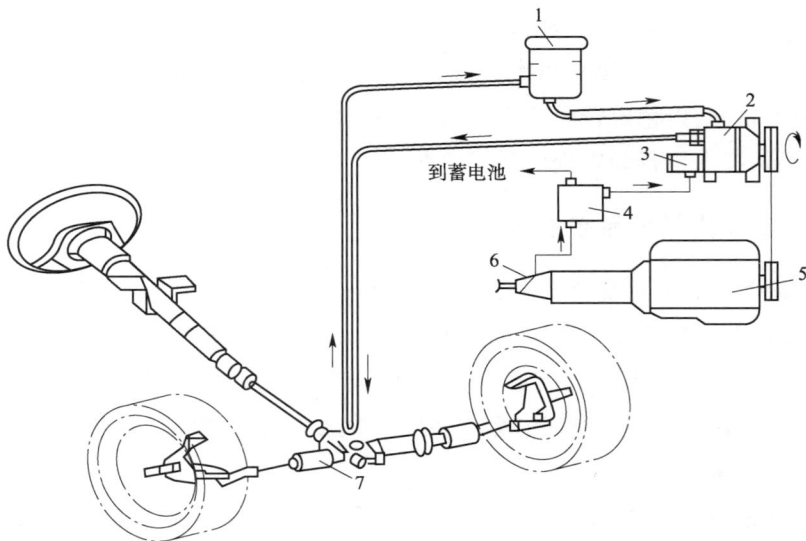

图 5-1-1　流量控制式 EPS

1-储液罐;2-转向油泵;3-流量控制电磁阀;4-电子控制单元;5-发动机;6-车速传感器;7-齿轮齿条转向器及动力缸

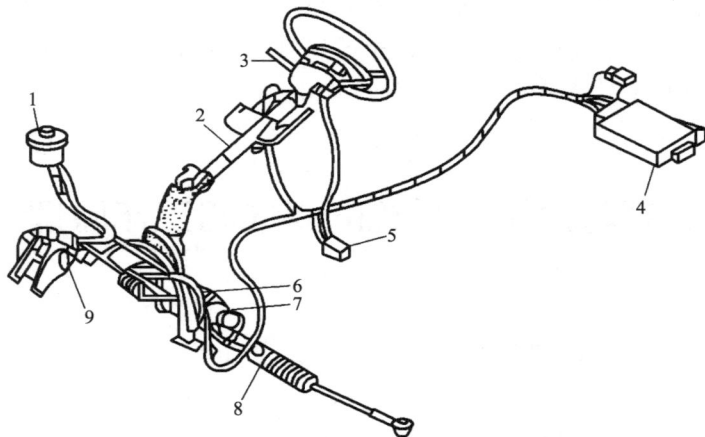

图 5-1-2　日产轿车的流量控制式 EPS 的基本组成

1-动力转向油罐;2-转向管柱;3-转向角速度传感器;4-电子控制单元;5-转向角速度增幅传感器;6-旁通流量控制阀;7-电磁线圈;8-转向齿轮联动机构;9-液压泵

2. 流量控制式 EPS 主要部件的结构和原理

1) 旁通流量控制阀

旁通流量控制阀的结构如图 5-1-3 所示,主要由流量主孔、主滑阀、电磁线圈柱塞、调节螺钉、电磁线圈、节流孔、稳压滑阀等组成。在阀体内装有主滑阀和稳压滑阀,主滑阀的右端与电磁线圈柱塞连接,主滑阀在电磁线圈的作用下移动,从而改变主滑阀左端流量主孔的开口面积,调节螺钉可以调节旁通流量的大小。

检修流量式 EPS

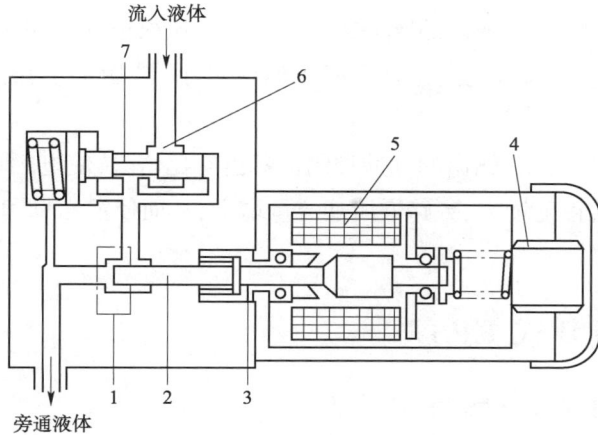

图 5-1-3 旁通流量控制阀的结构

1-流量主孔;2-主滑阀;3-电磁线圈柱塞;4-调节螺钉;5-电磁线圈;6-节流孔;7-稳压滑阀

稳压滑阀的作用是保持流量主孔前后压差的稳定,以使旁通流量与流量主孔的开口面积成正比。当因转向负荷的变化使流量主孔前后压差偏离设定值(与稳压滑阀左侧弹簧相关)时,稳压滑阀阀芯将在其左侧弹簧张力和右侧油压作用下发生滑移。如果压差大于设定值,则阀芯左移,使节流孔面积减小,流入流量主孔的液压油量减少,前后压差减小;如果压差小于设定值,则阀芯右移,使节流孔面积增大,流入流量主孔的液压油量增多,前后压差变大。流量主孔前后压差的稳定,保证了旁通流量的大小只与主滑阀控制的流量主孔的开口面积有关。

2)转向角速度传感器

转向角速度传感器结构原理与图 4-1-8 和 4-1-9 类似,不再赘述。

3)转换开关

驾驶人利用仪表板上的转换开关可以选择 3 种适应不同行驶条件的转向力特性曲线,如图 5-1-4 所示。

3. 旁通流量控制式 EPS 的工作原理

如图 5-1-5 所示,根据车速传感器、转向盘转角传感器和控制开关的信号,EPS ECU 向旁通流量控制阀发出控制信号,控制旁通流量,从而调整向转向器供油的流量。

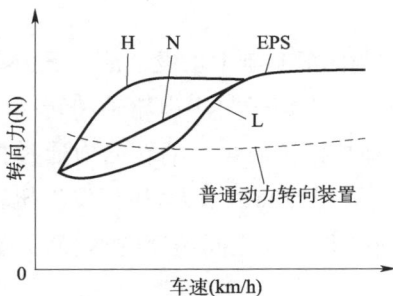

图 5-1-4 3 种转向力特性曲线

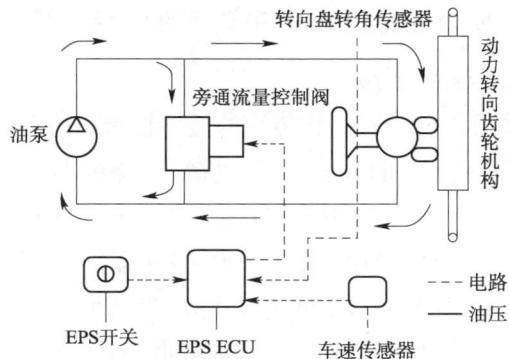

图 5-1-5 旁通流量控制式 EPS 的工作原理图

当车速很低时,EPS ECU 输出的脉冲控制信号占空比很小,通过电磁阀线圈的平均电流很小,电磁阀阀芯开启程度也很小,旁路液压油流量小,液压助力作用大,使转向盘操纵轻便。

当车速提高时,EPS ECU 输出的脉冲控制信号占空比增大,使电磁阀线圈的平均电流增大,电磁阀阀芯的开启程度增大,旁路液压油流量增大,从而使液压助力作用减小,以提高转向操纵稳定性。

(二) 反力控制式 EPS

下面以丰田反力控制式 EPS 为例进行介绍。

1. 反力控制式 EPS 的组成部件

反力控制式 EPS 主要由转向控制阀、分流阀、电磁阀、转向动力缸、转向油泵、储油箱、车速传感器及 ECU 等组成,如图 5-1-6 所示。

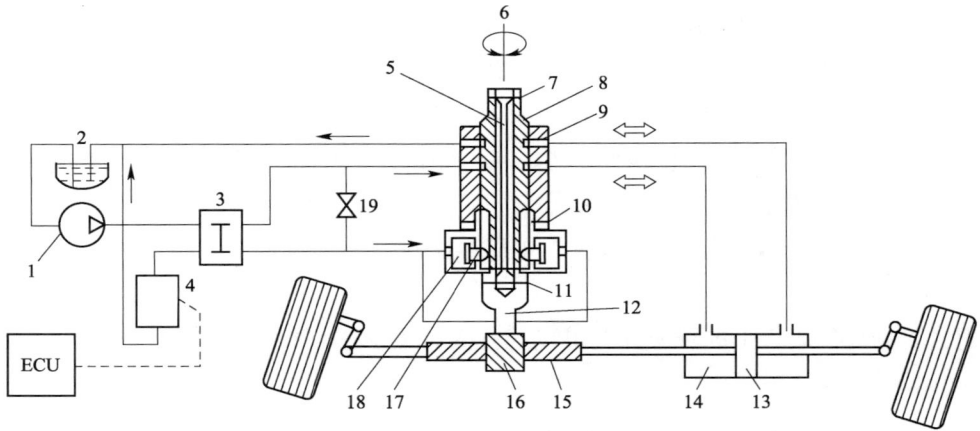

图 5-1-6　反力控制式 EPS 的组成部件

1-转向油泵;2-储油罐;3-分流阀;4-电磁阀;5-扭杆;6-转向盘;7、10、11-销;8-转阀阀杆;9-控制阀阀体;12-转向齿轮轴;13-活塞;14-转向动力缸;15-转向齿条;16-转向齿轮;17-柱塞;18-油压反力室;19-固定小孔

2. 反力控制式 EPS 主要部件的结构和原理

1)转向控制阀

如图 5-1-7 所示,在传统的整体转阀式动力转向控制阀的基础上增设了油压反力室。如图 5-1-6 所示,扭杆的上端通过销子与转阀阀杆相连,下端用销子与小齿轮轴和转阀阀体相连。小齿轮轴的上端部通过销子与转阀阀体相连。转向时,转向盘上的转向力通过扭杆传递给小齿轮轴,带动小齿轮旋转,使齿条运动,实现转向。当转向力增大,扭杆发生扭转变形时,转阀阀杆和阀体之间将发生相对转动,以此改变阀体和阀杆之间油道的通、断关系和工作油液的流动方向,从而实现液压助力转向作用。

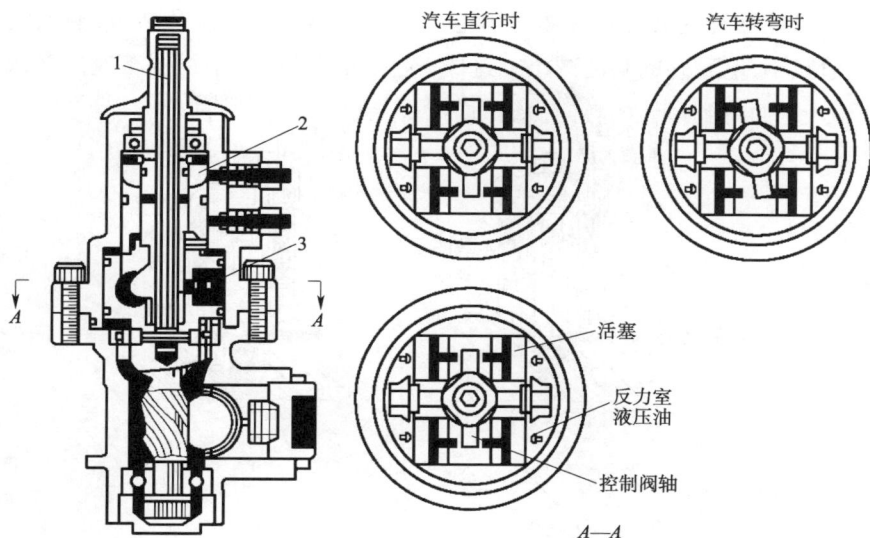

汽车直行时　　　　汽车转弯时

活塞
反力室
液压油

控制阀轴

A—A

图 5-1-7　转向控制阀的结构

1-扭杆;2-回转阀;3-油压反力室

2）分流阀

分流阀的结构如图 5-1-8 所示,主要由阀门、弹簧、进油道和出油道组成。分流阀的作用是将来自转向油泵的液流分送到转阀、油压反力室和电磁阀。送到电磁阀和油压反力室中的液压油流量是由转阀中的油压来调整的。当转动转向盘,转阀中的油压增大时,分配到电磁阀和油压反力室的液压油流量增加;当转阀中的油压达到一定值后,转阀中的油压便不再升高,而分配给电磁阀和油压反力室的液压流量则不变。

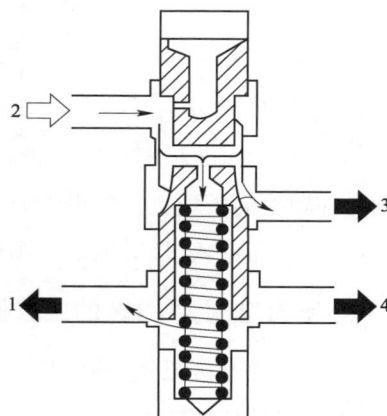

图 5-1-8　分流阀的结构图

1-至电磁阀;2-来自转向油泵;3-至转阀;4-至油压反力室

3）固定小孔

固定小孔的作用是把供给转向控制阀的一部分流量分配到油压反力室一侧。电磁阀根据需要适当开启,使油压反作用力室一侧的油液流回储油箱。

4）电磁阀

电磁阀一般安装在转向齿轮箱体上。电磁阀的开度由 ECU 的输出电流控制,而该输出电流又取决于车速的高低。

ECU 根据车速的高低控制电磁阀油路的阻尼面积,开口面积随电磁线圈通电电流占空比而变化,进而控制油压反力室一侧的液压油压力大小。车速低时,通电电流大,滑阀被吸引,油路的阻尼增大,流向油箱的回流量增加;随着车速的升高,电流减小,油液回流量也减少。

电磁阀的结构及其特性如图 5-1-9 所示。输入电磁阀中的信号是通、断脉冲信号,改变信号占空比可以控制流过电磁阀线圈平均电流值的大小。当车速升高时,输入电磁阀线圈的平均电流值减小,电磁阀的开度减小。这样,电磁阀开度的大小根据车速的高低就可以调整油压室反力,从而得到最佳的转向操纵力。

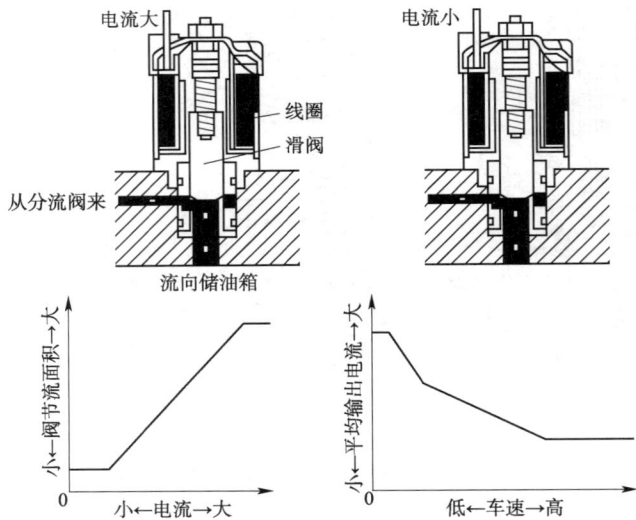

图 5-1-9 电磁阀的结构及其特性

5)电子控制单元

电子控制单元根据车速传感器输入信号控制通入电磁阀的电流,实现相应的控制功能。车速提高时,为了增大转向操纵力,需要加大电磁阀的电流;而当车速超过 120km/h 时,为防止电流过大而造成过载,电子控制单元则使通往电磁阀的通电电流保持恒定。

3. 反力控制式 EPS 的工作原理

1)汽车静止或低速行驶时

汽车在低速范围内运行时,ECU 输出一个大的电流,使电磁阀的开度增加,由分流阀分出的液体流过电磁阀回到储油罐中的流量增加,油压反力室的压力减小,作用于柱塞的背压降低,柱塞推动控制阀杆的力减小,因此只需要较小的转向力就可使扭杆扭转变形,使阀体与阀杆发生相对转动而使控制阀打开,油泵输出油压作用到动力缸右室(或左室),使动力缸活塞左移(或右移),产生转向助力。

2)汽车中、高速行驶时

此时若转向盘微量转动,控制阀杆根据扭转角度而转动,转阀的开度减小,转阀里面的压力增加,流向电磁阀和油压反力室中的液流量增加。当车速增加时,ECU 输出电流减小,电磁阀开度减小,流入油压反力室中的液流量增加,反力增大,作用于柱塞的背压增大,使得柱塞推动控制阀杆的力变大。液流还从固定小孔流进油压反力室中,这也增大了油压反力室中的液体压力,故转向盘的转动角度增加时,将要求一个更大的转向操纵力,使得在中高速时驾驶人可获得良好的转向手感和转向特性。

反力控制式 EPS 是根据车速大小,控制反力室油压大小,从而控制转向力大小的。其优点是具有较好的转向操纵力,驾驶人可以感受到稳定的操作手感;其缺点是结构复杂,成本较高。

(三)阀灵敏度控制式 EPS

阀灵敏度控制式 EPS 根据车速控制电磁阀,直接改变动力转向缸油压增益。这种转向系统结构简单、价格便宜,而且具有较大的选择转向力的自由度,可获得较好的转向手感和良好的转向特性。

检修阀灵敏度式 EPS

1. 阀灵敏度控制式 EPS 的组成部件

如图 5-1-10 所示,阀灵敏度控制式 EPS 主要由转子油泵、电磁阀、车速传感器、储油箱及电子控制单元等部件组成。

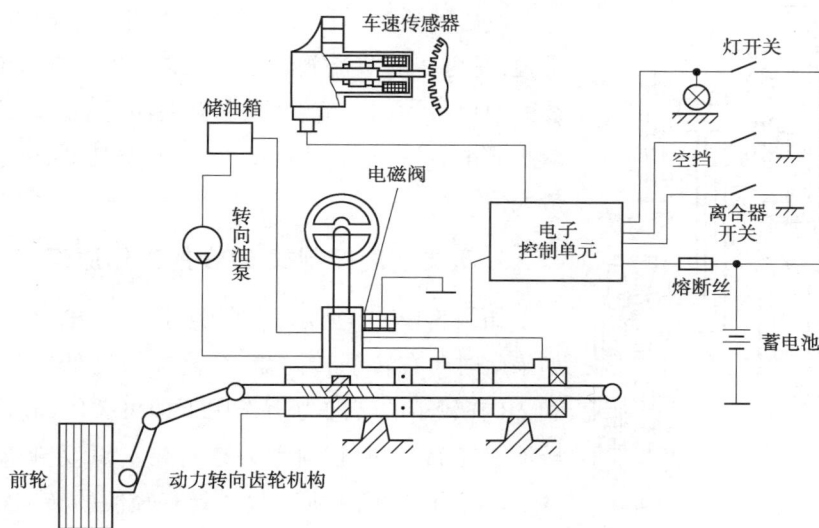

图 5-1-10 阀灵敏度控制式 EPS 的组成部件

2. 阀灵敏度控制式 EPS 主要部件的结构

1)转子阀

转子阀的结构如图 5-1-11 所示,转子阀内体圆周上有 6 或 8 条沟槽,各沟槽和转子阀外体构成的油路与油泵、动力缸、电磁阀及油箱连接。

转子阀的可变小孔分为低速专用节流小孔(1R、1L、2R、2L)和高速专用可变控制小孔(3L、3R)两种,在高速专用可变孔的下方设有旁通电磁阀回路。其转子阀的等效油路如图 5-1-12 所示。

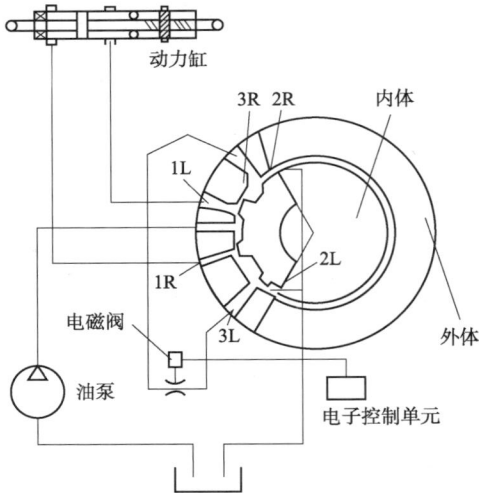

图 5-1-11 转子阀的结构

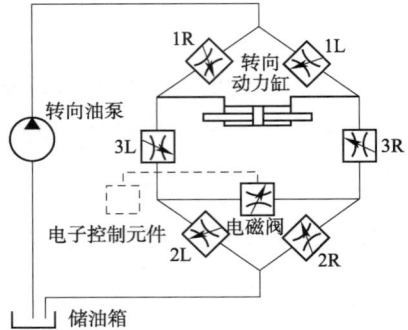

图 5-1-12 转子阀的等效油路

2）电磁阀

电磁阀如图 5-1-13 所示,其上设有控制进、出的旁通油道,是可变的节流阀。车速低时,电子控制单元向电磁线圈通以较大的电流,使控制孔关闭;随着车速升高,逐渐减小通电电流,控制孔逐渐开启;在高速时,开启通道达到最大值。

3. 阀灵敏度控制式 EPS 的工作原理

如图 5-1-14a)所示,当车辆静止时,电磁阀完全关闭,如果此时向右转动转向盘,则高灵敏度低速专用小孔 1R 和 2R 在较小的转向力矩作用下即可关闭,转向油泵的高压油液经 1L 流回转向动力缸右腔室,其左腔室的油液经 3L、2L 流回储油箱,所以此时具有轻便的转向特性。而且施加在转向盘上的转向力矩越大,可变小孔 1L、2L 的开口面积越大,节流作用就越小,转向助力作用越明显。

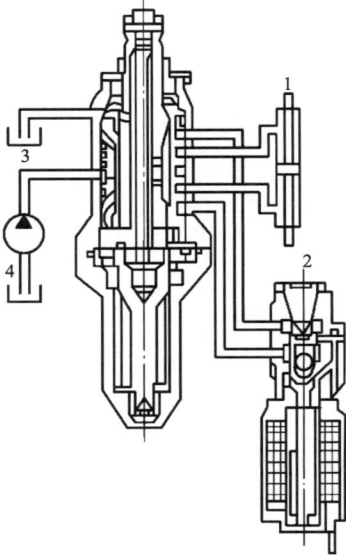

图 5-1-13 转子阀及电磁阀

1-动力缸;2-电磁阀;3-油箱;4-油泵

如图 5-1-14b)所示,随着车辆行驶速度的提高,在 ECU 的作用下,电磁阀的开度也线性增加,如果向右转动转向盘,则转向油泵的高压油液经 1L、3R 及旁通电磁阀流回储油箱。此时,转向动力缸右腔室的转向助力油压就取决于旁通电磁阀和灵敏度低的高速专用孔 3R 的开度。车速越高,在 ECU 的控制下,电磁阀的开度越大,旁路流量越大,转向助力作用越小,调整专用小孔 3R 的开度逐渐减小,转向助力作用也随之增大。

由此可见,阀灵敏度控制式 EPS 可使驾驶人获得非常自然的转向手感和良好的速度转向特性。

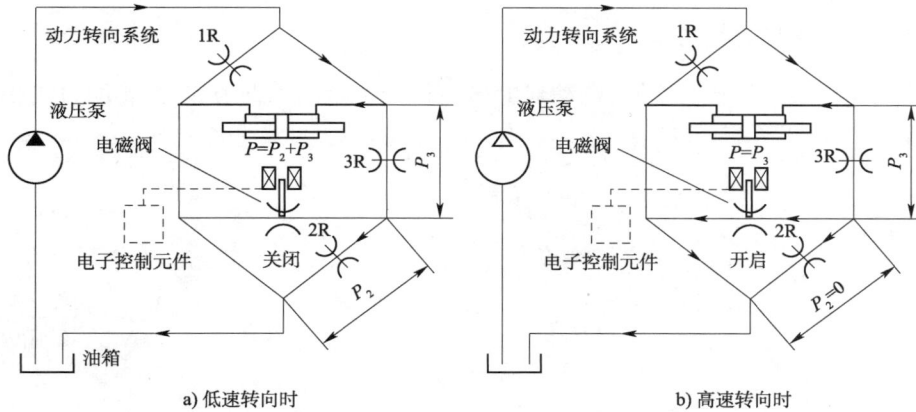

a) 低速转向时   b) 高速转向时

图 5-1-14 阀灵敏度控制式 EPS 的工作原理

（四）电动式 EPS

电动式 EPS 是一种直接依靠电动机提供辅助转矩的电动助力式转向系统,该系统仅需要控制电动机电流的方向和幅值,不需要复杂的控制机构。

1. 电动式 EPS 的组成部件

如图 5-1-15 所示,电动式 EPS 是在机械转向机构的基础上,增加了电动式助力机构、转向助力控制系统后形成的。它一般由转矩传感器、车速传感器、电子控制单元、电磁离合器、减速机构、直流电动机等组成。电动机是电动式 EPS 的助力源,电子控制单元根据车速和转向转矩等参数,控制电动机工作,实现助力转向的作用。电动机连同离合器和减速齿轮一起,通过橡胶底座安装在车架上。电动机的输出转矩由减速齿轮增大,并通过万向节、转向器中的助力小齿轮把输出转矩送至齿条,向转向车轮提供助力。

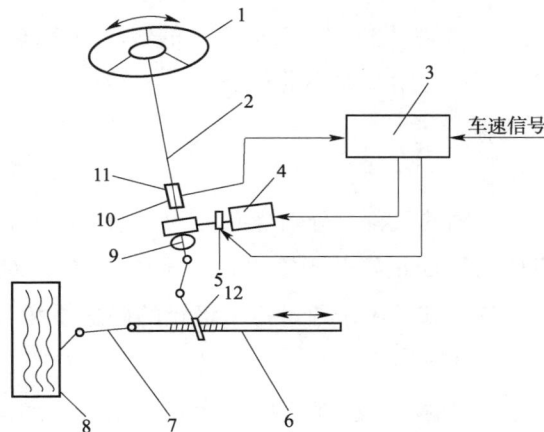

图 5-1-15 电动式 EPS 的组成部件

1-转向盘;2-转向轴;3-电子控制单元;4-电动机;5-电磁离合器;6-转向齿条;7-横拉杆;8-转向车轮;9-输出轴;10-扭力杆;11-转矩传感器;12-转向齿轮

2. 电动式 EPS 的类型

根据电动机布置位置的不同,电动式 EPS 可以分为转向轴助力式、齿轮助力式和齿条助力式三种类型,如图 5-1-16 所示。

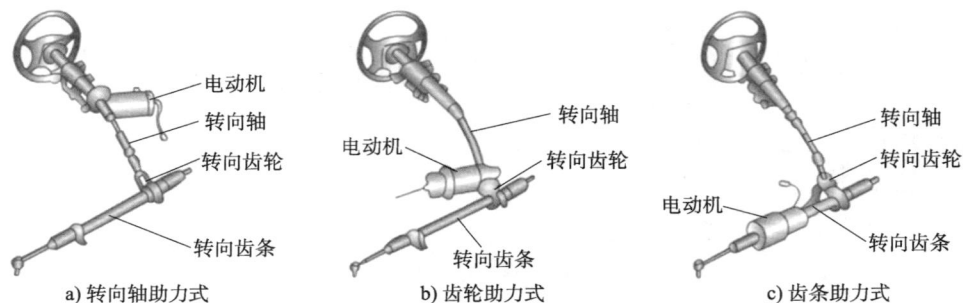

图 5-1-16　电动式 EPS 的类型

3. 电动式 EPS 的特点

(1)电动机、减速机构、转向柱和转向齿轮箱可以制成一个整体,既无管道也无控制阀,使其结构紧凑、质量减轻,比液压式 EPS 大约轻 25% 左右。

(2)无液压式常运转转向油泵,电动机只是在需要转向时才接通电源,动力消耗、燃油消耗较低。

(3)因为零件的数目少,不需要加油和抽空气,所以在生产线上的装配性好。

(4)较容易按照汽车性能需要设置、修改转向助力特性。

4. 电动式 EPS 主要部件的结构和原理

1)转矩传感器

转矩传感器的作用是检测驾驶人作用在转向盘上的转向力矩、转向方向等参数,并将其转变为电信号输送给 ECU,以作为助力大小的依据之一。转矩传感器可分为无触点式转矩传感器和有触点式转矩传感器。

(1)无触点式转矩传感器。

如图 5-1-17 所示,在输出轴的极靴上分别绕有 A、B、C、D 四个线圈,转向盘处于中间位置(直驶)时,扭力杆的纵向对称面正好处于输出轴极靴 AC、BD 的对称面上。当 U、T 两端加上连续的输入脉冲电压信号 U_i 时,由于通过每个极靴的磁通量相等,所以在 V、W 两端检测到的输出电压信号 $U_0 = 0V$。

当右转向时,由于扭力杆和输出轴极靴之间发生相对扭转变形,极靴 A、D 之间的磁阻增加,B、C 之间的磁阻减少,各个极靴的磁通量发生变化,于是在 V、W 之间就出现了电位差,电位差与扭力杆的扭转角和输入电压 U_i 成正比。

所以,通过测量 V、W 两端的电位差就可以测量出转矩值。

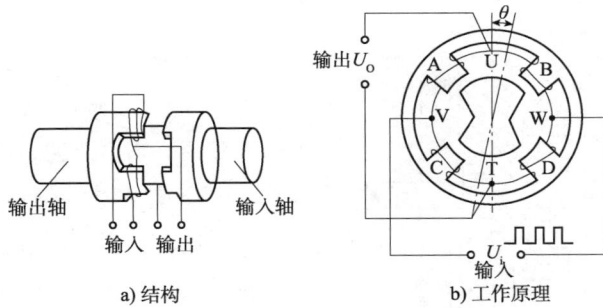

图 5-1-17　无触点式转矩传感器的结构及工作原理

（2）有触点式转矩传感器。

滑动可变电阻式转矩传感器的结构和原理如图 5-1-18 所示。它是将转向力矩引起的扭力杆角位移转换为电位器电阻的变化，以引起输出电压的变化，并经滑环传递出来作为转矩信号。

2）电动机

电动式 EPS 一般采用直流电动机。其工作原理与起动用直流电动机的原理基本相同。其电压为 12V，最大通过电流一般为 30A 左右，额定转矩为 10N·m 左右。

电动机的输出转矩控制是通过控制其输入电流来实现的，而电动机的正转和反转则是由 EPS ECU 输出的正、反转触发脉冲控制的，如图 5-1-19 所示。

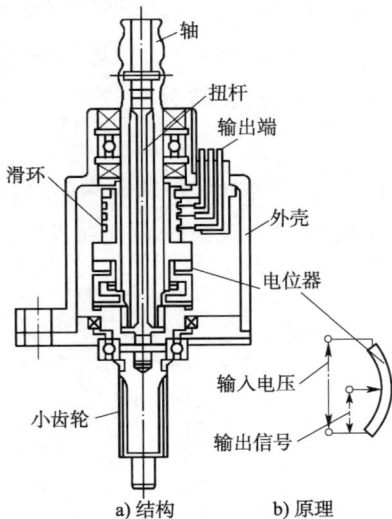

图 5-1-18　滑动可变电阻式转矩传感器的结构和原理

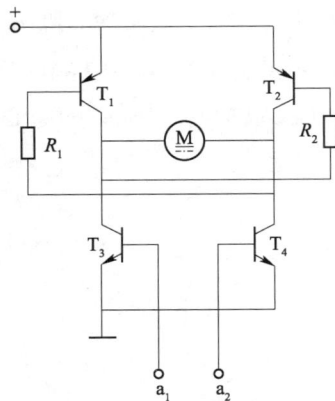

图 5-1-19　电动机正反转控制电路

a_1、a_2 为触发信号端。从电子控制单元得到的直流信号输入 a_1、a_2 端，用以触发电动机产生正反转。当 a_1 端得到输入信号时，晶体管 T_3 导通，T_2 管得到基极电流而导通，电流经 T_2 管的发射极和集电极、电动机、T_3 管的集电极和发射极搭铁，电动机有电流通过而正转。当 a_2 端得到输入信号时，晶体管 T_4 导通，T_1 管得到基极电流而导通，电流经过 T_1 管的发射极和集电极、电动机、T_4 管的集电极和发射极搭铁，电动机有反向电流通过而反转。控制触发信号端的电流大小，就可以控制电动机通过电流的大小。

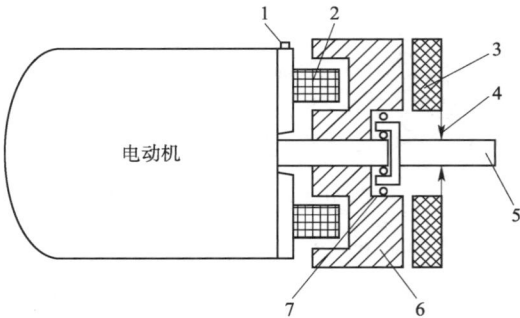

图 5-1-20　电磁离合器的工作原理

1-接线柱;2-线圈;3-压板;4-花键;5-从动轴;6-主动轮;7-滚珠轴承

3)电磁离合器

如图 5-1-20 所示为单片干式电磁离合器的工作原理图。当电流通过滑环进入电磁离合器线圈时,主动轮产生电磁吸力,带花键的压板被吸引与主动轮压紧,于是电动机的动力经过轴、主动轮、压板、花键、从动轴传递给执行机构。

由于转向助力的工作范围限定在一定速度区域内,所以电磁离合器一般设定一个速度范围,如当车速超过 30km/h(不同车型设计的车速不同)时,离合器便分离,电动机也停止工作,这时就没有转向助力的作用。当电动机停止工作时,为了不使电动机及离合器的惯性影响转向系统的工作,离合器也应及时分离,以切断辅助动力。

当系统中电动机等发生故障时,离合器会自动分离,这时仍可恢复手动控制转向。

4)减速机构

(1)涡轮涡杆减速助力传动机构。

涡轮涡杆减速助力传动机构由电磁离合器、一套涡轮涡杆助力传动机构组成,如图 5-1-21 所示。电动机提供的转向助力通过涡轮涡杆机构放大作用于转向柱,辅助驾驶人进行转向动作。车辆高速行驶不需要助力或在助力转向系统出现故障时,为了增加转向的可靠性,在电动机与助力机构之间采用电磁离合器来实现电动机与转向系统分离。

(2)差动轮系助力减速传动机构。

差动轮系助力减速传动机构由一套涡轮涡杆机构和一套差动轮系机构组成,如图 5-1-22 所示。转向输入轴与差动轮系的中心轮相连,电动机经过一级涡轮涡杆减速机构带动齿圈运动,合成的运动由行星架输出。

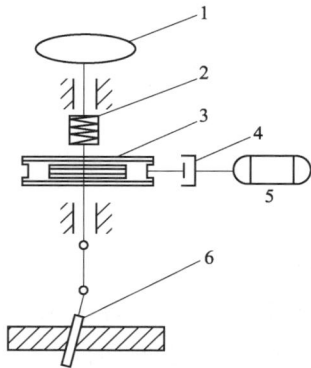

图 5-1-21　涡轮涡杆减速助力传动机构

1-转向盘;2-转矩传感器;3-涡轮涡杆机构;4-离合器;5-电动机;6-齿轮齿条转向器

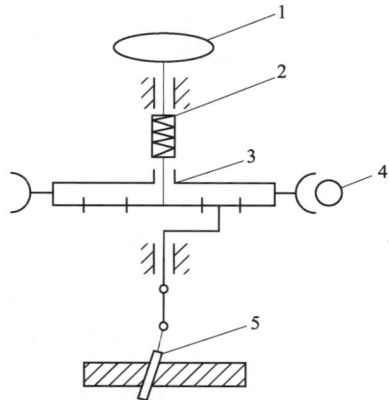

图 5-1-22　差动轮系助力减速传动机构

1-转向盘;2-转角传感器;3-差动行星轮机构;4-涡轮涡杆机构;5-齿轮齿条转向器

5. 电动式 EPS 的工作原理

当转向盘转向时,装在转向轴上的转矩传感器不断地测出转向轴上的转矩大小,并把它变成输出信号,该信号与车速信号同时输入电子控制单元。电子控制单元根据这些输入信号,判断汽车的运行工况,确定助力转矩的大小和方向,控制电动机的电流大小和转向,进而调整转向助力的大小。

检修电动式 EPS

四　电控四轮转向系统简介

随着当今社会的发展、技术的进步,道路安全得到了人们更高的关注,为了保证行车安全,汽车的操纵稳定性越发得到重视。四轮转向技术是一种可以使前后轮同时改变方向的技术,后轮可以独立进行转向。低速时,前后轮异相转向,可以减小汽车的转弯半径,提高汽车的机动性和灵活性;高速时,前后轮同相转向,可以提高汽车的循迹能力,提高汽车的行驶稳定性。

(一) 传统两轮转向系统的局限性

普通汽车转向采用前轮转向(Front Wheel Steering,FWS),后轮不做转向,只做随动运动。低速转向受最大转角的限制,无法获得很小的转弯半径,无法满足高机动性的要求;高速转向大的侧向加速度和横摆角不容易控制,易发生侧滑等后果。

(二) 四轮转向系统的作用

四轮转向(4 wheel Steering ,4WS)是指汽车的四个车轮都能起转向作用。

1. 改善汽车的操纵便捷性

在汽车低速行驶时,依靠逆向转向(前、后车轮的转角方向相反),获得较小的转向半径,改善汽车的操纵便捷性。2WS 和 4WS 汽车低速转向特性如图 5-1-23 所示,显然 4WS 的汽车转向中心在前后轴之间,转弯半径更小,转向操纵机动性好。

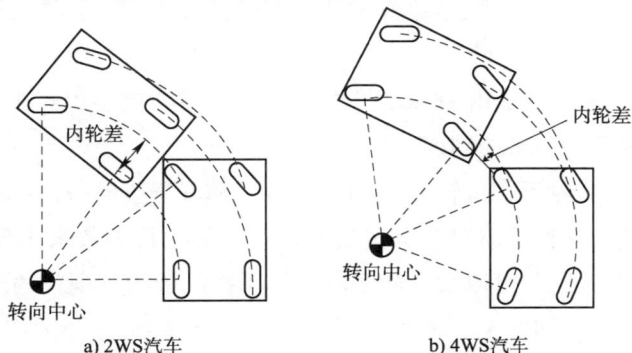

a) 2WS汽车　　　　　b) 4WS汽车

图 5-1-23　2WS 和 4WS 汽车低速转向特性

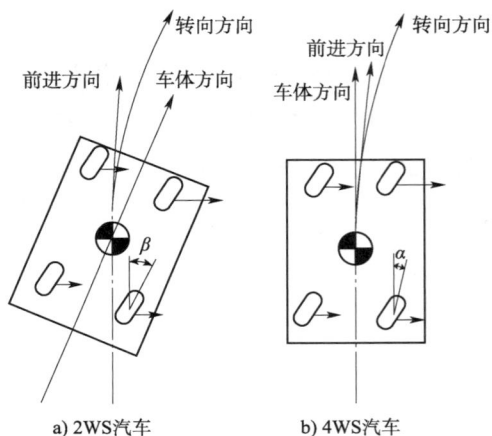

a) 2WS汽车　　　b) 4WS汽车

图 5-1-24　2WS 和 4WS 汽车中、高速转向特性

2. 提高转向时的操纵稳定性

在汽车中、高速行驶时，依靠同向转向（前、后车轮的转角方向相同），减小汽车的横摆运动，使汽车可以利用高速变换行进路线，提高转向时的操纵稳定性。2WS 和 4WS 汽车中、高速转向特性如图 5-1-24 所示，显然 4WS 的汽车车体方向和前进方向的夹角较小，汽车中、高速转向横摆幅度小，转向操纵稳定性好。

（三）四轮转向系统的类型

1. 根据控制方法的不同

根据控制方法的不同，四轮转向系统可分为前反馈型 4WS 系统和反馈型 4WS 系统。

1）前反馈型 4WS 系统

前反馈型 4WS 系统如图 5-1-25 所示，驾驶人根据路面状况进行前轮转角的控制，根据汽车运动状态，前轮转角决定后轮转角的大小，以修正转向来抵御路面激励和侧向风等干扰因素。

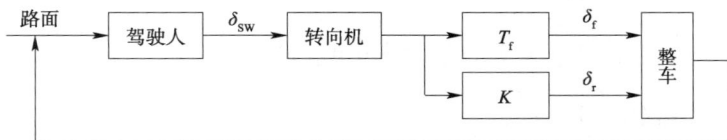

图 5-1-25　前反馈型 4WS 系统

早期的研究学者 Sano 发现通过选择合适的定前后轮转角比 K，能够使转向时稳态质心侧偏角恒为零。低速时 K 小于零，减小汽车转弯半径；高速时 K 大于零，提高操纵稳定性。

2）反馈型 4WS 系统

最早的反馈型 4WS 思想是由 Okada 等人提出。他们的控制思想是后轮的转角大小须根据反馈后轮的侧偏角大小来控制。

车速非常低时，前后轮反相位转向，转角比为 1。随着车速提高，后轮附加转角需要用横摆角速度反馈来补偿。这种反馈控制方法是通过汽车的运行参数来实现，以此可以改变汽车侧向动力学的方程特征根，可以增强如侧向风等干扰的能力。现代的 4WS 控制方法都是根据此理论建立起来的。如图 5-1-26 所示为反馈型 4WS 系统。

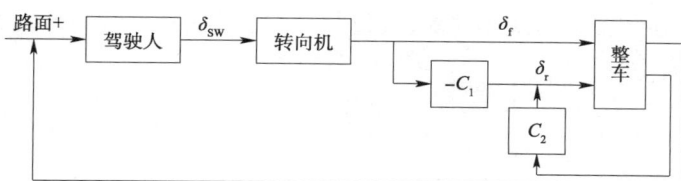

图 5-1-26　反馈型 4WS 系统

2. 根据控制结构原理的不同

根据控制结构原理的不同,四轮转向系统可分为转向角比例控制式 4WS 和横摆角速度比例控制式 4WS。

(1)所谓转向角比例控制,就是使后轮的转角与转向盘的转角成比例变化,并使后轮在汽车低速行驶时相对于前轮反向转向,在汽车中、高速行驶时相对于前轮同向转向。

(2)所谓横摆角速度比例控制,就是一种根据检测出的车身横摆角速度来控制后轮转向量的控制方法。

(四)四轮转向系统的发展趋势

随着计算机技术及控制理论的不断发展,4WS 系统中不断出现一些先进的控制方法,如自适应控制、变结构控制、鲁棒控制等,最近几年,模糊控制、神经网络控制方法又得到应用。研究领域由最初的线性到非线性领域过度,但是大多处于研究的初期阶段,还不成熟。四轮转向的研究趋势主要包括以下几个方面:

(1)应更加全面考虑汽车的动态特性和轮胎的瞬态特性变化。研究并建立多自由度的控制模型。利用更先进的控制理论及方法,对所建的模型进行分析,使其转向响应快,大幅提高汽车的瞬态和稳态特性,使系统更加稳定可靠。

(2)应把更多的精力放在后轮转向机构的设计及改进上,减少转向机构的内摩擦及轮胎的磨损,提高转向操纵机构的轻便性,更加符合阿克曼转角。

(3)进一步研究开发高精度、高灵敏度、高性能的传感器,以便更加正确地测量和监控汽车的运动状态。

(4)把"人—车—路"非线性闭环因素加入四轮转向系统中,以使模型更加符合实际。

(5)将 ABS、TCS、4WD 等其他主动安全技术与四轮转向技术结合起来,综合考虑其对汽车动力学特性的影响,这是长期的研究目标。

任务实施

一　实施计划

任务导入中刚刚实习不久的小王碰到的问题是不熟悉电子控制动力转向系统的部件。

因此本次实训任务主要是通过实车演练,查找所有电子控制动力转向系统部件的位置,熟悉其作用,掌握其检查方法。

二 实施环境

(1)汽车底盘电控实训室或汽车整车实训室。

(2)装备有EPS的轿车或台架、举升机、工具车、工作台等。

(3)相应的车辆维修手册或台架技术资料。

三 实施步骤

分小组完成如下操作要求:

(1)查找电子控制动力转向系统的部件。

(2)操作体验有、无转向助力的区别。

(3)完成下面的任务工单。

四 任务工单

项目五 检修电子控制动力转向系统 任务一 认知电子控制动力转向系统	班级			
	姓名		学号	
	日期		分数	
1. 根据教师指定的装备电子控制动力转向系统车辆或台架,回答以下问题。(20分) (1)车辆或台架的型号:_____。 (2)电子控制动力转向系统的类型:_____。 (3)电子控制动力转向系统的组成部件有:_____ _____。 2. 实车查找电子控制动力转向系统组成部件,并判断技术状况。(30分) 1)电动式EPS (1)电动机:_____;技术状况:_____。 (2)车速传感器:_____;技术状况:_____。 (3)转矩传感器:_____;技术状况:_____。 2)液压式EPS (1)油泵:_____;技术状况:_____。				

（2）储液罐：＿＿＿＿＿＿＿＿＿＿＿＿＿＿；技术状况：＿＿＿＿＿＿＿＿＿＿＿＿＿＿＿＿＿。

（3）车速传感器：＿＿＿＿＿＿＿＿＿＿＿；技术状况：＿＿＿＿＿＿＿＿＿＿＿＿＿＿＿＿＿。

（4）转矩传感器：＿＿＿＿＿＿＿＿＿＿＿；技术状况：＿＿＿＿＿＿＿＿＿＿＿＿＿＿＿＿＿。

（5）转向动力缸：＿＿＿＿＿＿＿＿＿＿＿；技术状况：＿＿＿＿＿＿＿＿＿＿＿＿＿＿＿＿＿。

3. 参照下图分析阀灵敏度控制式 EPS 的工作原理。（30 分）

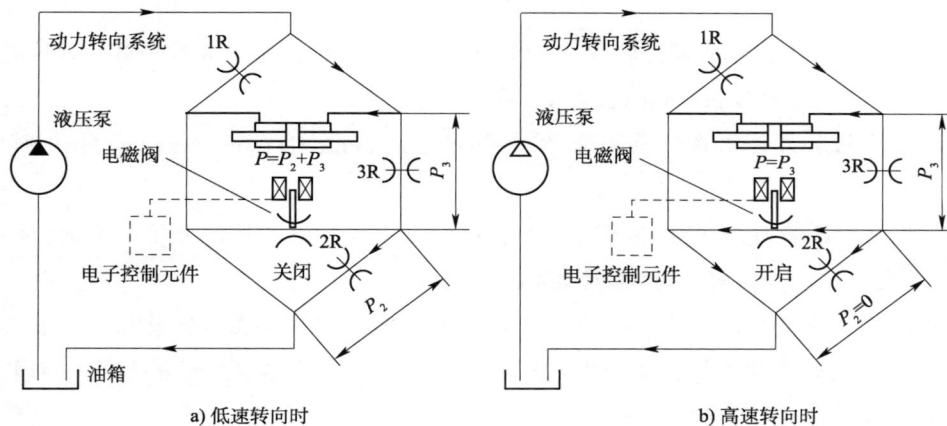

a) 低速转向时　　　　　　　　　　　　b) 高速转向时

4. 电动机是如何实现正反转控制的？（20 分）

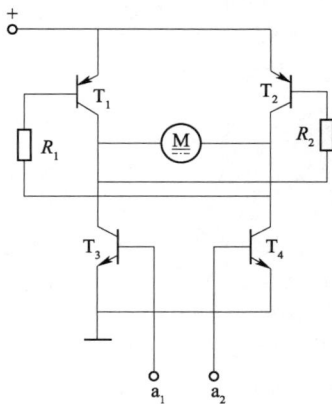

复习延伸

一 重点总结

（1）普通动力转向系统的助力特性是不变的，且与车速无关，这会导致停驶及低速时，转向盘操纵沉重，中速时较轻快，当车速增高时更加轻快。

（2）电子控制动力转向系统英文全称为 Electronic Control Power Steering，简称 EPS 或 ECPS。

（3）根据动力源不同，电子控制动力转向系统可分为液压式电控动力转向系统（液压式 EPS）和电动式电控动力转向系统（电动式 EPS）。

（4）液压式 EPS 是在传统的液压动力转向系统基础上增设了液体流量控制装置、传感器和电子控制单元形成的。根据控制方式的不同，可分为流量控制式、反力控制式和阀灵敏度控制式三种形式。

（5）流量控制式 EPS 是根据车速传感器信号，调节液压动力转向装置中油液的输入、输出流量和压力，来控制液压动力大小的，可分为分流电磁阀控制式和旁通流量控制阀式。

（6）反力控制式 EPS 在传统的整体转阀式动力转向控制阀的基础上增设了油压反力室。

（7）电动式 EPS 系统是一种直接依靠电动机提供辅助转矩的电动助力式转向系统。该系统仅需要控制电动机电流的方向和幅值，不需要复杂的控制机构。

二 课后练习

（一）简答题

1. 电子控制动力转向系统有哪些类型？

2. 旁通流量式 EPS 是如何工作的？

3. 电动式 EPS 系统有何特点？

（二）选择题

1. 液压式电控动力转向系统主要有（　　）。（多选）

　　A. 电动式　　　　　　　　　　B. 旁通流量控制阀式

　　C. 反力控制式　　　　　　　　D. 阀灵敏度控制式

2.关于电动式动力转向系统,下面说法错误的是:(　　　)。

A.根据电动机布置位置的不同,电动式动力转向系统可以分为转向轴助力式、齿轮助力式和齿条助力式三种类型。

B.转向盘处于中间位置(直驶)时,转矩传感器输出电压为0V。

C.转向轴助力式电动式动力转向系统不用减速机构,电动机的输出动力直接传递给转向轴。

D.电动式动力转向系统的电磁离合器根据车速高低来接通或断开。

3.下列不是电动助力转向系统组成部件的是(　　　)。

A.转矩传感器　　B.转向电机　　　C.电子控制模块　　D.转向压力开关

4.汽车转向时要求转向操纵轻便,即以较(　　　)的转向盘操纵力获得较(　　　)的转向力矩。正确的是(　　　)。

A.小,小　　　　B.大,大　　　　C.小,大　　　　D.大,小

5.阀灵敏度高式EPS,其转子阀的可变小孔分为(　　　)专用节流小孔(1R、1L、2R、2L)和(　　　)专用可变控制小孔(3L、3R)两种,在高速专用可变孔的下边设有旁通电磁阀回路。正确的是(　　　)。

A.低速,低速　　B.高速,高速　　C.低速,高速　　D.高速,低速

6.阀灵敏度控制式EPS,车速低时,电子控制单元向电磁线圈通以较(　　　)的电流,使控制孔(　　　)。正确的是(　　　)。

A.大,打开　　　B.大,关闭　　　C.小,打开　　　D.小,关闭

7.当汽车低速运行时,油压反力室的油压(　　　)。

A.较低　　　　　B.较高　　　　　C.很高　　　　　D.都不对

8.对于旁通流量控制式EPS,低速大转向时,旁通流量应该(　　　)。

A.变小　　　　　B.变大　　　　　C.不变　　　　　D.都错误

9.下面部件属于电动式EPS的是(　　　)。(多选题)

A.转矩传感器　　B.电动机　　　　C.电磁离合器　　D.流量控制阀

10.根据动力源不同,EPS可以分为(　　　)。(多选题)

A.流量控制式EPS　　　　　　B.液压式EPS

C.反力式EPS　　　　　　　　D.电动式EPS

(三)判断题

1.根据控制方式不同,液压式电控动力转向系统可分为流量控制式、反力控制式和阀灵敏度控制式三种类型。　　　　　　　　　　　　　　　(　　　)

2.流量控制式EPS中,车速低时,电磁阀开度大,助力效果好。　　　(　　　)

3.反力控制式EPS中,通过油压反力室油压的高低来实现助力大小的控制,反力室的油压越高,助力效果越好。　　　　　　　　　　　　　　　(　　　)

4.电控动力转向系统的转向助力越大越好。 （ ）

5.电动式 EPS 系统利用直流电动机作为动力源,通过控制电机的电流和方向来实现助力大小的控制。 （ ）

6.转矩传感器是用来测量转向盘与转向器之间的相对转矩。 （ ）

7.四轮转向系统的英文简称是 4WS。 （ ）

8.汽车高速行驶时,前后轮的转向方向相同,减小汽车的横摆运动,提高转向稳定性。 （ ）

9.1L 或 1R 节流孔是高速专用小孔。 （ ）

10.当汽车高速行驶时,油压反力室的油压较高,这样转向阻力变大。 （ ）

11.电控动力转向系统的英文简称是 EPS 或 ECPS。 （ ）

12.目前,轿车广泛采用电动式 EPS。 （ ）

13.电控动力转向系统既实现了低速转向轻便性,又提高了高速操纵稳定性。 （ ）

14.采用动力转向系统的汽车,当转向加力装置失效时,汽车也就无法转向了。 （ ）

任务二　检修电控动力转向系统转向沉重故障

任务导入

一　任务描述

据装备电控动力转向系统的大众宝来轿车的车主反映,汽车在行驶过程中,发现转向异常沉重,同时 P/S 故障灯 K161 点亮。

二　任务分析

轿车在行驶过程中出现转向沉重是电控动力转向系统常见的故障现象,有可能是机械卡滞、胎压不足及四轮定位调整不当导致的,也有可能是缺失转向助力导致的。但由于 P/S 故障灯 K161 点亮,说明可能存在故障代码,故障原因可能是无转向助力。

三　技能目标

（1）能熟练查询汽车相关维修资料,利用故障诊断仪等仪器设备进行故障诊断。

（2）能分析电控动力转向系统转向沉重故障原因。

（3）能拟定电控动力转向系统转向沉重故障诊断流程。

知识结构导图

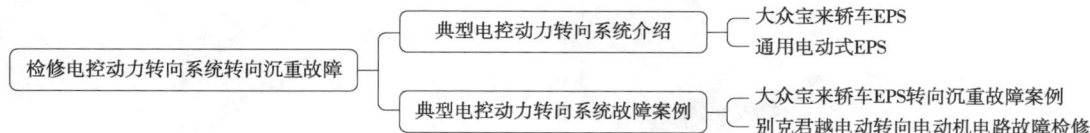

检修电控动力转向系统转向沉重故障

- 典型电控动力转向系统介绍
  - 大众宝来轿车EPS
  - 通用电动式EPS
- 典型电控动力转向系统故障案例
  - 大众宝来轿车EPS转向沉重故障案例
  - 别克君越电动转向电动机电路故障检修

相关知识

一　典型电控动力转向系统介绍

（一）大众宝来轿车 EPS

大众宝来轿车 EPS 采用的是电控机械式助力转向系统,与传统的液压转向器相比,其具有许多优点:它可以协助驾驶人行车,并减轻其身体和心理负担;同时它仅在需要时进行工作,也就是说,只有当驾驶人需要转向助力时,它便会自动提供帮助;此外,转向助力与车速、转向力矩和转向角等有关。

典型轿车 EPS 的组成基本工作原理

1. 大众宝来轿车 EPS 的组成部件

如图 5-2-1 所示,大众宝来轿车 EPS 采用的是电控机械式助力转向系统,主要由转向盘、转向柱 G527（图中未标出）、转向小齿轮、驱动小齿轮、转向力矩传感器 G269、电子动力转向电动机 V187、转向器、动力转向辅助电子控制单元 J500 等部件组成。

典型轿车 EPS 主要部件的结构

转向器总成由转向力矩传感器 G269、扭转棒、转向齿轮和驱动小齿轮、蜗轮传动装置及带控制单元的电动机组成。

如图 5-2-2 所示,转向助力作用在齿条上,属于齿条助力式类型。车轮需要的转向力是通过转向小齿轮和驱动小齿轮传送到齿条上的。转向小齿轮负责传送驾驶人施加的转向力

矩,驱动小齿轮则通过减速机构,传送由电动机提供的助力力矩。这种结构可以使转向盘和齿条之间形成机械连接,所以当伺服电机失灵时,可以确保车辆仍能够进行机械转向,但此时不具备转向助力的功能,转向时会感到很沉重。

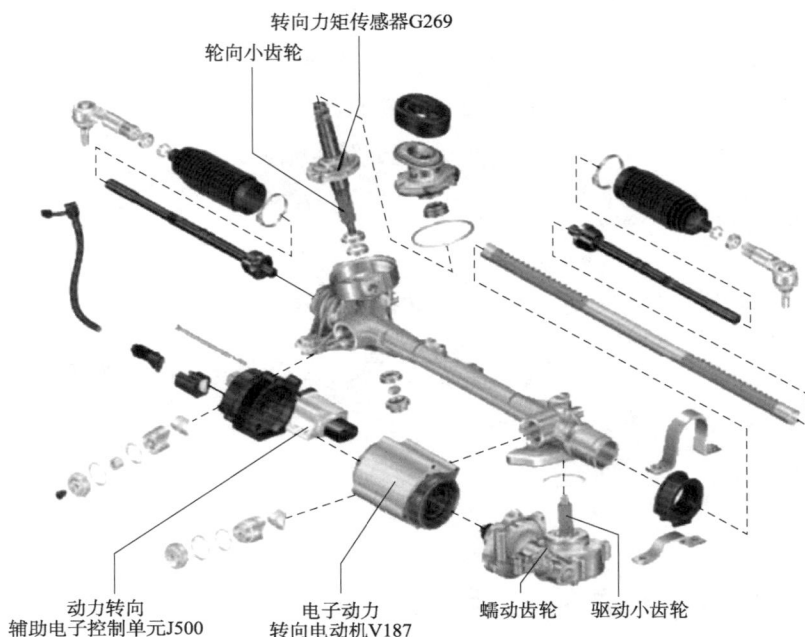

图 5-2-1　大众宝来轿车 EPS 的组成部件

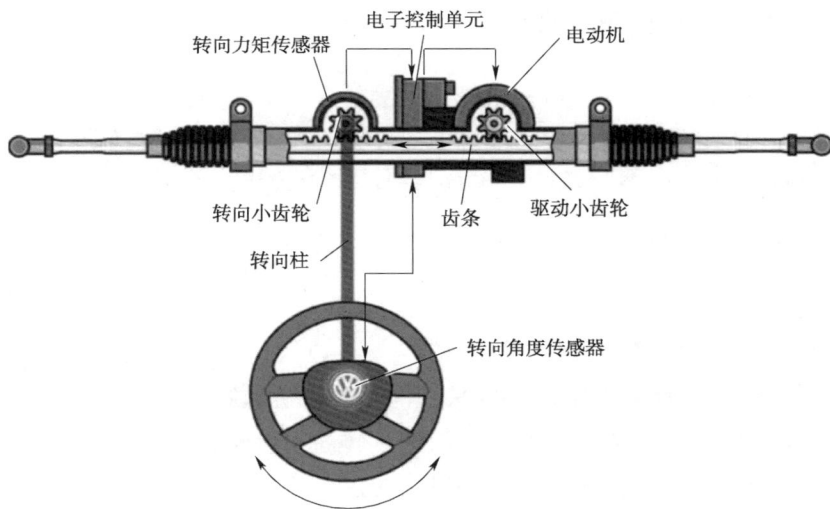

图 5-2-2　转向小齿轮和驱动小齿轮的位置关系图

2. 大众宝来轿车 EPS 主要部件的结构和原理

1)电动机 V187

电动机 V187 如图 5-2-3 所示,采用带外壳的异步伺服无电刷电动机,无转矩波动,低噪声,无磁性材料,无额外摩擦,具有宽的转速范围和温度范围,平均工作电流为 2.5A,最大电流为 80A。

图 5-2-3　电动机 V187

2)电子控制单元 J500

电子控制单元 J500 直接固定在电动机上,它根据输入的信号,如转向角信号、发动机转速信号、转向力矩和转子的转速、车速信号、点火钥匙的信号等,探测到当前需要的转向助力,计算出激励电流的电磁强度,并控制电动机 V187。

在电子控制单元 J500 中,集成了一只温度传感器,用来探测转向装置的温度。当温度上升到 100℃以上时,将持续降低转向助力。当转向助力低于 60% 以下时,故障将通过设置在组合仪表中带有转向盘符号的警告灯 K161 以红色点亮显示,并且在故障存储器中储存相应的故障代码。当转向辅助电子控制单元 J500 损坏时,应整套更换。

3)转向盘转角传感器 G85

转向盘转角传感器 G85 安装在转向柱上,转向开关与转向盘之间,与安全气囊时钟弹簧集成为一体,通过 CAN 总线将转向盘转角信号传递给转向柱电子控制单元 J527。由 J527 分析转向盘转角和转角速度。如果该信号失效,应急运转模式起动,由存储的设计值代替,电子助力转向依然起作用,只不过故障指示灯 K161 常亮。

转向盘转角传感器 G85 的结构如图 5-2-4 所示。转向盘转角传感器 G85 的基本组成元件包括:带有两只密码环的密码盘、各有一只光源和一只光学传感器的光栅对。

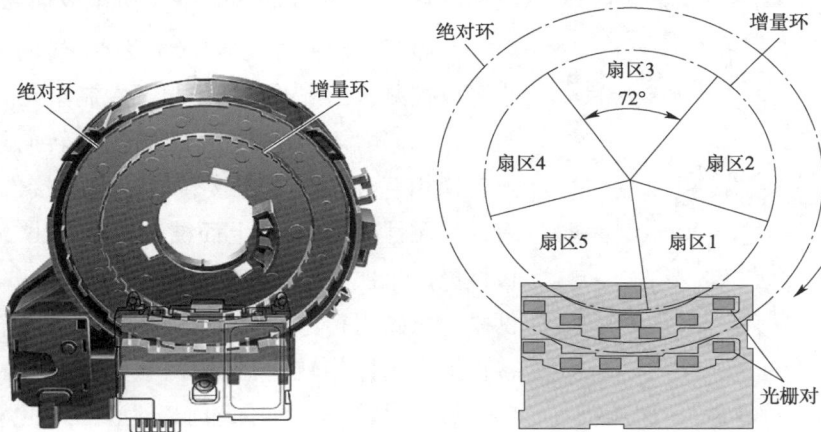

图 5-2-4　转向盘转角传感器 G85 的结构

密码盘由两只环组成,外面的一只叫作绝对环,里面的一只叫作增量环。增量环被分为5个扇区,每个扇区均为72°,它由一对光栅对读取。增量环在扇区内设有开口,同一扇区内的开口顺序是相同的,但不同的扇区之间的开口顺序则不同,从而实现了各扇区之间的设码。绝对环用来确定角度,它被6只光栅对读取。

转向盘转角传感器G85可以识别出1044°的转向角,对角度进行累加,当超出360°的标记时,能够识别出转向盘完全转动了一圈。转向器的这种设计结构,可以使转向盘转动2.76圈。

角度测量是根据光栅原理进行的。出于简化考虑仅观察增量环,每个扇区环的一侧是光源,而另一侧则是光学传感器,如图5-2-5a)所示。当光线穿过缝隙照射到传感器上时,便会产生信号电压。当光源被遮盖时,则电压又重新被切断,如图5-2-5b)所示。如果移动增量环,则会产生信号电压的脉冲波形,如图5-2-5c)所示。在绝对环上,光栅对子也同样产生信号电压的脉冲波形。所有信号电压的脉冲波形都会在转向柱电子控制单元中处理。对信号进行比较后,系统可以计算出这两只环移动了多少距离。此时,将确定绝对环的移动起始点。

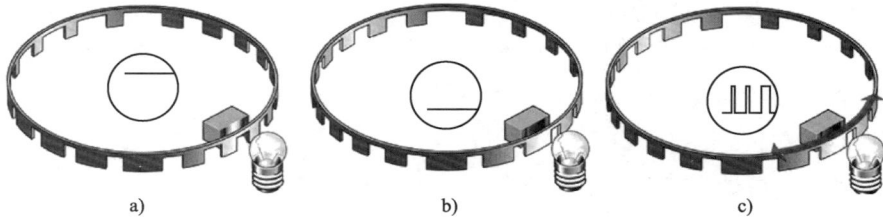

图5-2-5　转向盘转角传感器G85角度测量的原理

4)转向力矩传感器G269

如图5-2-6所示,转向力矩传感器G269的磁性转子和转向柱连接块为一体,磁阻传感元件和转向小齿轮连接块为一体。当转动转向盘时,转向柱连接块和转向小齿轮连接块反向运动,即磁性转子和磁阻传感元件反向运动,因此,转向力(矩)的大小可以被测量出来并传递给电子控制单元。

在转向力矩传感器上,转向柱和转向器通过一根扭转棒相互连接。在连接转向柱的连接件外径上,装有一只磁性极性轮,其上面被交替划分出24个不同的极性区。每次分析转矩时,使用两根磁极。辅助配合件是一只磁阻传感元件,它被固定在连接转向器的连接件上。当操作转向盘时,两只连接件会根据施加的转矩做相对转动。由于此时磁性极性轮也相对于传感

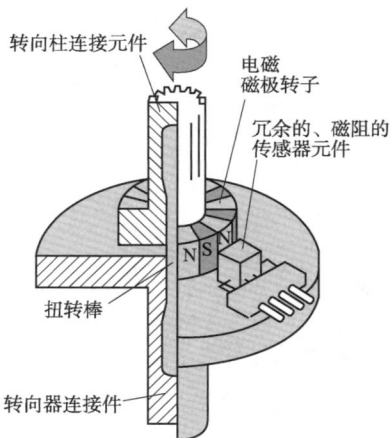

图5-2-6　转向力矩传感器G269

器元件旋转,因此可以测量施加的转向力矩,并将其信号发送给控制单元。

当转向力矩传感器 G269 发生故障时,必须更换转向器总成。当电子控制单元识别到故障时,将关闭转向助力。关闭的过程不是突然进行的,而是"缓慢地"进行。为了实现"缓慢"关闭,电子控制单元将根据转向角和电动机的转子角度,计算出转向力矩的替代信号。故障将通过设置在组合仪表中带有转向盘符号的警告灯 K161 以红色点亮显示。

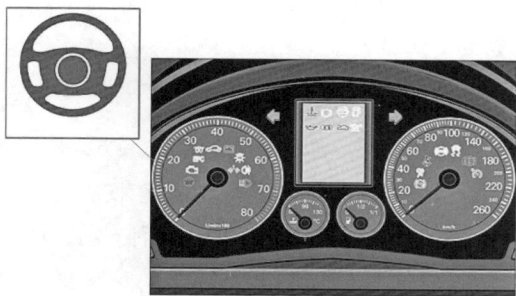

5)故障警报灯 K161

故障警告灯 K161 被设置在组合仪表内的显示单元内,如图 5-2-7 所示。

故障警告灯 K161 用于显示电动机械转

图 5-2-7　故障警报灯 K161

向助力器的功能失灵或故障。故障警告灯在功能失灵时,可以亮起两种颜色:黄色灯亮起表示是一种轻量警告;当红色灯亮起时,必须立刻将车驶到维修站查询故障。在警告灯亮起红色灯的同时,还会发出 3 声报警音作为声音警告信号。

在接通点火开关时,故障警告灯亮起红灯属于正常情况,因为电动机械转向助力器系统正在进行自检。只有当转向辅助电子控制单元 J500 收到系统工作正常的信号时,警告灯才会自动熄灭。这种自检过程大约为 2s。发动机起动时,警告灯会立刻熄灭。

另外,转向系统会识别过低的电压,并对此作出反应。当蓄电池的电压低于 9V 时,会降低转向助力,直至关闭,同时设置在组合仪表中的警告灯 K161 会亮起红色灯。当蓄电池的电压暂时低于 9V,或者在更换蓄电池之后,设置在组合仪表中的警告灯 K161 会亮起黄色灯。

3. 大众宝来轿车 EPS 的工作原理

1)宝来轿车转向助力特性曲线

转向助力是通过一个控制单元永久程序存储器中的特性曲线组来进行控制的。该存储器统计了最大 16 条不同的特性曲线组。例如,宝来轿车从提供的特性曲线组中,选择了 8 条特性曲线组使用,并根据要求(如车辆质量)在出厂前激活一条特性曲线组,也可以在售后服务特约维修站,通过 VAS505X 利用"匹配功能"和"通道 1"指令,激活此特性曲线组。图 5-2-8 所示为宝来轿车中 8 种特性图中的一种,根据车辆荷载不同,又分为轻、重两部分特性曲线。

特性曲线组中含有 5 条不同特性曲线,用于不同的车速,如 0km/h、15km/hk、50km/h、100km/h 和 250km/h。每条特性曲线说明了在对应车速时的转向盘转矩下,电动机驱动转矩所提供转向助力。

2)宝来轿车 EPS 的控制原理

宝来轿车 EPS 的控制原理如图 5-2-9 所示。工作过程如下:

(1)驾驶人转动转向盘。

（2）转向盘上的转矩转动转向器上的扭转棒,转向力矩传感器 G269 探测到转动,并将测得的转向力矩发送给控制单元 J500。

（3）转向角度传感器 G85 发送当前的转向角信号,转子转速传感器发送当前的转向速度信号。

（4）控制单元根据转向力矩、车速、发动机转速、转向角和转向速度,以及在控制单元中设置的特性曲线,确定需要的助力转矩,并控制电动机转动。

（5）转向助力是通过驱动齿轮来完成的,驱动齿轮由电动机驱动,电动机通过蜗轮传动并驱动小齿轮作用到齿条上,从而传送助力转向力。

（6）转向盘转矩和助力转矩的总和是转向器上引起齿条运动的有效转矩,该转矩驱动齿条实现转向。

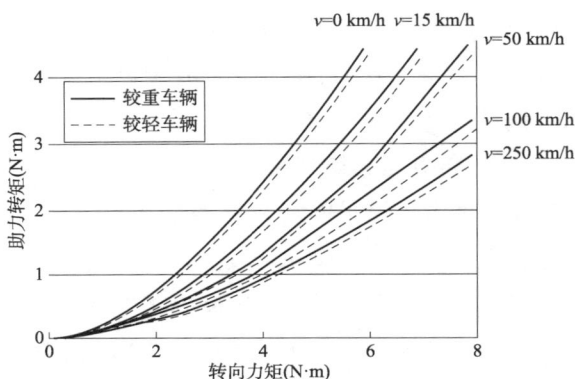

图 5-2-8　宝来轿车 EPS 转向助力特性曲线

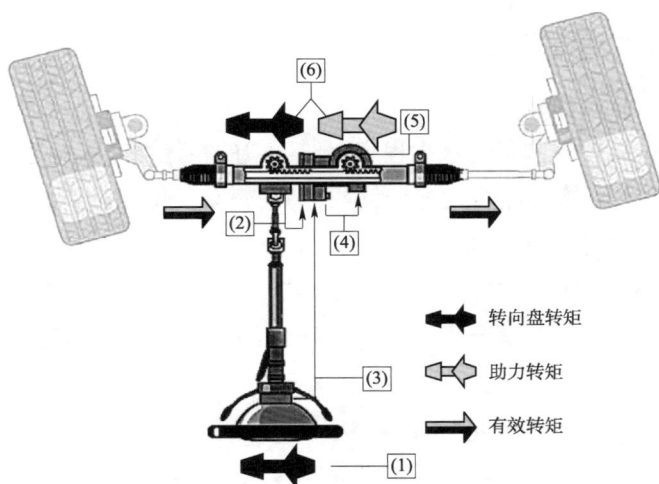

图 5-2-9　宝来轿车 EPS 的控制原理

在汽车驾驶过程中,根据不同的车速、转矩传感器测得的扭转力矩(低车速下的大转矩、中等车速下的中转矩、高车速下的小转矩),选择合适的转向助力特性曲线,从而提供合适的转向助力。

3）转向助力主动复位的控制原理

转向助力主动复位的控制原理如图 5-2-10 所示,其工作过程如下:

(1)如果驾驶人在转弯行驶中,降低了转向力矩,则扭转棒会自动松开。

(2)根据下降的转向力矩、转向角及转向速度之间的关系,电子控制单元 J500 计算出额定的快退速度,将此速度与转向角速度相比较,由此得出复位转矩。

(3)车桥的几何结构会在转向的车轮上产生复位力,但由于转向系统和车桥内的摩擦力,此复位力通常太小,不能使车轮复位至正前行驶位置。

(4)电子控制单元 J500 通过分析转向力矩、车速、发动机转速、转向角、转向速度和控制单元中设定的特性曲线,计算出复位所需要的电动机转矩。

(5)电子控制单元 J500 会控制电动机,并使车轮复位至正前行驶位置。

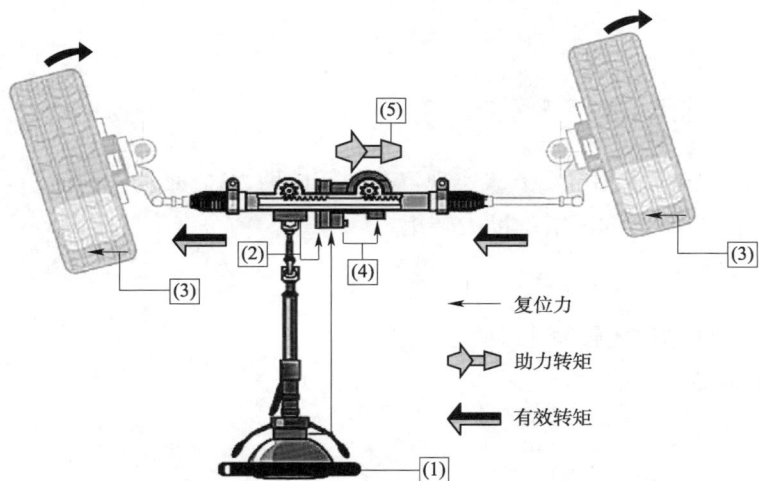

图 5-2-10　转向助力主动回位的控制原理

4）正前行驶修正的控制原理

正前行驶修正是由主动复位形成的一种功能,这时将产生一个助力转矩,可使车辆回到无转矩的正前行驶位置。它可以分为长时算法和暂时算法。

长时算法:长时算法任务是补偿长期存在的正前行驶误差,如:从夏季轮胎更换到新使用的(旧的)冬季轮胎时出现的误差。

暂时算法:利用暂时算法可以修正短时的误差,这样可以减轻驾驶人的负担,如:当遇到持续侧风而必须进行持续的"补偿转向"时。

正前行驶修正的控制原理如图 5-2-11 所示。其工作过程如下:

(1)持续侧面作用力,如侧风等施加在车辆上。

(2)驾驶人转动转向盘,使车辆保持在正前行驶方向上。

(3)电子控制单元 J500 通过分析转向力矩、车速、发动机转速、转向角、转向速度和电子控制单元 J500 设定的特性曲线,计算出正前行驶修正所需要的电动机转矩,控制电动机动作。

(4)汽车复位至正前行驶位置,驾驶人不再需要"补偿转向"。

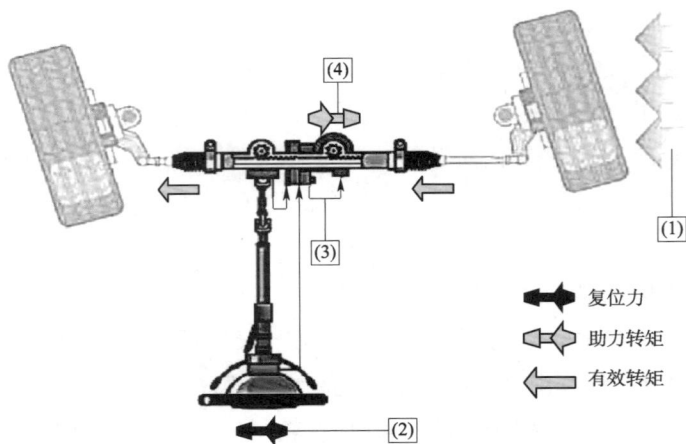

图 5-2-11　正前行驶修正的控制原理

(二)通用电动式 EPS

通用电动式 EPS 也采用电动方式实现汽车的转向助力,它是一种智能助力转向系统,能够提供汽车不同工况下转向所需的助力转矩。

1. 通用电动式 EPS 的特点

(1)转向系统的结构比较简化。

(2)减轻了发动机负荷。

(3)提高了燃油经济性。

(4)具有可变助力转向功能。

(5)具有辅助复位功能。

(6)具有转向阻尼调节功能。

2. 通用电动式 EPS 的组成部件

通用电动式 EPS 属于齿条助力式转向系统,它的组成部件包括转矩传感器、动力转向电机、动力转向控制模块、动力转向电动机转动传感器、转向器(齿条和双齿轮)等,且这些部件集成在电动助力转向总成中。

3. 通用电动式 EPS 主要部件的结构

1)转矩传感器

转矩传感器将驾驶人的转向意图反馈给动力转向模块,它是动力转向控制模块控制动力转向电动机电流的主要参数。转矩传感器安装在转向器输入轴(图 5-2-12)或转向柱的扭力杆上,利用电磁感应的原理,其内部有一个磁性圆环,圆环中间是扭力杆,该扭力杆能够形成约 5°的转动角度。当转向盘带动扭力杆时,转矩传感器向控制模块提供两个 0～5V 的直流电压信号。在使用过程中,如果转矩传感器损坏,由于其安装在转向器总成上,因此不能单独更换。

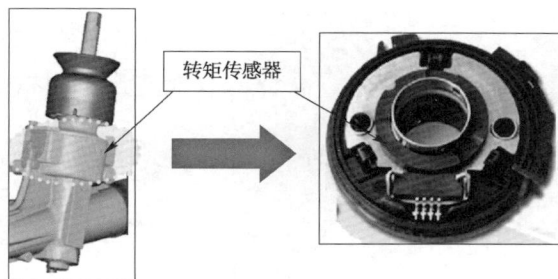

图 5-2-12　转矩传感器

2）动力转向电动机

动力转向电动机是动力转向系统的执行器。它是一个三相感应电动机,具有较高的输出功率、较低的电流噪声、较大范围的转速和温度变化等特点。动力转向电动机安装在转向器上,如图 5-2-13 所示,采用蜗轮蜗杆传动方式驱动小齿轮轴,从而使齿条移动,实现助力转向。动力转向控制模块采用占空比的方式调整转向电动机的工作电流,以控制其转速大小的变化,实现可变助力转向。在故障模式下,电动机停止工作,转向系统以机械的方式进行工作。

3）动力转向控制模块

动力转向控制模块通常与转向电动机集成在一起,它连续检测并处理转矩传感器和电动机转动传感器等信号,以计算转向盘的角度和转动力矩,并同时根据车速和系统温度(估算值)等信息确定所需助力转矩的大小,从而控制动力转向电动机驱动电流的方向和大小,实现可变助力转向,并防止系统温度过高。

动力转向控制模块可以检测电动助力转向系统的故障,如果检测到停用转向助力的故障,会点亮故障指示灯(图 5-2-14),同时驾驶人信息中心会提示驾驶人维修动力转向系统。

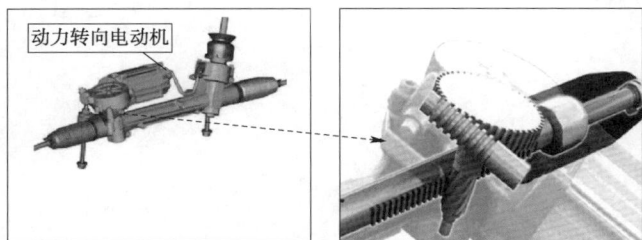

图 5-2-13　动力转向电动机

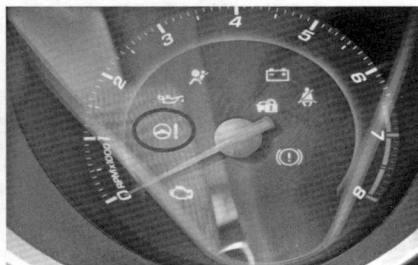

图 5-2-14　故障指示灯

4. 通用电动式 EPS 的控制原理

动力转向控制模块获取转矩传感器、电动机转动传感器、电源电压、车速和发动机转速(通过 GMLAN 从发动机控制模块获取)等信息,以确定车辆转向所需助力转矩的大小和方向,并控制动力转向电动机工作,其控制原理如图 5-2-15 所示。另外,在配备电子控制车身稳定系统的车辆,电动助力转向系统还会参考转向盘转角传感器信号。

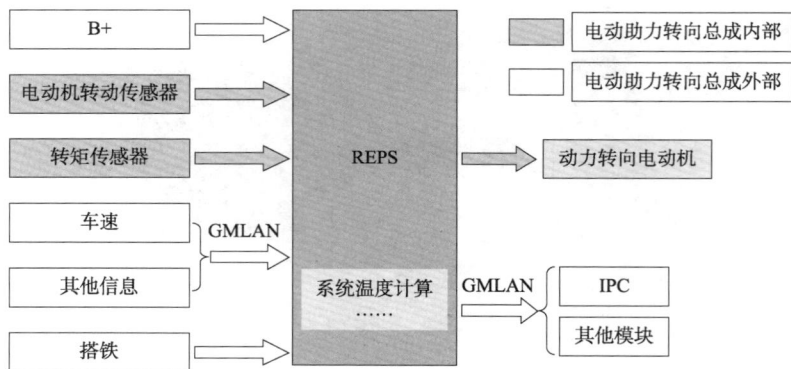

图 5-2-15　通用电动式 EPS 控制原理

二 典型电控动力转向系统故障案例

（一）大众宝来轿车 EPS 转向沉重故障案例

1. 初步检查

车辆停驶情况下,应检查以下内容:

(1)轮胎压力与尺寸是否符合要求。

(2)转向柱总成及转向齿轮总成的连接安装是否牢固。

(3)车轮定位是否符合要求。

(4)车桥和悬架的连接安装是否符合要求。

(5)蓄电池电压是否正常。

(6)发动机和其他系统工作是否正常。

(7)电源电路端口是否松动。

(8)EPS 警告灯检查。

2. 常见的故障码

大众宝来轿车 EPS 具有故障自诊断的功能,使用故障诊断仪读取故障码,常见的故障代码见表 5-2-1。

大众宝来轿车转向系统故障代码　　　　　　　　　　　　表 5-2-1

故障代码	故障代码的内容
00778	转向角度传感器 G85 未设定/匹配或执行不正确
01288	转向助力信号太大

续上表

故障代码	故障代码的内容
01314	发动机电控单元 J220 无信息
01317	仪表板中控制单元 J285—检查 DTC 存储器
01656	转向盘锁死
02546	转向限制挡块未进行基础设定/匹配或执行不正确
02614	转向器有故障
65535	电子控制单元 J500 工作不良

3. 常见故障指示灯的指示方式

大众宝来轿车 EPS 故障指示灯的指示方式见表 5-2-2。

大众宝来轿车转向系统故障指示灯的指示方式   表 5-2-2

故障元件	组合仪表中的故障指示灯		说明
	红色	黄色	
转向角度传感器 G85 工作不良		⊙	当转向角度传感器 G85 工作不良,紧急运行程序启动,缺损的信号被设置成一个替代值
转向力矩传感器 G269 工作不良	⊙		当转向力矩传感器 G269 发生故障时,必须更换转向器。同时 ECU 存储 02614 故障代码
转向助力器电动机 V187 转子转速传感器工作不良	⊙		当转子转速传感器工作不良,会将转向角速度用作替代信号,转向助力将安全缓慢降低
由 ABS 提供的车速信号不良		⊙	当车速传感器不良,紧急运行程序启动,但没有电控转向助力系统功能
转向助力器电动机 V187 工作不良	⊙		即使当电动机故障引起转向助力失灵,甚至当短路时,电动机也不会锁止转向盘
转向辅助控制单元 J500 内部温度过高		⊙	当 ECU 内部温度上升到 100℃ 以上时,将持续降低转向助力,当转向助力低于 60% 以下时,亮起黄灯,并储存故障代码
转向辅助控制单元 J500 工作不良	⊙		当 J500 工作不良时,应整套更换转向器总成
蓄电池电压低于 9V	⊙		会降低转向助力直至关闭,并储存故障代码,需要做零位或极限位置设定
蓄电池电压低于 9V 或临时更换蓄电池后		⊙	储存故障代码,根据具体情况,需要做零位或极限位置设定

4. 宝来轿车 EPS 转向沉重故障原因分析

1) 机械转向系统原因

(1) 转向轴卡滞(如转向万向节缺油润滑、转向中间轴损坏等)。

(2) 转向器卡滞(如缺油润滑、啮合间隙调整过小等)。

(3) 转向传动机构卡滞(如球节缺油润滑等)。

2) 转向助力的原因

(1) 转向助力器电动机 V187 工作不良。

(2) 转向辅助电子控制单元 J500 内部温度过高。

(3) 蓄电池电压低于 9V。

(4) 车速传感器工作不良。

(5) 转向助力器电动机 V187 转子转速传感器工作不良。

3) 其他方面的原因

(1) 轮胎气压不足。

(2) 车轮定位角度有问题(如主销后倾角过大)。

(二) 别克君越电动转向电动机电路故障检修

1. 别克君越电控动力转向系统组成和原理

别克君越采用带传动电动助力转向系统,由集成的电气机械动力转向单元(动力转向系统控制模块、传感器、动力转向电动机、1 个带传动机构和 1 个转向螺母机构)和转向机(齿轮齿条式)组成。

在使用动力转向系统控制模块控制动力转向电动机以便操作转向机时,带传动电动助力转向系统可以减少车辆转向所需的力量。动力转向系统控制模块也使用转矩传感器、电机转动传感器、蓄电池电压电路和 GMLAN 串行数据电路的组合来执行系统功能。动力转向系统控制模块将通过 GMLAN 串行数据电路监测来自动力控制模块的车速和发动机转速信息,以确定车辆转向所需辅助的大小。在低速情况下,提供较大的辅助以便在驻车操作中进行转向;在高速情况下,提供较小的辅助以便提高路感和方向稳定性。

动力转向系统控制模块使用转矩传感器、电动机转动传感器、车速和系统温度输入计算值的组合来确定所需辅助的大小。动力转向系统控制模块连续监测转矩传感器的转矩信号并定位电流信号。随着转向盘转动和转向轴扭转,通过转矩信号电路监测转向输入和输出轴,然后用动力转向系统控制模块来处理,以计算转动力矩。由动力转向系统控制模块来处理电动机位置传感器的电压信号和转矩传感器的定位电流信号,以检测和计算转向盘角度。

动力转向系统控制模块通过指令动力转向电动机的电流,来回应转矩传感器信号以及电动机转动传感器电压信号的改变。动力转向系统控制模块控制电动机驱动电路,以便驱动交流电动机。

动力转向系统控制模块和电动机总成连接至转向机壳体底座,通过一个带传动和一个转向螺母机构直接向齿条提供助力,以便根据转向盘转动的方向横向操作齿条。

动力转向系统控制模块可以计算内部系统温度,以保护动力转向系统不受高温损坏。为了降低过高的系统温度,动力转向系统控制模块将减小流向动力转向电动机的指令电流,即减小转向辅助的大小。动力转向系统控制模块可以检测电子动力转向系统中的故障。检测到停用转向辅助的故障会使驾驶人信息中心出现 SERVICE POWER STEERING(维修动力转向系统)的信息。

2. 别克君越电控动力转向系统电路图

别克君越电控动力转向系统(NJ2)电路图如图 5-2-16 所示。

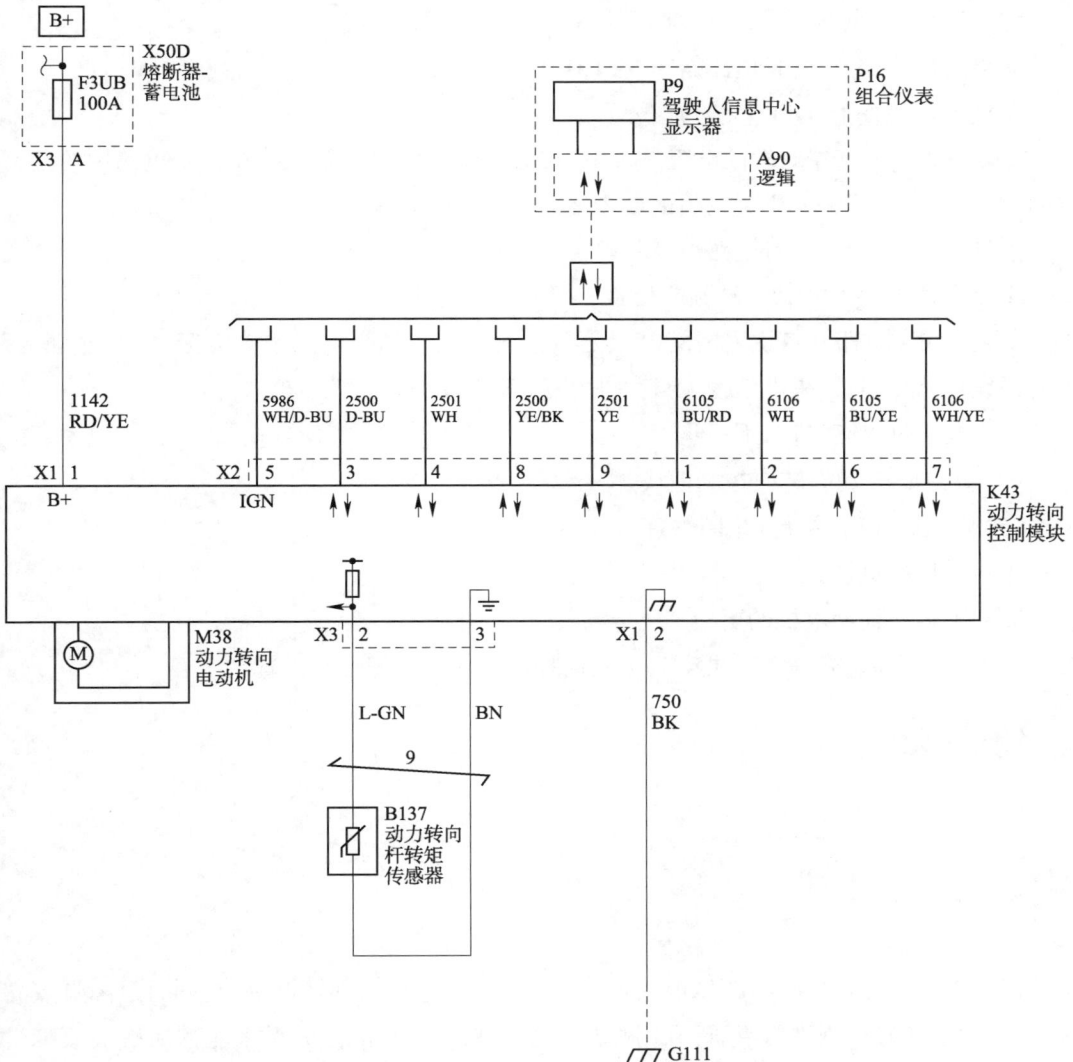

图 5-2-16　别克君越电控动力转向系统(NJ2)电路图

3. 故障检测过程

参考图5-1-12，电路检测流程如下：

（1）点火开关置于OFF（关闭）位置，且关闭所有车辆系统（注意：关闭所有车辆系统可能需要2min），断开K43动力转向系统控制模块的X1线束连接器。

（2）测试低电平参考电压电路端子2（X1/2）和搭铁（G111）之间的电阻是否小于10Ω。如果等于或大于10Ω：

①点火开关置于"OFF（关闭）"位置。

②测试搭铁电路端对端的电阻是否小于2Ω。如果为2Ω或更大，则修理电路中的开路/电阻过大。如果小于2Ω，则修理搭铁连接电路中的开路/电阻过大。

如果小于10Ω，进行下一步。

（3）确认B+电路端子1（X1/1）和搭铁之间的测试灯点亮。

如果测试灯未点亮，且电路熔断丝（F3UB-100A）良好。

①点火开关置于"OFF（关闭）"位置。

②测试B+电路端对端的电阻是否小于2Ω。如果为2Ω或更大，则修理电路中的开路/电阻过大；如果小于2Ω，则确认熔断丝未熔断且熔断丝处有电压。

如果测试灯未点亮，且电路熔断丝（F3UB-100A）熔断。

①点火开关置于"OFF（关闭）"位置。

②测试B+电路和搭铁之间的电阻是否为无穷大。如果电阻不为无穷大，则修理电路上对搭铁短路故障；如果电阻为无穷大，则更换K43动力转向控制模块。

如果测试灯点亮，进行下一步。

（4）更换K43动力转向控制模块。

（5）修理完成后，执行"诊断修理检验"：

①转向机的更换。

②动力转向辅助电机的更换。

参见"控制模块参考"，以便对动力转向控制模块进行编程和设置。

🌀 任务实施

一 实施计划

任务导入中客户反映的故障现象是电控动力转向系统出现转向沉重，同时故障灯点亮。因此，必须准备好车辆维修手册，利用故障诊断仪来诊断故障。如果未能彻底解决故障，再考虑机械方面的原因。

二　实施环境

（1）汽车整车实训室。

（2）装备有 EPS 的轿车、举升机、工具车、工作台等。

（3）相应的车辆维修手册。

三　实施步骤

分小组完成如下操作要求：

（1）实车验证转向沉重故障现象，电控动力转向系统故障指示灯点亮。

（2）使用故障诊断仪读取故障码或数据流。

（3）查找电控动力转向系统相关电路图。

（4）分析故障原因并拟定故障诊断流程。

（5）完成下面的任务工单。

四　任务工单

项目五　检修电子控制动力转向系统　任务二　检修电控动力转向系统转向沉重故障	班级			
	姓名		学号	
	日期		分数	

1.根据教师指定的装备电控动力转向系统的车辆，回答以下问题。（20 分）

（1）车辆的型号：＿＿＿＿＿＿＿＿＿＿＿＿＿＿＿。

（2）VIN 码：＿＿＿＿＿＿＿＿＿＿＿＿＿。

（3）电控动力转向系统的类型：＿＿＿＿＿＿＿＿＿＿＿＿＿＿＿＿＿＿＿＿＿＿＿。

（4）电控动力转向系统的组成部件有：＿＿＿＿＿＿＿＿＿＿＿＿＿＿＿＿＿＿＿＿＿

＿＿＿＿＿＿＿＿＿＿＿＿＿＿＿＿＿＿＿＿＿＿＿＿＿＿＿＿＿＿＿＿＿＿＿＿＿。

2.实车验证车辆故障现象。（40 分）

（1）是否转向沉重？

　　是：（　　　　　）

　　否：（　　　　　）

(2)故障指示灯是否点亮?

  是:(　　　　　)

  否:(　　　　　)

(3)连接故障诊断仪,是否有故障码?

  是:(　　　　　)

  否:(　　　　　)

  如果是,写出故障代码:＿＿＿＿＿＿＿＿＿＿＿＿＿＿＿＿＿＿＿＿＿＿＿

＿＿＿＿＿＿＿＿＿＿＿＿＿＿＿＿＿＿＿＿＿＿＿＿＿＿＿＿＿＿＿＿＿＿。

(4)解释故障代码的运行条件。

3.分析电控动力转向系统转向沉重故障的原因。(40分)

复习延伸

一　重点总结

(1)大众宝来轿车 EPS 采用的是电控机械式助力转向系统。

(2)大众宝来轿车转向器总成由转向力矩传感器 G269、扭转棒、转向齿轮和驱动小齿轮、蜗轮传动装置及带电子控制单元的电动机组成。

(3)电子控制单元 J500 中集成了温度传感器,当温度上升到 100℃ 以上时,将持续降低转向助力。当转向助力低于 60% 以下时,将点亮警告灯 K161。

(4)警告灯 K161 有黄色和红色两种类型。

(5)通用电动式 EPS 是一种智能助力转向系统,能够提供汽车不同工况下转向所需的助力转矩。

(6)通用电动式 EPS 的组成部件有转矩传感器、动力转向电动机、动力转向控制模块、动力转向电动机转动传感器、转向器(齿条和双齿轮)等,这些部件集成在电动助力转向总成中。

(7)通用电动式 EPS 动力转向控制模块获取转矩传感器、电动机转动传感器、电源电压、车速和发动机转速(通过 GMLAN 从发动机控制模块获取)等信息,以确定车辆转向所需助力转矩的大小和方向,并控制动力转向电动机工作。

二 课后练习

(一)简答题

1. 大众宝来轿车转向器总成由哪些部件组成?
2. 大众宝来电子控制单元 J500 是如何工作的?
3. 通用电动式 EPS 有哪些特点?
4. 通用电动式 EPS 动力转向控制模块需要获取哪些信号?
5. 电动式 EPS 转向沉重的原因有哪些?

(二)选择题

1. 当大众宝来轿车 EPS 伺服电机失灵时,可以确保车辆仍能够进行机械转向,但此时不具备转向助力的功能,转向时会感到很( )。

   A. 沉重　　　　　B. 轻便　　　　　C. 失灵　　　　　D. 不变

2. 存储器统计了最大 16 条不同的特性曲线组,宝来轿车 EPS 从提供的特性曲线组中,选择了( )条特性曲线组使用。

   A. 2　　　　　　B. 4　　　　　　C. 8　　　　　　D. 16

3. 宝来轿车 EPS 转向力矩传感器 G269 工作不良时,组合仪表中的故障指示灯 K161 呈( )。

   A. 粉色　　　　　B. 红色　　　　　C. 黄色　　　　　D. 黑色

4. 下列关于通用电控动力转向系统的转矩传感器,说法正确的是( )。(多选)

   A. 是电磁式传感器　　　　　　B. 输出两个 0~5V 的直流电压

   C. 安装在扭力杆外侧　　　　　D. 是一个转速传感器

5. 转向盘转角传感器 G85 可以识别出( )的转向角。

   A. 360°　　　　　B. 522°　　　　　C. 720°　　　　　D. 1044°

6. 宝来轿车 EPS 主要包括转向盘、( )、转向器、转向辅助控制单元 J500 等。(多选)

   A. 带转向角度传感器 G85 的组合开关

　　B. 转向柱 G527

　　C. 转向力矩传感器 G269

　　D. 电动机械转向助力器电动机 V187

7. EPS 初步检查的项目主要包括(　　)。(多选)

　　A. 轮胎压力与尺寸是否符合要求

　　B. 转向柱总成及转向齿轮总成的连接安装是否牢固

　　C. 车轮定位是否符合要求

　　D. 车桥和悬架的连接安装是否符合要求

8. EPS 出现转向沉重的原因可能有(　　)(多选)

　　A. 胎压不足　　　　　　　　　　B. 转向器卡滞

　　C. 电机工作不良　　　　　　　　D. 控制单元内部故障

(三)判断题

1. 宝来轿车 EPS 采用的是电控机械式助力转向系统。　　　　　　　　(　　)

2. 对于宝来轿车 EPS,产生助力的是转向小齿轮。　　　　　　　　　　(　　)

3. 当伺服电机失灵时,宝来轿车转向时会感到很沉重。　　　　　　　　(　　)

4. 宝来轿车 EPS 不需要减速机构。　　　　　　　　　　　　　　　　(　　)

5. 对于宝来轿车 EPS,警告灯 K161 用于显示电动机械转向助力器的功能失灵或故障。

　　　　　　　　　　　　　　　　　　　　　　　　　　　　　　　　(　　)

6. G85 是转向角度传感器。　　　　　　　　　　　　　　　　　　　(　　)

7. 若转向力矩传感器 G269 故障,EPS 故障报警灯将点亮。　　　　　　(　　)

8. 转向盘转角传感器 G85 可以识别出 1044°的转向角。　　　　　　　(　　)

9. 目前的电控动力转向系统有助力主动复位功能。　　　　　　　　　　(　　)

10. EPS 警告灯若为红色,需要及时到维修店检修。　　　　　　　　　(　　)

其他汽车底盘电控技术简介

学习目标

知识目标

1. 熟悉轮胎气压监控系统的类型。
2. 了解前向碰撞预警系统的原理。
3. 了解盲区监测系统的原理。
4. 了解车道保持系统的原理。

能力目标

1. 能识别汽车底盘电控新技术。
2. 能进行胎压学习。

素质目标

1. 培养永无止境的创新精神。
2. 具备良好的安全意识。

知识结构导图

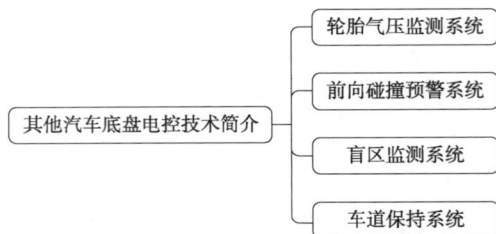

```
                                    ┌─ 轮胎气压监测系统
                                    │
                                    ├─ 前向碰撞预警系统
其他汽车底盘电控技术简介 ──────────┤
                                    ├─ 盲区监测系统
                                    │
                                    └─ 车道保持系统
```

任务导入

一　任务描述

　　一辆具备胎压监测功能的汽车,在行驶途中由于轮胎气压严重不足而出现爆胎,幸好未出现重大交通事故。经技术人员询问了解,为了延长使用寿命,驾驶人私自将前后轮进行换位,导致胎压监测功能不能起作用。

二　任务分析

　　胎压监测系统能够监测轮胎的实际压力,当某个轮胎压力异常时,系统能够及时提醒驾驶人,提高了车辆行驶中的安全性和燃油经济性。上述案例中驾驶人私自将前后轮进行换位导致胎压监测系统不能识别车轮,结果功能失效差点酿成事故。作为专业技术人员应该告知客户如何进行胎压学习,激活胎压监测功能,避免意外发生。

三　技能目标

　　(1)能查询汽车相关维修资料。
　　(2)能准确识别汽车底盘电控的新技术。
　　(3)能准确进行胎压学习。

一　轮胎气压监测系统

在正常的行驶状态下，合适的充气压力能减少轮胎磨损、提高乘坐舒适性、提高车辆操纵稳定性和降低油耗。轮胎的标准充气压力数据显示在轮胎气压标牌上（通常位于驾驶人侧的门框上或者用户手册上），当对轮胎进行充气时，必须按照此标牌的数据进行。

车辆外面的温度会影响轮胎内的气压。高温会增加轮胎内部的压力，当轮胎内部的压力超过极限时会发生爆胎。低温会降低轮胎内部的压力，当轮胎内部压力过低时，会影响汽车的行驶性能和燃油经济性，同时造成轮胎的损坏。

为了能够随时监测轮胎的压力，尤其是行驶中对气压的监测能够最大限度保证行驶安全，也有利于提醒驾驶人始终保持最标准的轮胎压力，因此，许多现代汽车设计了轮胎气压监测系统（Tire Pressure Monitoring System，TPMS）。胎压监测系统能够监测轮胎的实际压力，当某个轮胎压力异常时，系统能够及时提醒驾驶人，提高了车辆行驶中的安全性和燃油经济性。

目前，轮胎气压监测系统主要有间接式胎压监测系统和直接式胎压监测系统两种。

1. 间接式胎压监测系统

间接式胎压监测系统是基于 ABS 的胎压监测系统。它需要通过车辆的轮速传感器来比较轮胎之间的转速差别。如果车辆轮胎的气压增加或降低，则轮胎的周长或者半径也会相应地增大或减小，这将使得轮速传感器的信号发生变化。因此，TPMS 模块可通过轮速的变化来判断轮胎气压的变化。当车轮之间的轮速差超过系统设定的正常范围时，系统将通过点亮胎压报警指示灯来提醒驾驶人，如图 6-0-1 所示。

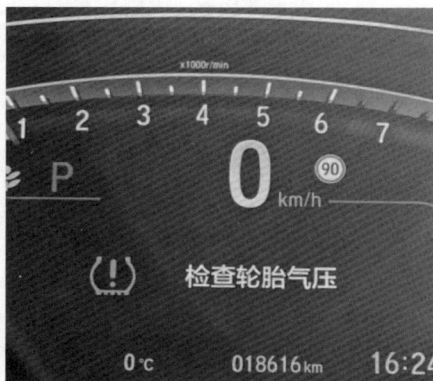

图 6-0-1　胎压监测系统报警指示灯

间接式胎压监测系统结构简单，主要包括系统模块、轮速传感器、胎压报警指示灯等。由于轮速传感器可以与 ABS 共享，所以间接式胎压监测系统成本低。但是间接式胎压监测系统有以下缺点：

（1）无法显示胎压数值。

（2）不能确定胎压异常的轮胎。

（3）车辆静止时无法监测胎压。

（4）当车速达到100km/h以上时,监测系统失效。

（5）当两个以上轮胎同时出现压力高或压力低时,监测系统失效。

（6）反应周期长,灵敏度较差。

2. 直接式胎压监测系统

直接式胎压监测系统主要由轮胎压力传感器、接收器、胎压监控模块、报警指示装置等组成。通用别克君威轿车的直接式胎压监测系统由4个轮胎压力传感器、遥控功能接收器（RFA）、车身控制模块（BCM）以及驾驶人信息中心（DIC）等组成。该系统能够直接监测4个车轮的轮胎压力,当轮胎内部温度过高或轮胎压力异常时,系统将会控制报警装置提醒驾驶人。

1）轮胎压力传感器

轮胎压力传感器用来直接测量轮胎的实际压力,通常与气门嘴加工为一体,并安装在轮辋上的气门嘴处,如图6-0-2所示。也有的轮胎压力传感器与气门嘴分开设置,可以安装在气门嘴外部。

轮胎压力传感器将胎压信息以无线电信号的方式通过其内部的发射器发送给遥控功能接收器（RFA）。胎压信息包括传感器识别信息、传感器工作模式、胎压和温度。

轮胎压力传感器有两种工作模式。当车速低于32km/h时,轮胎压力传感器进入静止模式。该模式下,传感器每隔60min向RFA发射一次胎压信息,以便最大限度地减少电量消耗。当车速高于32km/h时,轮胎压力传感器进入行驶模式。该模式下,传感器每隔60s就向RFA发射一次胎压信息。

2）遥控功能接收器

遥控功能接收器（图6-0-3）用来接收轮胎压力传感器发射的无线电信号,但它没有进一步处理信号的能力,只是将传感器数据传送给胎压监控控制模块。在有些胎压监控系统中,遥控功能接收器直接集成在系统控制模块内。

图6-0-2　轮胎压力传感器

图6-0-3　遥控功能接收器

3）胎压监控模块

在上汽通用车型中,胎压监控模块集成在车身控制模块(BCM)中,主要作用是将遥控功能接收器传来的胎压信息转变为数字信号通过车载网络传给驾驶人信息中心(DIC),并在 DIC 上显示胎压数据信息,如图 6-0-4 所示。

图 6-0-4　直接式胎压监测系统报警指示

二　前向碰撞预警系统

如图 6-0-5 所示,前向碰撞预警系统(Front Collision Warning,FCW)是通过雷达或摄像头等传感器实时监测前方车辆情况,判断本车与前车之间的距离、方位及相对速度,当存在潜在碰撞危险时对驾驶人进行警告的安全辅助系统。

图 6-0-5　前向碰撞预警系统

前向碰撞预警系统利用先进的环境感知技术,持续监控前方道路情况,尤其是前车的动态。它能精确测算本车与前方车辆的距离、相对位置及速度差异,一旦发现潜在的碰撞风险,便会立即向驾驶人发出警告。这些警告通常包括视觉提示、听觉警报以及触觉反馈,旨在提醒驾驶人注意并采取适当的制动措施,以避免碰撞事故的发生。

需要注意的是,前向碰撞预警系统本身不会采取任何制动措施去避免碰撞或控制车辆,它仅负责提供预警信息。因此,驾驶人在接收到预警后,需要迅速作出反应,以确保行车安全。

此外,前向碰撞预警系统可能会受到一些环境因素的影响,如下雨天、大雾天、摄像头前玻璃脏污或太阳强光照射等,这些都可能导致系统受限或出现故障。因此,在使用该系统时,驾驶人需要保持警惕,并结合实际情况进行判断和操作。

总的来说,前向碰撞预警系统是一个非常重要的安全辅助工具,它能在驾驶分心或道路情况复杂时提供及时的预警,帮助驾驶人避免不必要的危险。

三 盲区监测系统

如图 6-0-6 所示，盲区监测系统（Blind Spot Detection，BSD）是一种利用传感器监测车辆视野盲区，以保障交通安全的驾驶辅助系统。

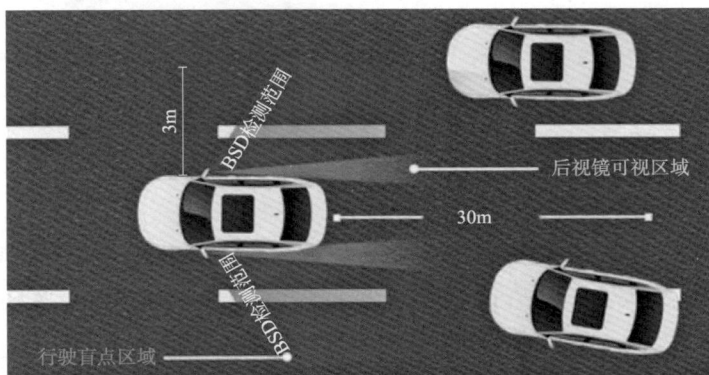

图 6-0-6　盲区监测系统

盲区监测系统通过毫米波雷达或者摄像头等传感器，监测车身侧后方视野盲区。当盲区出现车辆时，系统会捕捉其位置、速度、运动方向等信息，并在车辆靠近时，通过后视镜警示灯、声音或屏幕显示等方式进行示警，从而避免安全事故的发生。这一系统对于提高行车安全具有重要意义，特别是在驾驶人变道或转弯时，能够有效减少因视野盲区导致的交通事故。

此外，盲区监测系统还具有以下特点。

（1）技术多样性：系统可以采用毫米波雷达或摄像头等不同的传感器技术，以适应不同的驾驶环境和天气条件。

（2）高精度与可靠性：毫米波雷达等传感器技术能够提供高精度的监测结果，且不易受天气、光线等因素影响，确保系统的稳定性和可靠性。

（3）广泛应用：盲区监测系统已在众多汽车品牌的多款车型中得到应用，以辅助驾驶人安全驾驶。未来，随着智能驾驶和自动驾驶技术的发展，盲区监测系统有望在这些领域发挥更大的作用。

对于消费者而言，加装盲区监测系统是一个提升行车安全的好选择。它能够在并线或变道时提供及时的报警提示，避免因盲区导致的并线危险。同时，随着技术的不断进步和成本的降低，盲区监测系统的普及率也将不断提高，为更多驾驶人带来安全保障。

四 车道保持系统

如图 6-0-7 所示，车道保持系统（Lane Keep Assist，LKA）是智能驾驶辅助系统中的一种，主要用于帮助驾驶人使车辆一直保持在规定的车道上行驶,不偏离车道。

车道保持系统通过一个摄像头来识别行驶车道的标识线,当识别到本车道两侧的标记线时,系统就处于待命状态,这可以通过组合仪表板中的绿色指示灯显示。如果车辆接近识别到的标记线并可能脱离行驶车道,系统会通过转向盘的振动或者声音来提请驾驶人注意,并可能通过控制电

图 6-0-7　车道保持系统

子助力转向系统(EPS)为驾驶人提供转向控制辅助,帮助车辆保持在车道上。当系统处于待命状态下,如果在越过标记线前打了转向灯,警告信号就会被屏蔽,因为系统认定驾驶人为有意识地换道。

车道保持系统主要应用于结构化的道路上,如在高速公路和路面条件较好(车道线清晰)的公路上行驶,且当车速达到 65km/h 或以上时才开始运行。这一功能在高速公路或弯道较多的路段尤为实用,可以避免因驾驶人疲劳、注意力不集中等原因导致的车辆偏离车道,从而提高驾驶的安全性和便利性。

然而,车道保持系统并不是万无一失的,它依赖于车道标记的清晰度,且有时会被集成在巡航控制中,需先启用自适应巡航控制系统。同时,车道保持功能也不能替代驾驶人对车辆方向的控制,驾驶人在驾驶过程中仍要保持警惕。

🦠 任务实施

一　实施计划

任务导入中由于驾驶人私自将前后轮进行换位,导致胎压监测功能不能起作用。因此,本次实训任务是如何查询维修资料,并进行胎压学习,以恢复胎压监测功能。

二　实施环境

(1)汽车整车实训室。

(2)装备有胎压监测功能的轿车、举升机、工具车、工作台等。

(3)相应的车辆维修手册。

三 实施步骤

分小组完成如下操作要求:

(1)查询维修资料,掌握汽车具备哪些技术。

(2)分组讨论胎压学习的操作流程并进行胎压学习。

(3)完成下面的任务工单。

四 任务工单

项目六　其他汽车底盘电控技术简介	班级			
	姓名		学号	
	日期		分数	
1. 根据教师指定的整车,回答以下问题。(20分) (1)车辆的型号:_____。 (2)车辆的 VIN 码:_____。 (3)具备的底盘电控新技术有:_____ _____。				
2. 讨论胎压学习的操作流程。(40分)				
3. 目前,汽车已具备的汽车底盘电控新技术有哪些?(至少回答10种)(40分)				

复习延伸

一　重点总结

（1）轮胎气压监测系统（Tire Pressure Monitoring System，TPMS）能够监测轮胎的实际压力。

（2）轮胎气压监测系统主要有间接式胎压监测系统和直接式胎压监测系统两种。

（3）直接式胎压监测系统主要由轮胎压力传感器、接收器、胎压监控模块、报警指示装置等组成。

（4）前向碰撞预警系统（Front Collision Warning，FCW）是通过雷达或摄像头等传感器实时监测前方车辆情况，判断本车与前车之间的距离、方位及相对速度，当存在潜在碰撞危险时对驾驶人进行警告的安全辅助系统。

（5）盲区监测系统（Blind Spot Detection，BSD）是一种利用传感器监测车辆视野盲区，以保障交通安全的驾驶辅助系统。

（6）车道保持系统（Lane Keep Assist，LKA）是智能驾驶辅助系统中的一种，主要用于帮助驾驶人使车辆一直保持在规定的车道上行驶，不偏离车道。

二　课后练习

（一）简答题

1. 简述间接式轮胎气压监测系统的工作原理。
2. 简述直接式轮胎气压监测系统的组成部件。
3. 列举当前汽车已具备的汽车底盘电控新技术。

（二）选择题

1. 下面属于汽车底盘电控技术的是（　　　　）。（多选）
   A. TPMS　　　　　　B. FCW　　　　　　C. BSD　　　　　　D. LKA
2. 间接式胎压监测系统的缺点有（　　　　）。（多选）
   A. 无法显示胎压数值　　　　　　B. 可以显示胎压数值
   C. 车辆静止时无法监测胎压　　　　D. 车辆静止时可以监测胎压

3. 直接式胎压监测系统的组成部件有(　　　)。(多选)

    A. 轮胎压力传感器　　　　　　　　B. 接收器

    C. 胎压监控模块　　　　　　　　　D. 报警指示装置

4. 当盲区出现车辆时,盲区监测系统不会捕捉该车辆的信息是(　　　)。

    A. 位置　　　　　　B. 速度　　　　　　C. 大小　　　　　　D. 运动方向

(三)判断题

1. 前向碰撞预警系统本身有制动措施,可以避免碰撞或控制车辆。　　　　　(　　　)

2. 在上汽通用车型中,胎压监控模块集成在车身控制模块(BCM)中。　　　(　　　)

3. 有了车道保持系统,驾驶人驾车时可以双手脱离转向盘。　　　　　　　(　　　)

4. 前向碰撞预警系统可能会受到一些环境因素的影响,如下雨天、大雾天、摄像头前玻璃脏污或太阳强光照射等,这些都可能导致系统受限或出现故障。　　　　　(　　　)

5. 车道保持系统的英文简称是 LKA。　　　　　　　　　　　　　　　(　　　)

6. 轮胎气压监测系统主要有直接式胎压监测系统和间接式胎压监测系统两种。(　　　)

7. 盲区监测系统是一种利用传感器监测车辆视野盲区,以保障交通安全的驾驶辅助系统。

                                                 (　　　)

8. 如果在越过标记线前打了转向灯,车道保持系统认定驾驶人有意识地换道,从而不主动干预保持当前车道行驶。　　　　　　　　　　　　　　　　　　(　　　)

参 考 文 献

[1] 刘刚,屈亚锋.汽车底盘电控系统检修[M].中国铁道出版社,2023.

[2] 李春明.汽车底盘电控技术[M].4 版.机械工业出版社,2024.

[3] 武忠,于立辉.汽车底盘电控技术[M].2 版.机械工业出版社,2024.

[4] 张立新,屈亚锋.汽车底盘电控系统检修[M].2 版.人民交通出版社股份有限公司,2017.

[5] 上汽通用汽车有限公司.汽车转向与悬架系统及检修[M].高等教育出版社,2022.

[6] 上汽通用汽车有限公司.汽车制动系统及检修[M].2 版.高等教育出版社,2022.